16	3	2	13
5	10	11	8
9	6	7	12
4	15	14	1

Sérgio Cardoso

REPUBLICANAS

Atenas, Roma, Florença
e a atualidade do republicanismo

Colaboração
Felipe Faria Camargo

editora 34

EDITORA 34

Editora 34 Ltda.
Rua Hungria, 592 Jardim Europa CEP 01455-000
São Paulo - SP Brasil Tel/Fax (11) 3811-6777 www.editora34.com.br

Capa, projeto gráfico e editoração eletrônica:
Franciosi & Malta Produção Gráfica

Preparação:
Henrique Torres

Revisão:
Alberto Martins, Beatriz de Freitas Moreira

1ª Edição - 2025

CIP - Brasil. Catalogação-na-Fonte
(Sindicato Nacional dos Editores de Livros, RJ, Brasil)

Cardoso, Sérgio
C551r Republicanas: Atenas, Roma, Florença
e a atualidade do republicanismo / Sérgio Cardoso;
colaboração de Felipe Faria Camargo. —
São Paulo: Editora 34, 2025 (1ª Edição).
368 p.

ISBN 978-65-5525-262-0

1. Filosofia política. 2. Republicanismo.
I. Camargo, Felipe Faria. II. Título.

CDD - 320

REPUBLICANAS
Atenas, Roma, Florença e a atualidade do republicanismo

Às minhas alunas e meus alunos,
queridos colaboradores nos trajetos desse livro,
e em outros —

Adriana, Adriana M, Adriano, Adriano C, Alberto,
Alberto M, Alcides, Alfredo, Alexandre L, Ana, Ana L,
Alex, André, André R, André S, Antonio, Antonio C,
Antonio P, Ari, Arthur, Bárbara, Beatriz, Bento, Bento P,
Breno, Bruno, Bruno A, Bruno R, Caio, Caio T, Carlos,
Carlos F, Celi H, Celina, Celso, Claudia, Claudia V,
Claudio, Claudio F, Cleusa P L, Christiane, Cristiane,
Cristiano, Cristina, Cristina A, Clarisse C, Débora, Daniel,
Dario, Douglas B, Edson, Eduardo, Eduíno, Eliete,
Eliete N, Emanuel, Érica, Eugênio, Eunice, Eunice O,
Fabiana, Flávia, Flávio, Flávio L, Fernando, Fernando A,
Fernanda, Fernanda Z, Felipe, Felipe C, Felipe P,
Francisco G, Gisele, Gustavo, Henrique Igor, Igor A, Ivan,
Ismael Jacira, João, José, José A, José L, José R, José T,
Juan, Karen, Leandro, Leandro C, Leonel P, Lucas,
Lucas M, Lucas R, Luís, Luiz, Luísa, Luiza, Maria,
Maria C, Maria G, Maria I, Maria H, Mário M, Marco,
Marco C, Marco G, Marcos, Marcos P, Marcelo, Márcio,
Mariana P, Mariana M, Marta, Martha, Maurício,
Marina, Matheus, Matheus I, Michel, Mônica, Nelson,
Natália, Nathan, Otávio, Pablo, Paula, Paulo, Paulo T,
Pedro, Pedro N, Paulo V, Reginaldo, Renata, Renata U C,
Ricardo, Ricardo C L, Ricardo M, Rodney, Rodrigo,
Rodrigo B, Roberta, Roberta N, Roberto, Rubens,
Samuel, Sandra, Selma, Sérgio, Sergio F, Sílvio R, Sidney,
Silvana, Thiago, Victor, Vinicius, Vitor, Vitória,
Vladimir, Yara, e mais, e mais...

O republicanismo greco-romano e seus legados

Na Atenas clássica, aquela das cidades gregas cujo regime de governo melhor se conhece hoje, já se encontram quase todos os elementos exaltados pela tradição republicana: há leis constitucionais; há participação política de todos os cidadãos; decisões democráticas por maioria de vozes; imposição de obediência destas decisões por parte de todos (ninguém está acima da lei); exigência de inteira publicidade dos assuntos e decisões políticas; apego (afetivo) à cidade e às suas leis. Há, enfim, nessa Atenas do século V a.C. e boa parte do IV, isonomia; autogoverno sob leis constitucionalmente fixadas; participação política ampla; patriotismo (que as orações fúnebres, em especial aquela da homenagem de Péricles aos soldados mortos no primeiro ano da Guerra do Peloponeso, em 430 a.C.,[1] não nos deixam esquecer). Se é assim, por que, então, se identifica em Roma, não em Atenas, o lugar de origem do republicanismo? Por que se projeta nas instituições romanas o paradigma da república? Há, evidentemente, fatores históricos, de algum modo exteriores à questão da natureza das instituições e do pensamento político produzido nessas duas cidades. O fato decisivo é certamente Roma ter se tornado, desde a abertura da modernidade, por muitos motivos, a grande referência: o Renascimento é, antes de tudo, *renascentia romanitatis*; e, não obstante o prestígio dos filósofos gregos, os escritores latinos, Cícero à frente, dominam a cena de maneira inequívoca.

Todavia, a hegemonia romana em relação a Atenas na tradição republicana não tem apenas explicações históricas. Ela diz res-

---

[1] Tucídides, *História da Guerra do Peloponeso*, II, 36-42.

peito também a diferenças sensíveis no registro de suas instituições e ainda naquele de suas concepções políticas — diferenças fortemente marcadas quando anunciamos que Atenas era democrática e Roma, republicana. Não é preciso lembrar que, desde as críticas de Platão até as comparações dos regimes mais reputados em Políbio, ou ainda em Cícero — considerações retomadas no Renascimento —, sempre foi péssima a posição da democracia ateniense na tradição do pensamento político, que de modo geral busca exaltar o "governo misto" republicano. De toda forma, a distância parece mesmo bastante grande entre a Roma das distinções censitárias, do *imperium* atribuído aos cônsules, da autoridade conferida ao Senado e da exclusão do povo dos debates políticos e iniciativas legislativas e aquele regime ateniense, inaugurado no início do século V a.C. pelas reformas de Clístenes, a que se denominou *isonomia*. Deste, o pilar central é a afirmação da inteira igualdade dos cidadãos (homens adultos nascidos de pai e mãe atenienses) no que se refere à participação no governo da cidade: igualdade radical, aritmética — instaurada para neutralizar privilégios tradicionais de clãs, influências de famílias, de localidades e lealdades consolidadas —, promovida por um sistema de correspondências numéricas, de simetrias e reciprocidades rigorosas, revezamentos e sorteios para o exercício das magistraturas de governo. Enfim, Atenas se quer, e se afirma, democrática: nela valem o mesmo (ao menos formalmente) as vozes dos grandes e dos pequenos proprietários, dos comerciantes atacadistas e pequenos artesãos, dos bons e dos maus, virtuosos e viciosos. Seu regime, ao menos em ideia, é o do comando de todos e qualquer um dos homens livres — independentemente da condição econômica e social, das competências, e até mesmo, num certo sentido, da moralidade. Qualquer um pode dar sua opinião ou ocupar, por sorteio (com poucas exceções), qualquer das magistraturas, mesmo as mais altas. Assim, será esse regime, sob muitos pontos de vista, radical e escandalosamente igualitário, que os grandes filósofos atenienses do século IV a.C. irão criticar e recusar com suas teorias sobre o governo constitucional misto (um tipo de governo, é preciso lembrar, cujo paradigma não é outro senão aquele do grande adversário da cidade, Esparta). De Tucídides[2] a Aristóteles,[3] a invenção de Licurgo, o mítico legislador de Esparta, é elogiada e a ideia de um "regime misto" vem determinar o campo de toda a tradição que se denominará republicana — uma tradição que, mesmo marcada por um forte traço popular, mantém em todo seu percurso um laivo de desconfiança e hostilidade em relação ao radicalismo das instituições democráticas, à instabilidade e volubilidade de seus comandos e decisões, bem como em relação ao seu voluntarismo e sua crença nas virtudes da formalização institucional radical da igualdade.

Foi, no entanto, a própria Atenas democrática que produziu a grande teoria das formas de governo e também a afirmação da excelência do "governo misto";[4] de modo que, assumindo-se o perfil nitidamente romano do republicanismo, não se pode ignorar, na reflexão sobre essa tradição, suas profundas raízes gregas. E não se pode também desconsiderar que há uma pluralidade de perfis conferidos a esse regime misto e que todos eles, a seu modo, integram e alimentam o ideário e as reflexões produzidas no percurso da história da filosofia política. Lembremos brevemente tais variações.

Platão concebe seu regime misto no bojo de um projeto instante de ultrapassar o instável mundo democrático dos embates de opiniões contraditórias, que só se unificam (ilusória e precariamente) pela manipulação das sensações e paixões da massa popular pelos produtores de imagens e simulacros: retores, demagogos e sofistas. Temos, pensa o filósofo, uma alma racional capaz de deter a tirania de nossos impulsos apetitivos,[5] capaz de nos colocar

---

[2] "Surgiu uma equilibrada combinação [*synkrasis*] entre os poucos e os muitos" (*idem*, III, 97, 2).

[3] Aristóteles, *Política*, IV, 9, 1294 b 15-20. As traduções da *Política* neste volume são de minha autoria a partir do texto fixado por Pierre Pellegrin.

[4] Trata-se de um "misto" constituído a partir de formas de governo tradicionalmente consideradas primárias: monarquia, aristocracia e democracia — governo de um, dos poucos excelentes e do grande número, da multidão.

[5] A expressão "impulsos apetitivos" remete, em Platão, à teoria da tripar-

na direção de realidades racionais, inteligíveis, que ultrapassam o domínio das opiniões — flutuantes e passionais — para aceder a um saber sólido e verdadeiro. Assim, se guiado pela razão, o governo da cidade não será uma atividade cega, fundada em sensações e opiniões contraditórias; será sustentado pela ciência da justa medida, pelo conhecimento dos fins verdadeiros, que permitem ordenar harmonicamente os elementos que compõem a comunidade política. Haveria, desse modo, uma competência para dirigir e ajustar ao fim último, o Bem soberano, as funções próprias a cada um na cooperação que constitui a vida em comum no interior da *polis*: uma arte política, produtora de unidade, harmonia e felicidade. Tal competência vem do conhecimento da natureza da cidade e de seu fim, o Bem soberano, ao qual se acede pela ascese da filosofia. Por isso, na sua República paradigmática governa, monarquicamente, o filósofo.

É verdade que ao considerar o mundo real, ao levar em conta que, entre os mortais, o poder absoluto é sempre inseparável da corrupção e da tentação do despotismo, Platão, no seu diálogo *As Leis*, nos faz passar do governo autocrático do filósofo para um "regime constitucional" — um governo de leis —, uma forma de governo misto. Ele não abre mão, evidentemente, da ciência do governo, a ciência da justa medida, que permite ordenar os elementos que cooperam para a existência e a vida das cidades. Porém, esse saber se inscreve agora em uma legislação perfeita, completa em sua organicidade, concebida e promulgada por um legislador filósofo. Assim, o governo do "homem régio" é substituído por um governo de leis, um governo misto, pois a autoridade monárquica das leis (sábias) é aqui mesclada com a exigência da persuasão (as leis apresentarão, em preâmbulos retóricos, suas explicações e motivações) e do consentimento do povo (princípio de-

---

tição das almas. Elas teriam uma parte impulsiva e desejante (*epitimia*), uma parte defensiva e irascível (*timos*), a da coragem e da honra, e uma parte racional (*logos*). A Razão está encarregada de controlar a parte apetitiva, com o apoio da parte irascível. Ver no diálogo *Fedro* a alegoria da alma como um carro puxado por dois cavalos (*epitimia* e *timos*) e controlados por um cocheiro, a alma racional.

mocrático), operado pelo voto de todos, que elege censitariamente (princípio aristocrático) magistrados encarregados de aplicá-las.

Esse "regime misto" platônico é, portanto, composto pelos três princípios primários de governo, ainda que não se possa esquecer o peso de seus elementos de extração aristocrática: segmentação censitária da cidadania, eleições (daqueles considerados os melhores), conselho de guardiões das leis (homens de honra) e conselho noturno (composto pelos sábios encarregados da reeducação dos recalcitrantes e do sentido das leis). No entanto, é preciso considerar também que nas *Leis* o princípio inspirador do sistema — advindo da constatação da tendência da monarquia para o despotismo e da democracia para a anarquia — é o da associação do princípio monárquico (sabedoria do legislador, perfeição das leis) e do princípio democrático, o consentimento da massa popular, de modo a sintetizar autoridade e liberdade. No mundo imperfeito dos homens passionais, para que as leis sábias não soem como despóticas, elas devem persuadir e educar os cidadãos e também associá-los em alguma medida ao governo. Tal exigência platônica da sabedoria das leis e da persuasão e consentimento popular impregnará fortemente a tradição republicana, no intento de associar a sabedoria (e a competência) de alguns ou mesmo de um só e a necessidade de educar e persuadir o "grande número", o povo, para o acolhimento das leis concebidas pelos sábios.

Mas veremos que a defesa do governo misto volta em Aristóteles com uma disposição inteiramente diferente. Nele, a política não se guia mais diretamente pela ciência do fim último, do Bem soberano, que em Platão dava poder ao governante e ao legislador filósofo; ela é um saber prático, um saber relativo sobretudo aos meios adequados para a realização da natureza política dos homens, para a realização do fim para o qual eles estão naturalmente inclinados (o "bem viver" em comum): a ordem finalizada da natureza inclina os homens na direção da associação política, mas não prescinde de sua intervenção deliberada na escolha dos meios, na busca da forma constitucional mais adequada em cada caso para a realização desse fim naturalmente dado. É assim que, segundo Aristóteles, a melhor constituição — em geral, pois os casos a serem enfrentados pelos legisladores são muito diversos —

será, como verificaremos adiante, o "regime misto constitucional" (*politeia*), institucionalmente empenhado na própria existência e duração de uma comunidade política, uma forma constitucional dedicada a realizar a integração e a harmonização das partes da cidade,[6] a buscar entre elas alguma acomodação e composição, em vista da sua convivência necessária. Desse modo, o "regime misto" aristotélico não associa mais (para moderá-las e preservar a cidade da degradação) monarquia e democracia, como ocorre em Platão (estabelecendo leis sábias e sua imposição por persuasão), mas oligarquia e democracia (o governo dos poucos, ricos, e o governo do grande número dos pobres — ambos regimes desviantes), com forte presença de dispositivos constitucionais voltados para a realização de um real governo de todos: uma democracia verdadeira, e não mais o governo da maioria (governo da maioria pobre, em vista dos pobres, como acaba por ocorrer, segundo pensa o filósofo, nas democracias), mas um governo das duas partes fundamentais da cidade; e em vista de todos, em vista de um bem efetivamente comum a todos — uma convivência política marcada pelo deslocamento progressivo dos humores e interesses dos ricos e daqueles dos pobres na direção do bem comum.

Não se pense que essas concepções do regime misto tenham sido assumidas pelo pensamento romano ou diretamente incorporadas à tradição republicana. Não obstante o enorme prestígio desses grandes filósofos gregos em toda a Antiguidade, a referência primeira do governo misto, culturalmente bem estabelecida no período do helenismo, é o modelo espartano — sobretudo a partir do momento em que esse paradigma é projetado sobre as instituições romanas: Esparta, com seus dois reis, o conselho dos gerontes e seus cinco éforos,[7] os magistrados de atenção popular;

---

[6] Aristóteles considera que sejam sobretudo duas as partes fundamentais: ricos e pobres, os primeiros mobilizados pelo desejo de bens — e de mando —, os outros pelo desejo de prazer — e de segurança, para viver cada um como bem entender.

[7] Éforos eram os magistrados eleitos anualmente para o controle da administração e da vida social — no "regime misto" (governo de um, de alguns e de muitos) representa o elemento popular, os "muitos".

Roma, semelhantemente, com dois cônsules (elemento régio), Senado (função da sabedoria legislativa e organizativa), o Tribunato da plebe e os "comícios", os elementos do consentimento popular. É curiosa e decisiva na história do republicanismo esta fixação no paradigma espartano (no Renascimento encarnado por Veneza) — a fórmula de um "regime misto" que teria sido intelectualmente concebida pelo lendário legislador de Esparta, Licurgo, e reinventada em Roma no decorrer de sua história, segundo a obra do historiador Políbio, escrita no século II a.C.

É importante lembrar o sentido inteiramente original conferido a essa fórmula na Roma idealizada do historiador grego. Aí, estamos bem distantes da ideia (aristotélica) de integrar e compor os interesses diversos das partes da cidade (ricos e pobres) por uma organização das magistraturas que associa elementos e procedimentos oligárquicos e democráticos (limitando as pulsões próprias das partes e educando-as para o interesse comum). Em Políbio, como veremos, a constituição romana paradigmática se estabelece como um sistema de contrapesos e contenções entre os princípios de governo: o da unidade, representado pelo *imperium* militar e executivo dos cônsules; o da autoridade (para a sábia ordenação das relações e da vida comum), posto no poder de legislar e de administrar o erário público e os assuntos externos, conferido ao Senado; e, enfim, o princípio que poderíamos ver como o portador da "identidade" da cidade, atribuído ao poder popular de conferir (ou não) legitimidade às leis, às decisões e atos dos outros poderes; pois, o povo "reconhece poderes aos mais dignos", elegendo-os; aprova ou rejeita as leis; julga em última instância; delibera sobre guerra e paz, diz Políbio[8] — ainda que, na verdade, tais poderes sejam mais teóricos que efetivos.

A esse povo que legitima as leis, dando-lhes (ou não) seu assentimento, o historiador reconhece o papel eminente e fundamental nesse "regime misto" romano: ele é o portador vivo do *mos maiorum* (costumes, valores e religião dos antepassados), dos traços identitários e constitucionais decantados ao longo de sua his-

---

[8] Cf. Políbio, *História*, VI, 14 9-10.

tória e atualizados a cada momento pela caução que proporciona às deliberações e comandos dos condutores da República. Ora, esses diversos poderes, com sua autonomia de iniciativa e de atuação no registro de suas funções próprias, veem-se envolvidos, segundo a teorização de Políbio, em um sistema de dependências, que produz sua "conveniência" — convergência, interação e colaboração — na direção da realização dos interesses comuns da cidade. Essa República figura, então, a melhor constituição, o paradigma dos governos políticos, como adiante se poderá verificar.[9] E não será difícil reconhecer também nesse regime misto polibiano as exigências de unidade, autoridade sábia e consentimento popular aos magistrados e às leis, próprios à perspectiva platônica. O historiador toma a direção de Platão, mais que aquela da conciliação das "classes", ou das partes, de Aristóteles. E também a *res publica* de Cícero, o mais eminente pensador político romano, afina-se a seu modo com a perspectiva platônica: soma a autoridade da lei, a lei natural, e o assentimento popular, sabedoria e consentimento, para a afirmação institucional plena do fundamento de toda ordem civil, o "consentimento ao direito". A herança aristotélica será relembrada no século XIII por Tomás de Aquino e, posteriormente, pelo chanceler florentino Leonardo Bruni (tradutor do filósofo no início do século XV), através do qual — e também de discípulos de Tomás, como Ptolomeu de Lucca, Remigio de Girolami e Henrique de Rimini — repercutirá em Maquiavel, derramando-se, depois desse "momento maquiaveliano" (dos debates sobre as instituições de Veneza e Florença e de autores como Francesco Guicciardini e Donato Giannotti), para os desdobramentos do ideário, dos conceitos e projetos políticos republicanos que, através das grandes revoluções modernas, nos alcançam.

Pensamos que talvez o interesse maior dos ensaios que se seguem seja a sondagem do horizonte teórico e prático dessas matrizes originais da tradição republicana — que devemos sobretudo aos dois grandes filósofos atenienses — e dos seus ecos e inflexões

[9] Cf. Parte II, capítulo 1, adiante.

no pensamento político posterior, que (já a partir de Políbio e Cícero) impregnam toda a resistente tradição do republicanismo.

Os textos recolhidos nesta coletânea são quase todos (excluídos aquele relativo aos comentadores de Aristóteles[10] e um daqueles dedicados a Cícero,[11] preparados ambos para comunicações acadêmicas) provenientes de atividades voltadas para um público mais amplo que aquele das revistas especializadas e das interlocuções entre especialistas. Dois deles foram originalmente verbetes de dicionários: o volume *Corrupção: ensaios e críticas*, publicado em 2008 pela Editora UFMG ("Os regimes políticos de governo e sua corrupção")[12] e o *Dicionário da República*, organizado pela Companhia das Letras em 2019 ("O fim e a forma: os fundamentos da ordem política").[13] Uma parte dos demais integrou obras coletivas temáticas (como o ensaio sobre Políbio e os dois primeiros capítulos da Parte IV: "Que república?" e "Por que república?") ou foi objeto de conferências ou comunicações em encontros e colóquios, como os relativos a Leonardo Bruni e Maquiavel. "Comentadores dos escritos políticos de Aristóteles", "A ética estoica de Cícero e seu horizonte político", "Legados ciceronianos para a tradição republicana", bem como o texto final da Parte IV, "A que república? (Razões contemporâneas da república)", são inéditos.

Devo dizer que esses textos estão fortemente ancorados em minha atividade docente. É do ofício cotidiano do professor que procedem todos os estudos que lastreiam os ensaios recolhidos neste livro. É possível dizer também que representam momentos em que fui levado a buscar certas sínteses daquele demorado e custoso trabalho de leitura de obras clássicas praticado repetidas vezes, com o necessário rigor, em salas de aula: explicar os textos, linhas e entrelinhas; buscar seus contextos históricos, sociais e in-

---

[10] Cf. Parte I, adendo.

[11] Cf. Parte II, capítulo 1.

[12] Cf. Parte I, capítulo 1.

[13] Cf. Parte I, capítulo 2.

telectuais; orientar-se na floresta proliferante dos comentários; indagar o sentido que fazem para nós — tarefas cotidianas, levadas ao ritmo dos semestres e expostas aos desafios das expectativas, inquietações e interesses de jovens estudantes, que nos fazem experimentar, mais uma vez, a cada vez, a interminável atividade de decifração que nos impõem as obras clássicas.

Entende-se, assim, oferecer aqui um livro de introdução a ideias e conceitos propostos no trajeto de formação do nosso ideário republicano, através da consideração das obras políticas dos autores mais relevantes, tomadas em alguma aproximação clarificadora. Trata-se de um conjunto de ensaios independentes, quase sempre escritos de ocasião (daí certas repetições requeridas pela diversidade de perspectivas e situações das diferentes exposições), articulados pelo fio condutor de um projeto de estudos voltado para o conhecimento dos momentos e autores centrais da formação do ideário republicano: da Atenas do século IV a.C. ao Renascimento florentino dos séculos XIV a XVI, de Platão à virada maquiaveliana. É, afinal, na linhagem dos grandes pensadores que pontuam o trajeto primordial do pensamento político ocidental — Platão, Aristóteles, Políbio, Cícero, Bruni, Maquiavel — que, não obstante suas diferenças, se decantam as ideias, conceitos e balizas fundamentais do que chamamos republicanismo. Verifica-se, enfim, por esse percurso, que a linhagem central da história do pensamento político ocidental é justamente "republicana": procede da busca de uma forma de "governo misto", de especulações motivadas pelas experiências políticas de cidades como Atenas, Roma e Florença no sentido de contornar inconvenientes das democracias, das monarquias ou mesmo das sempre prestigiadas aristocracias. No caso do republicanismo florentino — que abre nossa modernidade política — quisemos trazer ao leitor recortes de seus momentos fundamentais, desenvolvidos no início do século XIV (ainda no Medievo Tardio), no início do século XV (o "humanismo cívico") e o início do XVI (o já chamado "momento maquiaveliano"), que constituem os três capítulos da Parte III de nosso livro.

Devo lembrar ainda que esse projeto de estudos teve em sua origem uma motivação institucional. A partir do início dos anos

2000, a área de investigações éticas e políticas do Departamento de Filosofia da FFLCH (Faculdade de Filosofia, Letras e Ciências Humanas da Universidade de São Paulo) — tradicionalmente voltada para o estudo das obras dos autores modernos (Hobbes, Locke, Rousseau e pensadores da Ilustração) —, ao diagnosticar um certo esgotamento do interesse especulativo dos temas referidos ao horizonte dos conceitos de soberania e de Contrato Social, decidiu abrir suas investigações e ensino para a tradição maior da história da filosofia política, justamente a do republicanismo, gestado e fincado no tripé das grandes obras clássicas da Antiguidade denominadas "República": a de Platão, a de Aristóteles (nomeada em grego *Politeia*, como a *República* de Platão) e o *De re publica* de Marco Túlio Cícero, que nesta obra alude de várias formas ao diálogo platônico de mesmo nome. Buscava-se, assim, voltar às raízes da tradição ocidental do pensamento político para reaprender a linguagem (quase sempre esvaziada), o sentido e as motivações de conceitos que ainda permeiam nossas concepções políticas e instituições. Trata-se de uma tarefa delicada, como é sabido, visto exigir do pesquisador extrema atenção, tanto no desembaraçar-se da ganga das interpretações cristalizadas, que buscam se sobrepor à sua efetiva leitura (tratando-se de obras "conhecidas", que a história da filosofia impõe ao repertório cultural do filósofo político), quanto no ensejo de lhes dar vida, pensar com elas, e estreitar os laços destas obras clássicas com nossas interrogações mais urgentes. Ora, esse trabalho exigente de leitura permite verificar não apenas que a tradição republicana vive em nossas ideias e instituições, mas, para além disto — como talvez se destaque dos percursos apresentados neste livro —, que ela oferece um caminho incontornável para a lucidez sobre as questões que a vida política nos impõe no presente.

Esta coletânea se desdobra em quatro partes, acrescidas desta Introdução. As três primeiras partes são nomeadas pelas principais sedes originais do republicanismo: Atenas, Roma e Florença. Na primeira, a atenção se dirige, evidentemente, aos dois maiores teóricos da ideia de um "governo misto", Platão e Aristóteles, que moldam as matrizes conservadas, replicadas e transformadas, como sugerimos acima, no longo caminho percorrido pelo ideário republicano. A esta primeira parte acrescentamos um Adendo — relativo ao campo do comentário dos estudos políticos de Aristóteles — que escapa um tanto da intenção mais pedagógica e menos técnica dos textos desta coletânea para deixar aflorar, sobretudo para os estudantes, o trabalho de base e sustentação exigido por esses percursos. Quanto à parte romana, os pensadores incontornáveis são certamente Políbio e Cícero, cujas reflexões estão calcadas em considerações preciosas sobre as instituições dessa República, constituída depois, por muito tempo, como o grande paradigma de uma vida política. Na Parte III, examinamos o renascimento do republicanismo em Florença e sua reivindicação da herança romana desde o século XIV, ajustando nosso foco em seus autores mais eminentes: Dante Alighieri, Leonardo Bruni e, por fim, Maquiavel — este, não mais em vista de uma exegese de sua obra, como fizemos em publicação ainda recente,[14] mas apenas para ressaltar, em suas *Histórias florentinas*, a centralidade que confere ao tema da fundação republicana. Dante, teórico da monarquia universal (não da república), não poderia, no entanto, faltar nesse trajeto, por recolocar em cena no século XIV, de maneira marcante, a história romana e seus heróis republicanos. Sobre esse autor e outros precursores do humanismo cívico, tenho a satisfação de poder incorporar a esta coletânea o trabalho de um jovem pesquisador, Felipe Faria Camargo, que já se destaca entre nós por seus conhecimentos relativos ao registro político e jurídico da obra do poeta e que, de modo muito mais acurado do que eu, poderia trazer ao leitor os caminhos da apropriação do paradigma romano no Medievo Tardio (ou proto-Renascimento) florentino. Agradeço a ele por esse elo incorporado ao meu trajeto.

Este livro é dedicado e destinado em primeiro lugar aos estudantes da Faculdade de Filosofia, Letras e Ciências Humanas e de outras unidades da USP que tive a satisfação de ter em minhas salas de aula durante os longos anos empenhados na leitura desses

---

[14] Sérgio Cardoso, *Maquiavelianas: lições de política republicana*, São Paulo, Editora 34, 2022.

autores republicanos. A atenção e colaboração deles estão definitivamente inscritas neste trabalho. E espero que esse percurso, ou partes dele, possa funcionar para cada um como aqueles "*résumés de cours*" que praticam com bastante proveito os universitários franceses. Nesses estudos, muito devi ainda à orientação de colegas (sobretudo nos momentos iniciais das investigações), como a professora Maria Luísa Corassin, sobre Políbio, Maurício Pagoto Marsola e Marcelo Perini, sobre Platão, Edson Querubini e André Scoralick, sobre Aristóteles e sobre o estoicismo, Leon Kossovitch e Marcos Martinho, sobre os meandros das artes antigas da palavra, sobretudo a retórica. Também sou grato aos meus colegas da área de Ética e Filosofia Política — Maria das Graças de Souza, Milton Meira do Nascimento, Renato Janine Ribeiro, Alberto Ribeiro de Barros (parceiro de republicanismo, estudioso da tradição inglesa) e Silvana Ramos — pela colaboração institucional, pelo companheirismo e constante apoio nesses anos à direção tomada pelas ementas de meus cursos.

Assinalo que sem a permanente interlocução com os prezados integrantes do Grupo de Trabalho "Ética e Política no Renascimento" (inscrito nos quadros da Associação Nacional dos Programas de Pós-Graduação em Filosofia) estes estudos não teriam sido levados adiante — mesmo porque, além de terem neles seus interlocutores mais diretos, grande parte dos textos aqui reunidos foram produzidos para publicações e atividades de iniciativa deles, sobretudo dos amigos da FAFICH/UFMG, Newton Bignotto, Helton Adverse e Gabriel Pancera, em cujos nomes saúdo e agradeço a todos os demais amigos participantes do GT "Ética e Política do Renascimento". Por fim, lembro também que meu interesse pela tradição republicana se deve em grande parte à minha integração ao grupo interdisciplinar e interuniversitário animado e coordenado pela grande historiadora e ativista intelectual Heloísa Murgel Starling ao lado do filósofo Newton Bignotto e do letrado Wander de Melo Miranda, todos professores da UFMG. Durante cinco anos (a partir de 1998), em inúmeras ocasiões, esse grupo (que ficou conhecido como "Os Repúblicos") promoveu encontros e colóquios produtivos e prazerosos motivados pelo desejo comum de sondar, à luz da experiência brasileira, o ideário republicano e sua presença rarefeita em nossa cultura política e instituições. Sou profundamente devedor e grato a esse grupo em cujo núcleo permanente tivemos também José Murilo de Carvalho, Luiz Werneck Vianna, Maria Alice Resende, Olgária Matos, Marcelo Gantus Jasmim e Renato Janine Ribeiro, além de colaborações prestigiosíssimas como as de Francisco de Oliveira e Maria Célia Paoli (em seminário realizado em colaboração com o CENEDIC/USP em Belo Horizonte em abril de 2002), Marilena Chaui, Ricardo Benzaquen de Araújo, Berenice Cavalcante e José Eisenberg. Duas publicações principais marcaram a trajetória desse grupo e também meu próprio trabalho: *Pensar a república* (2002) e *Retorno ao republicanismo* (2004), ambas do selo Humanitas da Editora UFMG.

Numa coletânea de ensaios independentes, escritos para ocasiões e destinatários diversos, mas que palmilham e laboram um mesmo chão, são inevitáveis recorrências e retomadas de enunciados, argumentos ou considerações. Assim, peço ao benevolente leitor que, diante dos textos, mais que às matérias, atenda aos percursos e visadas de cada uma das investigações. E espero que este livro possa ser de algum proveito à sua cultura e ação políticas.

Parte I: Atenas
O "regime misto" republicano em Platão e Aristóteles

I.1

Os regimes políticos de governo e sua corrupção

Entre os pensadores da Grécia antiga, a política, como se sabe, refere-se à vida partilhada por muitos no interior de uma cidade (*polis*), cujas práticas se organizam sob "formas" ou "regimes" de governo, mediante os quais a necessidade da associação ou a tendência natural dos homens à agregação se realiza e dura. Impelidos, de início, à vida associativa por suas carências, pela impossibilidade de garantir solitariamente a sua sobrevivência e a necessidade da cooperação, segundo pensa Platão; ou ainda, segundo Aristóteles, impelidos por sua própria natureza política, os homens alcançam o patamar de uma vida em comum plena, movidos por um princípio regulador último de suas ações: seja um Bem soberano, imutável e transcendente (que unifica e ordena as relações funcionais de dependência que constituem a *polis*), no caso de Platão; seja a aspiração ética suprema pela felicidade: o bem viver de todos, segundo o padrão da excelência (da virtude), em Aristóteles.

No entanto, se a ordem finalizada da Natureza põe os homens no caminho da associação política, a realização desse comando não prescinde da colaboração e intervenção deliberada dos próprios homens. Eles são capazes (num mundo em que o cumprimento desses fins enfrenta a resistência da matéria e da "causalidade errante", o acaso) de fazer prevalecer a razão de sua natureza, mas podem também mostrar-se incapazes para afirmá-la, em função do obstáculo das paixões e mesmo de sua incapacidade para encontrar — no mundo turvo das coisas contingentes — os meios adequados para realizá-la. É a consideração desses meios pelos quais a associação se produz que nos remete, pois, à questão das formas de governo possíveis, visto que é através de seu comando (*arkhe*) que a cidade existe, se exprime e age como um todo, como verdadeira comunidade. Por isso, para os pensadores antigos, a ciência prática da política gira quase exclusivamente em torno das "constituições" ou regimes de governo: ela examina suas aptidões para alcançar os fins da cidade, seus desempenhos e méritos comparados e busca o "melhor regime" (*ariste politeia*), aquele capaz de levar a uma convivência dos homens o mais possível integrada e harmoniosa, à justa (e eficaz) disposição de suas "partes" em uma ordem política. Desse modo, é no quadro destas investigações constitucionais que se coloca a questão da duração e da corrupção das associações políticas.

Firma-se bastante cedo na cultura helênica a ideia de que há três caminhos possíveis, ou mesmo padrões, para a constituição do governo das cidades: o de um comando monárquico, o de um conselho de nobres ou anciões e, por fim, o de um governo pelos próprios cidadãos, os homens portadores de armas ou mesmo a multidão, os inumeráveis. Estas possibilidades — que logo serão formalizadas em termos do número dos governantes, da extensão do poder soberano (que seria conferido a um, a alguns ou a muitos) — já delineiam no século VI a.C., como se verifica pelas *Histórias* de Heródoto, o arcabouço de uma teoria das formas constitucionais (monarquia, aristocracia e democracia, com suas virtudes próprias e suas realizações retas ou desviantes) que irá balizar o terreno da reflexão política daí em diante. A força desse legado aparece claramente na obra de Aristóteles. Suas investigações assumem com naturalidade a classificação tradicional como ponto de partida para sua definição dos regimes (*politeiai*): "Visto que — diz ele — a constituição e o governo são o mesmo e que um governo é o que é soberano nas cidades, é necessário que seja soberano ou um só, ou poucos, ou o grande número".[1]

Podemos nos dispensar de lembrar o enraizamento histórico dessa doutrina dos regimes, que autores como V. Ehrenberg, M. Finley, J.-P. Vernant, P. Vidal-Naquet dissecaram com maestria. Basta-nos aqui assinalar o que há nela de inédito, e mesmo sur-

---

[1] Aristóteles, *Política*, III, 1279 a 28-29.

preendente: a inesperada admissão do povo (que, de imediato, parece representar apenas a contraparte natural do comando, o objeto dessa atividade) no rol das forças concernidas com as questões de governo, ou ainda a ideia mesma de um regime "democrático". Podemos, no entanto, lembrar que a entrada do povo no palco do poder começa a se manifestar a partir do momento em que, pelo século VII a.C., a massa empobrecida, em função de grandes transformações econômicas ocorridas por toda a Hélade, sentindo-se destituída de suas condições tradicionais de vida (sendo privada sobretudo do acesso à terra — cada vez mais ocupada pelos latifúndios exportadores de azeite e vinho — e logo oprimida por dívidas e ameaçada por obrigações insuportáveis), começa a protestar contra a insensibilidade e a arrogância dos ricos (como testemunha a poesia de Hesíodo) e a exigir o levantamento de barreiras legais contra a ambição e a prepotência desses poucos (*oligoi*). Verificamos, então, que, a partir daí, o *demos*, o povo, entra ruidosamente em cena como uma força negativa, uma potência de oposição e resistência ao poder dos grandes, que as reformas de Sólon (em 594 a.C.) buscarão neutralizar e acalmar, oferecendo aos destituídos o escudo da lei e uma parcela de autoridade, capaz de frear e equilibrar os excessos dos poderosos. É certo que esse legislador entende que é o mérito que deve presidir a distribuição das honras públicas (que ele repartirá segundo classificações censitárias); mas, ele entende também que a preponderância dos melhores (*aristoi*) sobre os piores deva ocorrer sem excessos. "Dei ao povo honras suficientes; [...] aos grandes, fiz de modo a evitar-lhes toda desonra: levantei-me e lhes proporcionei, a um lado e a outro, um escudo resistente, de tal maneira que não é mais possível a um oprimir o outro", diz o poema que a tradição atribui ao próprio Sólon.[2]

Emergem nesse momento noções fundamentais da política antiga relativas à compreensão do fenômeno da corrupção ou da degradação da ordem constitucional das cidades, o comprometi-

---

[2] Cf. Aristóteles, *Constituição de Atenas*, XII, 1 (Sólon, Fragmento 5 [West]) e Plutarco, *Vida de Sólon*, 18, 4.

mento da sua necessária concórdia. Em primeiro lugar, a ideia de que a vida das cidades está submetida a uma tensão permanente entre forças opostas. De um lado, a atração agregadora da justiça que, figurada nas leis, promove a associação a que os homens são naturalmente votados. De outro lado, a pulsão particularista e desagregadora das paixões que, aqui, se desdobra em duas figuras fundamentais: o desejo desenfreado de bens (riquezas) e de mando (honras) da parte de alguns — a cupidez que move as oligarquias — e um desejo perverso de liberdade, de independência, de viver a vida sem obrigações e constrangimentos, em segurança, como cada um bem entender, aquela pulsão maximamente desagregadora que, em Platão, estofa as democracias ou que, concentrada em um só, produz as tiranias.

Platão, em *A República*, Livro VIII, produzirá o quadro mais acabado, e refinado, da atuação dos princípios de desagregação que trabalham as comunidades humanas. A partir da figura de seu regime paradigmático — o da *polis* justa, a *kallipolis* governada pelos filósofos, defendida pelos "guardiões" e mantidas pelos "muitos" —, compõe, por substituições progressivas dos tipos de caráter que prevalecem nas diversas formas de governo de uma cidade, uma luminosa genealogia dos regimes degradados, oferecendo, assim, uma grade heurística completa para a identificação da natureza e a avaliação moral dos casos efetivamente observados. A primeira degradação, ele observa, ocorre com a perda, pela cidade, da direção do filósofo (o governante apropriado) e com a passagem do governo aos homens de honra, com o advento de um *regime timocrático*: o comando dos homens de honra, os guardiões, soldados, aquelas almas dominadas pelos ímpetos defensivos da irascibilidade. Tais pulsões, ao se verem privadas da direção do filósofo, deixam de orientar-se para o interesse geral, para a defesa e a glória da cidade, passando a reclamar honras de natureza pessoal e privada, que introduzem na *polis* o orgulho, a arrogância e a violência, cindindo sua unidade harmoniosa e dividindo-a em castas de dirigentes nobres e de dirigidos ignóbeis. Essa busca das honras privadas, sugere Platão, carrega consigo para o âmbito do governo todas as motivações dos interesses particulares, a propriedade (até aí comum entre os guardiões) e o gosto pelas riquezas, que transformam paulatinamente o regime timocrático em um regime oligárquico — o segundo na ordem da degradação —, o governo dos ricos, dominados pelos apetites e o *ethos* da acumulação. A avidez por riquezas da classe dirigente desenha, então, o perfil moral da cidade, que passa a distribuir as honras públicas por distinções e privilégios censitários, a valorizar a atividade mercantil e a industriosidade. Mas, ao final, como se sabe, a acumulação de riquezas acaba por produzir um modo de vida voluptuoso e ocioso, aos poucos tornando os homens dissipadores e inativos, inteiramente subjugados à obsessão pelo prazer. Será essa passagem progressiva e insidiosa da cultura da acumulação e da riqueza para a hegemonia perdulária do prazer — que desdenha a posse e dissipa bens — que, ao lado da equalização perversa das condições dos cidadãos (fomentada pelo ócio dos pobres, destituídos de suas condições de trabalho, e o dos ricos, tornados inativos pela abundância e virtualmente empobrecidos pela flutuação das riquezas e a transitoriedade das fortunas), levará ao *regime democrático*, o regime do nivelamento, do desprezo e ressentimento da maioria pobre pelos ricos, e da repulsa a qualquer autoridade. Imperam então, sem freios, os ímpetos do prazer (que abomina todo limite e todo governo) e a aspiração da massa para levar a vida anarquicamente, a seu bel-prazer, como bem entender.

Platão se mostra implacável com a democracia. Apresenta-a como o regime do abuso, da leviandade, da permissividade. Ela se acomoda a tudo: ao desinteresse dos cidadãos pelo que é comum; às instituições de qualquer regime; a todos os gêneros de vida. Mais que um excesso de liberdade, reina nela a licença, em todos os registros. Ela penetra na vida das famílias e contamina, segundo diz o filósofo, até mesmo os animais.

> O pai se acostuma a tratar o filho como igual e a temer as crianças [...], que não têm mais respeito nem temor pelos pais, por se julgarem livres [...]. O mestre teme e adula seus alunos e estes zombam de seus mestres e preceptores. [...] os jovens veem os velhos como

> iguais e os agridem, com palavras e atos; os velhos, por seu lado, para agradar os jovens, fazem-se debochados e ridículos. [...], os animais parecem-se com seus donos; e, assim, veem-se cavalos e asnos, acostumados a passear livres e soberbos, empurrar pelas ruas os transeuntes que não lhes cedem passagem.[3]

Este reinado do desrespeito, do arbítrio e da desordem advém, como se vê, do nivelamento das condições, de uma igualdade indiscriminada, que decorre, por sua vez, da recusa a toda autoridade, do desejo perverso de independência, de querer cada um viver como bem quiser. Segundo Platão, o homem democrático é individualista e politicamente "voluntarista", pois eleva a vontade momentânea e caprichosa do povo (aglutinada pela adulação dos demagogos) à posição do Bem soberano, a fonte da justiça eterna — do que vem o caráter arbitrário e instável das leis nas democracias.

Por essa descrição desoladora do "governo de muitos", podemos aquilatar o peso conferido pelo filósofo à figura do povo (deixado a si mesmo, sem a direção de um princípio integrador) nos processos de corrupção. Pois, para ele, o humor popular não é mais apenas o da oposição à opressão, o da recusa de um comando comprometido exclusivamente com os interesses de alguns, de uma parte da cidade (a negação que se refrata na reivindicação de justiça e na busca da proteção das leis, como ocorre nas reformas de Sólon); manifesta-se nele a afirmação de cada um como princípio de poder e, assim, o desejo perverso de viver sem leis, ou acima das leis, sem ser limitado por nada. Em outras palavras: Platão não vê mais no povo um princípio de negação determinada, de oposição à particularidade dos interesses de alguns; ele radicaliza sua negatividade: compreende-a como indeterminada e politicamente improdutiva, como dissipação anárquica, dissolução de todo vínculo com a totalidade, de toda relação com uma lei comum. Por isso, com a hegemonia popular, a cidade se desagrega, perece,

---

[3] Platão, *A República*, VIII, 562 e-563 c.

ou antes, apodrece, transformando-se em uma massa informe de singularidades errantes, fermentada pela embriaguez da busca enganosa do prazer. Desse extremo da corrupção, a tirania não é senão a expressão final, a concentração especular da cidade corrompida em um indivíduo, que encarna e figura seu delírio e a solidão produzida pela desagregação dos vínculos políticos.

É verdade, entretanto, que não é com este modelo especulativo (desenhado, como foi indicado, para a identificação e avaliação dos regimes degradados possíveis) que Platão opera quando assume a perspectiva prática do legislador, quando se põe o problema de dar a homens reais leis capazes de moderar suas inclinações naturais — a irascibilidade e os apetites — e de dirigi-las para a realização racional da integração política. Por isso, *As Leis*, o último dos diálogos do filósofo (em que o motor do debate é a elaboração de um código de leis para uma colônia a ser fundada), aponta para um paradigma constitucional tão diverso daquele ideal de *A República* e suas inevitáveis degradações. Aí, a prudência do fundador recomendará sobretudo evitar o excesso de autoridade, o perigo associado à monarquia, e o excesso de liberdade, próprio das democracias; pois, a ambição de glória e honras públicas — desejo de poder —, deixada a si mesma, desanda em opressão e tirania e a avidez dos apetites — com sua reivindicação conexa de liberdade —, quando desembaraçada, conduz à licença e ao desprezo de toda autoridade. Assim, monarquia e democracia surgem aqui como regimes extremos (tendentes, ambos, a levar à dissolução da cidade), cujos desvios devem ser atenuados por fórmulas constitucionais compósitas, por um regime misto, em que as inclinações próprias de cada uma sejam neutralizadas, de modo a conter seus excessos e permitir à cidade resistir ao tempo — inevitável, porém — da corrupção.

Essa ideia de um "governo misto", pensado como um expediente anticorrupção e de prolongamento da duração do composto político, já estava presente na experiência constitucional das *poleis* (como mostram as instituições de Esparta, elogiadas por Platão), e permanecerão, depois, como o núcleo mais resistente da tradição do nosso pensamento político. Ela reaparece em Aristóteles, Políbio e Cícero e, através deles, projeta-se em uma longa linhagem de reflexão que chega até nós, ainda que em formulações e contextos intelectuais bastante diversos.

Aristóteles, no contexto clássico que examinamos, nos dá a medida dessa diversidade. Sem abandonar a perspectiva metafísica sobre a finitude e a contingência radical das coisas terrenas, sem desconsiderar a psicologia tradicional das inclinações naturais que alicerçam as atividades humanas, circunscreve a questão política das formas de governo em um registro de investigação bem preciso: o domínio das deliberações e decisões relativas ao que está em nosso poder — "o que depende de nós" —, o exercício das escolhas preferenciais da razão prática. Por isso não define mais os regimes, como faz Platão em sua *República*, pela pulsão que neles prevalece (o desejo de honras, na timocracia; o de bens, nas oligarquias; o de prazer, nas democracias), o que os refere, imediatamente, a um horizonte de corrupção e de decomposição final do composto político. Ao contrário: enquanto produzidos por deliberações humanas (que visam naturalmente ao bem), os regimes, para Aristóteles, fundam-se, antes, em representações parciais ou em compreensões equivocadas quanto à natureza da concórdia e da justiça que soldam as associações políticas e quanto às disposições constitucionais mais favoráveis à sua efetivação e duração.

Toda ação e toda decisão, lembra o filósofo, tendem para o bem ("pois, é em vista do que lhes parece um bem que todos os homens fazem o que fazem"),[4] um bem certamente realizável, ao nosso alcance, acomodado à contingência e à variação das coisas terrenas; não um bem absoluto, medido por uma inteligência divina. Ora, assim se passa também no caso das escolhas possíveis relativas à organização dos poderes de governo: os partidários dos diversos regimes também visam, em princípio, ao bem da cidade, sua autarquia e felicidade; porém, como em todos os assuntos humanos, contingentes, põem-se em controvérsias e litígio sobre os meios de sua realização, sobre a forma de efetivação da justiça. Uns, os pobres, partidários da democracia, projetam a justiça na repartição igual dos poderes, tomando como critério a igual liber-

[4] Aristóteles, *Política*, I, 1, 1252 a 2.

dade de todos os cidadãos; outros, os ricos, partidários da oligarquia, a projetam numa repartição desigual das magistraturas de governo, segundo as capacidades e os méritos, materializados quase sempre nas riquezas. Vem daí — e não mais de um destino metafísico — a instabilidade constitutiva dos regimes observados nas cidades. Sua causa fundamental, no entender de Aristóteles, encontra-se no fato de uma das partes da cidade não obter na constituição uma participação compatível com sua concepção da justiça.[5] A cada vez que uma dessas partes (a dos pobres ou a dos ricos, para ficarmos naquelas que polarizam efetivamente a vida das *poleis*) consegue radicalizar institucionalmente suas pretensões, a insatisfação da outra tende a intensificar-se e a provocar sedições, fazendo o regime aproximar-se de seu término e reatar o ciclo das revoluções políticas.

Aristóteles estabelece, assim, a reflexão sobre as *metabolai*, as "revoluções" dos regimes, em um registro propriamente político. No Livro V de seus escritos políticos, instrui o legislador (o *nomotheta*) sobre as causas da preservação e da corrupção dos diferentes regimes, bem como sobre as direções possíveis de suas transformações (as "revoluções"), segundo as causas que as originam ("por quais causas isso ocorre o mais naturalmente").[6] No primeiro capítulo do Livro V, ele propõe o seguinte programa:

> Do que vem que as constituições [*politeiai*] mudem; de quantas maneiras e como; quais são os caminhos da ruína para cada constituição e de que forma e em direção a que formas as transformações [*metabolai*] sobretudo se dão; além disso quais são as maneiras de salvaguardar as constituições, em geral e cada uma em particular, e ainda por que meios cada uma asseguraria da melhor maneira sua conservação.[7]

---

[5] Cf. *idem*, V, 1, 1301 a 35.

[6] *Idem*, IV, 2, 1289 b 25.

[7] *Idem*, V, 1, 1301 a 20-25.

Nessas investigações, Aristóteles mostra todo seu talento de observador e pensador da realidade da vida política. Agora as revoluções dos regimes não se medem por um modelo especulativo (destinado em Platão à identificação e avaliação dos regimes degradados possíveis). Não se explicam pelo afastamento em relação a um paradigma ideal — a cidade justa; são compreendidas, segundo assinalamos, através de razões políticas. Ele aponta, em primeiro lugar, a causa mais geral (universal) das sedições e transformações. Ela vem sempre da desigualdade, diz, ou "mais precisamente, quando desiguais não se veem atribuir uma parte [dos poderes] proporcional à sua superioridade [...], pois, em geral, é em vista da igualdade que se torna sedicioso".[8] Assim, prossegue o filósofo,

> provocam sedições, de um lado, os que reivindicam a igualdade, por pouco que estimem ter menos, considerando-se iguais aos que têm mais; de outro lado, os que reivindicam a desigualdade: reivindicam a superioridade, se dão por certo que não têm mais que os outros, mas o mesmo, se não menos, quando são desiguais [...]. Já os que são inferiores, com efeito, tornam-se sediciosos para obter a igualdade e os que são iguais, para ser superiores.[9]

Enfim, provocam-se mudanças, revoluções, "quando não se participa da vida [comum] segundo a ideia [de justiça] que se tem".[10] Além desses princípios, Aristóteles não deixa de considerar também causas mais imediatas (estados de espírito, disposições afetivas, interesses por bens ou honras públicas, ou para evitar sua perda, seja em relação a si ou aos amigos)[11] e mesmo aquelas fran-

---

[8] *Idem*, V, 1, 1301 b 27-29.

[9] *Idem*, V, 2, 1302 a 25-31.

[10] *Idem*, V, 2, 1301 a 37.

[11] Cf. *idem*, V, 2, 1302 a 32-34.

camente acidentais: intrigas, medo, desdém, crescimento de uma das partes da cidade e outras mais.

Como se vê, na perspectiva desse filósofo, as mudanças de regime não assinalam diretamente apenas o movimento dispersivo das *paixões*, a resistência da matéria e o progresso inevitável da degradação. Divisa-se também nelas as marcas de *ações*, de movimentos ainda produzidos, em alguma medida, pela busca da justiça ("todos estes regimes têm algo de justo, mesmo que absolutamente falando sejam errôneos").[12] Ao devolver, pois, às revoluções das formas de governo sua dimensão propriamente política, o filósofo denuncia o teor "ideológico" — diríamos hoje — das representações que as motivam e ainda a dificuldade dos homens para dar à sua natural inclinação para a vida associativa alguma realização estável, para escapar, mesmo que temporariamente neste mundo das coisas transitórias, imperfeito e sempre inacabado, à interminável polarização e à oscilação (as "revoluções") dos regimes. Nesse sentido, o remédio que se impõe é ainda o de um "governo misto", o de uma forma constitucional que promova a integração e o equilíbrio entre as pretensões dos dois partidos fundamentais em que as cidades normalmente se veem cindidas: um regime que fuja aos extremos (que produzem revoluções) e promova entre as partes uma tensão que "force" as instituições e as disposições legais na direção do "justo meio" e, desse modo, progressivamente eduque os dois lados para os compromissos e as virtudes necessárias à integração e duração da associação política.

Podemos observar então, em Aristóteles, que a corrupção — que permanece sempre possível — recua para o fundo da cena e deixa emergir um certo otimismo constitucional, conquistado perspicazmente pela transposição da reflexão política para o terreno da ação (o espaço das escolhas humanas refletidas, dirigidas para futuros possíveis), o mundo próprio dos homens, resistente às pretensões transcendentes da metafísica do necessário e a todo saber de caráter divino. Justamente porque as coisas temporais estão permeadas pela indeterminação e o acaso, porque estão sujeitas,

---

[12] *Idem*, V, 1, 1301 a 37.

de modo irremediável, à corrupção e à morte, é que se torna possível para o homem introduzir nessa matéria evanescente, contingente, da sua vida associativa um pouco de razão e duração, criando um mundo à sua imagem e semelhança: um mundo certamente frágil, sempre inacabado, mas capaz de lhe dar o gosto de uma vida ativa e produtiva, em vista de padrões humanos de excelência, e ainda o prazer da comunicação e da convivência com seus pares, a experiência da amizade, pessoal e política[13] — vedada aos brutos, e também aos deuses.

[13] Cf. Aristóteles, *Ética a Nicômaco*, VIII e IX, 1155 a 1, 1172 a 13.

I.2

O fim e a forma: os fundamentos da ordem política

Politeia é o vocábulo grego traduzido pelos latinos por *res publica*, que nos habituamos também a ver traduzido por *constituição*: a constituição da *polis*, de uma cidade, o que faz dela (o que a constitui como) uma comunidade política. Porém, o termo "constituição" que nos é familiar — a Constituição de um país, suas ordenações, leis fundamentais, bem como os princípios e valores que orientam uma associação política autônoma, historicamente dada —, em sua origem grega, remete a um registro ainda mais fundamental e decisivo que aquele jurídico-político em que o colocamos, visto que responde a uma interrogação propriamente filosófica; responde a uma pergunta radical: o que faz uma *polis* ser tal? Como defini-la? Como determinar sua essência? O que é a "coisa política" (de onde a tradução latina por *res publica*)? Buscar, assim, a natureza mesma da cidade é também pensar, como mostraram os gregos, o que as cidades existentes podem ser, ou mesmo o que devem ser, para realizar sua essência; é inventar, ao lado da filosofia política, os saberes e as práticas da política.

Politeia, desse modo, em sua acepção mais geral, designa tanto os assuntos ou negócios concernentes às *poleis* (as práticas e instituições daquela forma de associação e de convivência de homens livres, cidadãos — *politai* —, que foi sendo produzida entre os povos helênicos a partir da derrocada do império micênico em torno do século XII a.C.), quanto designa os saberes relativos a tal objeto: a ciência política. Destes sentidos genéricos é que procede o sentido mais específico e técnico alcançado pelo termo entre os Antigos, aquele que levou as traduções modernas a buscar equivalente em nossa expressão "constituição". Isto se dá porque a indagação relativa aos assuntos da cidade remete diretamente à organização das funções de governo e das instituições que articulam e ordenam a vida coletiva, já que são o estabelecimento e a articulação adequados dos poderes de uma cidade que tornam possível sua vida, a identificam e a espelham. A doutrina clássica da política coincide, então, quase inteiramente com a investigação sobre as "formas de governo" das *poleis* e — considerado seu interesse prático — com as teorias sobre o "melhor regime" (*ariste politeia*), se não a *politeia* ideal, adequada à própria definição da *polis*, ao menos aquela mais apropriada para sua realização em cada caso.

O que é, então, uma *polis*? Como definir a *politeia* que a constitui, que lhe dá identidade? Devemos, aqui, começar por lembrar o "finalismo" (metafísico) de base que sustenta a reflexão dos filósofos antigos. Para eles, uma cidade, como todos os seres naturais, é composta por uma pluralidade de "partes", uma pluralidade de elementos inscritos em um todo articulado, que organiza e harmoniza as relações entre tais elementos. No caso da *polis*, sua articulação em um todo, sua "forma", é justamente sua constituição (*politeia*), que será adequada e verdadeira se levar à boa realização do fim que a faz existir, ao "bem" que promove e garante a composição de suas partes. Estes filósofos consideram que a natureza opera imprimindo nos diversos seres uma inclinação para seus fins próprios e também inscrevendo-os em uma cadeia hierarquizada de fins, de modo que cada um torna-se um meio para um fim superior. Consideram que estes "fins intermediários" convergem todos para um termo — um fim supremo e regulador dos demais, o Bem soberano —, que é postulado para que a progressão dos fins não vá ao infinito, destituindo de fundamento e sentido toda a cadeia dos fins intermediários (meios para outros fins) que conduz o movimento observado na natureza e nas atividades dos homens. Motor dos movimentos naturais, esse fim supremo — um Bem procurado por todo movimento e não dirigido ele mesmo para qualquer outro, divino na linguagem socrático-platônica — é a condição e a garantia de todo sentido: princípio de razão e de ser de todas as coisas.

No caso das *poleis*, as que efetivamente são tais (que não o são apenas em aparência, seus simulacros) estarão direcionadas para esse Bem soberano; deverão ser conformadas por ele e em vista dele. Entretanto, no mundo dos seres dotados de razão e capazes de deliberação, os fins fixados pela natureza não se impõem imediatamente, por si mesmos, na determinação dos meios destinados a realizá-los. A natureza opera aí pela mediação da razão e das deliberações humanas, que devem fazer prevalecer os fins, racionalmente determinados, sobre os obstáculos que impedem sua efetivação: as pulsões desagregadoras das paixões (que fixam o desejo em bens intermediários, privando o agente da orientação do Bem soberano) ou mesmo as limitações da razão para encontrar, em cada caso, os meios adequados para a realização do fim das comunidades políticas — o legislador, o ator político por excelência, nem sempre se revela capaz de alcançar a fórmula constitucional adequada ao bom sucesso da cidade.

Lembremos, brevemente, como Platão, em sua *República*, responde a essa interrogação sobre a boa e verdadeira *politeia* (depois de denunciar a loucura das cidades que, em suas constituições, atribuem à massa popular as decisões sobre fins a serem buscados, que pretendem alcançar o Bem e a Verdade por contagem de votos). O caminho tomado por ele — em toda coerência com o finalismo ontológico inscrito em sua cultura — é o de conferir o poder na constituição das cidades àqueles poucos que se mostram capazes de alcançar o saber do Bem supremo regulador: os filósofos. A ciência do Bem, norma absoluta de toda ação e de todo movimento da natureza, vem, assim, legitimar o governo do filósofo: só ele é capaz de ordenar a cidade de modo a direcioná-la a seu fim verdadeiro, de modo a fazer dela uma cidade autêntica, justa. Tal justiça — o objeto da investigação da *República* — é definida, no seu Livro IV, com admirável concisão e simplicidade: ela consiste, diz Platão, em que cada cidadão faça sua parte, o que lhe cabe, no sistema funcional que move a vida em comum. Que não avancem uns sobre o terreno dos outros, seja no que diz respeito à divisão do trabalho, dos ofícios técnicos, seja no tocante à necessária divisão das classes funcionais (governantes, guardiões-soldados, produtores), pois "a mistura das três classes causaria à cidade o maior dano".[1] Que cada um exerça seu papel específico, aquele de sua

---

[1] Platão, *A República*, IV, 434 c.

aptidão natural maior; que faça o que é capaz de fazer melhor no interior do sistema de cooperação que mantém a vida de todos: sem a maximização da eficiência da divisão do trabalho as carências de todos não podem ser supridas.

Cabe, portanto, ao filósofo, por seu conhecimento das verdadeiras realidades, as *formas*, e por seu saber do "fim último", ordenar a cadeia dos fins intermediários que sustentam a vida em comum. Em relação aos produtores, ele poderá reprimir os usos desviantes das técnicas — quanto ao seu exercício ou ao uso inadequado de seus produtos — que vêm perturbar a divisão do trabalho. Poderá também impedir o exercício de pseudotécnicas (as imitativas), destituídas de objeto próprio e saber apropriado. E poderá, por fim, por sua aptidão especializada para o governo (a técnica política), manter ou restaurar a ordem espontânea e as subordinações naturais da cadeia de dependências dos ofícios necessários ao provimento da vida comum. O governo do filósofo proporciona ao corpo político aquela articulação natural que assinala sua saúde, que elimina conflitos. A ciência do Bem soberano, o saber da boa ordenação funcional da comunidade e do uso correto das técnicas lhe permitem harmonizar a cidade ("cosmicizá-la"), imprimir nela as disposições da justiça — que é justamente o objeto da investigação da *República*.

Platão nos direciona para um tipo bem preciso de *politeia* e de governo ao fundá-los no saber especializado do filósofo, quer o eleve ao comando direto da *polis* (como no paradigma ideal, monárquico ou aristocrático, da *República*), quer lhe confira o papel do legislador que imprime sua ciência nas leis da cidade, de modo a levá-la a um "regime misto": o poder autocrático de Leis perfeitas plasmadas na ideia da Justiça (princípio monárquico), conservadas e aplicadas pelos melhores (princípio aristocrático), com o apoio de dispositivos de persuasão e de participação (eleições e controles) que produzam o consentimento às Leis por parte da massa (princípio democrático). Esse é o regime configurado no detalhado modelo constitucional proposto no diálogo *As Leis* para uma colônia imaginada segundo as mais profundas aspirações do velho filósofo. Considere-se, entretanto, que o intento fundamental desse regime, dessa *politeia* — menos que mimetizar o modelo espartano (com seus dois reis, seu conselho aristocrático e os éforos da representação popular), como muitas vezes se pretendeu — é unir a autoridade da sabedoria (a do filósofo, posta nos enunciados da legislação) e o consentimento popular aos seus comandos. Platão pretende, acima de tudo, garantir a imposição da autoridade do saber (preservando-a da corrupção trazida pelas paixões, mesmo em um governo de filósofos) e também a liberdade popular, do *demos*, pela associação de monarquia (visto que a autoridade das leis sábias não pode ser limitada) e democracia (dado que o governo não pode ser tirânico). Pretende impedir que os princípios destes dois regimes vijam sem contraponto, num monopólio desastroso. Uma orientação, esta, que não será mais esquecida em todo o longo trajeto do republicanismo.

Com Aristóteles o conceito de *politeia* ganha uma inflexão vigorosa. O filósofo não deixa de postular o finalismo físico-metafísico da ordenação de todos os seres; mantém seu crédito intocado: "tudo o que existe se explica por aquilo em vista do que existe", diz. E tal postulado se impõe de maneira ainda mais nítida no domínio das coisas humanas: "toda arte e toda investigação, bem como toda ação e toda escolha tendem para um bem; pois, declarou-se com razão que o bem é aquilo para o que tendem todas as coisas".[2] Mas, é necessário atentar à modulação da tese assim assumida. No âmbito humano, os movimentos tendem para "um bem", não diretamente para o Bem; não são imediatamente referidos ao "Bem em si", soberano. Nas práticas humanas — produção, ação, investigação —, o bem a ser alcançado não é diretamente aquele divino, transcendente, que imanta toda a natureza e guia as deliberações do filósofo; deve ser um bem à medida dos homens. Postula-se, pois, um fim último, mas propriamente humano e realizável; não só atingível pela ação, mas também, no que concerne à *polis*, referido ao seu todo, às suas diversas "partes", não apenas àquela que detém a hegemonia no governo.

E qual é o bem maior visado pelos homens em suas associações? A aspiração final de suas ações, diz Aristóteles, é por certo

---

2 Aristóteles, *Ética a Nicômaco*, I, 1094 a 2.

a felicidade, a *eudaimonia*, o "bem viver" (*eu zein*) em comum (ainda que reste a determinar tal conceito — o que o filósofo justamente faz em seus escritos éticos). A associação política é, assim, aquela que se deixa definir pela aspiração a esse fim superior, o que faz dela a comunidade suprema e englobante de todas as demais associações humanas, cujos fins convergem, então, para a realização das *poleis*. As demais comunidades humanas (famílias, aldeias) alcançam seu sentido pleno a partir do bem superior que se realiza na *polis*. Afinal, não basta a cada homem procurar bens que preencham suas carências; não lhes basta também reunir-se em famílias (*oikos*) para a conservação de suas vidas, para sobreviver. Além de simplesmente "viver" (*zein*) e mesmo viver com os outros (*synzein*), quer-se "bem viver" (*eu zein*), alcançar uma vida bem-sucedida, feliz — o bem maior que subordina e regula todos os outros bens que os homens visam por suas associações, ações e produções.[3]

Enfim, uma comunidade, mesmo ampla e complexa, não é uma *polis* se se limita a prover a vida (econômica) e a garantir a segurança dos cidadãos, visto que é tal apenas enquanto mediadora do fim humano mais alto, aquele que eleva as associações ao nível da autarquia, da autossuficiência (sem dependência, sem subordinação aos fins de outros) e à realização de uma vida em comum bem-sucedida, apontada para a excelência, para a virtude. A *polis* é aquela associação que se mostra potencialmente capaz de proporcionar o preenchimento de todas as carências dos cidadãos, e da melhor maneira possível, visto que, segundo sugere Aristóteles, ela opera também como princípio de generalização da excelência. Nela não se procura apenas preencher carências, mas res-

---

[3] Se o legislador de Platão institucionaliza "a Justiça", o de Aristóteles busca produzir "a melhor constituição" (*ariste politeia*) para o caso enfrentado, visando evidentemente por ela produzir harmonia e felicidade, "visto que uma cidade é uma comunidade de vida feliz, ou seja, cujo fim é a vida perfeita e autárquica para as famílias e linhagens [...]. O fim de uma cidade é, pois, a vida feliz, de modo que as relações em questão [de troca e de segurança militar] são em vista desse fim" (Aristóteles, *Política*, III, 9, 1280 b 30-35).

ponder a elas com o melhor. Nela não se procura apenas agir, mas agir segundo a excelência, segundo a virtude (*pratein kat'areten*).

Passemos, porém, ao ponto de maior rendimento prático — e certamente também de maior interesse especulativo — da doutrina aristotélica da política. Pois, se o filósofo "corrige" a interpretação platônica da postulação finalista, tanto no registro ontológico como naquele das práticas humanas, ele traz uma inovação igualmente radical no que diz respeito aos meios destinados a levar aos fins das associações políticas. Imprime, em seus tratados, uma direção em tudo surpreendente à questão das "formas de governo", que é o objeto central, como já assinalamos, da disciplina prática da política. Vejamos, então.

Depois de definir, no início do Livro III de seus escritos *Políticos*, o gênero *politeia* (que designa, afirma ele, a ordenação das magistraturas soberanas de uma *polis*, a distribuição e as relações dos diversos poderes dedicados à realização de seus fins, uma vez que "a *politeia* está no governo [*politeuma*]";[4] é o governo), Aristóteles, através da junção do critério tradicional (abstrato) da classificação de suas espécies pelo número dos governantes — um só, alguns ou todos — com o da finalidade do governo, estabelece a tipologia das especificações do gênero. Teríamos, assim, três regimes de governo que visam ao bem comum (monarquia, aristocracia e democracia) e três desviantes (tirania, oligarquia e oklocracia — governo da massa popular), voltados para o interesse dos governantes, sejam eles os muitos (a "multidão" do povo), alguns ou apenas um — governos despóticos, desviantes, não políticos. Entretanto, considerado o interesse prático da investigação, posta a classificação, parece se impor imediatamente o exame dos méritos comparados destas constituições, a pergunta sobre qual dos regimes retos (no sentido de não degradados) poderia ser apontado como "o melhor regime" (*ariste politeia*). É verdade que essa indagação pode parecer carente de sentido; afinal, os três regimes retos, enquanto se dirigem à finalidade da associação, o bem comum, são igualmente bons. E, no entanto, ela não deixa de fusti-

---

[4] *Idem*, III, 6, 1278 b 12.

gar os leitores, que buscam o saber da Ética e da Política não por interesse especulativo, mas, como entende o próprio Aristóteles, para se tornarem melhores, eles próprios e sua cidade. Não seria mesmo possível atribuir um maior interesse prático a uma dessas constituições?

Pierre Pellegrin, entre outros comentadores, faz jus a esta interrogação lembrando que o destinatário primeiro dos tratados políticos de Aristóteles é o legislador, o *nomotheta*, e que as investigações propostas pelo filósofo respondem às várias situações enfrentadas por este na sua atividade de produção de constituições para as diversas cidades. Desse modo, Pellegrin radicaliza o interesse prático dos tratados, assinalando que giram inteiramente em torno da questão do "melhor regime". O alvo do *nomotheta* é sempre o de dar a uma cidade a melhor constituição possível, esteja ele no papel do fundador de uma nova cidade — que ele pudesse moldar segundo suas mais desvencilhadas aspirações — ou no papel do reformador, que deve levar uma *polis* determinada ao regime que lhe é mais apropriado. Caberia ao *nomotheta*, certamente, indagar também sobre a existência de uma boa figura constitucional "geral", aplicável à maioria dos casos (que são oligarquias e democracias, regimes defeituosos), uma pergunta que seria justamente respondida pelo "regime misto" (designado com o nome do gênero, *politeia*), que seria, no geral, o "melhor regime".

Francis Wolff, arguto comentador, parece por sua vez trazer para a afirmação da proeminência desse regime, a *politeia*, argumentos ainda mais fortes e decisivos. À contracorrente de uma exegese bem estabelecida, mostrou que nessa investigação sobre os regimes políticos Aristóteles impõe uma pequena e inesperada torção à questão da avaliação dos regimes. Ele, evidentemente, não entende o regime misto, a *politeia* (que, afinal, seria o governo reto efetivamente de todos), como o regime mais justo, pois qualquer regime é reto e justo em sentido absoluto se visar ao bem viver comum. Entretanto, a *politeia*, sua constituição mista, segundo assinalam os capítulos 10 e 11 do Livro III de seus escritos políticos, apresentaria uma aptidão performativa maior que as outras constituições para realizar um governo em vista de todos, em vista do bem comum. Pois, naquelas passagens não se alega a retidão ou a justiça desse governo de todos (que é diverso da democracia, o governo da maioria popular, determinado, na verdade, pelo interesse dos pobres, que sempre constituem a maioria); alega-se seu desempenho, sua maior eficácia na realização do bem comum: "ao invés de pretender [como os democratas] que é melhor [mais justo] que o povo governe, [Aristóteles] mostra que o povo governa melhor", observa Wolff.[5] Teríamos aqui, portanto, "uma apologia aristocrática da democracia", segundo assinala o comentador, sendo a *politeia*, o regime misto, a forma reta de um governo verdadeiramente de todos, de todo o povo, pobres e ricos. Misturam-se nela disposições democráticas (no registro legislativo e judiciário) e outras aristocráticas (na verdade, oligárquicas), no preenchimento de magistraturas especializadas (por competência ou mesmo segundo restrições censitárias), de modo a definir o regime não apenas pelo número (um "todos" abstrato, o grande número), mas pela integração efetiva das partes da cidade e a incorporação dos melhores (os "poucos") ao governo. São muitas as vantagens desse "governo misto".

É nítida a proeminência dada por Aristóteles em seus tratados à *politeia*, a esse regime "constitucional" misto, que toma o lugar da democracia como a forma reta do governo de todos, que ganha o nome do gênero por realizá-lo paradigmaticamente. Mas, além de seu interesse prático para as investigações constitucionais (Pellegrin) e de sua capacidade performativa no sentido da realização do bem comum (Wolff), o que faz a originalidade e o interesse dessa forma de governo, de modo a torná-la também tão im-

---

[5] "Tudo acontece de fato como se, ao arrepio das argumentações 'aristocrata' e 'democrata', Aristóteles esboçasse uma apologia 'aristocrática' da 'democracia': em vez de pretender (como os democratas) que é melhor que o povo governe, ele mostra que o povo governa melhor" (Francis Wolff, *Aristóteles e a política*, trad. Thereza Christina F. Stummer e Lygia A. Watanabe, São Paulo, Discurso Editorial, 1999, p. 150). Aristóteles argumenta: "Mesmo àqueles que se julgam dignos de ser soberanos em nome de sua virtude, como os que invocam para tal sua riqueza, as massas poderiam opor um argumento justo: nada impede a certo momento que a massa seja melhor que os poucos ou ser mais rica, não cada indivíduo, mas o conjunto deles" (Aristóteles, *Política*, III, 13, 1283 b 30).

portante para a tradição do republicanismo? Certamente, em primeiro lugar, seu "realismo". Pode-se verificar que sua legitimidade não advém de imediato das qualidades intelectuais ou morais dos governantes, visto que a *politeia* não se define como um amálgama das boas qualidades dos regimes retos (não é governo dos sábios e virtuosos), mas um "misto" de regimes desviantes, a oligarquia (governo dos ricos) e a democracia (governo da maioria pobre). Esta mistura visa efetivamente enredar a todos, ricos e pobres (as partes fundamentais da cidade), na empresa mesma de realização de uma *polis*, através da construção de compromissos entre seus interesses próprios, traduzidos em leis voltadas para o bem comum. Trata-se, pois, de um regime empenhado em levar as partes da cidade à integração em um todo, permitindo-lhes conviver mediante limitações legais (pactuadas) de seus apetites. Assim, este regime constitucional se sobressai por seu caráter realista (partir das formas mais comuns — desviantes — de governo) e também eminentemente prático: não recorre ao empenho moral dos governantes em serem justos e governar para todos; confia à eficácia dos dispositivos constitucionais a produção do bem de todos, o bem da cidade (materializado em leis) — num deslocamento progressivo dos humores de ricos e pobres na direção do interesse comum (*koinon sympheron*) e da produção das virtudes próprias de cidadãos médios, nem pobres, nem ricos.

Enfim, ao definir a *politeia* como mescla de oligarquia e democracia, o filósofo parte de uma matéria psicossocial e econômica bem determinada (a classe dos ricos e a dos pobres, que reduzem e recobrem integralmente o todo da cidadania) e lhe confere uma forma inteiramente original, determinada por seu fim específico: integrar, por seus estabelecimentos e disposições, as partes heterogêneas da cidade em um todo político; produzir acordo entre as pulsões antagônicas das duas classes (o desejo de bens dos ricos e o desejo de prazer e segurança dos pobres, segundo uma psicologia social arraigada), em função do interesse superior de todos na necessária convivência no interior de uma *polis*. Essa matéria socialmente determinada e essa finalidade integradora não só conferem à *politeia* seu desempenho prático eminente, mas ainda fazem dela *o regime revelador das próprias condições de existên-*

cia de uma comunidade política. Ela se afasta da definição nominal da democracia (governo de todos os cidadãos em vista do bem de todos) e lhe proporciona sua definição real, produtiva e prática (associação no governo das partes fundamentais da cidade, ricos e pobres, em vista da construção, pelas leis, de uma esfera de interesse comum); ela oferece à *polis* sua definição genética.

Se a *politeia* surge, então, como regime paradigmático, se representa a "melhor constituição" (*ariste politeia*), não é, certamente, apenas em função de sua adequação para a maioria das *poleis* (oligarquias ou democracias) que requerem a intervenção do legislador ou, ainda, por seu desempenho e eficácia para a realização da finalidade da cidade. Se, além do nome do gênero, ela merece o título de "melhor constituição" é porque é o regime prático por excelência, por apresentar as condições da produção e reprodução efetivas de uma cidade. Nela a *polis* tem, formalmente, como fim a si mesma, sua existência e conservação. A *politeia* revela a natureza real, conflituosa e tensa, de todo composto político.

O vocábulo *politeia* aqui considerado (aquele "regime misto" que os romanos logo designarão como *res publica*) constitui o marco zero, lexical, semântico e conceitual, de todo o desenvolvimento posterior do republicanismo. Com ele se abre o caminho secular e complexo das reivindicações e reflexões que alimentaram e alimentam as vidas e os ideais das Repúblicas.

I.3

Da democracia de Atenas à república de Platão[1]

As instituições democráticas de Atenas sempre foram controversas no interior da própria cidade, mesmo não sendo inteiramente incômodas para a aristocracia, que se manteve rica e que ocupava as posições de liderança mais estáveis e notáveis. Mas foi no século IV que a oposição e as críticas a esse regime se adensaram em um pensamento consistente, produzindo uma reflexão sistemática sobre a realidade constitucional das *poleis* e firmando, desde então, a convicção, de longa vida, relativa à superioridade de um "regime misto" sobre a democracia e sobre todas as outras formas de regimes políticos convencionadas. Tal regime misto foi emblematizado pela constituição de Esparta, a grande rival de Atenas, ainda que o conceito produzido pelos filósofos se mostre patentemente distanciado da realidade constitucional daquela cidade. O certo é que se fixou na tradição do pensamento político esse paradigma, que já foi chamado "miragem espartana", o permanente modelo da forma mais estável e duradoura das constituições conhecidas. Entretanto, sem dúvida, é para Atenas e para a persistente crítica de sua democracia que devemos nos voltar, se quisermos entender a reivindicação e a produção do conceito de um "governo misto", republicano. Comecemos, assim, por considerar os traços do regime ateniense de *isonomia* (assim se denominava, chamando-o pejorativamente "democracia" seus adversários) e aquela crítica que abre a tradição do republicanismo.

---

[1] Para Olgária Matos, em lembrança do tempo em que lemos e ouvimos na USP Jean-Pierre Vernant, Nicole Loraux e outros brilhantes helenistas que, na segunda metade do século XX, renovaram de maneira decisiva o conhecimento da sociedade e do pensamento gregos.

Comecemos por lembrar que, no trajeto das *poleis* gregas, esse regime, como já assinalou Moses Finley, foi uma invenção espantosa, que teve data de nascimento.[2] É certo que ele brota de um enraizamento social e cultural profundo, amplamente estudado pelos helenistas; mas é certo também que esse enraizamento não clareia o enigma de seu surgimento e não explica a radicalidade de suas disposições e princípios. É também espantoso que essa isonomia herde e universalize valores e práticas aristocráticas sedimentadas no "mundo homérico", para estabelecer em Atenas uma ordem de convívio social igualitário. De um lado, lembra Jean-Pierre Vernant, ela incorpora o espírito de equivalência e a paridade aristocráticas, aquela semelhança que produz *philia*, mas também competição e rivalidade (*eris*), permeadas pelo respeito mútuo que aproxima os melhores, os *aristoi*.[3] De outro, ela assimila práticas aristocráticas que são observadas nas campanhas guerreiras da *Ilíada*:[4] para as decisões fundamentais, a *arkhe* (o comando) se transferia para o centro do círculo dos pares, colocando-se no meio, *ex meson*,[5] e conferindo ao debate, ao *agon*, a forma de uma "*juxta oratoria*", de afrontamento pela palavra, combate de argumentos, que a democracia virá a encenar na ágora.[6] Enfim, os trabalhos excepcionais dos helenistas que aqui lem-

---

[2] Moses Finley, *L'invention de la politique*, Paris, Flammarion, 1985, p. 89. Cf. também, do mesmo autor, *Démocratie antique et démocratie moderne*, Paris, Payot, 2003.

[3] "Potência de conflito/potência de união, *eris-philia*: estas duas entidades divinas, opostas e complementares, marcam os dois polos da vida social no mundo aristocrático que sucede às antigas realezas. A exaltação dos valores da luta, de concorrência, de rivalidade se associa ao sentimento de pertencimento a uma única e mesma comunidade, a uma exigência de unidade e de unificação sociais. O espírito do *agon* que anima os gene nobiliários se manifesta em todos os domínios" (J.-P. Vernant, *Les origines de la pensée grecque*, Paris, PUF, 1969, p. 41).

[4] Marcel Detienne, *Les maîtres de vérité dans la Grèce archaïque*, Paris, François Maspero, 1981, p. 91.

[5] *Idem*, p. 89.

[6] J.-P. Vernant, *Les origines de la pensée grecque*, *op. cit.*, pp. 41-3.

bramos nos permitem compreender, na expressão de Jean-Pierre Vernant, que

> [...] se a exigência da isonomia pôde adquirir no final do século VI uma tal força, se ela pôde lastrear a reivindicação popular de um livre acesso do *demos* a todas as magistraturas, foi sem dúvida porque ela se enraizava em uma tradição igualitária muito antiga; porque respondia a certas atitudes psicológicas da aristocracia dos *hippeis* [dos cavaleiros]. Foi, portanto, essa nobreza militar que estabeleceu, pela primeira vez, entre a qualificação guerreira e o direito de participação nos negócios públicos, uma equivalência que não será mais posta em questão.[7]

Lembremos que os hoplitas atenienses são cidadãos-soldados; na falange e na cidade, pela semelhança de condição e pela *philia*, eles são, de direito, agentes militares e sujeitos políticos.[8]

Sabemos que o governo da cidade pelos clãs aristocráticos, mesmo atenuado pelas reformas de Sólon (594-3 a.C.), perdura ainda no final do século VI, quando advém repentinamente, enfatizamos, após as tiranias dos Psistrátidas (561-510 a.C.), a revolução da *isonomia*, que estabelece a duradoura *politeia* democrática, que se tornou a marca de Atenas. A tensão entre a oligarquia e o *demos*, que já levara a outras transformações políticas, como a legislação de Drácon, as reformas de Sólon e, depois, a cinquenta anos de tirania, vai desaguar finalmente, em 508 a.C., na estabilidade constitucional trazida pelas reformas de Clístenes; pois, mesmo em meio a turbulências e guerras, o novo regime, no fun-

---

[7] *Idem*, p. 57.

[8] Cf. o trecho: "É muito difícil, em todos os domínios, que um grande número de homens possuam a virtude, com a principal exceção da virtude guerreira que, com efeito, nasce na massa. Por isso nessa última espécie de constituição [o regime constitucional, a *politeia*] é a classe guerreira que é absolutamente soberana e são os que portam as armas que participam do poder" (Aristóteles, *Política*, III, 7, 1279 b 1-4).

damental, perdurará pelos dois séculos seguintes. O espantoso, no entanto, é o ineditismo e a radicalidade desta grande conversão antiaristocrática, conduzida ademais por um aristocrata e precipitada por lutas de facções aristocráticas. Pois ela ocorre quando Clístenes, chefe de uma das linhagens mais nobres da cidade, os Alcmeônidas, ao ser vencido em sua pretensão ao arcontado, busca o apoio do povo para fazer frente a seu adversário.[9] Tudo sugere nesse movimento, como observa Vidal-Naquet, "o comportamento banal de um aristocrata que, sonhando com a tirania, apoia-se nas massas populares".[10] Trata-se de um expediente bem conhecido em Atenas. Como é sabido, o próprio Psístrato recorrera ao povo para estabelecer seu poder, segundo atestado por Heródoto.[11] Ora, ao invés das concessões tradicionais dos tiranos ao *demos*, desta vez o Alcmeônida — talvez "democrata por acidente", como diz Finley[12] — promove a mais radical e inesperada das revoluções nas instituições sociais e políticas da cidade.

Mas, deixemos de lado o "enigma" do surgimento da *isonomia* para traçar, brevemente, o perfil dessa reforma, cujo núcleo está no intento de supressão total dos privilégios aristocráticos e na criação de um regime de inteira igualdade política: basta agora a um homem livre adulto ter nascido em Atenas, de pai e mãe atenienses, para ter direito igual na repartição dos poderes da cidade.[13] Trata-se, em primeiro lugar, de suprimir os vínculos tradicionais de dependência (territoriais, clânicos, sociais, religiosos), para

---

[9] Heródoto comenta: "vencido, Clístenes traz o povo para o lado de sua facção" (*Histórias*, V, 66), que, então, vencerá.

[10] Pierre Lévêque e Pierre Vidal-Naquet, *Clisthène L'Athénien: sur la représentation de l'espace et du temps en Grèce de la fin du VIe siècle à la mort de Platon*, Paris, Éditions Macula, 1964, p. 42.

[11] Heródoto, *Histórias*, I, 59.

[12] Moses Finley, *Les anciens grecs: une introduction à leur vie et à leur pensée*, Paris, Éditions La Découverte, 1984, p. 69.

[13] "Já não é mais questão, doravante, de procurar saber de quem se descende, real ou ficticiamente: a partir do momento em que se nasce ateniense, se tem o direito de participar do poder no interior da cidade, de ser membro da assembleia do povo", lembram os helenistas que se preparavam para comemo-

soldar os cidadãos por laços de solidariedade e amizade cívicas e políticas, de modo a cortar pela raiz as diversas formas de hegemonia e hierarquia e também os privilégios histórica e socialmente enraizados, para realizar a igualdade política, a *isonomia*. Como é sabido, as quatro tribos primitivas (com suas consanguinidades, "fratrias" e alianças) são redistribuídas em dez, cada uma com três partes (uma costeira, uma rural e uma urbana), criando-se novos vínculos de solidariedade social, econômica e política. Mesmo os nomes gentilícios dos cidadãos são substituídos pela referência ao seu *demos*.[14] Mas não podemos aqui, certamente, detalhar as medidas e os dispositivos mesmos da reforma; podemos apenas frisar os traços fundamentais dessa extraordinária democracia original: a politização de todas as dimensões da vida social (o território, o tempo, a religião) no interior de um "quadro mental" de inteira igualdade política dos cidadãos, uma igualdade aritmética na distribuição dos poderes — com as simetrias, reversibilidades e rotatividades das magistraturas, amplamente distribuídas pelo corpo dos cidadãos; e, sobretudo, os sorteios, que fazem, no dizer de Finley, passar de uma igualdade ideal à real.[15] Mais tarde vêm as indenizações pagas aos pobres, para que possam deixar suas atividades e participar das assembleias, dos tribunais e do conselho, de modo a realizar efetivamente a igualdade política.

E, no entanto, a grandeza e o alcance desta revolução (*metabole*) constitucional liderada por Clístenes, não obstante a longevidade das instituições criadas (critério do valor e da retidão das constituições para os Antigos) e sua resistência aos ataques de seus inimigos (houve duas tentativas frustradas de tirania promovidas pelos aristocratas durante a Guerra do Peloponeso), não recebem, adiante, adequado reconhecimento na cidade e, menos ainda, sabemos, a caução dos filósofos. Vê-se que os próprios atenienses

---

rar solenemente, em 2008, os 2500 anos deste advento da democracia (cf. Jean-Pierre Vernant, *Entre mythe et politique*, Paris, Seuil, 2000, p. 265).

[14] Para a revolução democrática de Clístenes, ver sobretudo Pierre Lévêque e Pierre Vidal-Naquet (*Clisthène L'Athénien*, *op. cit.*).

[15] Cf. Moses Finley, *Les anciens grecs*, *op. cit.*, p. 70.

têm dificuldade em avaliar seu teor e seus méritos quando hesitam, por exemplo, em conferir a Clístenes o crédito do nascimento de sua democracia. Costumam atribui-lo ao lendário Teseu (que teria dado à Ática um governo sem rei, um autogoverno, guardando para si apenas a condução das guerras e a garantia do cumprimento das leis), ou ainda a Sólon (como faz o próprio Aristóteles na *Constituição de Atenas*), o qual, quase um século antes, em 594 a.C., buscara apaziguar as tensões sociais, rompendo o monopólio de poder das famílias aristocráticas, os eupátridas, e promovendo um governo oligárquico moderado e suavizado por medidas sociais. Sólon estabelecera uma distribuição proporcional das magistraturas segundo os "méritos", censitariamente determinados pela capacidade produtiva de cada cidadão, ou seja, segundo suas riquezas. Portanto, uma equalização geométrica, proporcional, das honras públicas (*timai*), muito distinta da racionalidade aritmética da igualdade democrática.

Mas, o certo é que os democratas atenienses viveram, defenderam e levaram adiante seu regime, tomando-o talvez, na sua evidência cotidiana, como advindo da sorte e do destino da cidade, divertindo-se frequentemente com sua derrisão pelos comediógrafos, outras vezes, agastados com a hostilidade dos filósofos, que certamente assimilam à oposição permanente por parte da aristocracia.[16] Não produziram uma reflexão sobre seu regime de isonomia, uma "filosofia da democracia", como o fizeram, contra eles, seus adversários. Há certamente os sofistas que, como Protágoras, entusiasmam os jovens ricos (candidatos a lideranças nas instituições democráticas) e toda a elite da cidade. Suas doutrinas

---

[16] Sabemos que os aristocratas estiveram fortemente implicados na direção dos negócios políticos, militares, diplomáticos e na coordenação da participação "amadora" do *demos* de sua próspera cidade, como nos lembra M. Finley: "Em meados do século V, os 'poucos' e a 'massa' haviam estabelecido um equilíbrio satisfatório, o que é uma maneira de dizer que haviam conseguido estabelecer um sistema infenso à *stasis*. À 'massa' o Estado fornecia vantagens materiais importantes e uma participação bastante considerável no governo, aos 'poucos' — que constituíam uma classe bastante numerosa —, as honras e as satisfações que advinham com a direção dos assuntos políticos e militares" (Moses Finley, *Les anciens grecs*, *op. cit.*, pp. 73-4).

— que conhecemos pouco — não deixam de ter afinidade com a *isonomia* política e de lhe trazer algum suporte intelectual, e mesmo de fornecer-lhe um mito de origem.[17] Eles sempre tiveram contra si, no entanto, a desconfiança ou a hostilidade do *demos*, incapaz de enxergar em suas doutrinas e condutas apoios para a sustentação da igualdade democrática.

Platão é o primeiro a identificar nos sofistas tais cumplicidades com os dispositivos democráticos, tomando-os por alvo de sua crítica filosófica, por ver nos seus ensinamentos alento para a desastrosa universalização da participação promovida pelo regime de *isonomia*. Pois, de fato, o sofista entende mover-se em um espaço de "opiniões", no qual "o que é justo", "o que é melhor" (para a cidade) deve ser entendido como o que persuade o grande número; pois, não o é por si mesmo, por natureza, mas por convenção (*nomos*).[18] E é certo que os democratas sempre gostam de ouvir que "o que é", sempre é "para alguém" e corresponde sempre a uma apreensão (sensível ou intelectual) de algo que aparece; gostam de ouvir que vivemos em um mundo de fenômenos e permanente relatividade. O *homo mensura*, o "homem medida" de Protágoras — este senhor das técnicas de persuasão —, seguramente se sente confortável no berço ateniense da democracia. E se Platão se mostra implacável com o sofista e a democracia, é sobretudo por escandalizar-se com esse regime do número, em que o bem e a verdade são definidos por contagem de votos. Um mundo em que a linguagem, ele denuncia, perdeu sua ligação essencial com a realidade e se tornou instrumento de poder e de manipulação por demagogos e sofistas, mediante a sedução produzida por imagens, por simulacros contraditórios e instáveis. O sofista, mer-

---

[17] Francis Wolff, "Filosofia grega e democracia", *Discurso*, nº 14, 1983, pp. 9, 24.

[18] É preciso lembrar, em favor do sofista, que a supressão de um critério transcendente de validação das "opiniões" não as torna "equivalentes", em função de sua distância da "verdade", como pretende Platão; mas, justamente as devolve às suas consistências e forças próprias — desiguais — de persuasão e imposição.

gulhado nesse mundo das apreensões, do que "aparece", apegado ao sensível, no seu empirismo simplista (apreensão/opinião/ação), não se daria conta da complexidade da alma e do alcance do conhecimento. Pois, além da alma sensitiva, Platão afirma, temos uma alma racional, capaz de aceder ao inteligível e ao que as coisas verdadeiramente são. Essa alma deve, portanto, medir nossas representações e ações, por nos proporcionar um saber "que não muda segundo as coisas que no presente acreditamos ser reais";[19] que nos alça à estabilidade do verdadeiro.

É justamente esta reivindicação de um saber do inteligível — uma ciência — que leva Platão a considerar que o poder deva ser reservado aos poucos que se mostram aptos a aceder a ele, os filósofos. Estes, através de um longo treinamento, se despojariam do apego ao sensível para conhecer as formas inteligíveis, de modo que guiados por elas e pela contemplação do Bem soberano, poderiam governar a cidade e produzi-la como uma cidade justa (pela restauração da ordenação natural das funções que a integram). Há, portanto, uma competência especializada para o governo, uma competência que vem do conhecimento dos fins e, acima de tudo, do fim último, o Bem soberano. Por isso, observa Francis Wolff,

> [...] para Platão, é escandaloso, tanto metafisicamente quanto politicamente, que se possa deixar as mais altas e importantes ações humanas, seus fins e valores, errantes, ao sabor da opinião pública e da contingência das decisões majoritárias [...]; é intolerável que a sorte da cidade esteja lançada no desacordo das vozes incompetentes da assembleia, submetida a múltiplas opiniões, inconstantes, contraditórias. [...] Deve haver, portanto, uma ciência política. Ela se confunde com a ciência dos valores e está reservada àqueles que possuem a competência na matéria: os filósofos.[20]

---

[19] Platão, *Fedro*, 274 d.

[20] Francis Wolff, "Filosofia grega e democracia", *op. cit.*, pp. 20-1.

O próprio Platão comenta na *República*: "A natureza fez uns para se ocuparem com filosofia e comandarem na cidade, os outros para se absterem de filosofar e obedecerem àquele que governa".[21] Aqui, o caminho é, portanto, o inverso daquele da universalização da participação nas deliberações da cidade, o caminho apoiado, a seu modo, pelas doutrinas dos sofistas, que viriam corroborar o processo de secularização da justiça e das leis presente na democracia. Platão volta à postulação de uma norma absoluta, transcendente às opiniões e deliberações humanas, ao propor a monarquia do filósofo — um homem régio, que prescinde de leis para governar; pois, sendo estas genéricas, nenhuma é mais certa que sua ciência.

Ora, é sabido que, quando Platão deixa o registro da definição da justiça e da construção paradigmática da cidade justa — que ele propõe na *República* como parâmetro de orientação ou de crítica para as cidades reais (como se constata sobretudo no Livro VIII, em que sua *kalipolis* surge como *metron* de avaliação da degradação dos regimes) — para considerar as realizações temporais da vida política, afetadas pela corrupção e a instabilidade, ele já não confere o poder absoluto a um sábio governante, exposto à tentação do despotismo.[22] Propõe um "regime constitucional", um "governo de Leis", introduzindo, para além da referência já comum à boa constituição espartana, sua reflexão relativa à realização de um "governo misto". A arqueologia hipotética das formas de organização dos homens esboçada no Livro III das *Leis*, como também é sabido, progride de um marco zero (figurado por um dilúvio), através de três etapas, até o regime da grande estabilidade, admirado pelos gregos, o de Esparta, cuja "mistura" equilibrada permitiria evitar poderes demasiadamente grandes e, com eles, "a corrupção da cidade". Entretanto, menos que a tripartição institucional do governo espartano — aí aludida — o que interessa ao filósofo nesse "regime misto" é o princípio de sua estabilidade: considerando monarquia e democracia como as for-

[21] Platão, *A República*, V, 474 b c.

[22] Cf. Platão, *As Leis*, IV, 713 b.

mas primárias de constituição ("as restantes — diz —, praticamente todas, são modificações dessas duas"),[23] afirma ser necessário "que uma constituição encerre elementos destas duas formas de governo, se se quiser que disponha de liberdade e amizade, combinados com sabedoria. [... Pois,] a menos que a cidade participe dessas duas formas jamais poderá ser bem governada", conclui.[24] A monarquia (figurada aí pela Pérsia) tende para o excesso da tirania e a escravidão; já a democracia (figurada por Atenas) tende para a desmedida da liberdade, a licença, o governo das opiniões cegas e ignorantes do vulgo, que se verifica naquela "teatrocracia" que teria passado a vigorar em Atenas depois das guerras com os persas.[25]

Portanto, o diálogo das *Leis* nos faz compreender perfeitamente que, menos que o equilíbrio de funções e instituições, o bom

---

[23] Cf. Platão, *As Leis*, 693 e. "Há duas formas de constituição que são, por assim dizer, as matrizes a partir das quais, que se o afirme em verdade, todas as restantes nascem. Destas, uma é chamada adequadamente monarquia, a outra, democracia, sendo o caso extremado da primeira a forma de governo dos persas, o da segunda, a nossa [a de Atenas]. As restantes são praticamente todas, como eu disse, modificações das duas. [...] É isso que nossa argumentação pretende reivindicar a partir da afirmação de que a menos que uma cidade participe dessas duas formas jamais poderá ser bem governada" (Platão, *As Leis*, Bauru, Edipro, 1999, p. 158).

[24] *Idem*, *ibidem*.

[25] A degradação se inicia pelo desrespeito aos gêneros musicais tradicionais e com o atrevimento das massas se julgarem competentes para avaliar as composições. "A consequência foi que o público dos teatros, que antes não se exprimia, começou a se exprimir como se pudesse distinguir, no domínio das Musas, o belo e o feio. Assim, a uma aristocracia do domínio da música substituiu-se uma 'teatrocracia' depravada. E se ainda houvesse sido uma democracia limitada à música e composta de homens imbuídos de uma cultura liberal, o que aconteceu não teria sido tão seriamente alarmante; porém, o que nesse momento começou a ocorrer a partir do domínio da música, foi a ideia de que todo homem entendia de tudo e podia desprezar as leis; e seguiu-se a licença. Os indivíduos, porque se julgavam competentes, perderam o temor e sua segurança gerou a falta de pudor, o atrevimento [...]" (Platão, *As Leis*, III, 701 a). Segue-se então o desrespeito aos governantes, aos pais, aos mais velhos, às leis e às divindades.

regime sadio requer uma mescla de princípios: aquele da sábia autoridade e o da liberdade; uma adequada associação entre as aspirações — legítimas, mas insuficientes e instáveis — da monarquia e da democracia. Essa orientação fundamental sobre a mescla dos princípios guia, então, o Ateniense, protagonista do diálogo, em sua proposta paradigmática de legislação para a colônia da Magnesia, concebida inteiramente segundo as mais fundadas aspirações do filósofo. Pois seu intento é o de produzir uma legislação perfeita, completa, e inteiramente articulada em todos os seus aspectos, a ser oferecida à cidade no momento de sua fundação, de tal modo que ela dispense qualquer corpo legislativo, carecendo apenas de "guardiões" para suas Leis, homens honrados que garantam sua vigência e presidam sua aplicação e os procedimentos de escolha dos magistrados. Essas Leis representam, assim, a figura da autoridade maior assumida pela constituição.

Como essa legislação entende promover a liberdade? Ela pretende fazê-lo, sobretudo, integrando dispositivos de produção de assentimento às leis, sendo o primeiro e mais fundamental desses recursos o da adjunção a elas de "preâmbulos", pelos quais fossem apresentadas e justificadas aos súditos cidadãos. Não sendo eles mesmos filósofos, poderiam alcançar por tais preâmbulos de natureza retórica uma opinião verdadeira sobre a legitimidade e sabedoria das prescrições que lhes são impostas. Como o médico de homens livres, diz Platão, diferentemente do médico de escravos, informa o paciente e busca persuadi-lo da adequação de sua prescrição, assim o legislador filósofo procurará obter o consentimento e a obediência às suas leis sábias — para além da força própria de sua racionalidade — por apoios retóricos (demonstrativos, exortativos e afetivos) e, certamente também, pela educação (prevendo-se para os recalcitrantes os cinco anos de reeducação prescritos na própria legislação). Verifica-se, então, que as leis sábias é que governam: por razão, por persuasão ou por imposição.

O campo do comentário da obra de Platão frequentemente insiste em identificar sua figura do "melhor regime" em uma aristocracia perfeita, ou mesmo naquele da monarquia do filósofo. Mas quando vai à sua argumentação, nas *Leis*, em favor de um regime misto, insiste na imagem de Esparta, definida por um governo temperado. Este "misto" não é, porém, exatamente um regime de freios mútuos dos três poderes estabelecidos pela constituição (os dois reis, o conselho dos 28 gerontes e os cinco éforos), que mutuamente barrariam os excessos de suas contrapartes no governo. Não se pode projetar, anacronicamente, no elogio de Platão ao regime de Esparta a perspectiva de Políbio sobre o regime misto. Aqui, o princípio de governo continua sendo a sabedoria do filósofo, transcrita nas Leis. Como já apontamos, Platão não se mantém no elogio da Constituição espartana no Livro III das *Leis*; ele indica a democracia e a monarquia como as formas de governo matriciais das cidades e assinala que suas tendências à corrupção podem ser corrigidas por um regime que as associe. E é preciso observar que tal articulação entre monarquia e democracia não se dá na forma de um equilíbrio de poderes; trata-se aí simplesmente de garantir a vigência de seus respectivos princípios, de tal modo que nem a autoridade da sabedoria nem a liberdade permaneçam sem contrapartida. E não se trata, de modo algum, de erigir freios mútuos entre o poder de um só e o poder popular;[26] pois, evidentemente, não se deve de modo algum frear a autoridade sábia das Leis, penhor de toda verdadeira liberdade.

A fixação na ideia do regime misto como um sistema de equilíbrios leva, portanto, a perder o essencial da reflexão platônica e a perder também suas pegadas, de longo alcance, na tradição republicana de reivindicação de um governo misto, até, ao menos, o Renascimento. Pois, como se vê, a questão central para Platão não é aquela da boa ordenação das magistraturas, como será em Aristóteles — para o qual, no regime constitucional misto, as leis *procedem* diretamente da articulação ou ordenação dos poderes dos cidadãos. Para Aristóteles, a forma constitucional mista é propriamente um "governo de leis", não de homens, nem das Leis divinas, naturais, ou ainda da Razão, porquanto para ele as leis nada mais são que formas de compromisso, acordos que integram as partes fundamentais da cidade, a dos ricos e a dos pobres. Já no

---

[26] Como entende, por exemplo, James Blythe no seu belo livro sobre o regime misto no Medievo (*Le gouvernement idéal et la constitution mixte au Moyen Âge*, Paris, Éditions du Cerf, 2005, p. 41), entre outros comentadores.

regime misto de Platão a questão central seguramente não é essa da produção de universais concretos, históricos, advindos das mediações políticas, mas simplesmente aquela dos meios de alcançar o assentimento popular à autoridade de Leis sábias e perfeitas. Sua perspectiva é semelhante àquela que encontraremos posteriormente na obra de Cícero. Pois, também ali, na verdade, o fundamental não está na própria configuração constitucional dos poderes da República — na aptidão e na eficácia da própria articulação constitucional para a produção da necessária ordem política —, mas nos dispositivos aptos a garantir o reconhecimento da autoridade da aristocracia (figurada no Senado romano) e a liberdade do povo consignada no consentimento popular às leis (naturais e divinas), no respeito às instituições e aos magistrados. A harmonia entre as ordens, a *concordia ordinum*, advém aí sobretudo da autoridade moral e persuasiva (retórica) das grandes lideranças da cidade, dos *principes* da cidadania, capazes de produzir a coesão da multidão (*coetus multitudinis*), levando-a ao consentimento ao que é Direito. Assim, em nenhum dos dois pensadores (e talvez nem mesmo em Políbio) — por projetarem um princípio de legitimação do poder ("o Direito") externo à própria configuração constitucional — o "governo misto" tem o peso social e o valor político que adquirem em Aristóteles.

Enfim, se me alonguei na oposição entre a democracia, na sua configuração original — tão reprovada e mesmo execrada pela tradição —, e a crítica de Platão (o primeiro a alicerçar especulativamente a postulação de um "governo misto"), é por entender que grande parte dos traços do republicanismo posterior, mesmo quando alega referências aristotélicas, revelam um enraizamento profundo nos legados platônico e ciceroniano. Não podemos, em momento algum, nos esquecer da marca aristocrática que pesa sobre grande parte da tradição do nosso republicanismo.

Adendo

Comentadores dos escritos políticos de Aristóteles

Uma leitura exigente dos escritos políticos de Aristóteles impõe a transposição de obstáculos particularmente difíceis. Pois, o que chamamos *A Política* não é, como se sabe, um tratado sistemático publicado pelo próprio autor (não faz parte de seus escritos exotéricos, perdidos). Trata-se de uma obra constituída pela justaposição de um conjunto de pequenos tratados "acroamáticos" (objetos de aulas independentes, mais ou menos redigidas e, certamente, destinadas a ser revisitadas e completadas), cuja ordenação, ligações e transições manifestam claramente a mão de seus editores. Assim, os problemas se acumulam: artificialidade das fórmulas de transição, justaposições pouco compreensíveis (como o caso dos capítulos 14 a 17 do Livro III, o pequeno tratado sobre a realeza, que segue a uma investigação bem mais geral sobre as formas da vida política), lacunas na lógica dos encadeamentos, ausência de desenvolvimentos anunciados, repetições, variações de vocabulário, incongruências entre passagens e mesmo (ao menos aparentes) contradições doutrinárias (não é difícil, se diz, a partir de segmentos diversos, identificar o autor como partidário da aristocracia, da democracia ou mesmo da monarquia).

Esta conhecida dificuldade para compatibilizar os diferentes textos, para promover a ordenação de suas matérias, sua articulação lógica e perfil doutrinário parece, assim, ter contribuído muito para direcionar a rigorosa crítica moderna — tão exigente na sua filologia, suas exegeses e confrontações de texto — para o caminho das explicações genéticas, na tentativa de desmontar as "contradições" da obra e de compreender suas fraturas e incoerências como advindas de momentos diversos de uma "evolução". Assim, foi a hipótese da ruptura do filósofo com seu platonismo de origem — compreensão impulsionada sobretudo pelos trabalhos de Werner Jaeger, com seu Aristóteles de 1923 —, a hipótese da passagem do idealismo platônico para o realismo propriamente aristotélico, que veio primeiramente orientar a empresa da crítica, empenhada em reconstituir a obra, em reordenar os textos e devolver compatibilidade às asserções discrepantes, a partir de critérios — doutrinários — relativos à cronologia dos escritos diversos. Vem, pois, predominantemente desta perspectiva, a distinção já tradicional entre os livros "idealistas" (as especulações sobre a melhor constituição — como seriam os Livros III, VII e VIII), e os tratados "realistas" (Livros IV, V e VI), aqueles da subversão "positiva", e mesmo, já se disse, "sociológica", das investigações sobre a *polis*. Enfim, cidade ideal e cidade real, perspectiva normativa em um caso, descritiva em outro, vêm resolver de antemão, *ex hypothesis*, tantos problemas que desafiam o trabalho da exegese e embaraçam a interpretação.

Ocorre que tais investigações cronológicas, com seus pressupostos sempre discutíveis e as incontornáveis incertezas de suas hipóteses, acabaram, ao que parece, por desgastar-se e arrefecer; pois, os problemas suscitados foram se acumulando com o tempo e revelando-se efetivamente insolúveis. Desse modo, a partir sobretudo da publicação, em 1963, do decisivo ensaio de Pierre Aubenque, *La prudence chez Aristote*,[1] declina o prestígio desta crítica de orientação genética e de suas convicções doutrinárias e se assiste a um encaminhamento progressivo do comentário — de forma ainda mais nítida no caso dos tratados práticos — para a interpretação "interna" dos textos, para estudos de orientação mais textual (se não estrutural), em que a busca da coerência da argumentação (sempre contextualizada por seus pressupostos metafísicos e sua inscrição histórica) se sobrepõe à ênfase anteriormente dada às contradições dos textos a serem desarmadas pela cronologia, por sua inscrição em momentos diversos do desenvolvimento da obra. Não se trata agora, certamente, de ignorar o caráter heterogêneo e assistemático dos tratados ou de escamotear

[1] Pierre Aubenque, *La prudence chez Aristote*, Paris, PUF, 1963.

suas obscuridades, dificuldades e incertezas, mas de buscar identificar suas questões e articulações, reconstituir seus fios condutores, restituir, na medida do possível, a trama das suas razões.

No caso específico da leitura de *Os Políticos* (acolhemos a denominação proposta por Pierre Pellegrin),[2] os resultados mais recentes deste novo caminho têm se revelado produtivos e até mesmo surpreendentes. De um lado, as oposições entre ideal e real, especulação e experiência, surgem, mais e mais claramente, como momentos ou trajetos de um mesmo percurso de investigação.[3] De outro lado, a consideração da ligação umbilical desse pensamento com a experiência política efetiva da cidade grega (talvez a primeira reflexão verdadeira das práticas da *polis*) mostra-nos mais e mais um Aristóteles comprometido com os princípios da *politeia* histórica, o que permite a Aubenque falar em uma "reabilitação" — não certamente acrítica, mas restritiva e, às vezes, mesmo paradoxal — da democracia.[4]

Tomaremos, assim, como objeto de nossas considerações sobre *Os Políticos*, dois estudos que nos parecem contribuir sobremaneira para sua leitura, abrindo horizontes novos para a compreensão adequada de seu sentido. São trabalhos diversos em sua ambição, alcance e mesmo — se assim podemos dizer — inspiração metodológica; porém, solidários no seu respeito máximo aos textos e também nos seus resultados, que se revelam consonantes, se não complementares. Refiro-me, de um lado, aos trabalhos de Pierre Pellegrin sobre a questão da "unidade dos *Políticos*", nos quais ele abandona as investigações cronológicas para se perguntar se o conjunto dos textos, como nos foi legado pela tradição, oferece ao menos — na falta de uma articulação acabada e deci-

---

[2] Aristóteles, *Les Politiques*, Paris, Flammarion, 1990.

[3] A intenção prática da reflexão lhe conferiria esta dupla face; pois, o tratamento das matérias políticas aparece necessariamente como descritivo e prescritivo, enquanto ética e política não apenas oferecem medidas para a ação, mas ainda visam a um bem agir efetivo, posto em situação.

[4] Cf. Pierre Aubenque, "Aristote et la démocratie", em Pierre Aubenque e Alonso Tordesillas (orgs.), *Aristote politique: études sur la* Politique *d'Aristote*, Paris, PUF, 1993.

dida pelo autor —, um "conjunto consistente". De outro lado, remeto-me aos agudíssimos estudos de Francis Wolff sobre o "difícil e obscuro" Livro III, nos quais ele procura enfrentar o desafio de "encontrar a unidade estrutural do livro". No caso de Pellegrin, dispomos de dois estudos: o primeiro, uma apresentação mais técnica e acabada, o artigo intitulado "La *Politique* d'Aristote: unité et fractures. Éloge de la lecture sommaire";[5] o outro, de intuito mais pedagógico, a "Introdução" à tradução e edição, por ele cuidada, de *Os Políticos*.[6] No caso de Wolff, contamos com três exposições diversas: a primeira, no artigo "Justice et pouvoir";[7] a segunda, mais acurada e técnica, "L'unité structurelle du Livre III";[8] a terceira e última, de cunho mais pedagógico, em *Aristóteles e a política*, uma gama de exposições que nos permite uma apreciação bastante circunstanciada dos argumentos propostos.

Comecemos por Pellegrin. Ele procura, não sem uma ponta de ironia, fazer o "elogio da leitura sumária" desses livros políticos.[9] Afasta-se dos caminhos já batidos pela crítica no estabelecimento da articulação dos textos, rejeitando não só os critérios cronológicos da tradição, mas também as tentativas de ordenação das matérias ou de articulação estrutural das "razões" da obra, os critérios "lógicos", por dependerem ambos, segundo pensa, ainda que em medidas diversas, das posições assumidas pelos intérpretes sobre o sentido das doutrinas, por dependerem, enfim, de seus próprios horizontes de interpretação. Desse modo, ele se propõe a começar por uma "aproximação formal" dos textos (uma aproxima-

---

[5] Pierre Pellegrin, "La *Politique* d'Aristote: unité et fractures. Éloge de la lecture sommaire", *Revue Philosophique*, nº 177, 1987, pp. 129-59; republicado em Pierre Aubenque (org.), *Aristote politique*, *op. cit.*, pp. 3-34.

[6] Aristóteles, *Les Politiques*, *op. cit.*, 1993.

[7] Francis Wolff, "Justice et pouvoir (Aristote, *Politique* III, 9-13)", *Phronesis*, vol. 33, nº 1, 1988, pp. 273-96.

[8] Francis Wolff, "L'unité structurelle du Livre III", em Pierre Aubenque (org.), *Aristote politique: études sur la* Politique *d'Aristote*, Paris, PUF, 1993, pp. 289-314.

[9] Conferir o primeiro dos seus textos mencionados acima.

ção provisória da articulação da obra, que acabará, como se verá, por alcançar sua estrutura e sentido). Tal aproximação formal leva-o, de um lado, a acolher a ordem tradicional dos textos (sem pretender de antemão que ela seja portadora de um sentido "capaz de sustentar a interpretação") e, de outro lado, a conferir e levar a sério as "declarações programáticas" propostas pela própria obra (enunciados de planos de exposição, fórmulas de abertura e fechamento etc.), que vêm a assumir, então, enquanto tais, uma função heurística fundamental, mais decisiva que a tentativa de avaliação de sua realização efetiva.[10] Ora, tal caminho parece revelar-se de uma eficácia extraordinária, pois permite, afinal, a Pellegrin não só estabelecer, de forma convincente, que a ordem tradicional dos diversos livros (sobretudo do IV ao VIII, justamente os de articulação mais obscura) constitui, de fato, um "conjunto consistente", como permite ainda estabelecer as linhas gerais de sua articulação estrutural (a partir da determinação de seu objeto próprio e de seu destinatário), proporcionando, então, uma visão de conjunto da obra ("sumária", "geográfica", é certo), como realização de um mesmo "projeto teórico" ("malgrado seu evidente inacabamento literário").[11] Enfim, o trabalho nos levará ao menos a compreender que "a unidade editorial de *Os Políticos* não é escandalosa, como também que a ordem tradicional dos livros não é insensata"; pois justifica-se plenamente ao menos pela "unidade de objeto e de destinação".[12]

A grande alavanca para sua inovadora argumentação, Pellegrin a encontra sobretudo na releitura — e nova tradução — da declaração programática mais abrangente encontrada na obra: o texto de abertura do Livro IV, que é retomado, com algumas poucas modificações, no final do segundo capítulo do mesmo livro. Nele, Aristóteles começa por afirmar, em resumo, que todas as artes e ciências completas (*teleios*) dizem respeito a um único gênero determinado, cabendo, pois, a uma só arte ou ciência considerar

---

[10] Cf. Pierre Pellegrin, "La *Politique* d'Aristote", *op. cit.*, p. 6.

[11] *Idem*, p. 32.

[12] *Idem*, p. 34.

o que concerne a cada gênero. Em outras palavras, de cada gênero determinado de "objeto" ou "campo de saber" ocupa-se uma única disciplina; enfim, "a cada disciplina, seu gênero", como de forma concisa se pode dizer. Essa afirmação abre imediatamente para o filósofo um caminho para designar, por meio de uma comparação precisa com a arte da ginástica, o universo próprio ou o "objeto" do saber da política: a *ariste politeia*, a melhor constituição ou a constituição excelente, bem como as diferentes modalidades ou casos particulares que a especificam, os domínios diversos a que esse saber se aplica. Toda a tradição do comentário entende encontrar nesta passagem a definição mesma do campo da política através da enunciação de uma lista contínua de seus objetos parciais, ordenada segundo seus diferentes níveis de gradação, indo da *ariste politeia* — a "melhor constituição em si", como entende J. Tricot — até os graus inferiores das constituições "desviantes" (o que assinalaria o horizonte do realismo aristotélico: a ampliação da investigação sobre a constituição ideal na direção de seu interesse pelas constituições positivas).

Ora, Pellegrin, com boas razões filológicas,[13] propõe que se entenda este texto como anúncio do domínio genérico (o *genos*) da ciência política — a investigação sobre a *ariste politeia* —, seguido da enumeração das suas diversas figuras, as especificações desse gênero: a "melhor constituição" tomada como "aquela que responde perfeitamente a nossas aspirações, sem que nada de exterior se oponha a elas";[14] a "melhor constituição" considerada segundo sua apropriação a cada caso, isto é, sua adequação a situações dadas; a "melhor constituição" considerada a partir de uma forma constitucional já estabelecida, pressuposta (*ex hypotheseos*), e a "melhor constituição" em geral, aquela que seria adequada à maioria dos casos ("a mais comumente [acessível] a todas as cidades").

[13] Pellegrin sugere uma pontuação forte depois do primeiro enunciado e a compreensão do *kai* (e) que o segue como indicação de equivalência e não como conjunção aditiva.

[14] Aristóteles, *Política*, IV, 1, 1288 b 23-24.

A interpretação desse texto — desde que confirmada pelo desempenho estrutural da obra — permite reconsiderar inteiramente a questão do "realismo" da política aristotélica. Não se poderá mais dizer que o filósofo, por realismo, investiga as formas "menos perfeitas" de constituição; pois o vemos referir toda sua investigação à *ariste politeia*, tendo em vista sempre o seu intento prático, o de levar as comunidades políticas existentes à forma "a melhor possível", segundo o caso em questão. Desse modo, Aristóteles não recusaria propriamente a perspectiva da "cidade ideal" platônica — mostrando-se "realista"; mas, ao contrário, mais "idealista" ainda que o pensador do "rei filósofo", apontaria o caráter incompleto da sua investigação, enquanto limitada a apenas um dos registros envolvidos pela questão prática da produção constitucional, o caso da instauração de uma *ariste politeia* a ser realizada em condições "ideais", isto é, aquele da constituição de uma *polis* inteiramente nova, cujas condições pudessem ser determinadas pelo legislador ou fundador. Pois, se bem observarmos, mostra-nos Pellegrin, verificaremos que as quatro modalidades da *ariste politeia* vistas como constitutivas do saber completo da política oferecem não só "um mapa detalhado do campo da ciência", mas o "catálogo de todas as modalidades de intervenção do *nomotheta* na vida política"[15] — observação que vem corroborar e mesmo ampliar o alcance tanto da sugestão de L. Strauss,[16] quanto da convicção de Richard Bodéüs[17] sobre o destinatário das obras éticas e políticas do filósofo, justamente o *nomotheta*.

Aristóteles nos levaria a considerar que o legislador, encarregado de conduzir uma cidade à *ariste politeia*, precisa conhecer não apenas a constituição "a melhor" absolutamente (*aplos*), ou

---

[15] Pierre Pellegrin, "La *Politique* d'Aristote", *op. cit.*, p. 16.

[16] Leo Strauss, *O que é filosofia política*, São Paulo, Unifesp, 2011, p. 112-3 (*What is Political Philosophy*, Nova York, The Free Press, 1968; originalmente publicado como "What is Political Philosophy?", *The Journal of Politics*, vol. 19, nº 3, pp. 343-68).

[17] Cf. Richard Bodéüs, *Le philosophe et la cité: recherches sur les rapports entre morale et politique dans la pensée d'Aristote*, Paris, Les Belles Lettres, 1982.

seja, sem pressupostos ou condições estabelecidas de antemão, mas também "a melhor possível" segundo os vários casos em que sua intervenção é requerida. Isso nos levaria às quatro figuras envolvidas pelo saber da política. A primeira, a que se refere à *ariste politeia* que "responde perfeitamente às nossas aspirações" (desde que possíveis, insiste Aristóteles), o regime "dos nossos sonhos", e que remete, como já sugerimos, ao saber necessário ao fundador ou legislador que pudesse determinar as condições sobre as quais intervém (população, território e tantos outros elementos considerados no Livro VII). A segunda é aquela referente ao melhor regime "em condições dadas", a que contempla o caso do *reformador*, que enfrenta o problema de dar a uma cidade já constituída um regime que lhe seja mais apropriado. Com a terceira figura, teríamos ainda o caso de um *reformador*, agora encarregado apenas de corrigir ou retificar um regime defeituoso já existente, mantendo, portanto, sua forma constitucional original. Por fim, quanto à quarta, teríamos o saber relativo à melhor constituição "em geral", um domínio de "política geral", assinala Pellegrin, que ofereceria princípios aplicáveis a várias situações. E, assim, verificamos que o filósofo não se afasta, em momento algum de seus percursos, da visada da constituição excelente, da *ariste politeia*, mostrando, porém, que (como o ser) ela se diz de muitos modos. Atribuir, portanto, a alguns de seus textos (como se fez, frequentemente, por exemplo, com o Livro V) uma visada fundamentalmente positiva e descritiva seria, então, não apenas incorrer em flagrante anacronismo, mas perder o sentido mesmo desse projeto prático de investigação em que eles se inscrevem.

É no final do capítulo 2 do Livro IV que Aristóteles nos apresenta um outro enunciado, agora propriamente programático, correspondente a esta definição teórica do campo da investigação política encontrada no primeiro capítulo. Trata-se do plano dos desenvolvimentos previstos para a sequência dos Livros IV a VI, já que não lista aí o estudo sobre a constituição "segundo nossos sonhos", que veremos realizado nos Livros VII e VIII. Anunciam-se, pois, segundo Pellegrin, nessa passagem (o final do segundo capítulo do Livro IV), os estudos relativos às três outras figuras da *ariste politeia*: a forma constitucional adequada a cada caso considerado; as questões de "política geral" ou concernentes aos dispositivos apropriados à maioria dos casos (a melhor constituição "em geral"); e, por fim, aquelas referentes ao melhor regime em "um gênero dado", cuja nomeação está omitida nesse enunciado. Enfim, designam-se nessa passagem as investigações que permitem ao legislador, diz Aristóteles, "vir em auxílio das constituições existentes"[18] para retificá-las ou reformá-las.[19] Portanto, são afastadas as considerações relativas às instituições inteiramente novas, cujas condições seriam determinadas pelo próprio *nomotheta*. Ora, estas tarefas relativas às retificações e reformas constitucionais (busca da melhor adequação de uma forma constitucional dada ou da melhor mudança de uma forma para outra segundo as exigências do caso considerado, casos das reformas constitucionais), exigem, como assinala o filósofo, um conhecimento mais fino das diversas espécies existentes e também o conhecimento de cada uma delas ("quantas são e de quantas maneiras são constituídas"),[20] de suas partes constitutivas e de suas determinações sociais efetivas (visto que "uma constituição é uma organização que concerne às magistraturas e à maneira como elas são partilhadas..."[21] entre as partes integrantes das cidades). São estas, justamente, as investigações que nos são apresentadas basicamente no Livro IV e, prolongadas e esclarecidas, no Livro VI, numa espécie de comentário de intenção imediatamente prática ("como é preciso proceder para estabelecer estas formas")[22] sobre os regimes mais importantes ou mais frequentes — democracia e oligarquia —, estudos esses que são ainda completados por aqueles do Livro V sobre causas e modos de formação e corrupção dos diferentes regimes (de evidente interesse para sua preservação e salvaguarda), o estudo das *metabolai politeiai*, as "revoluções políticas", um conhecimento

---

[18] Aristóteles, *Política*, IV, 1, 1289 a 1-7.

[19] Cf. *idem*, IV, 1, 1288 b 25-38.

[20] *Idem*, IV, 1, 1289 a 10.

[21] *Idem*, IV, 1, 1289 a 16.

[22] *Idem*, VI, 1, 1317 a 16-17.

essencial para os cálculos constitucionais do *nomotheta* e mesmo para a ação de todo agente político.

Não será demais enfatizar, como faz Pellegrin, a importância e a centralidade desta sequência dos Livros IV a VI e nela — o que o comentador realça menos — o papel essencial dos desenvolvimentos do próprio Livro IV, se considerarmos os interesses práticos da obra. Esse livro não só esclarece os intentos gerais da investigação, como parece concentrar o fundamental do ensino aristotélico sobre as modalidades do saber da *ariste politeia* de maior interesse e serventia para a atividade efetiva do legislador — pois este quase nunca se depara com o caso paradigmático da fundação inteiramente nova, demiúrgica, de uma *politeia*, mas se consagra quase sempre ao cálculo prudencial das leis necessárias para a preservação dos regimes existentes ou para o bom sucesso das reformas requeridas. Seria assim, no Livro IV, que o *nomotheta* encontraria, de fato, os conhecimentos básicos para o desempenho efetivo de suas funções. Nos capítulos de 3 a 10 temos os elementos necessários para a escolha de uma forma constitucional adequada, seja ou não nos limites de um gênero predeterminado: a enumeração dos elementos ou partes necessárias para a constituição de uma *polis* autárquica e a discriminação das diferentes espécies dos diversos regimes políticos, determinados não mais formalmente pelo número dos ocupantes das magistraturas soberanas (a multidão, alguns ou um só), mas pela extração social dos magistrados e as regras efetivas do acesso a estas posições de hegemonia. Vêm em seguida, nos capítulos 11, 12 e 13, os preceitos fundamentais do que Pellegrin denomina "política geral", aqueles apropriados para a maioria dos casos; e, finalmente, nos capítulos 14, 15 e 16, elucidam-se os elementos propriamente institucionais das *politeias*: a natureza das diversas magistraturas (deliberativas, de governo e judiciárias) e a adequação de cada uma delas aos diferentes regimes políticos (retomados em seus aspectos particulares no último capítulo, o oitavo do Livro VI).

Resta, entretanto, uma questão. Se encontramos na sequência dos Livros IV a VIII (com a nítida centralidade, penso eu, do Livro IV), uma unidade de objeto ("a melhor constituição") e de destinatário (o legislador), bem como o essencial da ciência necessária à atividade prática desse legislador, que papel atribuir, na articulação estrutural dos textos políticos de Aristóteles, à sequência inicial dos Livros de I a III? Para esta questão a tese de Pellegrin é bastante clara e radical. Ele observa que não se pode admitir a continuidade destes dois segmentos em função apenas da evidente constatação de que o primeiro formula premissas necessárias ao segundo ou ainda em função do, também claro, apontamento dos Livros I a III para as investigações do segundo segmento sobre a *ariste politeia*; pois, nesse caso, acredita, deveríamos agregar à disciplina prática da política outras considerações éticas e metafísicas também pressupostas por seus desenvolvimentos. Se o que importa para a definição de uma ciência é sobretudo, já vimos, a unidade de gênero ou objeto (a cada disciplina, seu gênero), é preciso admitir que os Livros I e III têm cada um seu objeto próprio: o Livro I as associações infrapolíticas, o Livro III as associações políticas, a definição da politeia e a distinção de suas formas específicas, mas não propriamente a "*ariste politeia*", que vem assinalar o propósito propriamente prático da ciência constitucional a partir do Livro IV. Os estudos do Livro III, ainda que portadores de alicerces indispensáveis para o desenvolvimento destas investigações, por seu "estatuto principial", pensa Pellegrin, permanecem, em sentido estrito, inteiramente "exteriores às pesquisas — práticas — sobre a melhor constituição".[23] Por sua vez, o Livro II, dedicado à tradição da investigação sobre a melhor constituição, à doxografia da ciência política (a República de Platão, os projetos constitucionais de Hippodamos de Mileto e de Pháleas da Calcedônia, as constituições de Esparta, Creta e Cartago), teria uma função semelhante à que, em outras obras, constituem as introduções críticas, que dão ao filósofo os motivos de seus desenvolvimentos. Enfim, conclui Pellegrin, "podemos anexar a investigação destes três primeiros livros àquela dos Livros IV a VIII, mas não se pode integrar propriamente estas duas sequências textuais em uma investigação única definida por um objeto próprio".[24] Se há, portanto,

[23] Pierre Pellegrin, "La *Politique* d'Aristote", *op. cit.*, p. 31.

[24] *Idem*, p. 26.

como evidencia agudamente seu comentário, uma unidade de objeto e de destinatário da ciência política, as "fraturas" do texto — que não são mais as da evolução e da cronologia — permanecem (não obstante a "unidade editorial", a coerência da ordenação dada pelos editores antigos a estes textos) "incontornáveis".[25]

Como se vê, a perspectiva deliberadamente generalizante ou "sumária" da leitura proposta por Pellegrin termina por fornecer, indiscutivelmente, um enquadramento bastante sólido para o estabelecimento da articulação mais fina, pode-se dizer "estrutural", destes escritos políticos de Aristóteles, como também para se considerar mais "seriamente", como ele assinala, a velha questão da ordem dos livros. Desse modo, suas contribuições — a unidade da sequência de IV a VIII, o caráter nuclear do Livro IV e tantos outros parâmetros inovadores para a orientação da leitura — parecem candidatar-se a integrar de forma duradoura o campo do "trabalho da obra" e sua fortuna crítica. No entanto, é verdade também que a nitidez e a firmeza mesma dessa proposta de leitura não deixam de incomodar o leitor num ponto ou noutro. Penso, sobretudo, na perspectiva sobre o Livro III que esta interpretação sugere. Pois, de um lado, a inequívoca concentração do foco analítico no Livro IV tende, seguramente, a ofuscar a importância e a atenção tradicionalmente conferidas ao Livro III. De outro lado, a convicção sobre a unidade — de objeto e destinação — da sequência IV a VIII inclina certamente a acentuar, em demasia talvez, a fratura trazida pelo Livro IV e a designada "autonomia teórica" do Livro III "em relação ao restante da *Política*".[26]

De fato, Pellegrin vê no Livro III tão somente um tratado "teórico" sobre as constituições, voltado para a definição do gênero *politeia* e de suas diversas espécies, e para a distinção de suas formas retas ou desviantes, tendo em conta a realização de seu fim, a justiça (tomada na sua configuração política mais genérica: a justiça absoluta, a realização do *koinon synpheron*, o interesse co-

---

[25] *Idem*, p. 32.

[26] *Idem*, p. 28.

mum).[27] A perspectiva "formal" ou "programática" de seu procedimento parece, assim, levá-lo a contentar-se com a indicação "sumária" (em todos os sentidos) das matérias do Livro III. Ora, a leitura excepcional desses textos feita por Francis Wolff nos artigos que assinalamos no início, obriga-nos, segundo penso, a ultrapassar o registro da consideração das matérias, para buscar a articulação mesma da argumentação desse livro e recuperar também sua perspectiva prática.

Pellegrin evita considerar "a questão da presença da *ariste politeia* no texto do Livro III" ("isso me obrigaria — diz ele — a examinar o conteúdo dessa noção [...] o que fica fora de meus propósitos na presente investigação").[28] Porém, o próprio Aristóteles — como sugere a leitura arguta de Wolff — não parece fugir a ela (ao menos no que respeita a uma de suas figuras, a da "melhor constituição" em geral, a quarta das modalidades discriminadas no Livro IV), na solução extremamente original dada às controvérsias relativas às diversas concepções da justiça política. Mesmo não pretendendo acompanhar aqui toda a rigorosa interpretação dos textos que sustenta a interpretação de Wolff, podemos ao menos indicar aí a afinidade da resposta dada por Aristóteles à questão do "regime mais justo" com as investigações práticas sobre a *ariste politeia* nos livros seguintes.

Sabemos que o Livro III busca, fundamentalmente, classificar as diferentes *politeiai*, definindo seu gênero (o que são) e diferenças específicas (o que têm de próprio, suas "propriedades"). Quanto à definição do gênero, lemos que a *politeia* se refere à ordenação (*taxis*) das magistraturas soberanas de uma *polis*, à distribuição e relações de seus diversos órgãos de decisão ou poderes soberanos. E, como se assinala então, "a constituição [*politeia*] é o governo", e se define, ao fim e ao cabo, pela questão "quem governa?" — pergunta à qual toda a tradição responde pela determinação da extensão da autoridade soberana: ou governam todos, ou alguns

---

[27] *Idem*, *ibidem*; cf. também Francis Wolff, "L'unité structurelle du Livre III", *op. cit.*, p. 304.

[28] Pierre Pellegrin, "La *Politique* d'Aristote", *op. cit.*, p. 28.

ou ainda um só (cidadão). É certo, todavia, que essa determinação não é suficiente, pois só a determinação do fim nos põe no elemento da definição essencial de um gênero. Por isso, somos levados por Aristóteles a considerar que as boas constituições, as verdadeiras, são as que realizam o fim da associação, o "bem viver" comum da cidade, o *koinon sympheron*, que é a forma absoluta da justiça política, sendo falsas, desviantes, as que visam apenas aos interesses ou "vantagens" dos governantes. Assim, a definição própria das *politeiai* se fará, fundamentalmente, pela consideração da finalidade do governo: se ele visa ou não ao interesse comum, ou ainda, se o governo (sendo ele de um, de alguns ou de todos) se exerce tendo em vista o bem de todos ou apenas daqueles que governam, caso sejam alguns ou mesmo um único governante. É, pois, essa questão — "para quem ou em vista de quem se governa em cada um dos regimes?" — que levará o filósofo a ultrapassar a definição tradicional da natureza das constituições pelo número dos governantes — pela extensão do poder soberano — e a considerar suas determinações sociais efetivas, compreendendo, como diz agora o comentador, que "a essência destes regimes é, na realidade, socialmente determinada".[29] Isto, justamente, é que permite, no capítulo 8, definir a democracia como governo dos pobres (para os pobres) e a oligarquia como governo dos ricos (para os ricos) e que permite também designar, no capítulo 4, as bases sociais dos demais regimes, ou seja, os beneficiários precisos de cada um dos diferentes tipos de governo. É preciso, enfim, saber "para quem se governa".

No entanto, o que diretamente interessa ao Livro III é a classificação das várias espécies de constituição, que se faz, então, no capítulo 7, como mostra Wolff, pelo cruzamento do critério tradicional (abstrato) do número dos governantes com aquele da finalidade do governo (o do interesse visado por ele, a questão da sua justiça); de modo que, por esse caminho, o filósofo pode traçar finalmente o quadro básico das seis formas constitucionais fundamentais: de um lado, os regimes retos, verdadeiramente políticos

[29] Francis Wolff, "L'unité structurelle du Livre III", *op. cit.*, p. 294.

(que têm por fim o bem comum e são justos no sentido absoluto do termo), em que o governo efetivo (a hegemonia na ocupação das magistraturas) é exercido por um, alguns, ou por todos os cidadãos — realeza, aristocracia e regime constitucional; de outro lado, as constituições desviantes, em que um só, alguns (os ricos) ou uma multidão (os pobres) governa despoticamente em função do interesse dos próprios governantes — tirania, oligarquia e democracia.

Assim, definida a natureza dos diversos regimes — e cumprido, portanto, o intento fundamental da investigação anunciada —, Aristóteles se volta para a questão de seus méritos comparados, para a questão do seu valor. No entanto, agora para discutir as alegações correntes dos partidários desses diversos regimes ao pretenderem estabelecer um ou outro como o único legítimo (particularmente no atinente aos grupos sociais fundamentais: as alegações dos democratas, que falam em nome da liberdade e da igualdade de todos, e as dos oligarcas, que falam em nome do mérito, da competência e da busca da riqueza). A refutação dessas alegações usuais que pretendem apor a uma dessas constituições o título de "melhor regime" e o único justo,[30] apoia-se, em última instância, na consideração, anteriormente estabelecida, de que o único critério para se determinar a justiça de um regime é a realização do bem comum (que corresponde ao fim natural da cidade e define uma *politeia*), o que permite concluir que pode ser legítimo, como já vimos, tanto o governo de todos, quanto o de alguns ou mesmo o de um único governante.

Ora, essas considerações, agora esclarecidas e reiteradas pelo trabalho crítico consignado nos capítulos 9 a 13, podem, certamente, desapontar o destinatário da obra, sobretudo aquele que procura de fato nesses escritos alguma orientação para os embates efetivos da vida política. Pois, o que é dito ao leitor é que, de direito, todo regime político pode ser bom, desde que vise ao bem

---

[30] Tais discursos se fundam, mostra o comentador, sobre uma falsa concepção da natureza da cidade como associação de interesses privados e, portanto, tacitamente, a compreensão da finalidade da política como defesa da liberdade (pelos democratas) ou dos bens (pelos oligarcas) dos indivíduos associados.

comum; o que é certo. No entanto, como não esperar que a investigação sobre as qualidades dos diversos regimes não forneça alguma indicação que fosse para eleger um deles como o melhor? Não mais como um regime justo, como são todos os regimes retos, mas no sentido especial de um modo excelente de realização da justiça, enfim, como o "melhor regime"? Mesmo no bojo da investigação "mais especulativa" desse Livro III, Aristóteles não parece deixar de responder a esta expectativa do leitor, ao seu interesse de ordem prática. Alguma indicação lhe é dada nos intrincados capítulos 9 a 13 desse livro.

Devemos à maestria do comentário de Francis Wolff a compreensão do sentido preciso desses capítulos enigmáticos, aparentemente confusos e incoerentes, que fecham as considerações relativas à definição e às espécies das *politeiai*. O que o comentador nos mostra, à contracorrente da crítica estabelecida, é que aí a questão em causa não é mais, propriamente, a da "melhor constituição", no sentido de "regime mais justo" — questão já resolvida anteriormente pela determinação da finalidade das *politeiai*. No entanto, Aristóteles impõe nessa passagem do livro uma pequena e inesperada torção à interrogação sobre o melhor regime. O que ele pergunta agora — mostra-nos com acuidade Wolff — é em que regime, entre aqueles governados retamente, com justiça, governa-se melhor; em qual dos regimes o poder soberano se exerce de modo mais adequado (performativamente) em benefício de todos e não de uma parte da comunidade, um ou alguns. Nas palavras, agora, do próprio comentador: "Que tipo de regime é o mais suscetível de tomar as melhores decisões para a cidade?";[31] ou ainda: "a quem o poder soberano pode ser atribuído [...], em vista de ser o mais justamente exercido em benefício do todo?".[32] A resposta do filósofo é clara. É a soberania popular; é a atribuição das magistraturas a todos os cidadãos que — "em geral" — produz o melhor governo para uma cidade, uma questão à qual o Livro IV dará uma resposta ainda mais precisa. De um lado — considerando-

---

[31] Francis Wolff, *Aristóteles e a política*, *op. cit.*, p. 99.

[32] *Idem*, p. 105.

-se os diversos "poderes" ordenados nas constituições —, porque no governo popular, pelas assembleias, delibera-se e julga-se melhor que em qualquer outro regime (sobretudo em vista da multiplicação dos pontos de vista que enriquecem as decisões). De outro lado — no que respeita às qualificações necessárias para o bom preenchimento das várias magistraturas governamentais —, porque no seu conjunto os cidadãos (o todo da cidade) as possuem sempre em maior proporção que qualquer de suas partes (mesmo aquelas partes que possuem tais qualificações de modo eminente: a classe dos ricos, dos nobres ou virtuosos e assim por diante)[33] — argumento decisivo em favor da regra de alternância a mais ampla possível na ocupação dos postos de governo. Num governo de todos, as decisões tendem a ser melhores e as magistraturas a serem preenchidas com melhor qualidade.

É essa argumentação que Wolff designa, pertinentemente, como uma "apologia aristocrática da democracia", na contramão dos discursos ("ideológicos") dos aristocratas e dos próprios democratas: "ao invés de pretender (como os democratas) que é melhor que o povo governe, ele mostra que o povo governa melhor".[34] Não alega a justiça (no sentido absoluto) do regime popular, mas (por oposição à suposta competência dos ricos e virtuosos) justamente seu desempenho, sua competência, a maior aptidão para a realização do bem comum. Enfim, o Livro III, inesperadamente, parece fazer, assim, a apologia de um regime, não no registro da especulação sobre seu caráter ou sua natureza político-moral (a realização da justiça), mas naquele de seu desempenho institucional, especificamente político.

---

[33] Aristóteles, *Política*, III, 11, 1281 b 1-8: "Pois, é possível que muitos, entre os quais nenhum seja um homem virtuoso, quando reunidos, sejam melhores que aqueles de que falamos, não individualmente, mas coletivamente, como as refeições coletivas são melhores que aquelas organizadas às expensas de uma só pessoa. No meio dos muitos, com efeito, cada um possui uma parte de excelência e de prudência, de modo que, quando se põem juntos, constituem uma espécie de homem único, com múltiplos pés, mãos e órgãos dos sentidos, dando-se o mesmo para a qualidades éticas e intelectuais."

[34] Francis Wolff, *Aristóteles e a política*, *op. cit.*, p. 122.

Ao Livro IV, o livro de intento mais diretamente prático, o da investigação dos elementos e dispositivos propriamente institucionais das *politeiai*, restará apenas mostrar (enquanto leva adiante e explora as considerações sobre o componente social dos regimes já assinaladas no Livro III) que não é a "democracia" — nominalmente o governo de todos, mas efetivamente o da massa dos pobres — que realiza essa figura superior do governo de todos, o mais apto a governar para todos, mas é o "regime constitucional" (*politeia*), o governo efetivo de todos, formalmente definido pela busca do equilíbrio e da "mistura" ou do "justo meio" entre as pretensões de pobres e ricos, as duas partes irredutíveis da cidade.[35] É esse regime — a forma constitucional que busca a inclusão e comunicação dessas partes fundamentais e antagônicas da cidade — que se revela "o melhor", na perspectiva de seu desempenho, de sua virtude prático-política. Realizando, portanto, a hegemonia possível de um "todos" socialmente determinado, ele se mostra o regime capaz de figurar a *ariste politeia* no plano da "política geral", o das prescrições constitucionais relativas à "maioria dos casos" (democracias e oligarquias). Sua eminência se estabelece aqui, em nome de seu caráter por definição abrangente e inclusivo, de sua disposição, agora formal e propriamente constitucional, para o todo, o que pressupõe, portanto, e mesmo reafirma, a argumentação do Livro III sobre o melhor desempenho ou a maior aptidão do governo de todos para a realização do interesse comum. Por isso, talvez, não devamos acentuar tão profundamente a fratura do Livro III em relação aos subsequentes.

Mas, enfim, enquanto este último aponta o governo de todos como o "melhor regime" em geral no nível do seu desempenho (na qualidade de meio para os fins das sociedades políticas), o Livro IV, segundo acreditamos, considera sua forma de realização constitucional efetiva. Após ter mostrado a democracia como apenas nominalmente o governo de todos (sendo aí a hegemonia efetiva-

---

[35] Antecipamos já na Introdução deste trabalho considerações mais amplas sobre esse "regime constitucional" na sua concepção aristotélica. Conferir *supra* Introdução, pp. 13-4. Aqui nos limitamos a assinalar seu perfil fundamental.

mente conferida à massa dos pobres), Aristóteles define no Livro IV a *politeia*, o regime constitucional, como aquele que busca formalmente, institucionalmente, o governo de todos, pelo equilíbrio das duas partes fundamentais da cidade, ricos e pobres. E esse equilíbrio se manifestará — como mostra o capítulo 11 desse Livro IV — pela presença na constituição social da cidade de uma significativa "classe média", intermediária entre pobres e ricos — se não sua presença hegemônica, ao menos com peso suficiente para contrabalançar a inferioridade da parte mais fraca e impedir os excessos da parte dominante, como observa o filósofo. Na sua ausência, a balança do poder constitucional tende a pender para os ricos ou para os pobres, para a oligarquia ou para a democracia, regimes apontados na direção do despotismo. É preciso, evidentemente, considerar que Aristóteles atribui à sua classe média méritos peculiares: ela tem mais facilidade, diz o filósofo, para "seguir a razão", pois os excessos de boa fortuna, riqueza, força e amizades, "e outros bens deste gênero", fazem gente que não sabe obedecer (inapta para um governo de leis), enquanto o excesso de pobreza, fraqueza e indignidade produz homens excessivamente servis — tornando-os inaptos para o exercício das magistraturas e para um verdadeiro exercício da cidadania. Assim, a *politeia*, que vem figurar aqui, efetivamente, o regime virtualmente "de todos para todos", exige algum equilíbrio socioeconômico, sem o qual, Aristóteles já sabe, torna-se impossível a efetiva realização de uma verdadeira comunidade política.

Aqui, como se vê, a *politeia* não sintetiza mais os princípios de governo (a sabedoria das Leis ou do filósofo; a virtude e a honra de uma aristocracia que administra a aplicação das Leis; a capacidade de produzir bons julgamentos e decisões das assembleias democráticas). Em Aristóteles, o regime constitucional é aquele da associação (e tensão) entre ricos e pobres — determinados por suas pulsões próprias — na partilha das magistraturas de governo; e é o regime da integração progressiva destas partes da cidade, enquanto "forçadas" à convivência constitucional e conduzidas por ela na direção de alguma equalização das suas condições sociais e econômicas e de uma educação (política e moral) para o bem comum.

Finalmente, podemos, então, constatar que o rendimento dos estudos críticos de orientação "estrutural" é bastante grande. Eles asseguram aos tratados políticos de Aristóteles coerência de articulação e inteira consistência doutrinária, superando desafios exegéticos consideráveis. Não ignoram, como lembra o próprio Pellegrin, "que o texto de *Os Políticos*, tal como nos foi transmitido, é compósito e que os meandros de seu percurso são talvez mais da mão dos editores que do próprio Aristóteles";[36] mas, certamente nos impõem a convicção, ao menos, de que "*Os Políticos* devem ser lidos como um conjunto de textos [...] que integram materiais do que poderia ser uma obra no sentido pleno da palavra".[37] E o tempo tem mostrado que o ganho proporcionado por essas leituras não se restringe, como se viu, a esse mínimo, assinalando também, suplementarmente, que as empresas "textualistas", "internalistas", de leitura dos textos (o exame da articulação das matérias e argumentos), mantêm — mesmo tão frequentemente criticadas — um interesse e um vigor consideráveis.

---

[36] Pierre Pellegrin, "Introduction", em Aristóteles, *Les Politiques*, Paris, Flammarion, 1993, p. 66.

[37] *Idem*, p. 67.

Parte II: Roma
A República Romana de Políbio e Cícero

II.1

Políbio: a constituição republicana romana[1]

Post reges exactos: "depois da expulsão dos reis". Começa, então, para os romanos o regime a que chamavam *libertas* e que a história assumiu como República, o período compreendido entre a expulsão de Tarquínio, o Soberbo, que se tem por ocorrida em 509 a.C., e a inauguração do principado de Augusto, a partir de 30, ou mesmo 27 a.C., o momento em que lhe são reconhecidos, sob o título de "primeiro cidadão" (*princeps*), poderes monárquicos (já ensaiados, como se sabe, no decorrer do século I a.C., por poderes extraordinários conferidos a generais e por ditaduras, como nos casos de Sula e César). Tal regime, os romanos o assumem, em primeiro lugar, como uma forma política de resistência e prevenção às tiranias, como recusa do *regnum*, pois, como observa Cícero, foram tomados de aversão até mesmo pela palavra "rei": "[...] expulso Tarquínio, não podiam sequer ouvir o nome rei."[2] Roma se pensa como uma associação de *cives*, cidadãos; "um povo de senhores"[3] de seus negócios comuns, das *rei publicae*, e, como tais, dotados de prerrogativas políticas e de personalidade jurídica, protegidos contra o arbítrio, em última instância pela *pro-*

---

[1] Texto publicado em uma primeira versão em Newton Bignotto (org.), *Matrizes do republicanismo*, Belo Horizonte, Editora UFMG, 2013: "A matriz romana".

[2] Cícero, *De re publica*, II, XXX, 52, p. 162; citado a partir da edição da Loeb Classical Library: Cicero, *On the Republic. On the Laws*, Cambridge, MA, Harvard University Press, 1994. As indicações de página são desta edição.

[3] Lembramos aqui a expressão trazida por Claude Nicolet: "Un peuple des seigneurs", em Claude Nicolet, *Le métier de citoyen dans la Rome républicaine*, Paris, Gallimard, 1976, p. 7.

vocatio ad populum, pelo recurso ao poder maior do conjunto dos cidadãos.

É certo que esse regime de liberdade do povo romano e suas diversas instituições — as leis, as práticas do Direito Civil, a cidadania militar, a participação popular na aprovação das leis e na eleição dos magistrados, o Senado, a defensoria da plebe — tornaram-se referências fundamentais para a tradição que chamamos republicana. Mas não é diretamente a estas práticas civis e políticas, ao exercício mesmo da cidadania, que nos voltaremos aqui. Nem tentaremos decifrar a trama completa desta organização política: o funcionamento das instituições, as competências, os processos de decisão, as regras de conduta dos magistrados. Cabe aos historiadores a compreensão do sistema político romano e a explicação de suas disposições e princípios. Aqui, deixando a investigação do efetivo, tentaremos balizar — não mais que isto — a reflexão sobre essas instituições, o pensamento e as representações produzidas a partir do século II a.C. (o último século de vida plena da República), posteriormente apropriados por nossa cultura política. E não são muitas as obras em que podemos recolher esse ideário político. Sobre a vida civil e as instituições, as fontes são abundantes. Além dos relatos das crônicas e dos historiadores, as informações, ainda que fragmentárias ou indiretas, disseminam-se pela literatura[4] e vêm somar-se aos fastos dos magistrados, anais e poemas religiosos, manuais técnicos e peças da oratória política, judiciária, os elogios fúnebres e mais ainda. Já a reflexão política se inscreve em um campo bem mais restrito. Seus pilares nos são dados por dois autores apenas, Políbio e Cícero, aos quais, um tanto indiretamente, podem ser associados, já pelo fim do século I, os historiadores Dionísio de Halicarnasso — com seus paralelos entre as instituições romanas e as cidades gregas da época clássica — e Tito Lívio, sobretudo com os momentos de reflexão de sua

[4] Para os historiadores da República a literatura do período é essencial: das primeiras tragédias às comédias de Plauto e Terêncio, às sátiras de Lucílio e aos poemas de Ênio. São também fontes de informação importantes os discursos e a correspondência de Cícero.

história, traduzidos quase sempre nos discursos das personagens nos mais diversos acontecimentos.

Cícero é, sem dúvida, o autor fundamental. Suas obras de alcance diretamente político — e incluímos aqui, além do *De re publica* e *De legibus*, o primeiro e o último de seus grandes textos, o *De oratore* e o *De officiis* — constituem o marco mais alto da reflexão romana sobre as instituições da República. É, assim, no momento de sua derrocada, sob os golpes desferidos por César, que o empenho em sua defesa e salvação produz os discursos mais contundentes. E devemos ao acaso, como se sabe, a recuperação dos principais textos políticos do grande orador, como ao acaso também a perda de outros textos importantes de que temos notícia. O certo, porém, é que o acaso certamente nos legou as obras maiores, a de Políbio, que testemunha e pensa a República em seu ápice (em sua *akme*, celebrada pelo historiador), e a de Cícero, que reflete sobre ela no seu ocaso.[5] É verdade que estas obras não nos chegaram íntegras. Da *História* de Políbio, conhecemos os cinco primeiros livros quase completos, enquanto os demais foram reconstruídos a partir de documentos diversos e apresentam lacunas importantes. Quanto às de Cícero, o *De re publica* só foi recuperado em 1820, num manuscrito que nos dá acesso a talvez menos de um terço do livro, e o *De legibus* reduz-se, para nós, a três livros (o último incompleto), dos cinco, seis, ou mesmo oito, segundo alguns, que originalmente o comporiam. Na verdade, não é pouco, pois, o que restou nos permite não só mapear as questões, como também alcançar o essencial da representação que estes autores construíram de Roma, bem como as inflexões que introduziram na reflexão política. Contudo, ater-nos-emos aqui a Políbio, para ficarmos apenas em seu momento talvez mais original, para observarmos a referência primeira desse republicanismo.

---

[5] Conferir o estudo de Maria Luiza Corassin, "A *stasis*: o conflito na República Romana", *Hypnos*, vol. 7, nº 9, São Paulo, 2002, p. 68. Ela assinala pertinentemente que "a partir da obra destes dois autores é possível perceber o percurso da elaboração do pensamento político em Roma, iniciado no século II a.C., no período em que se abriu a crise das instituições romanas".

Devemos observar, no entanto, que a consideração de sua obra não dispensa algumas advertências, relativas, de um lado, ao momento que ela focaliza, e de outro, à posição muito particular que nesse contexto ocupa o próprio historiador. Devemos começar por recordar que a ascensão da República Romana, e mesmo todo seu percurso, ocorreu num ambiente de ampla hegemonia da cultura grega. O mundo em que ela se inscreve é aquele da civilização comum do "helenismo", o mundo que a epopeia de Alexandre deixou atrás de si: aquele em que o grego tornou-se uma língua internacional (o grego da *koine*), em que as artes (medicina, arquitetura, leis), a filosofia e, ainda, um "modo de vida grego" estenderam-se por todo o Mediterrâneo e para além dele, na direção da Mesopotâmia, do Golfo Pérsico e da Ásia. É importante lembrar que, mesmo pelo final da República, os romanos cultos falam grego, os jovens das boas famílias têm preceptores gregos, muitos formam-se na Grécia e alinham-se às escolas filosóficas do helenismo: o Pórtico médio (estoicos), a nova Academia (céticos), e ainda as tradições peripatética (de extração aristotélica) e epicurista. A própria expulsão de filósofos e retores gregos e o fechamento das escolas de oratória por decreto do Senado, em 161 a.C., testemunham o enraizamento dessa cultura e sua enorme influência sobre os jovens, como atestam também as reivindicações de identidade, independência e mesmo de superioridade de seus próprios modos — o *mos maiorum* —, que resistem com dificuldade à hegemonia helênica.

A fala de Cipião, como personagem do *De re publica*, ao ser instado (em função de sua eminência como homem público e de sua convivência com dois gregos "peritíssimos nos assuntos políticos") a dissertar sobre a melhor constituição das cidades, nos proporciona um depoimento perfeito da autoridade dos gregos, da "resistência" e estado de espírito dos romanos:

> [...] não estou satisfeito com aquilo que nos deixaram escrito sobre esse assunto os maiores e mais sábios homens da Grécia, mas também não ouso colocar o meu ponto de vista acima do deles. Assim, peço que me ouçam não como alguém que é inteiramente ignorante das coisas gregas, nem como alguém que, particularmente

> nesse gênero de assunto, antepõe as deles às nossas; mas, antes, como um dos [romanos] togados, formado pelos cuidados de um pai nos estudos liberais e movido, desde a infância, pelo desejo de aprender; e muito mais formado pela experiência e preceitos domésticos [o *mos maiorum*] do que pelos escritos.[6]

Os escritos referidos são evidentemente gregos, pois os romanos alegam constantemente sua experiência e a tradição de suas instituições em oposição às especulações e teorias dos gregos.[7]

Entretanto, o que importa aqui não é tanto lembrar esse contexto e ambiente cultural em que se conformou o pensamento político romano, mas, sobretudo, assentar que a Roma republicana, sua história, instituições e valores foram pensados, ou representados, com conceitos, categorias e instrumentos analíticos gregos; pois foram gregos, ou "romanos helenizados", que os interpretaram e pensaram, que construíram o que identificamos como o ideário republicano romano. E, nesse aspecto, a posição do grego Políbio é bastante peculiar. Embora tivesse sua cultura política já bem firmada ao chegar a Roma, tomado de admiração por aquele povo e seus feitos, passa a investigar suas instituições, mostrando-se capaz de pensar sua singularidade com surpreendente acuidade. Na sua reflexão e em sua *História*, a cultura política dos gregos associa-se, então, à tradição romana para produzir uma interpretação e uma experiência inteiramente novas das coisas políticas. A obra de Políbio nos oferece, assim, o ponto de intersecção desses

---

[6] Cícero, *De re publica*, I, XXII, 35.

[7] É notória essa relação ambígua dos romanos com a cultura grega. Cícero, em *De oratore*, II, I, 4, observa sobre os dois oradores que põe em cena no diálogo, os maiores da geração anterior à sua, que "um despreza os gregos, outro diz nem mesmo conhecê-los" (Cícero, *De l'orateur*, trad. E. Courbaud e H. Bornecque, Paris, Les Belles Lettres, 1971). Uma dissimulação que não só manifesta orgulho da sua romanidade como também assinala sua *gravitas*, tão reverenciada por todos. Cf. Emanuele Narducci, "Eloquenza, retorica, filosofia nel *De oratore*", ensaio introdutório a Cicerone, *Dell'oratore*, Milão, Rizzoli, 2001, p. 11.

dois mundos (e, como já sugerimos, aqui a biografia não é alheia ao seu trabalho de historiador).

O historiador Políbio

Originário de Megalópolis, no Peloponeso, Políbio chega à Itália em 167 a.C. entre os cerca de mil aqueus condenados a dezessete anos de exílio de seu país, por suspeição de deslealdade a Roma. Já é homem maduro (de mais de 35 anos) e experimentado em política, seja como filho de um dos líderes mais influentes da Liga Acaia — a confederação que associa e governa um conjunto de cidades do Peloponeso —, seja pelos postos políticos e missões diplomáticas que já assumira. O pai, próximo do célebre general Filopêmen, presidira a Liga em vários momentos e o filho obtivera o segundo posto do Estado em eleições recentes. Esta posição destacada coloca-o entre os obstáculos a serem afastados naquela região para a consolidação da *pax romana*.

Não era antirromano; porém, no contexto das disputas internas da confederação, advogara a neutralidade na guerra advinda entre os romanos, também aliados da Liga, e os parceiros macedônios, opondo-se, com seu partido, aos que se puseram como amigos incondicionais de Roma.[8] Com a vitória destes últimos, Políbio curva-se a eles e é encarregado da embaixada que vai à Tessália oferecer ao cônsul romano Márcio o apoio militar da Liga dos aqueus.[9] Essa aliança com Roma (iniciada nos últimos anos

---

[8] A Liga Acaia, aliada tradicional dos macedônios, no momento em que estes são derrotados pelos romanos em Pidna, em 168 a.C., fica politicamente dividida em dois partidos: um deles sustenta a exigência de uma aliança incondicional com Roma (de quem já eram também tradicionalmente aliados), o outro advoga a neutralidade — esse o partido sustentado por Políbio, figura de relevo na Liga. São justamente os partidários da neutralidade que serão punidos pelos romanos com o exílio para a própria Roma.

[9] Kurt von Fritz, *The Theory of Mixed Constitution in Antiquity: A Critical Analysis of Polybius Political Ideas*, Nova York, Columbia University Press, 1958, p. 22.

do século III, e sob cujo manto a confederação acaia se fortaleceu e se expandiu para além do Peloponeso) só iria se dissolver em 150 a.C., quando os romanos, diante das veleidades de autonomia dos gregos, destroem várias cidades e proíbem, daí em diante, qualquer tipo de associação entre elas. Políbio, que naquela ocasião terminava seu exílio, acompanha então a comissão romana de intervenção, certamente buscando mediar e abrandar as penas destinadas aos seus compatriotas.[10]

Em Roma, tornara-se protegido da família do vencedor dos macedônios em Pidna — justamente a vitória que desencadeara seu desterro —, o cônsul Paulo Emílio (pai do então muito jovem Públio Cipião Emiliano, assim chamado por sua adoção pelo filho do grande Cipião Africano, o primeiro vencedor dos cartagineses, em 202 a.C.). O grego, mais velho e mais experiente, atará, como se sabe, com o jovem Cipião, uma amizade de vida.[11] Estará ao lado dele no cerco de Cartago em 146 a.C. e, ao que parece, ainda naquele de Numância, na Ibéria, em 134 a.C. Políbio assiste, portanto, como testemunha ocular, os dois ou talvez mesmo os três — se aí incluirmos a Terceira Guerra Macedônica e a vitória dos romanos em 168 a.C. — momentos decisivos e emblemáticos da ascensão de Roma ao império mundial: no mesmo ano, em 146 a.C., a destruição de Cartago (a maior rival para a conquista da supremacia no Mediterrâneo)[12] e a destruição de Corinto, cidade

---

[10] O depoimento é do próprio Políbio: "Em épocas de perigo cabe aos helenos ajudar os helenos por todos os modos e meios, apoiando-os ativamente, encobrindo-lhes as faltas e tentando acalmar a cólera dos vencedores, como eu mesmo realmente fiz no calor dos acontecimentos [...]" (Políbio, *História*, Brasília, UnB, 1985, Livro XXXVIII, cap. 4, par. 4, p. 546). Como aqui, para as traduções dos textos de Políbio, tomamos, via de regra, as traduções de Mário da Gama Kury, permitindo-nos algumas modificações quando isto nos pareceu necessário. Para certas passagens recorremos a traduções de Breno B. Sebastiani (*Bélica lição polibiana*, Tese de Doutorado em História, Universidade de São Paulo, São Paulo, 2006), indicando a procedência do texto.

[11] Conferir testemunho do próprio historiador em Políbio, *História*, XXXI, cap. 23-4, pp. 526-7.

[12] Políbio assinala isso expressamente: "[...] atravessamos então o preâm-

"que representava o último estertor grego na busca de organização e de unidade política", cujos escombros, pouco depois, Políbio visita.[13]

Em posição privilegiada, nosso historiador presencia, pois, o desfecho do embate entre as duas grandes potências da época pelo controle do Mediterrâneo e vê também a desagregação final das cidades gregas, os eventos que põem os romanos na direção de seu irresistível domínio sobre o mundo. E é este acontecimento extraordinário da supremacia de Roma, posto diante de seus olhos, que faz de Políbio historiador e pensador político. Ele próprio assinala, expressamente, este evento desencadeador e estruturador de sua obra, o fato espantoso da submissão do mundo a um só poder. Diz, já no início do Livro I: "Os romanos submeteram não apenas uma parte, mas quase todo o mundo habitado, de um modo para todos irresistível; e também legaram à posteridade a superioridade inultrapassável de seu império".[14] E acrescenta, adiante: "O elemento singular de nossa obra e o espantoso de nossa época é isto: como o acaso inclinou quase todos os Estados do mundo habitado para uma só parte...".[15]

---

bulo e preparação de toda a história, por meio da qual está demonstrado quando, como e por que causas, tendo o poder na Itália, os romanos por primeiro começaram a atacar o exterior e ousaram disputar o mar com os Cartagineses" (*idem*, II, 71, 7, citado e traduzido por Breno Sebastiani, *Bélica lição polibiana*, *op. cit.*, p. 162).

[13] "A destruição de Cartago é o gesto decisivo a estabelecer a supremacia romana no Ocidente; a de Corinto, no Oriente. O fato de ambas terem sido destruídas no mesmo ano sinaliza o ápice do processo. [...] Apenas com uma manifestação sensível emblemática, o poderio romano não seria mais somente sentido de fato, mas reconhecido de direito. Apenas com a aniquilação dos dois supostos centros produtores de possíveis revoltas Roma assume uma posição hegemônica absolutamente incontestável. Políbio colocou-se como retratista do processo, escrevendo uma obra certamente útil e agradável para um comandante romano, mas não necessariamente para um homem grego, como o próprio historiador" (Breno Sebastiani, *Bélica lição polibiana*, *op. cit.*, p. 305).

[14] Políbio, *História*, I, 2, 7.

[15] *Idem*, I, 4, 1-2.

Sua *História* toma como ponto de partida factual os acontecimentos que vão do desencadeamento da Segunda Guerra Púnica até o desastre maior dos romanos em Canas, no caminho da marcha devastadora que leva Aníbal, em 219 a.C., da conquista de Sagunto (a aliada de Roma na Ibéria, que constitui o motivo mais imediato da guerra) em direção à Itália, derrotando os romanos em Trébia, em 218 a.C, em Trasimeno, em 217 e, finalmente, em 216, na fragorosa batalha de Canas, que põe a própria Roma, desamparada, a seu alcance. Trata-se, pois, dos anos 220-216 a.C., que são designados pelo historiador conforme o sistema de datação usual: "A centésima quadragésima olimpíada será — diz ele — o começo cronológico de nossa obra".[16] O foco da investigação — e o pivô da articulação do livro — será, então, o lapso de tempo que vai destes anos nefastos do início da Segunda Guerra e que prossegue, além deles e da vitória dos romanos conduzida por Cipião Africano (em Zama, em 202), até o início da Terceira Guerra Púnica em 149 a.C. (com a destruição final dos cartagineses em 146). Trata-se, enfim, dos feitos que permitiram a Roma, no dizer do próprio Políbio, "aspirar audaciosamente à hegemonia total [no mundo] e ao império"[17] e, em seguida, atingir seus intentos:

> Pois, na guerra supracitada, tendo os romanos vencido os cartagineses e julgado que levaram a cabo a parte maior e mais importante rumo a um projeto global, em seguida, pela primeira vez, resolveram estender as mãos sobre o restante e atravessar com exércitos para a Grécia e as regiões da Ásia.[18]

O autor procurará compreender o que tornou possível — pois não foi "pelo acaso, conforme creem alguns gregos, nem es-

---

[16] *Idem*, I, 3, 1.

[17] *Idem*, I, 63, 9.

[18] *Idem*, I, 3, 4-5, *apud* Breno Sebastiani, *Bélica lição polibiana*, *op. cit.*, p. 36.

pontaneamente"[19] — essa passagem espantosamente rápida ("53 anos incompletos") da total derrocada em Canas e da ameaça de ruína para o seu triunfo sobre o mundo conhecido, a *oikoumene*.[20] Enfim, trata-se de investigar o que permitiu aos romanos, tão severamente castigados pelos acontecimentos, vencer as provações da Fortuna e realizar seus projetos, iniciados com a submissão de toda a península itálica e prolongados na disputa com Cartago pela decisiva hegemonia no Mediterrâneo. O historiador é direto sobre seu propósito:

> O conjunto a respeito do qual empreendemos descrever constitui uma única obra e um único objeto de estudos, ou seja, como, quando e devido a que, todas as partes conhecidas do mundo habitado [*oikoumene*] caíram sob o império romano, tendo este fato princípio conhecido, duração delimitada e realização assentada [...], a duração entre o princípio e o fim é de 53 anos e compreende tais e tamanhas ações quantas nenhuma das épocas pretéritas abarcou em igual intervalo [de tempo].[21]

Ora, como grego que é, e formado pela cultura política grega, Políbio pensa as cidades como um conjunto de elementos, ou partes, associados e ordenados por uma forma, um princípio de unificação (sua constituição), que responde por sua identidade e duração, pelo que elas são. O que constitui e identifica uma cidade é seu regime político específico, pois é ele que proporciona aos homens ação coletiva e vida comum.[22] É de seu regime ou "forma

---

[19] *Idem*, I, 63, 9, *apud idem*, p. 159.

[20] Os limites destes 53 anos são controversos. Admite-se, no entanto, que eles se estendam da vitória de Cipião Africano, em Zama, em 202 a.C., até o início da Terceira Guerra Púnica, em 149 a.C.

[21] *Ibidem*, III, 1, 4-5 e 9-11, *apud idem*, p. 163. Esta observação se repete em vários momentos da obra. Ver, notadamente, Livro I, 1 e Livro XXXIX, 8, a primeira e a última página do livro.

[22] Políbio não deixa dúvidas sobre isso: "deve-se tomar a organização da

de governo" que advêm às cidades suas qualidades próprias, seu perfil moral, sua maneira de viver, instâncias que, para Políbio, se condensam no vocábulo *politeia*, "Constituição". É, pois, com esse olhar que ele se volta para Roma, sendo, portanto, ao seu sistema político que vai se dirigir para explicar seus feitos e a inaudita superioridade de seu império: o acontecimento grandioso de sua hegemonia sobre o mundo permite verificar seguramente, segundo ele, a originalidade e a excelência de sua Constituição. Seu valor se certifica pela resistência aos revezes da Fortuna[23] e pelas grandes façanhas empreendidas pela cidade, de modo que conhecer sua "forma" constitucional é exercício e aprendizado político. Assim, pergunta o investigador:

> [...] quem dentre os homens seria tão vil ou leviano que não desejaria conhecer como e devido a que tipo de Constituição, em 53 anos incompletos quase todo o mundo habitado caiu submetido a um único poder, o romano, fato nunca antes ocorrido; e quem ainda é tão apaixonado por algum outro espetáculo ou lição que os tomaria por mais útil que esta experiência?[24]

Do início da Segunda Guerra Púnica, em 219 a.C., até a vitória sobre os macedônios do rei Perseu, em 168 a.C., a República Romana dá provas do vigor e maturidade das condições constitucionais que sustentaram seu movimento extraordinário em direção à grandeza. É o que o historiador, dublado de pensador político, se propõe, então, investigar e compreender.

Este "objeto de estudo" determina também o plano geral de exposição da obra. Os acontecimentos dos 53 anos decisivos serão

---

Constituição como a maior causa em qualquer fato e em relação ao sucesso e seu contrário; pois, a partir dela, como de uma fonte, não só surgem todos os desígnios e projetos das obras, mas também sua realização" (*idem*, IV, 2, 8-10).

[23] Cf. *idem*, IV, 2, 5-6.

[24] *Idem*, I, 1, 5-6.

inspecionados — e interrogados — com grande precisão, constituindo o fundamental das matérias relatadas desde o Livro III até quase o final do trabalho, quando, nos últimos livros, nos é dado, como que em apêndice à história em causa, um apanhado dos eventos subsequentes ocorridos entre 168 a.C. e as destruições de Cartago e Corinto em 146 a.C., os eventos signos da *akme*, do ápice, a partir do qual a grandeza da cidade imperceptivelmente começará a declinar. Os Livros I e II, segundo palavras do próprio autor, são "o preâmbulo e preparação de toda a história";[25] resumem os acontecimentos relativos à Primeira Guerra Púnica e os pródromos da Segunda, entre 264 e 221 a.C. (período que assiste à primeira derrota de Cartago na Sicília, em 246 a.C., e o início da expansão de Roma fora da península, o momento em que Sicília, Sardenha e Córsega tornam-se as primeiras "províncias romanas"). Há, por fim, a célebre interrupção dos relatos (já anunciada no Livro III, no início do percurso) pelo Livro VI, o estudo sobre as diversas formas de constituição e sobre a natureza do regime romano, a causa fundamental dos acontecimentos investigados. A narração dos acontecimentos é suspensa no ponto da grande adversidade dos romanos em Canas, introduzindo-se as considerações "especulativas", para que o leitor possa apreciar e compreender o triunfo romano, armado pelo conhecimento do que o sustenta e alimenta: a originalidade e excelência da Constituição da cidade. Examinemos, pois, essas considerações.

O estudo das constituições

O estudo das constituições, no Livro VI, se inicia com uma crítica. A maioria dos autores que investigam o tema, observa Políbio, distingue, do gênero, três espécies: governo régio (*basileia*), aristocracia e democracia. Estão errados, diz ele, quer as tomem como únicas (visto que ignoram três outras, "nascidas com elas": a monarquia, a oligarquia e a oclocracia), quer as tomem como as

[25] *Idem*, II, 71, 7.

melhores; pois, nesse caso, esquecem a espécie forjada pela combinação das três, tida como a melhor não só pela teoria, mas também pela efetividade (*ergo*). Vemos, assim, já de início, que se introduz aqui uma nomenclatura não usual, se considerada a tradição clássica. Nesta, de um lado, o termo "monárquico" (especialmente depois de Aristóteles) passa a prevalecer sobre o termo "régio" (*basilikos*), que nomeia um tipo de relação específica, entre a despótica e aquela propriamente política.[26] De outro lado, aí, a palavra "democracia" designa quase sempre um regime desviante, equivalente ao que o historiador, aqui, dá como *okhlocracia*, governo da massa, da multidão tumultuária, também designada, adiante, como *kheirocracia*, o governo dos piores. E mais ainda, aqui a monarquia, dada como correspondente degradada e violenta da forma régia, ganha uma posição inédita na classificação: precede a esta última, a forma reta, cuja degradação, na descrição dinâmica, reintroduz a espécie tradicional da "tirania" — o governo dos desejos desenfreados de um só, governo do rancor, da inveja e das conspirações —, excluída na formulação inicial da grade heurística.

Políbio, logo após estabelecer o quadro e descrever sumariamente o ciclo, alega que "as naturais transformações [*metabolai*] das constituições umas nas outras foram expostas de maneira mais fina [*akribeteron*] por Platão e alguns outros filósofos",[27] propondo-se ele mesmo a retomá-las de maneira sumária e mais em vista dos propósitos de sua investigação (o estudo da Constituição romana, a que a exposição da chamada *anacyclosis*, o ciclo das revoluções das constituições, funciona como necessária introdução). Ao dizer que se afasta dos discursos dos filósofos, "abundantes e matizados" (*poikilos*), "acessíveis a poucos", sugere que recorre a algo como uma vulgarização das doutrinas cultas, desobrigando-se, assim, tanto do debate e da polêmica com seus ilustres prede-

---

[26] A edição brasileira (Políbio, *História*, *op. cit.*) traduz o termo grego *monarkhia* como "autocracia", e o correspondente grego ao termo "régio" (*basilikos*) como "monarquia". Esta opção do tradutor dificulta em muitas passagens a compreensão adequada do texto.

[27] *Idem*, VI, 5, 1.

cessores, quanto de explicitar as inovações que introduz — sejam elas conclusões especulativas dele próprio, sejam provenientes de tradições laterais, ou ainda de "outros filósofos" do período do helenismo.[28] Cabe, assim, ao leitor mais detido apreciar, por contraste com os clássicos do século IV a.C., a novidade da construção.

Não é preciso rememorar toda a doutrina platônica, expressamente referida pelo historiador, para constatar que nada aqui se assemelha à famosa descrição das transformações — por corrupção — dos regimes na *República*: nem a perspectiva da análise (a apresentação da sucessão dos regimes responde em Platão apenas à intenção de produzir um quadro especulativo para a avaliação político-moral das formas conhecidas, deduzidas por "transformações" sucessivas dos elementos que integram a constituição paradigmática),[29] nem a sequência das formas, que em Platão se inicia, evidentemente, pelo modelo da coesão perfeita da *politeia*, para terminar (sem retorno, já que se trata de uma construção heurística) na dissolução final da associação promovida pela tirania. Sobre os "outros filósofos", é quase certo que Políbio se refira a doutrinas helenísticas, provavelmente estoicas, mas é ocioso remeter, como fazem alguns comentadores,[30] a Aristóteles. O Livro V dos seus *Políticos*, sobre "os modos de corrupção e preservação das constituições", busca, sobretudo, os princípios — dos mais gerais aos mais específicos — que permitem compreender as revoluções dos regimes, as quais, investidas em situações contingentes, podem sempre levar a direções diversas.

Mas, qual é a originalidade desta teoria da *anaciclose*[31] de Políbio (e/ou dos pensadores em que se apoiaria)? Veremos que o

---

[28] É difícil identificar tais filósofos; porém, é bastante provável que o historiador aluda aqui a filósofos estoicos, próximos do seu círculo.

[29] Ver Parte I, capítulo 1 deste volume, "Os regimes políticos de governo e sua corrupção".

[30] O tradutor brasileiro reenvia aqui seu leitor a Platão, *República*, V, 499 a, e VIII, 544 c; ao diálogo *Político*, 291 d-e; à *Carta* VII, 368 b; às *Leis*, 710 d, e a Aristóteles, *Política*, 1316.

[31] O termo grego *anacyclosis*, depois generalizado *anaciclose*, é usado pa-

enredo construído pelo historiador para explicar a origem do ciclo e também a natureza do regime pelo qual ele se inicia abre um caminho inteiramente novo na tradição antiga do pensamento político. Também aqui se começa pela hipótese da dispersão dos homens, que permite figurar o início, lógico-hipotético, das associações e "assistir" à sua origem. O paralelo que se impõe, seu precedente mais famoso, é o de Platão, que, no início do Livro III das *Leis*,[32] recorre à ficção de um dilúvio, que traria o naufrágio da civilização, das leis e das artes que permitiam aos homens viverem felizes, sob o governo dos *daimones*, no tempo de Cronos. Segundo o filósofo, os sobreviventes, solitários e dispersos no alto das montanhas (dispondo, porém, de abundância de terras e de conhecimentos suficientes para se alimentarem e se abrigarem), sem pobreza nem riqueza, nem muitos conflitos, unem-se naturalmente em famílias e, logo, em clãs (*genos*), sob um poder de tipo patriarcal, ou despótico, a que Platão chama *dinasteia*. Tudo nesse relato começa no nível da vida, das associações produzidas pelas exigências da manutenção e reprodução da vida. As próprias leis surgirão — pondo fim ao patriarcado primitivo — com a codificação e a acomodação dos diversos costumes, que viriam apaziguar os conflitos dos clãs, quando espacialmente aproximados em função do crescimento demográfico. Os chefes passam, então, a comandar suas tribos obedecendo a essas leis costumeiras, que fazem dos clãs uma grande família, prolongando, de certo modo, a vida das associações produzidas nesse nível infrapolítico. A "política" só advirá, segundo Platão, com o surgimento da riqueza (e a busca do conforto e do luxo), a prepotência dos chefes e os confrontos entre as tribos, que teriam levado, no Peloponeso, à invenção da "confederação" e de dispositivos de resistência à licença e ao despotismo, como aqueles do "regime misto" de Esparta, celebrado pelo filósofo.

---

ra designar o ciclo das revoluções dos regimes políticos descrito por Políbio no Livro VI de sua *História*.

[32] Platão, *As Leis*, 677 a-d.

Ora, a gênese construída por Políbio é bastante diversa. Nela se confere, de imediato, às primeiras associações um estofo propriamente coletivo, suprafamiliar e genérico, que escapa ao registro da "economia" e da conservação elementar e pacífica da vida das famílias; portanto, um registro que poderíamos apropriadamente chamar, se não político, protopolítico. Seu ponto de partida é ainda a figuração de algo como um dilúvio, uma sucessão de catástrofes, que leva a raça humana à beira da extinção, com o desaparecimento de todas as instituições (hábitos estabelecidos e instruções, *epitedeumaton*) e artes. Mas, com esta alusão à ruína da civilização e da cultura, o historiador nos faz imediatamente compreender que observamos um movimento circular e que, como logo se constata, a catástrofe não é unicamente natural: ela resulta da dissolução total das ordenações políticas produzida pela última e mais deletéria das figuras do ciclo dos regimes, a *okhlocracia*, na qual, o povo corrompido, guiado por demagogos, impõe o poder da gentalha (*kheirocracia*, o governo dos piores), que "massacra, exila e saqueia, até regredir para a animalidade"[33] nesse reino da violência que determina o ponto zero a partir do qual se assistirá a reemergência da socialidade.

Segue-se, então, a narração do advento da forma mais primitiva de associação. Os sobreviventes dispersos, "quando seu número volta a crescer, à semelhança dos outros animais, aproximam-se daqueles de sua espécie, devido à sua fraqueza natural",[34] pela força da necessidade; e formam bandos de autoproteção e apoio, mediante o comando daqueles indivíduos dotados de uma maior força física, desproporcional à dos outros, a qual opera a unificação de que carecem para suprir sua defesa e necessidades. Portanto, os homens dotados de maior força física (*te somatike rhome*) e natural bravura (*te psykhike tolme*) são os primeiros chefes.

> Observamos e podemos ver como a obra mais genuína da natureza esse fenômeno no caso de outros ani-

---

[33] Políbio, *História*, VI, 9, 9.

[34] *Idem*, VI, 5, 7.

> mais — que agem irracionalmente —, entre os quais, os mais fortes são sempre os senhores incontestáveis. Refiro-me aos touros, javalis, aos galos e semelhantes. É provável, portanto, que no começo os homens vivessem assim, reunidos em bandos, como animais, seguindo os mais fortes e bravos — e sendo aí o governo da força o único limite do poder [*arkhe*], o nome que se deve usar aqui é monarquia.[35]

Observe-se que esse monarca, "autocrata" (o mais forte e corajoso), é princípio de agregação; não é um tirano (um fraco, temeroso das conspirações), princípio de dissociação, movido unicamente pelos próprios desejos e interesses[36] e pela hostilidade aos demais. Elo entre a dispersão, a desordem, e uma vida propriamente política — híbrido de mau e bom comando — o regime "monárquico" soma dominação pela força e temor com potência de aglutinação e apaziguamento, capacidade de condução e proteção do bando (que o chefe escuda com sua coragem), produzindo, assim, em meio à selva da brutalidade, a proximidade e o sentimento gregário que induzem as primeiras centelhas de solidariedade.[37] Pois, observe-se bem, a monarquia não advém da convivência gregária, ela a produz; é sua condição. É o monarca autocrático que opera a reentrada dos homens embrutecidos na esfera da humanidade e da civilização, reabrindo o ciclo das constituições políticas.

É esse regime que induz o nascimento dos sentimentos morais que devolvem os homens decaídos à convivência propriamente política. "Dotados de inteligência e razão, diferentemente dos outros

---

[35] *Idem*, VI, 5, 8-9.

[36] "[...] cederam a seus apetites [...] pensando que devem distinguir-se por trajes exclusivos, que deve haver luxo e variedade no preparo de suas iguarias e na maneira de servi-las e que nada lhes pode ser negado em seus impulsos amorosos, desenfreados" (*idem*, VI, 7, 7-8).

[37] Não é inoportuno, aqui, lembrar os vínculos de solidariedade que podem ser vistos entre grupos predadores ou criminosos, como os que chamamos "máfias", com seus "chefes" que se impõem pela força, medo e sentimento de proteção.

animais",[38] e aptos para as comparações e a previsão das situações futuras, a primeira manifestação da moralidade será neles o sentimento, negativo, de aversão (indignação) em relação à ingratidão para com atos de solidariedade gregária.

> Quando alguém que foi auxiliado ou socorrido em situação de perigo não mostra gratidão [*kharis*] por quem o salvou, mas vai ao extremo de tentar maltratá-lo, é claro que aqueles que testemunharam isto ficaram desagradados e ofendidos com tal conduta, partilhando o ressentimento de seu vizinho maltratado, imaginando-se na mesma situação.[39]

Seja produzido na relação de progenitura ("os que os criaram e protegeram"), seja proveniente da representação dos vínculos que atam o todo — o sentimento de ser parte (do bando) —, o reclamo da gratidão marcará o aparecimento de "uma certa noção de dever", de obrigação para com os outros. Da dívida de gratidão (proveniente, pois, do sentimento de solidariedade gregária, ocorrência afetiva mais imediata que a exigência da reciprocidade — da equivalência e equidade —, que é mais racional e mediata) surge a noção de justiça, pois, diz Políbio, o sentimento do dever é o princípio e o fim (*arkhe kai telos*) da justiça. Desse modo, do sentimento de gratidão (despertado pela aversão à ingratidão) vem a noção de dever; do dever, a justiça; da justiça, as noções de mal e bem (*aiskhron kai kalon*), que conformam os fundamentos da moralidade.

Surge, assim, o princípio, o fundamento, das instituições políticas. Armados de suas noções morais, os homens dedicarão reconhecimento, apreço, admiração e honras aos que os defendem, realizam justiça ("conferindo recompensas e castigos conforme o merecimento")[40] e promovem o interesse comum. Passam a segui-

---

[38] Políbio, *História*, VI, 6, 4.

[39] *Idem*, VI, 6, 6.

[40] *Idem*, VI, 6, 10-1.

-los e obedecê-los, não mais obrigados pela força, mas pela dívida de gratidão e o dever de justiça, fazendo, assim, o regime monárquico transformar-se paulatinamente em régio.

> Passam a prestar-lhe obediência não mais por temerem sua força, mas porque seu julgamento o aprova. E se unem para manter seu governo, mesmo se enfraquecido pela idade, defendendo-o com o consenso de todos e opondo-se àqueles que conspiram para derrubar seu poder. Assim, por graus imperceptíveis o monarca se torna rei, já que a ferocidade e a força cederam lugar à hegemonia da razão.[41]

É preciso enfatizar a importância desta análise da passagem da forma monárquica para a régia, porque nela se fixa o princípio de legitimação de todos os regimes retos: a confiança do povo, alçada aqui à condição mesma de "forma" da legitimidade política. Será sempre ao reconhecimento popular de seus méritos (e, logo também, aos de suas famílias e antepassados) — sua coragem, prudência, capacidade de julgamento e raciocínio, postos a serviço da proteção do povo, da realização da justiça e do interesse comum — que os governantes deverão seu poder. E, conferindo-lhes as honras públicas, o povo lhes paga, com sua confiança, uma dívida de gratidão,[42] de tal modo que os termos "gratidão", "reconhecimento" (apreço, respeito) e "confiança" (que estabelece os vínculos mútuos da *fides*, o cumprimento da palavra, promessas e juramentos) promovem a síntese do passado dos benefícios recebidos, do presente do dever de reconhecimento e do futuro implicado na confiança adquirida, para produzir o poder dos magistrados ("fez deles seus chefes e lhes confiou seu destino")[43] e a obediência política ("passam a prestar-lhe obediência não mais por teme-

---

[41] *Idem*, VI, 6, 11-2.

[42] Cf. *idem*, VI, 8, 2.

[43] *Idem*, VI, 8, 2.

rem sua força").[44] O consentimento popular enraíza-se no passado e remete ao futuro das expectativas da confiança e dos engajamentos da *fides*.[45] Eleger seus governantes — a função popular por excelência na constituição romana — será sempre, para o povo, "os muitos", chancelar com sua confiança a liderança daqueles homens e famílias beneméritos da causa pública, a que deve obrigação por serviços.

Nem mesmo a democracia — produzida, no ciclo das constituições, em um momento de crise do princípio da confiança — escapa, aqui, a essa lógica política. Como se pode observar, ela se estabelece justamente naquele momento em que o povo, desacorçoado da confiança depositada nos homens de escol e seus descendentes — seja no governo régio ou no aristocrático, desandados ambos em abusos e injustiças —, decide assumir ele mesmo a condução dos assuntos comuns. Assim, poderíamos certamente pensar que o papel atribuído até aí à confiança necessariamente se esvaziaria, visto que a realização do interesse comum caberia agora ao seu próprio sujeito, o povo e sua vontade, sem distâncias nem mediações (o povo quer, logo faz, ou ao menos vê-se integralmente comprometido com isso). No entanto, pensar desta maneira seria conferir ingenuamente ao povo uma existência natural; seria desconsiderar seu ser originalmente político.[46] Seria, enfim, esquecer que ele se faz povo apenas mediante o surgimento (ou a projeção entre os homens dispersos) de um princípio externo de unificação (a figuração do "mais forte" ou de um rei protetor e justo, ou da virtude dos homens magnânimos), ao qual os homens assentem, deixando-o atuar no sentido de sua unificação efetiva.

Políbio não se esquece desta exigência. Para ele, a democracia não pode ser, então, o governo da "vontade do povo", dado

---

[44] *Idem*, VI, 6, 11.

[45] É interessante notar que a caução popular se apoia no passado e olha para o futuro, deixando quase vazia a consideração do presente.

[46] É preciso distinguir bem os registros: para Políbio, o ciclo das constituições e suas mudanças têm uma existência natural, mas os próprios regimes, históricos, têm um caráter humano, são justamente políticos.

que o povo, sem o operador da sua unidade, não existe. Ele adverte expressamente: "[...] não é democracia aquele [regime] em que a multidão é senhora de si para fazer o que quer ou o que bem entender".[47] A democracia não é o governo de uma massa desejante, que é o regime que corresponde à sua forma corrompida, a *okhlocracia*, na qual, a rigor, o povo deixa de existir, dissolve-se na brutalidade. Portanto, somos logo levados a entender que ela é ainda fundada num consentimento primitivo: ela é o governo em que o povo consente a si mesmo enquanto povo "já constituído", aquele em que ele projeta e assume seu passado — costumes, tradições, valores e leis — como operador da sua unidade. A democracia supõe a constituição já dada. Se é o derradeiro dos regimes do ciclo é porque supõe a sedimentação de costumes, representações e valores no tempo; supõe história.

Não é mais a cultura política grega do historiador (que concebe a democracia fundamentalmente como o regime da repartição isonômica das magistraturas e do exercício por parte de todos da deliberação sobre as coisas comuns) que é solicitada aqui. A democracia se apresenta — numa formulação inteiramente romana — como governo estritamente da tradição e dos costumes, como um regime, poderíamos dizer, de "comando consuetudinário": "[...] somente a comunidade em que se observa a tradição e o costume de reverenciar os deuses, honrar os pais, respeitar os mais velhos e obedecer à lei, e onde prevalecer a opinião dos muitos, pode ter o nome de democracia".[48]

Políbio não deixa romper-se o núcleo de sua teoria; o fundamento da autoridade não perde, no caso da democracia, sua consistência e universalidade. É ainda a dívida de gratidão para com os antepassados — aos quais o povo entende dever sua própria existência — que, nesse regime, alimenta a fidelidade ao *mos maiorum*, que orienta e comanda soberanamente o presente. Entretanto, é justamente isso que faz do governo do povo o mais frágil dos regimes: de um lado, ele só pode existir fazendo-se o mais conser-

---

[47] Políbio, *História*, VI, 4, 4-5.

[48] *Idem*, VI, 4, 5-6.

vador dentre eles; de outro lado, nele, o menor foco de corrupção atinge mortalmente o próprio corpo político e não apenas a função do comando; atinge o elemento (popular) da caução e legitimação dos regimes. O depois da democracia é a ruína da vida política.

A democracia é, enfim, a figura extrema da afirmação — inteiramente original — do consentimento popular como o princípio da legitimidade de todos os regimes; um princípio, é preciso insistir, que alça "o povo", historicamente constituído, à posição de fundamento e fiador da coisa pública, mas não atribui ao povo, à "vontade do povo", imediatamente apurada, o comando político. O povo, logo comprovaremos, não delibera, não decide; não age propriamente; não exerce sua "vontade". Ele apenas consente; aprova, ou não; adere, ou não, às iniciativas políticas dos magistrados, cuja "eleição", já sugerimos, não advém senão do reconhecimento de méritos comprovados. E podemos, assim, concluir que, para Políbio, o poder do povo é, no final, tão somente a "forma" do interesse comum. O povo, a cada momento, reconhece e assume certos atos e disposições como consonantes consigo, com sua própria identidade. Investe-os de sua (e na sua) universalidade. Sua aprovação formaliza, verifica e legitima, o que lhe aparece como bom, adequado ou pertinente a si mesmo — justo e de interesse comum.

Portanto, para Políbio, o consentimento popular tudo preside na esfera política. Ele lhe reconhece expressamente essa posição eminente não só na democracia, mas mesmo no regime régio ("[...] o povo [*oi polloi*, os muitos] concede o poder não apenas a eles [os primeiros reis], mas também a seus descendentes, acreditando que os que deles nasceram e foram por eles criados teriam decisões semelhantes às deles"),[49] e naquele da aristocracia: "[...] o povo [*oi polloi*], como se estivesse obrigado a pagar de imediato sua dívida de gratidão para com os destituidores da monarquia, quis fazê-los seus chefes e confiou a eles seu destino...").[50] Por isso Políbio identifica em todas as formas de governo retas traços que a

[49] *Idem*, VI, 7, 2-3.

[50] *Idem*, VI, 8, 2-3.

tradição nos fez prever apenas para as democracias: a igualdade política e a liberdade de palavra (*katholou politikes isotetos kai parresias*)[51] são assinaladas nas aristocracias (aparecem como princípios desastrosamente esquecidos pelos descendentes dos primeiros chefes, magnânimos, desse regime); no caso do governo régio, de modo inesperado, aparece a própria igualdade de condições ("[...] nem no que se refere ao vestir, nem no comer e beber, eram muito distintos dos demais, mas levavam uma vida semelhante aos outros, vivendo no mesmo lugar e com o mesmo regime de vida [*diaita*] do povo").[52] A igualdade de palavra (*isegoria*) e liberdade de expressão (*parresia*) são atribuídas, como se espera, também às democracias,[53] mas o vocabulário da igualdade se insinua persistentemente em toda a descrição da sucessão dos regimes.

É importante verificar também que é, fundamentalmente, o desprezo, de toda ordem, pelas igualdades requeridas pela vida política o elemento causador da corrupção dos regimes. O afã por distinções em relação aos súditos e a ostentação no caso do governo régio, a cupidez de bens e dinheiro na aristocracia, as disputas por vantagens e cargos nas democracias, manifestam, segundo a natureza própria de cada um desses regimes, os apetites que corroem internamente, "como pragas ínsitas" ("[...] como a ferrugem, no caso do ferro, e o caruncho e as cracas, no caso das madeiras"),[54] todos os poderes. Não há como evitá-las; pois, como já vimos, tais comandos são concedidos pelo povo sem condições ou reservas, tão somente em função dos méritos passados e serviços prestados pelos homens a quem os confiam. Políbio nos mostra que, inicialmente, a barreira que se antepõe a estas paixões e apetites que corroem os vínculos políticos vêm sobretudo da memória das violências, abusos e calamidades já experimentados por todos com a desagregação e as desordens causadas pela corrupção dos regimes precedentes. Assim, é com o passar do tempo e a sucessão das ge-

---

[51] *Idem*, VI, 8, 4.

[52] *Idem*, VI, 7, 5-6.

[53] Cf. *idem*, VI, 9, 4.

[54] *Idem*, VI, 10, 3.

rações, ao se apagarem estas lembranças, que os freios se afrouxam, ocorrendo o esquecimento da necessária caução popular aos regimes e algo como uma "naturalização" das prerrogativas políticas.[55] Por fim as contenções se desarmam e se abre o caminho para a *hybris*; sobrevêm novamente os excessos, desmandos e injustiças, reiterando o processo da corrupção e, então, a revolução dos regimes, até o império final da desordem e da selvageria na *okhlocracia*, que conduzirá ao ponto de retorno do ciclo, com o ressurgimento natural da primitiva monarquia.

Depois de expor sua teoria da *anaciclose* das constituições — natural e necessária[56] —, Políbio apresenta, como se sabe, a invenção admirável do legislador dc Esparta, a forma constitucional engenhosa, capaz, se não de imunizar contra o mal congênito os diversos regimes conhecidos, ao menos de retardá-lo, de estabilizar e fazer durar a ordem política. A excelência dessa constituição e a sabedoria do legislador, celebradas há muito pelos gregos, são corroboradas pelo historiador, que sublinha também o caráter racional da construção e sua eficácia, propondo, porém, uma interpretação inteiramente original de seu estatuto e funcionamento.

Segundo nos diz, a nova forma procede da observação, por Licurgo, o legislador de Esparta, do ciclo natural dos regimes e, ainda, do motivo de sua vulnerabilidade à empresa do tempo:

> Ele havia compreendido perfeitamente que todas as mudanças mencionadas acima ocorrem natural e necessariamente e havia também considerado que cada tipo

---

[55] No caso da aristocracia, Políbio observa: "[...] também nesse caso, quando os filhos herdaram as prerrogativas dos pais, sendo inexperientes de infortúnios e desconhecendo totalmente a igualdade política e a liberdade de palavra, e tendo sido criados desde o nascimento entre as evidências do poder e prerrogativas dos pais, entregam-se uns à cupidez e à ânsia desenfreada por dinheiro, outros ao excesso de bebida e aos excessos que o acompanham, outros à violação das mulheres e ao abuso dos meninos..." (*idem*, VI, 8, 4). Esta naturalização das posições de poder e dos privilégios é o operador da corrupção de todos os regimes retos.

[56] Cf. *idem*, VI, 9, 10.

> de constituição simples e baseada em uma única potência [*dynamis*] torna-se frágil [*episphales ginetai*], pois se perverte logo e cai na forma corrompida inerente à sua natureza.[57]

Assim, "prevendo isto"[58] — "por meio de raciocínio [*logos*]", "sem ter aprendido com a adversidade" —, ao invés de dar aos espartanos uma constituição simples, Licurgo oferece-lhes um regime que associa "todos os aspectos bons peculiares às melhores constituições",[59] combinando os caracteres e desempenhos próprios dos tipos diversos de comando: a capacidade de condução e justiça dos reis; a coragem e magnanimidade dos homens de escol na busca do interesse público; o apego do povo aos seus costumes e leis, ao espaço da sua liberdade. O legislador lhes dá, enfim, um "regime misto", que "preservou por um longo período — jamais ultrapassado — a liberdade dos lacedemônios".[60]

Políbio logo nos faz saber que em suas disposições constitucionais os romanos "chegaram ao mesmo resultado".[61] Com uma diferença importante, porém. Não chegaram a isso, como os espartanos, pelo arguto raciocínio (*dia logou*) de um homem extraordinário, mas no decorrer de um longo processo, "através de embates e dificuldades, sempre escolhendo o melhor [*airoumenoi to beltion*], a partir da experiência adquirida nas peripécias [da sua história] [*en tais peripeteias*]".[62] Assim, os romanos, contrarrestando também eles o movimento natural, criaram um artefato constitucional ainda mais apurado que o dos espartanos,[63] pois

---

[57] *Idem*, VI, 10, 2.

[58] *Idem*, VI, 10, 6.

[59] *Idem*, VI, 10, 6.

[60] *Idem*, VI, 10, 13.

[61] *Idem*, *ibidem*.

[62] *Idem*, VI, 10, 14.

[63] Colocamo-nos aqui diretamente em oposição à interpretação de Kurt von Fritz, que contrapõe assim as constituições de Esparta e Roma: a primeira teria uma origem racional, sendo a segunda mais perfeita por seu crescimento e

depurado pela experiência e pela paciência do tempo (não de um único ímpeto, como um construto racional vindo da mente de um único homem): através das "boas escolhas" — escolhas calculadas, nem casuais, nem necessárias — de gerações sucessivas, às quais devem, assim, a causa fundamental de sua presente grandeza, ou seja, "[...] a melhor das constituições do nosso tempo",[64] diz o historiador grego.

A Constituição mista romana

Não podemos nos deter na descrição das instituições romanas trazidas pelo Livro VI de sua *História*. Nem cabe aqui apreciar a fidelidade da análise do regime ou das informações que Políbio nos transmite — um trabalho necessário para o historiador, mas quase sempre divagante para quem pretende, fundadamente, ver nele, sobretudo, um momento excepcional de invenção e elaboração do ideário republicano romano. Menos que a efetividade do que é narrado, devemos inspecionar aí, se assim podemos dizer, a idealidade que alicerça as instituições factualmente observadas; pois, este é, no seu livro, o objeto próprio do historiador. Lembremos que, nesse momento, no Livro VI, ele se faz pensador político para interrogar a matriz constitucional (e simbólica) que preside a articulação dos poderes que levaram Roma à sua grandeza. E se é certo que a matéria histórica e os acasos obscurecem e mesmo comprometem, aqui e ali, os traços desta matriz ou as expressões de sua "lógica" (que ademais se destina a recobrir experiências bem diversas — pois são para ele da mesma espécie que o de Roma os regimes de Esparta e Cartago), é certo também que ela ganha uma visibilidade surpreendente na tela de sua realização maior,

---

desenvolvimento naturais (cf. Kurt von Fritz, *The Theory of Mixed Constitution in Antiquity*, *op. cit.*, pp. 83-91). Nada há, porém, de propriamente natural nesta constituição romana, produzida, diz Políbio, por "boas escolhas". Ele apenas opõe a razão de um só (Licurgo), em um único momento, à razão de muitos, em uma grande extensão de tempo.

[64] Políbio, *História*, VI, 10, 14.

a constituição dos romanos. Procuremos, assim, observar os traços desse paradigma, esboçados mediante a inteligência das instituições políticas da cidade.

O estabelecimento de um sistema de contenções (constituído por barreiras ou obstáculos mútuos entre as figuras tradicionais de comando, designadas pelo número dos governantes: um, alguns e "os muitos"), destinado a impedir que as formas simples desandem em abusos e despotismos, parece ser a chave dessa invenção constitucional atribuída por Políbio a espartanos e romanos. Licurgo, o herói legislador de Esparta, é apresentado, já vimos, como o primeiro a propor essa associação dos três princípios de governo conhecidos:

> [...] não fez sua constituição simples e uniforme, mas uniu nela todas as características boas peculiares às melhores constituições, de tal modo que nenhuma pudesse crescer acima do devido e degradar-se no seu correspondente mau e que nenhum deles prevalecesse ou sobrepujasse os outros e, assim, o governo [*to politeuma*] pudesse permanecer por longo tempo equilibrado, como um barco bem lastreado.[65]

Como se vê, a expressão moderna "*checks and balances*", que nos habituamos a remeter a essa matriz polibiana do regime misto, não é infiel a esse vocabulário e imagens, ainda que seja equívoca como toda divisa e que, frequentemente, talvez menos esclareça o conceito que o esconda, cobrindo-o de anacronismos. Pois, se o termo "*checks*" lhe cabe, não é no sentido mais imediato em que costumamos tomá-lo, um sentido derivado, que remete aos atos de examinar, comparar e, então, controlar e fiscalizar (checar), é, antes, no seu sentido primitivo, que se refere ao ato de deter, interromper ou paralisar e, assim, resistir e impedir, represar e barrar. No caso em questão, barrar e conter aquilo que, nas potências (*dynameis*) ou poderes que compõem o regime, tende para

---

[65] *Idem*, VI, 10, 7.

o excesso, a perda da orientação e medida impostas por suas funções próprias, destinadas ao serviço do todo e à realização do interesse comum. Assim, ao articular as formas simples em três esferas distintas de um mesmo governo, esse "regime misto" pretende criar um sistema de resistências e impedimentos mútuos que contenha o deslizamento de cada uma delas na direção dos interesses particulares dos governantes, mantendo-as, então, no eixo de um escopo comum.

Mas como funciona o sistema? Como ele, efetivamente, ativa barreiras inibidoras das tendências desviantes que, como "pragas congênitas", habitam todo poder? Aqui, será a consideração da constituição romana que permitirá observar com clareza a engenhosidade e eficácia desse algoritmo prático criado para solucionar os problemas de ajuste e reorientação continuada das ações dos governantes para a causa comum. Seu exame permite constatar, justamente, que não se trata de um sistema de controles (que podem, é certo, existir subsidiariamente) ou de limitação dos poderes por meio de intervenções ou de restrições às suas atividades e iniciativas (ainda que, evidentemente, existam regulações costumeiras, legais, e jurídicas que definem suas práticas). O regime, ao contrário, lhes garante absoluta autoridade e uma inteira autonomia de atuação e iniciativa em funções e áreas de intervenção distintas; nada se sobrepõe a cada um deles no exercício de suas funções próprias. Em Roma, diz Políbio, tal era o poder e autonomia conferidos "a cada uma das três partes da constituição", tal era a igualdade e conveniência entre elas, que

> [...] mesmo para um nativo era impossível dizer com certeza se o regime era aristocrático, democrático ou monárquico. Pois, se fixa os olhos nas prerrogativas dos cônsules, a constituição parecerá totalmente monárquica ou régia; se nas do Senado, ela parecerá, então, ser aristocrática; se olhar para o povo [*oi polloi*], ela parecerá claramente uma democracia.[66]

---

[66] *Idem*, VI, 11, 11-2.

Como já se pode perceber, não ocorre neste regime misto "divisão da soberania",[67] considerando-se que as funções diversas requeridas pela vida da cidade são exercidas com inteira autonomia por cada um dos poderes previstos pela Constituição. No entanto, esta distribuição de funções estabelece entre eles um sistema de dependências que assegura o ajuste e conveniência desses poderes; assegura as acomodações ("*balances*") necessárias para a *concordia ordinum* e o sadio desempenho do regime. Que se observe bem: sendo todos os três poderes constitucionais inteiramente autônomos, não são, entretanto, senhores de todas as condições e os meios de seus desempenhos, intenções ou ações, visto que respondem por funções diversas de um mesmo organismo e de uma mesma dinâmica de vida da cidade. Essa interdependência orgânica do exercício funcional dos comandos exige, então, sua articulação e colaboração. Sendo autônomos, mas não independentes, os ocupantes das várias instituições de governo são compelidos ao respeito mútuo e à cooperação, como condição de seu próprio desempenho; o exercício mesmo de suas responsabilidades políticas está subordinado à sua capacidade de interação e colaboração. E suas estratégias de mútuo entendimento e acomodação respondem não apenas ao intento de realização dos interesses comuns da cidade, mas ainda aos interesses dos próprios governantes: sem o acordo com as demais ordens, torna-se impossível obter o sucesso que garante seu prestígio (que se associa à riqueza) e sustenta sua autoridade.

Segundo Políbio, a República Romana realiza, paradigmaticamente, essa astuciosa organização de poderes, estabelecendo entre eles uma trama complexa, que o historiador procura restituir em suas linhas mais gerais. De maneira inteiramente sucinta, em três parágrafos, ele descreve essa distribuição dos poderes. O Consulado, sucedâneo colegiado e anualizado do governo régio, tem o poder executivo supremo (*imperium*). Aplica os decretos do Senado e do povo, dirige a administração e conduz as operações mi-

---

[67] Essa é, como se sabe, a crítica central que os Modernos, desde Bodin, endereçam às teorias antigas do "governo misto".

litares — funções que permitiriam a alguém, comenta nosso autor, tomar o governo como monárquico.[68] O Senado, o princípio aristocrático, além da atividade legislativa, controla o erário público (receitas e despesas), os assuntos externos (incluindo a administração das províncias) e o culto — de modo que muitos estrangeiros, e mesmo muitos romanos, quando da ausência dos cônsules, veem nesse poder os traços de uma aristocracia.[69] Ao povo, diz, cabe uma parte fundamental: "[...] ele confere poderes aos mais dignos, a recompensa mais bela das virtudes [*kalakagathias*] na república...",[70] aprova ou rejeita as leis, julga em última instância as causas graves, delibera sobre a paz e a guerra — isso dá a pensar que o quinhão do povo é o principal e que o estatuto do regime é democrático.

Após a inspeção desta distribuição dos poderes, Políbio passa a considerar suas interdependências. Observa que a ação dos cônsules depende do povo, que lhes concede suas magistraturas e ao qual (formalmente ao menos) eles devem prestar contas no final de seus mandatos. Depende também do Senado, que pode lhes criar obstáculos financeiros ou obscurecer seus feitos militares, negando-lhes os "triunfos". Os senadores, por sua vez, podem ter suas prerrogativas postas em causa por decisões populares, enfrentar dificuldades com o amplo poder suspensivo dos tribunos do povo ou ainda ver seus decretos comprometidos na sua aplicação pelos cônsules. Já o povo — "os muitos" — temerá aos cônsules enquanto subordinado a eles nas operações militares, e ao Senado, sobretudo nas suas atividades econômicas, como nas concessões e na distribuição das obras públicas. Ao concluir seu esboço destes enredamentos, o historiador não deixa dúvidas sobre sua eficácia:

> [...] sendo estas as forças [*dynameis*] de que cada parte dispõe para prejudicar [*blaptein*] as outras ou pa-

---

[68] Cf. Políbio, *História*, VI, 12, 9.

[69] Cf. *idem*, VI, 13, 9.

[70] *Idem*, VI, 14, 9-10.

> ra cooperar [*synergein*] com elas, sua união é benéfica em todas as ocasiões, de tal modo que é impossível encontrar uma constituição melhor do que essa.[71]

Não é interessante para nenhuma das partes furtar-se à colaboração ou descuidar de assegurar-se do beneplácito das outras.[72] As articulações e dependências entre suas atividades estabelecem entre elas uma tensão que equilibra suas forças e inibe suas tendências desviantes (que emergem a cada vez que se afrouxa a tensão), mantendo o fio dos negócios públicos sempre estirado na direção do interesse comum. É esta tensão (e os ajustes que gera) que é, para Políbio, o motor da grandeza dos romanos: ela produz a coesão e a estabilidade da ordem política, a articulação e cooperação entre os poderes e, nos cidadãos, o espírito de iniciativa, a emulação e a dedicação à causa pública.[73]

O poder do povo

Um dos pontos em que nossa crítica histórica costuma ser mais severa com Políbio diz respeito ao papel conferido ao povo na Constituição romana, tendo em vista, segundo se pensa, que a "forma mista" carregaria a ideia de uma certa equivalência dos poderes. Ora, qualquer consideração mais detida das instituições romanas mostraria um sistema profundamente oligárquico, um nítido predomínio do poder do Senado (integrado, em sua maior parte, pelos *nobiles*, descendentes, em geral, das grandes famílias tradicionais da cidade), em nítida conivência com os altos magistrados, que já procedem, quase sempre, de suas fileiras e sempre as integram depois de seus mandatos. O povo estaria, de fato, excluído da distribuição dos poderes — é o que os historiadores mo-

---

[71] *Idem*, VI, 18, 1-2.

[72] Cf. *idem*, VI, 15, 11.

[73] Cf. *idem*, VI, 18, 1-8.

dernos não cessam de adiantar. Não há discussão livre: "o cidadão era mantido em obediência e nem mesmo na assembleia podia ousar opor-se à vontade do magistrado...".[74] As magistraturas não são conferidas, de fato, pelo povo (seus ocupantes são designados pela aristocracia e escolhidos sempre entre os membros das ordens superiores), nem é ele que decide, em última instância, sobre a guerra e a paz: "[...] não há caso conhecido em que uma decisão senatorial de travar guerra tenha sofrido com sucesso resistência por parte do povo".[75] A grande maioria dos cidadãos sequer vota efetivamente, na maior parte das vezes. As votações por centúrias (um voto cada uma), que começam pelas de censo mais alto (e que são em maior número), se interrompem assim que se alcança a maioria, de modo que os cidadãos mais pobres só se pronunciam por ocasião de grandes desentendimentos entre os mais ricos. Por fim, os colegiados populares, reuniões de centúrias ou tribos (*comitia centuriata* ou *tributa*), além de um poder restrito, submetido às convocações e às proposições dos magistrados, podem ser dissolvidos ou ter suas decisões anuladas ao menor sinal de rebeldia, por pretextos frequentemente de ordem religiosa.

Não faltam, enfim, elementos para compor o dossiê relativo à insignificância do poder popular e à solidariedade estreita entre o império consular e o poder do Senado, o que produz a imagem de uma polarização bipartida da vida política romana, já assinalada, aliás, por historiadores antigos e que é frequentemente assumida pelos próprios atores. Assim, a tese da tripartição dos poderes e de seu suposto equilíbrio seria dificilmente sustentável, ficando por explicar os motivos de sua mobilização por Políbio. Esta questão leva as censuras a se multiplicarem: pode-se sugerir o "absurdo" da explicação (Mommsen);[76] a "cegueira extraordi-

[74] Francesco de Martino, 1972, vol. I, p. 2003, *apud* Breno Sebastiani, *Bélica lição polibiana*, *op. cit.*, p. 242.

[75] William V. Harris, 1987, p. 17, *apud* Breno Sebastiani, *Bélica lição polibiana*, *op. cit.*, p. 242.

[76] Theodor Mommsen, *Historia de Roma*, Madri, Francisco Góngora Editor, 1876.

nária" do grego para as instituições romanas, em função das ferramentas intelectuais de que se utiliza (F. Walbank),[77] ou ainda, as afinidades do aristocrata megalopolitano, envolvido pela elite romana e interessado, por motivações ideológicas, em produzir a imagem da coesão da República.[78] Ora, ao invés de confrontarmos a construção de Políbio com as informações de registro social e histórico e de debatermos sobre seus motivos, podemos ponderar se não valeria mais procurar compreender a própria articulação — teórica — de sua construção, um modelo explicativo, destinado, como vimos, a compreender os feitos extraordinários de uma cidade que dominou o mundo. Mais vale, enfim, acreditamos, procurarmos compreender a equação histórico-política proposta pelo historiador.

A afirmação da exclusão do povo do exercício efetivo do governo da cidade vem quase sempre acompanhada da lembrança de que, na tradição, em ideia, é o povo romano o portador da "soberania". Assim, constata-se logo que, quanto à atuação popular — para ficarmos com a formulação de um arguto comentador — "os reclamos da tradição não se desdobram em poderes e competências"[79] efetivos. Entre a representação e a realidade parece, então, estabelecer-se um contraste que, se bem observado, acreditamos, não desqualifica as considerações de Políbio, que efetivamente entende conferir ao povo uma função superior, um papel proeminente entre os poderes que governam a República. Observe-se que depois de descrever as funções dos cônsules e do Senado — funções que parecem totalizar os domínios ordinários do governo da vida coletiva: a legislação, a administração, a economia, a justiça, a guerra, a religião —, ele pergunta se restaria ainda alguma parte a ser atribuída ao povo. E responde sem qualquer ambiguidade:

---

[77] Frank William Walbank, *A Historical Commentary on Polybius*, Oxford, Clarendon Press, 1957, p. 243.

[78] John A. North, "Democratic Politics in Republican Rome", *Past and Present*, nº 126, 1990, p. 19.

[79] Breno Sebastiani, *Bélica lição polibiana*, *op. cit.*, p. 216.

> Ora, resta uma parte também para o povo, a parte de maior peso [*barytate*]. Somente o povo é senhor [*kyrios*] das honras e das punições, as únicas coisas que mantêm agregados [*synekhontai*] os poderes [*dynasteia*i] e as constituições [*politeiai*] e, em suma, toda a vida dos homens.[80]

Essa passagem é fundamental. Segundo assinala, cabe ao povo, na constituição da cidade, a parte mais importante: reconhecer méritos e deméritos ("conferindo magistraturas aos dignos delas, o que é, na constituição, a mais bela recompensa à excelência")[81] e atribuir punições (as mais graves, como pena de morte e penalidades aos magistrados superiores) em última instância, como senhor da justiça. Já observamos que o reconhecimento popular é a medida dos méritos, enquanto o povo encarna os valores, as instituições, costumes e leis, derivados das primeiras noções morais, que são desdobradas e consolidadas como tradição na vida ordinária da cidade. É o povo, constituído por sua história, pela tradição, e não qualquer particular ou alguma parte do "todos" (fossem os melhores ou os sábios), o portador vivo dos princípios constitucionais que mantêm os poderes e regem a vida em comum na cidade. Ele encarna a substância mesma da cidade (a inércia da tradição, as sedimentações que a conformam); é o princípio vivo de sua coesão, duração e identidade. É nesse sentido que o povo romano — não como número, massa, mas como povo efetivo — é o representante e o portador da Liberdade romana, o fundamento da *Res Publica*. E, não obstante isso, esse povo, senhor da Constituição, não é o titular do *imperium* (e menos ainda da "soberania" que, no sentido que nos é usual, não cabe a qualquer dos poderes romanos). O *imperium maius*, Políbio o atribui, no início da história da cidade, aos seus reis (habitados

[80] Políbio, *História*, VI, 14, 3-5.

[81] *Idem*, VI, 14, 9.

por Júpiter, deus federador),[82] e depois, por tempo limitado, aos cônsules, apoiados pelo conselho do Senado. Em momento algum, como já sugerimos, ele atribui ao povo um comando direto, ativo, na cidade. Potência maior da constituição, o povo não governa; reconhece os que são dignos do governo pelos atos que ele aprecia como bons, como adequados às suas tradições e valores, voltados para a utilidade pública. O poder do povo romano é, portanto, acima de tudo, uma potência de legitimação, a forma viva da universalidade política.[83]

Dessa maneira, na distribuição dos poderes em Roma, o povo contém e mantém a "constituição" da cidade. Como potência da afirmação do todo, como função de sua unidade e identidade, ele impede e represa as pulsões particularistas que corrompem a República. Para mantermos a imagem de Políbio, podemos dizer que o povo é o lastro que mantém o barco comum corretamente direcionado. E é interessante observar a grande distância existente para o historiador entre esse poder popular romano e aquele, democrático (em que o povo governa), de Atenas. A "cidade luz" dos helenos surge, na comparação estabelecida entre os regimes mais famosos,[84] como uma cidade inconstante, de sucessos efêmeros e sujeitos às reviravoltas da sorte, uma cidade "que em geral se assemelha sempre a uma nau sem dono [*adespotois*]",[85] na qual "tudo é dirigido pelas pulsões desenfreadas de uma turba [*okhlos*] [...] movida pela força e agressividade [*bia kai thymo*]".[86] Já no regime misto romano, pelo entrelaçamento do poder constitucional do povo[87] com os outros poderes — o legislativo do Senado e

---

[82] Pierre Grimal, *Les erreurs de la liberté*, Paris, Les Belles Lettres, 1990, pp. 72-3.

[83] Esboça-se, aqui, nessa oposição do povo aos magistrados, aquela que os modernos farão entre o soberano e o governo, uma oposição que não poderia delinear-se no pensamento político dos gregos clássicos.

[84] Cf. Políbio, *História*, VI, 43 ss.

[85] *Idem*, VI, 44, 3.

[86] *Idem*, VI, 44, 9.

[87] Este poder vivo não é mediado (ou representado) por qualquer insti-

o executivo dos cônsules — a nau da cidade não se desgarra: ela pôde alçar-se ao alto-mar, resistir às tormentas e alcançar seus intentos, os alvos mais altos.

A atribuição deste poder propriamente constitucional ao povo mostra bem o recuo do historiador em relação à sua própria cultura política. Sua observação admirativa de Roma leva-o a construir um paradigma constitucional inteiramente diverso daqueles dos clássicos do século IV grego. Políbio "romaniza" a teoria política grega. Abre, a partir dela, um caminho original, que não atribui mais às instituições e às leis um fundamento transcendente à própria vida política (a boa ordem natural das partes da cidade; a justiça em si; as leis da natureza) e que escapa às imposições do finalismo das concepções políticas gregas.[88] Ele não vê Roma em movimento em direção a um fim (fosse ele a realização plena de sua natureza própria, sua autarquia, como em Aristóteles), mas ancorada em seu passado, conduzida por seus valores, costumes, leis e religião,[89] humanamente constituídos ao longo de sua história e constantemente atualizados na vida e aspirações dos cidadãos da República.

O apego dos romanos ao passado, ao *mos maiorum*, aos "ancestrais ilustres", à busca da glória inspirada pelo passado e projetada no futuro, impressionam profundamente o historiador, que não deixa de observar que os valores que os guiam — a *fides*, a honestidade, a bravura na guerra, o respeito aos deuses, a dedicação à República — encarnam-se em homens excepcionais, celebra-

---

tuição, como a figura do rei nas monarquias constitucionais modernas, nas quais o rei representa a "nação", cujas determinações dificilmente se afastam de um horizonte naturalista.

88 O ciclo das constituições neutraliza o finalismo (como ocorre também no eterno retorno da cosmologia estoica): tudo se resolve na necessidade imanente das "transformações" dos regimes, movidos inteiramente pelas ações e paixões dos homens.

89 Sem a tradição, a multidão é tumultuária e inconstante, tomadas por paixões desenfreadas; penetrada pela tradição — interiorizada como costume e religião —, mostra-se corajosa, honesta e dedicada às causas comuns (cf. Políbio, *História*, VI, 56, 10-5).

dos pela cidade e propostos como exemplo para a emulação e a formação dos jovens. É todo o povo que, pela *pietas*, se identifica nesses valores e nas virtudes de seus homens ilustres,[90] como assinala em sua admirada descrição do ritual funerário dos "Rostros" ("Que espetáculo poderia ser mais belo que este?"[91] — pergunta-se), cuja significação política fundamental não lhe escapa:

> [...] por este meio, por esta atualização constante da referência aos homens bons, a fama daqueles que realizaram feitos excelentes é imortalizada, ao mesmo tempo em que a glória dos que prestaram bons serviços à pátria torna-se conhecida do povo e herança para as futuras gerações. Mas o mais importante é que os jovens são estimulados a suportar toda provação pelas coisas comuns [*ton koinon pragmaton*], na esperança de obter a glória que acompanha os homens bons. Os fatos confirmam minhas palavras.[92]

Desse patriotismo dos romanos, expressão maior de sua identidade e ainda do estatuto cultural e histórico de seu *vinculum societatis*, pouco restará nos anos finais da República, no século I a.C. Com a dissolução dos costumes e das instituições ancestrais, a coesão da cidade — como se poderá constatar na obra política

---

[90] "Por ocasião da morte de qualquer homem ilustre, ele é levado em seu funeral com toda a pompa até o *Forum*, perto dos chamados Rostros, algumas vezes bem à vista em posição vertical, e mais raramente inclinado. Ali, *com todo o povo de pé em volta*, um filho crescido, se ele deixou algum que esteja presente em Roma ou, se não, algum parente, sobe aos Rostros e pronuncia um discurso alusivo às suas qualidades e aos seus sucessos e feitos ao longo da vida. Consequentemente *toda a multidão, e não apenas quem teve alguma participação nesses feitos, mas também quem não teve*, quando os fatos são relembrados e postos diante de seus olhos comove-se e é levada a tal estado de empatia que a perda parece não se limitar somente a quem chora o morto e *ser extensiva a todo o povo*" (*idem*, VI, 53, 1-3, grifos nossos).

[91] *Idem*, VI, 56, 10.

[92] *Idem*, VI, 54, 2-4.

de Cícero — só poderá ser obtida por um vínculo de outra natureza, um vínculo jurídico. No século seguinte, o orador-filósofo não buscará mais, exatamente, a "constituição" própria de Roma, mas investigará antes a natureza das cidades.[93] Não refere mais a existência e duração da associação política ao consentimento e à adesão do povo a si mesmo (à virtude de seus heróis, à sabedoria — humana, ainda que certamente atenta aos sinais dos deuses — de seus costumes e leis), mas ao consentimento ao Direito (*ius*), advindo de uma Lei de caráter natural e divino (inscrita na natureza e decifrada pela reta razão do sábio, e à qual a multidão, para existir como povo, dá sua adesão e consentimento).

Sc Políbio "romaniza" as categorias políticas gregas, com Cícero, pode-se dizer, a compreensão da República se re-heleniza, se reaproxima dos gregos, sobretudo de Platão (que, como ele, adverte que as leis, verdadeiras e sábias, não podem prescindir da persuasão e da obtenção do consentimento popular, sob pena de se fazerem tirânicas). A *res publica* é ainda, para Cícero, *res populi*; mas, o povo, agora, não é mais constituído por sua história e seus costumes, por seu reconhecimento e gratidão aos feitos dos *maiores*; não é mais soldado por seu patriotismo. Ele é o agregado a que tende naturalmente a multidão em vista da utilidade de todos e que se efetiva, como dissemos, por seu consentimento ao que é Direito.[94] O povo é agora, no célebre enunciado do filósofo,

---

[93] Enquanto Políbio se vê levado a trabalhar com um conceito de constituição alargado, fazendo-o abarcar costumes econômicos, religiosos ou de outras ordens, como "constitutivos" de uma cidade, Cícero, por sua vez, volta a focar a questão constitucional no registro propriamente político — a organização dos poderes da cidade — e jurídico. Enfim, para ele já não é mais a natureza de uma cidade determinada (seja ela Roma, Esparta ou Cartago) o que conta, pois, os regimes devem ser antes de tudo conformes à ordem do mundo, à natureza genérica das associações políticas.

[94] A *Res publica* se associa pelo *vinculum iuris*; o *sapiens* lhe dá boas leis (segundo a lei natural e divina); o *imperium* as executa. "Do alto a Lei divina dá vigor ao primeiro [*vinculum iuris*], inspiração ao segundo [*sapiens*], poder ao terceiro [o magistrado]" (Milton Valente, *A ética estoica em Cícero*, Caxias do Sul, EDUCS, 1984, pp. 309-10).

coetus multitudinis, iuris consensu et utilitatis communione sociatus.[95] Mas, aqui, a velha República Romana, ele o sabe, já se extinguiu... e, certamente, com ela, esvaziou-se seu ideário mais próprio — que, a seu modo, Políbio testemunha e interpreta.

---

[95] "Reunião de uma multidão, associada pelo consentimento ao direito em vista da utilidade comum" (Cícero, *De re publica*, I, XXV, 39).

II.2

A ética estoica de Cícero e seu horizonte político

Cícero, no início de seu *Dos deveres*, faz esta declaração altissonante sobre a eminência da ética entre as disciplinas da filosofia:

> Em filosofia são muitos os assuntos importantes e úteis, cuidadosa e abundantemente tratados pelos filósofos; mas, o que me parece de maior alcance é relativo ao que nos ensinaram e preceituaram a propósito dos deveres. Com efeito, não há setor algum da vida estranho ao dever, trate-se de negócios públicos ou privados, forenses ou domésticos, particulares ou relacionados aos outros. No seu cumprimento reside toda a honestidade da vida e no seu desprezo toda a torpeza. Na verdade, essa questão é comum a todos os filósofos; pois, quem se atribuiria o nome filósofo sem nada ensinar sobre o dever?[1]

Tais deveres dizem respeito à vida concreta, às relações com os outros homens, nos negócios públicos e privados, nas relações sociais ou familiares; constituem uma moralidade prática, referida aos mores — "*quod ethos illi vocant*", "o que chamam *ethos*" (*De fato*, I). Cícero, ele próprio, cria o adjetivo *moralis* (a partir do vocábulo latino *mos*), como equivalente ao grego *ethikos* (de *ethos*)[2] e confere à ética uma posição maior entre as disciplinas da filosofia.

---

[1] Cícero, *De officiis*, I, 4.

[2] Cf. Marin Liscu, *Étude sur la langue de la Philosophie Morale chez Cicéron*, Paris, Les Belles Lettres, 1930.

Nesse tratado *Dos deveres*, ele não busca investigar, diz, os fundamentos da moralidade, o Bem soberano (o fim dos bens); refere-se aos preceitos que orientam a vida ordinária, "os usos da vida" ("*ad institutionem vitae communis*"). Não visa, pois, à ética especulativa, mas a um saber prático, referido às circunstâncias envolvidas nas ações dos homens. Desse modo, seu modelo, ele vai buscá-lo nos manuais de orientação prática do estoicismo, os conhecidos e então muito difundidos "*Peri tou kathekontos*",[3] pretendendo, em grande parte, repropor aos seus contemporâneos esse legado grego introduzido na cultura latina nos tempos de Cipião Emiliano, no momento em que Roma se abria — ainda que com resistências expressas — à civilização do helenismo.

O livro é dedicado a seu filho Marco, então estudante de filosofia na Grécia — como tantos outros jovens da elite romana —, como fora ele próprio. Mas, sendo um manual de intenção pedagógica, visa certamente os "*homines novi*", aquela elite, em grande parte de extração provinciana, proveniente da incorporação dos italianos à cidadania romana, homens em geral pouco educados, despolitizados, envolvidos na administração do império e ocupados principalmente com suas promoções pessoais e com o aumento de seu patrimônio. Que se veja o chamado do filósofo, no início de seu *De re publica* — escrito dez anos antes — no sentido da reconstrução dos valores e da eminência do interesse público (*utilitas rei publicae*) em relação aos privados, o mote maior da moral ciceroniana, que busca agora nesse manual suas orientações e desenvolvimentos apropriados. Trata-se aí, enfim, de restabelecer o sistema de valores, relembrar códigos e padrões exigidos pela vida republicana, em consonância com o legado moral e cultural assumido pelos romanos como "*mos maiorum*", num momento em que o autor vê ameaçada a república (e mesmo sua própria vida) em meio aos distúrbios que se seguiram ao assassinato de César.

[3] "Sobre os deveres", um gênero difundido de manuais estoicos de orientação moral.

A ideia de transmitir um legado, de retomar a tradição e repropô-la para o presente, se patenteia no próprio procedimento adotado para a composição da obra: tomar como ponto de partida, como modelo, o "*peri tou kathekontos*" do filósofo Panécio de Rodes que viveu em Roma e teve influência marcante no círculo de Cipião Emiliano[4] e que, posteriormente, a partir de 129 a.C., tornou-se escolarca do Pórtico.[5] Cícero diz seguir o filósofo estoico "por escolha", por considerar sua doutrina prática a mais aprovável entre aquelas das escolas filosóficas — afastando, pois, peripatéticos, acadêmicos e pirrônicos e ainda os epicuristas, por não terem, segundo ele, o "honesto", a conformidade com a natureza, como a regra suprema da moral. Adverte, porém, que segue o filósofo estoico "não como intérprete; mas, como de costume, tirando de suas fontes, segundo nosso tirocínio e arbítrio, aquilo que nos aprouver".[6] E, de fato, ao assumir a tríplice divisão do sistema de Panécio (o que é honesto ou que é torpe; o que é útil ou o que é nocivo; a questão dos conflitos — aparentes — entre o útil e o honesto, uma questão que teria sido formulada mas não desenvolvida no tratado grego), Cícero lhe endereça uma decisiva observação crítica: "duas coisas foram deixadas de lado; pois não se costuma indagar apenas se uma coisa é honesta ou útil, mas também qual, entre dois propósitos honestos, é o mais honesto, bem como, entre dois propósitos úteis, qual seria o mais útil".[7] Acrescenta ainda que esquecer algo ao prever as partes de um tratado é "um vício bastante grave".[8] Veremos adiante, de fato, o

---

[4] Participam desse círculo figuras proeminentes da aristocracia e da intelectualidade mais brilhante da República, como Lélio, Scévola, Rútilo e Rufus.

[5] A Escola do Pórtico (*stoa* em grego), o estoicismo, passa a ser chamada assim, como se sabe, por Zenão de Cítio, seu fundador, reunir seus discípulos próximo ao pórtico dito *poikile* (colorido). Seus primeiros sucessores como mestres da escola (escolarcas) foram Cleanto (por volta de 267 a.C.) e Crisipo (por volta de 232 a.C.).

[6] Cícero, *Dos deveres*, I, 6.

[7] *Idem*, I, 10.

[8] *Idem*, *ibidem*.

quanto esta brecha aberta no corpo da moralidade estoica demarca a originalidade do pensador romano e mede seu distanciamento de um estrito enredamento nos princípios do estoicismo.

Que gênero de deveres (*officia*) pretende Cícero estabelecer nessa obra? Ele os circunscreve recorrendo justamente à oposição estoica entre "deveres perfeitos" (*katorthoma*), aqueles advindos de uma determinação inteiramente racional, da vontade moral perfeita do sábio, e aqueles chamados "médios", imperfeitos, justificados tão somente por uma razão "aprovável" e propostos pelo sábio apenas para a orientação do homem comum, os *kathekonta*. No Livro I, 8, a observação sobre esta distinção é bastante sumária, mas pode ser completada por uma passagem posterior, mais longa, encontrada no Livro III, 3, em que a distinção se esclarece (mesmo sem alusão a seus fundamentos). Desse modo, antes de entrarmos na apresentação do sistema dos deveres e nas questões que suscita, busquemos lembrar tais pressupostos para melhor compreendermos o caráter prático das proposições do livro.

A que corresponde mais precisamente, enfim, essa oposição estoica entre deveres perfeitos e médios? Devemos lembrar que estas noções assumidas por Cícero se configuram a partir da maneira como os estoicos pensam o *telos*, o fim de nossas ações morais. Para eles, o fim não está no prazer — como para os epicuristas — e nem mesmo na felicidade (*eudaimonia*) advinda da atividade virtuosa da alma — como para Aristóteles e os peripatéticos; o fim, segundo eles, é a própria atividade virtuosa; está na própria retidão racional de um agir conforme a natureza. Uma ação reta não se determina por qualquer finalidade externa a ela própria; seu fim se aloja na própria ação, o ato moral tem apenas o "agir bem" como seu verdadeiro fim. Desse modo, o alvo materialmente visado pelo agente, seu *skopos*, vê-se rebaixado à condição de causa ocasional de uma ação reta, o elemento que dá suporte material ao exercício, puro, da virtude, cuja determinação essencial está em sua retidão, em sua honestidade. Em suma: o *honestum*, o fim visado pelas ações morais, determina-se tão somente pela exigência de agir como se deve, por dever. Esse é o "agir conforme", conveniente, o "viver de acordo" (*omologoumenos zein*) de Zenão, completado por Cleanto como "viver de acordo com a natureza", em conformidade com a Razão universal, o *Lógos* que tudo penetra e vivifica. Por isso a racionalidade da ação está na adesão, consciente e ativa, à necessidade racional da própria natureza que opera no agente; está na consciência ativa de si mesmo como parte da natureza, que o estoicismo grego denominou *oikeiosis* — o habitar a si mesmo, apropriar-se de si mesmo (*ipsum sibi consiliare*, como diz Cícero no *De finibus*). Tal *consiliatio*, adesão à ordem do Mundo (querer a si próprio como a natureza o quer), leva o sujeito moral a buscar, por escolha refletida (*airesis*), sua própria destinação e papel enquanto parte da natureza. O agente moral praticará, portanto, a ação reta sempre por ela mesma, não por algum bem que ela lhe proporcionc, subordinando, por princípio, os objetos visados por suas ações (seus *skopoi*, seus interesses) à vontade moral de agir adequadamente, ter a honestidade mesma, a conformidade à natureza, como fim soberano.

Compreendemos, portanto, que para o homem virtuoso as coisas buscadas, úteis, são em si mesmas indiferentes (*adiaphora*) e só se revelam bens verdadeiros (determinadas por fins morais) e, então, efetivamente úteis, quando motivadas pelo que é honesto. Por isso é preciso, nesse livro *Dos deveres*, repetir insistentemente que só o honesto é bom (*honestum solum bonum est*) e que só é útil — e, portanto, digno de ser buscado e tomado (*lepta*, *summenda*) — o que for honesto. O que garante tal correspondência entre o agir honesto e a utilidade e benefício para o agente moral dos resultados de sua ação é, como se sabe, a convicção estoica sobre a inteira racionalidade da natureza e da própria natureza do agente, que ela determina: enfim, o postulado metafísico de sua constituição pelo *Logos*, pela Razão que atravessa o universo, ou ainda, a compreensão da natureza como atividade do próprio *Logos*. Há quem prefira falar, como faz Pierre Aubenque, em "ato de fé na racionalidade oculta do Mundo", tendo em vista que a verdadeira utilidade da ação moral nem sempre se manifesta aos olhos do agente (que, assim, age "por dever", ainda que aparentemente sua ação possa, a seus olhos, vir a cobri-lo de desgraças).

Desse modo, ao compreender que a honestidade — a conformidade racional à natureza — é o único critério das escolhas (*ekloge*, *selectio*) de um homem de bem, o filósofo estoico admite também que só o sábio, personificação da racionalidade, é capaz de realizá-las perfeitamente, de realizar o dever perfeito (*katorthoma*); pois é necessário um "assentimento forte", vigoroso e virtuoso, ao *Logos*, à Razão, para impedir que a representação (*phantasia*) dos próprios objetos — sempre apreendidos como atraentes ou repulsivos, úteis ou nocivos, porquanto sua representação é acompanhada de prazer ou dor — prevaleça sobre a afirmação da coesão racional do *Logos* universal que tudo perpassa. A busca de objetos determinados que se impõem "de fora" ao seu desejo ofusca e diminui a potência racional do agente, deixando surgir em sua alma inclinações irracionais, que a dominam e passivizam, que a escravizam.

Como se vê, a ausência da virtude perfeita condena a vontade do agente à heteronomia e faz o homem comum, aquele do assentimento fraco ao *Logos*, incapaz de apreender por si mesmo as imposições da natureza que nele habita, incapaz de ajustar a ela, em cada circunstância, a boa direção da sua vontade e de, assim, realizar o dever, o que deve ser feito, segundo as imposições da natureza. Tal homem, movido pelas paixões, dominado pelos objetos que se impõem à sua vontade, precisa, então, do socorro do sábio — e frequentemente de um diretor de consciência — para escapar à heteronomia e alcançar, mesmo que imperfeitamente, a esfera da racionalidade moral. E é, assim, em sua intenção, que o filósofo constrói um sistema dos deveres racionais correspondentes às situações ordinárias da vida, cujos preceitos (os *kathekonta*) poderão auxiliá-lo em suas escolhas — mesmo que de modo apenas provável e aproximado, tendo em vista a impossibilidade de que a preceptiva atenda às particularidades, à singularidade de cada caso considerado. O sábio, portanto, oferece ao homem comum fins "médios" relativamente ao dever perfeitamente adequado aos casos, capazes, porém, de colocá-lo na direção da aquisição da autonomia moral. São tais deveres "médios" que, na trilha aberta por Panécio, Cícero traz em seu catecismo moral dirigido aos jovens romanos e, para além deles, a todos os homens.

Se nos alongamos na consideração dessas bases da moralidade estoica é porque, sem considerá-las, dificilmente conseguiríamos compreender o sentido do manual e da própria ética ciceroniana, que assume as orientações morais do estoicismo com as alterações que lhe parecem devidas. Observe-se que o filósofo parte da teoria estoica do agir conveniente em primeiro lugar por reconhecer nela o que ele próprio tem também por princípio de orientação de toda a vida prática, o conformar-se à natureza, às inclinações, ou leis, naturais. Por isso é preciso, segundo ele, observar as tendências universalmente impressas no homem pela natureza, observar nele o que lhe é próprio e primeiro (*prota kata physin*), para em seguida buscar as disposições que permitem realizá-lo do modo mais adequado, isto é, determinar as virtudes que lhe são correlatas. É assim que, seguindo os passos de Panécio — e mantendo-se, certamente, no horizonte de outros escritos do gênero —, seu tratado assinala nos homens quatro inclinações primitivas e, a partir delas, demarca o campo das virtudes que lhe são próprias, as capitais, para em seguida dedicar-se à indagação sobre o conjunto dos deveres que elas impõem e sobre outras virtudes que as acompanham. Vejamos, pois, sumariamente, como arborece esta cadeia de princípios e de deveres que constitui o livro.

A primeira tendência que a natureza imprime nos homens é a da busca da própria conservação — do próprio corpo e vida —, que, em função da razão e da linguagem, o homem tende a realizar em sociedade: inclinação, pois, para a (conservação da) vida em sociedade — a começar pelo cuidado da prole, da família, depois da comunidade política e da própria humanidade. As disposições que se impõem para realizá-la são, em primeiro lugar, a justiça (a virtude maior da promoção da convivência social); em seguida vêm se associar a ela a *fides* (a manutenção da palavra e dos pactos, sem os quais não se tecem vínculos) e a beneficência ou liberalidade (que hoje chamaríamos generosidade). A segunda tendência inclina os homens para o conhecimento e a investigação da verdade, à qual correspondem as virtudes da sabedoria e da prudência, a que vêm associar-se a *perscipientia* (a agudeza, a *ankinoia* dos gregos) e a *sollertia* (engenho e sagacidade do espírito). A terceira inclinação move naturalmente os homens à busca de proeminência sobre os demais e ao não querer submeter-se a um outro, senão "ao que aconselha, ensina ou comanda justa e legitimamente"[9] — a inclinação realizada pelas virtudes da magnanimidade e da fortaleza (grandeza e força de ânimo), ao lado de outras que lhes são afins: a coragem, a clemência e a modéstia, com seus *officia* correspondentes, postos todos, diz o filósofo, a serviço do bem comum e da equidade (*propugnantes pro aequitate*).[10] Por fim, a quarta tendência refere-se à busca e à admiração da ordem e da harmonia, da congruência ou conveniência das partes, beleza e graça (*pulcritudo, venustas, convenientia partium*) nas coisas, nos atos e nas palavras.[11] As virtudes que realizam esta inclinação são a moderação (temperança), a constância e "aquelas que lhes são semelhantes: o pudor (*verecundia*), a ordem e a medida, a *honestas et decorum*, sendo este, o decoro, a tradução externa, visível, da *honestas* — a categoria central da moralidade —, nos gestos, comportamentos, estilo de vida. Tal relevância dada ao decoro, manifestação eminente da honestidade, assinala um outro aspecto da reforma moral almejada por Cícero: ela aponta para além da estrita "moralidade" das ações e dos valores republicanos; ela visa também às boas maneiras requeridas para a existência de uma socialidade harmoniosa, a *urbanitas*, que, em Roma, pensa ele, se corrompe com a célere degradação da vida política. São, afinal, tais virtudes (decorrentes das inclinações naturais dos homens) que balizam o campo moral da honestidade e que alicerçam os deveres que se impõem aos que desejam uma vida bem sucedida, feliz.

O valor central conferido ao decoro não deve, entretanto, ofuscar a nítida proeminência concedida aos deveres relativos à justiça e, mais amplamente, ao conjunto dos preceitos relativos à conservação das sociedades dos homens ("*quae maxime est secundum naturam*");[12] pois afastados desses "*officia ex communitate*" (deveres para com a comunidade), todos os demais, adverte o filósofo, se desencaminham e se corrompem: o conhecimento perde

---

[9] *Idem*, I, 13.

[10] *Idem*, I, 62.

[11] Cf. *idem*, I, 14.

[12] "Os que maximamente são conformes ao que pede a natureza" (*idem*, III, 21).

seu verdadeiro alvo (buscar "a vida em comum feliz") e a moderação e o decoro tornam-se estéreis. Por certo a verdadeira virtude é "uma" — o conformar-se ativamente ao que quer a natureza —, e as virtudes referidas a registros e situações particulares se comunicam; não podem ser segmentadas. No entanto, ao colocar, no final do primeiro Livro, a questão da escolha entre duas prescrições honestas (Livro I, 152) — aquela indagação ignorada por Panécio —, Cícero, com certeza, não tem outra intenção que fazer dos deveres sociais a referência maior da moralidade "média", a dos *kathekonta*, aquela a que são convidados todos os homens. Nos capítulos dedicados à *contentio et comparatio* (disputa e comparação) entre as "partes" do honesto,[13] o autor estabelece a precedência inequívoca dos deveres *ex communitate* (relativos à comunidade) sobre daqueles *ex cognitione* (relativos ao conhecimento, privilegiado pelos gregos) — um tema que ganhará ampla repercussão no Renascimento — e, depois, sobre aqueles derivados das demais virtudes.[14] É verdade que o critério superior da conservação da sociedade, da saúde e salvação públicas, já lembramos, não pode ser dissociado das outras "partes" da honestidade: a busca do bem público só é moral se não contraria as demais virtudes e deveres, o que impede que sua precedência deslize, *avant la lettre*, em alguma forma de "razão de Estado".

É preciso, entretanto, observar que esse passo de fazer dos deveres relativos à comunidade "a mais honesta entre as coisas honestas" empenha a moralidade ciceroniana em um compromisso especial com a vida social e política que não se observa entre os estoicos. Pois essa afirmação decisiva da eminência do interesse público, sem perder seu vínculo com a virtude pura, o agir puramente por dever, parece tornar mais tênue esse vínculo, em função de uma espécie de infiltração do *telos* (o simples agir racional por ele mesmo como a própria finalidade da ação) pelo *skopos*, o objetivo específico da utilidade comum. A moralidade parece ganhar um apego maior aos interesses sociais das ações; pois, trata-se, por

---

13 Cf. *idem*, I, 58.

14 *Idem*, I, 153-5.

certo, de fazer o que as circunstâncias da vida social e política requerem a cada instante do agente moral. Enfim, esse vínculo mais cerrado com o serviço da comunidade e a utilidade pública traz à moralidade ciceroniana uma cor diversa daquela do estrito rigorismo e racionalismo, mais abstratos, da ortodoxia estoica; compromete o agir moral com seus resultados e alvos políticos, com fins determinados e efetivos. O agudo comentador Milton Valente corrobora esta avaliação: em Cícero, ele diz, "a moralidade humaniza-se. O juízo sobre a moralidade de uma ação toma como critério o conceito da maior utilidade para o maior número [...] a lei suprema da moralidade é a humanidade",[15] não mais diretamente a simples conformidade à natureza. E continua: "o homem virtuoso é aquele que sabe tornar-se útil à sua *gens*, à sua clientela, à cidade, ao Estado. A virtude oculta, gratuita, que não produz frutos de utilidade, não é, de forma alguma, característica do discípulo de Cícero".[16]

Esse agudo comentador avança ainda para esta inflexão da moralidade ciceroniana uma explicação de estofo especulativo mais decisivo, mesmo advertindo sobre "a dificuldade de decidir em matéria tão delicada, onde faltam elementos históricos de apreciação".[17] Ele atribui o "desvio" em relação à ortodoxia estoica a um movimento de interiorização do critério moral e de autonomização da razão humana em face da lei universal, em face da ordem exterior do Mundo, do destino; um distanciamento, enfim, daquela exigência estoica da determinação imediata da moralidade pela física.[18] Em suas palavras:

> Refletindo sobre a racionalidade do universo e sentindo-a como sua, a razão humana entrou em si e separou-se do ser universal. Este ser tornou-se diferente e estranho [...]. Firmando-se em si mesma, põe seu pró-

---

[15] Milton Valente, *A ética estoica em Cícero*, *op. cit.*, p. 390.

[16] *Idem*, p. 392.

[17] *Idem*, p. 71.

[18] Cf. *idem*, p. 74.

prio fim em si e não alhures e não reconhece outra racionalidade às coisas e aos atos senão a que tira de si própria.[19]

Certamente, nessa interpretação destemida da inflexão que assinalamos, o comentador traz mais de seu que de Cícero; planta nele talvez certa semente de nossa modernidade. Mas podemos, de qualquer modo, assumir as linhas finais da Conclusão Geral de seu excelente livro:

> Sem dúvida a moral estoica, integrando-se nos quadros do pensamento ciceroniano, perdeu as grandiosas perspectivas teológicas e cosmológicas de que era tão orgulhosa; e não deixa de ser o grande mérito de Cícero tê-la reconduzido aos limites do humano; tê-la feito uma moral "política", principalmente atenta à cidade dos homens.[20]

Trata-se de uma ética que impõe a todo agente moral, em primeiro lugar, o amor e o serviço da pátria, de sua comunidade política, a moral que vai inspirar o ideal da "vida ativa" e da virtude cívica aos humanistas no Renascimento. Cícero traz nesse escrito sobre "os deveres" os alicerces do paradigma mais duradouro da moralidade assumida pela tradição republicana.

---

[19] *Idem*, p. 76.

[20] *Idem*, p. 395.

II.3

Legados ciceronianos para a tradição republicana[1]

Claude Nicolet, historiador incontornável do ideário republicano, diz, com razão, ser Cícero "o primeiro intelectual da política"; pois, nesse personagem excepcional, o homem político e o pensador político comunicam-se e alimentam-se intensamente. Orador brilhante desde a juventude, experimentado desde cedo nas batalhas do *Forum*; fino tratadista das técnicas retóricas; homem político forjado pelo longo trajeto do *cursus honorum* (a carreira política dos homens de Estado romanos), que o leva ao posto mais alto, ao próprio consulado (não sendo ele de origem aristocrática, nem destacado por grandes feitos militares); filósofo ambicioso, formado em Atenas e profundo conhecedor das escolas filosóficas do tempo (lembremo-nos de seus *Academica*, do *De finibus* ou do *De natura deorum*); pensador ético respeitado — tudo isso concentra-se nesse homem e, ainda mais, no correr de uma vida marcada por muitas atribulações e adversidades (exílios, fugas, constrangimentos). Enfim, um homem extraordinário, implicado na política pela vida e pelo pensamento.

Devo começar por ressaltar, no ator e no pensador político, seu apego à república e seu compromisso com as instituições romanas, que ele vê se corromperem. De um lado, segundo pensa, tal corrupção advém da ação de homens inescrupulosos, que se associam aos populares por ambição de poder (sejam os Gracos, seja Júlio César ou, depois, Antônio) e, de outro lado, da omissão

[1] Este texto reproduz, com poucas modificações, a conferência apresentada no Grupo de Trabalho "Ética e Política no Renascimento" no XV Encontro da Associação Nacional de Pós-Graduação em Filosofia (ANPOF), realizada em Curitiba, em outubro de 2012.

de uma elite que, depois da Guerra Social, nos anos 90 a 87 a.C.,[2] deixa-se transformar por seus *homines novi*, ambiciosos e preocupados acima de tudo com seus negócios e patrimônio, advindos principalmente das concessões públicas e dos encargos da administração do Império. É a tais homens — pouco educados nas tradições e valores dos velhos romanos, mais interessados em postos e ganhos que nos empenhos coletivos — que ele primeiramente se dirige em seus discursos e exortações políticas, seus chamados para os princípios, padrões de conduta e responsabilidades da vida republicana, buscando motivá-los para o patriotismo e os interesses comuns. Do proêmio do *Da República* — um de seus primeiros textos — ao início do *Dos deveres*, seu último livro, esta intenção e propósitos estão claramente presentes, manifestando-se também de maneira intermitente em seus outros escritos.

Procurarei considerar aqui, bastante brevemente, o horizonte próprio de cada uma das três obras maiores do legado político ciceroniano. Não as tomarei na sua sequência cronológica, o que me levaria a iniciar pelo *Do orador*, mesmo lembrando que, talvez, essa primeira obra, escrita em 55 a.C., já apresente o núcleo desse legado, não obstante seu interesse central estar dirigido para os preceitos da arte oratória. Começo pelo *Da República*, de 54 a.C., indo depois ao *Do orador* e, por fim, ao *Dos deveres*, do final de 44 a.C., o ano anterior àquele do assassinato do filósofo-orador — um texto contemporâneo das *Felípicas*, recitadas contra Antônio. Certamente se poderia esperar nessa sequência a inclusão do livro *Das leis*, ao invés do *Dos deveres*, mas espero que minhas considerações justifiquem a substituição. Nesse percurso, buscarei compreender não tanto as posições teóricas e ideológicas do autor e seus enraizamentos históricos, mas distinguir os vários registros

[2] A chamada Guerra Social refere-se aos graves tumultos que se espalharam pela península itálica (a partir de 91 a.C.) provocados pelos aliados dos romanos — *socii* — que forneciam importantes contingentes para suas guerras, mas não dispunham de direitos civis e políticos. Esses povos, que ameaçam estabelecer um novo Estado (*Italia*), alcançam a cidadania romana (triplicando o número de cidadãos) pela *Lex Julia*, em 90 a.C. A guerra, porém, só arrefece em 89 a.C. deixando mais de dez mil mortos.

do desenvolvimento de sua reflexão política, de modo a iluminar os caminhos diversos da apropriação posterior desta herança republicana, a partir do Renascimento.

O *De re publica*

Comecemos, então, pelo *De re publica*, o diálogo que além do nome, evoca de muitas maneiras *A República* de Platão e que integra com ela e *Os Políticos* de Aristóteles a trilogia fundamental das obras da Antiguidade Clássica que levam o nome "República".[3] Esse texto, que permaneceu perdido durante muitos séculos,[4] e que é certamente a expressão maior do pensamento político romano, evoca um tempo visto por Cícero como o início da corrupção do regime republicano de Roma. Seu preâmbulo descreve a cena de um encontro que teria ocorrido na casa de campo de Cipião Emiliano, no mesmo ano de sua morte, em 129 a.C., por volta de quinze depois de sua extraordinária vitória sobre Cartago. Assim, o autor rememora tempos difíceis da vida da cidade, os anos que se seguiram ao tribunato de Tibério Graco e ao seu assassinato, tempos que vê voltarem no momento em que escreve.

Já na abertura da obra, ele empenha todos os recursos de sua eloquência num dramático apelo pela salvação da República. Faz o elogio da vida ativa e critica vivamente o chamamento dos filósofos — sobretudo os epicuristas — para a vida contemplativa, para o afastamento dos negócios públicos, lembrando que os exem-

---

[3] *Politeia* (república) refere-se ao gênero de associação humana maior, diversa — lembra Aristóteles — daquela das famílias (*oikos*) e das aldeias (*kome*) que é objeto de reflexão de pensadores e legisladores das cidades, como aqueles de que Aristóteles trata no Livro II de seus escritos políticos. Referimo-nos, pois, às três obras maiores que ganharam o nome do gênero e que dialogam entre si: a de Platão, a de Aristóteles e a de Cícero.

[4] Apenas o epílogo da obra, o chamado "Sonho de Cipião" — análogo ao sonho do soldado panfílio do final da *República* de Platão — era conhecido durante a Idade Média. O que temos hoje do *De re publica* só foi recuperado no século XIX.

plos de cidadãos ilustres convidam, ao contrário, à virtude cívica e à dedicação às causas da cidade: "a virtude — diz — está inteiramente depositada em sua prática e seu melhor exercício está na condução de uma cidade, em realizações, não em discursos [feitos] em lugares ermos".[5] O preâmbulo do diálogo, aliás, realiza ele mesmo, figuradamente, esse intento da exortação inicial da obra, pois encena o empenho de Lélio, o grande amigo de Cipião, em afastar seus jovens interlocutores do interesse por questões etéreas de astronomia (no caso, as explicações para um eclipse), para trazê-los de volta à terra, à consideração do eclipse que cobre de sombras ameaçadoras a sua própria cidade: "a República [com os Gracos] cindida em dois senados e quase dois povos".[6] Lélio lembra que o que é preciso investigar são "as artes que nos fazem capazes da sabedoria e que são ainda a máxima demonstração da virtude e o maior dos deveres".[7]

Depois dessa introdução aos temas próprios do diálogo, Lélio pede ao sábio Cipião — chamado aqui de *princeps rei publicae* — que disserte sobre o *optimus status civitatis*, "a melhor forma de constituição política", retomando assim as investigações gregas sobre o valor comparado dos diversos regimes políticos, não sem lembrar que Cipião foi assíduo interlocutor de Panécio e Políbio, "dois gregos peritíssimos nos assuntos civis que reuniram argumentos e demonstrações de que o *status civitatis* que nossos antepassados nos legaram era, de longe, o mais excelente".[8] Cipião admite ser conhecedor das teorias gregas, mas faz entender que não se satisfaz com elas e que falará investigando e interrogando; porém, como romano, deixando-se "guiar mais pela experiência do que pelos livros".[9] Ele não pretende trazer especulações teóri-

---

[5] Cícero, *De re publica*, I, 2. Alusão aos epicuristas e à convivência sectária em seus "jardins".

[6] *Idem*, I, 31.

[7] *Idem*, I, 33.

[8] *Idem*, I, 34.

[9] *Idem*, I, 36. Reafirmação da superioridade da ação sobre a investigação e a contemplação, que seria privilegiada pelos gregos.

cas; quer trazer à consideração de seus jovens interlocutores a experiência constitucional romana (objeto do Livro II), que é assumida, desde o início, como a mais excelente. E, de fato, Cipião fala como romano, a começar pelo uso da expressão *res publica* para traduzir *politeia*, de modo a deixar de lado o sentido mais técnico da palavra grega — referida a "ordenações constitucionais das magistraturas de governo"— em benefício de um sentido mais amplo (o sentido de "assuntos públicos", por oposição àqueles de ordem privada), numa operação que já denuncia uma certa retração do interesse primordialmente constitucional da interrogação dos gregos, em favor do interesse romano pelos domínios da Lei e do Direito.

Sobre esse tema dos fundamentos da ordem política, da Lei e do Direito (ao contrário daquele referente à classificação dos regimes de governo), não falta aqui originalidade. Já do ponto de partida da investigação, ao definir república, Cícero nos traz a sentença célebre, "*res publica, res populi*", referindo de imediato o conceito de república ao de povo e trazendo a esse termo uma significação renovada. O que é povo? O que constitui um povo? "Não é — observa Cipião — uma reunião [*coetus*, ajuntamento] de homens agregados de qualquer modo", um amontoado de indivíduos; "é reunião de uma multidão associada pelo consentimento ao Direito [*iuris consensu*], em vista da utilidade comum, a comunhão da utilidade [*utilitatis communione*]".[10]

Atentemos bem para a novidade: é uma lei (natural) e não uma certa ordenação das magistraturas de governo que dá a forma de "povo" a uma multidão, que define as relações entre seus elementos, lhes dá unidade e os coloca na direção do interesse comum, a causa de seu movimento e de sua agregação. Cipião esclarece: "a causa primeira da agregação [*eius autem prima causa coeundi*] não é tanto a fragilidade [*imbecilitas*] [dos indivíduos]", como propõe, ele sabe, a explicação platônica para as associações humanas: a divisão do trabalho e a exigência da cooperação para a sobrevivência. A causa primeira, ele assinala, é a própria natu-

[10] *Idem*, I, 39.

reza ("a agregação de algum modo natural dos homens").[11] A natureza é a causa eficiente que impõe aos homens sua vida em comum. Eles não constituem, lembra ele, um gênero de indivíduos "isolados e solitários"; são feitos de tal modo que mesmo na abundância fogem da solidão. O vínculo associativo não é utilitário; é um impulso natural e necessário para a agregação.

Tal compreensão da natureza de um povo permite, então, ao pensador, em seguida, definir cidade (*civitas*) como *constitutio populi*, como um povo constitucionalmente ordenado, mediante a atividade de um organismo deliberativo, um *Consilium*, que garante sua conservação, visto que para durar (*ut diuturna sit*) uma cidade deve ter um governo.[12] A natureza leva os homens à associação, mas não de modo imediato; ela o faz mediante uma agência deliberativa, através de um governo, que evidentemente "deve estar sempre referido àquela causa que produziu a cidade", ou seja, o consentimento comum ao *Ius*, ao direito natural.

Esse conselho de governo pode ter diferentes formas, observa Cipião, reiterando, agora, as teorias gregas. Pode ser exercido por um, por alguns escolhidos (*delectis*) ou assumido pela multidão: *regnum*, *optimatum*, *status popularis*. E acrescenta que nenhum dos três gêneros é perfeito; nenhum supera os demais. São tão somente toleráveis, e todos defensáveis: qualquer um deles pode parecer a alguém ser o melhor. Cipião procura mostrá-lo colhendo e reproduzindo as defesas que fazem dos diversos regimes seus respectivos partidários, proporcionando-nos um dos depoimentos políticos mais preciosos legados pela Antiguidade, visto que Cícero certamente compila e apresenta os argumentos efetivamente alegados nos debates do tempo.

De sua parte, Cipião, considerados os três regimes, diz ser mais favorável ao régio (o que é significativo), ressalvando — e nisso seguindo a tradição — que só tem como "maximamente aprovável" um quarto gênero, "a forma moderada e mista das três

---

[11] *Idem, ibidem.*

[12] *Idem*, I, 41. O "governo" não é a causa eficiente da agregação, mas a de sua conservação.

anteriores", aquela realizada de maneira paradigmática pela constituição romana, "de longe a melhor".[13] No Livro II, Cícero repassará, portanto, a história constitucional da cidade para mostrar como ela soube estabelecer essa forma de governo excelente em seus três primeiros séculos de vida. É importante para nosso autor opor a um regime misto concebido "em ideia", teórico, uma constituição real, reconhecidamente, segundo ele, a mais brilhante de todas, seu paradigma. "Conseguirei atingir melhor meu propósito — diz Cipião — se mostrar como nossa república cresceu e chegou à idade adulta já firme e robusta, do que eu mesmo buscar imaginar uma outra, como fizeram Sócrates e Platão".[14]

Malgrado esse distanciamento em relação às elaborações mais teóricas e sua apresentação detalhada da formação das instituições romanas, Cícero se afasta pouco das teorias constitucionais de seus predecessores gregos, de modo que nesse registro suas elaborações tiveram posteriormente, por certo, um interesse menor. O ponto de sua maior inovação — inteiramente consonante com as instituições e práticas jurídicas estabelecidas por Roma — está em sua concepção da natureza das associações humanas, na sua compreensão dos fundamentos da ordem política como imediatamente derivadas da vigência de um Direito. Elas não advêm mais da boa articulação da cooperação, da adequada organização funcional da cidade pela sabedoria do filósofo e suas Leis, como em Platão; e não vêm também, como em Políbio, do vigor dos sentimentos morais de um povo (constituídos por sua história, costumes e valores), entendidos como fiadores da legitimidade das leis e da ação dos magistrados. Aqui, a constituição da *res publica* e a realização da utilidade comum vêm do consentimento dos cidadãos ao que é direito, o Direito natural e divino, inscrito na própria natureza dos homens[15] e alcançável pela razão natural, comum a todos.[16] No entanto, esse Direito e suas leis devem vir, a

[13] *Idem*, I, 34.

[14] *Idem*, II, 3.

[15] Cf. Cícero, *De legibus*, I, 17-20.

[16] *Idem*, I, 33.

rigor, de uma razão perfeita, da inteligência do sábio, que se torna, então, o legítimo legislador. Suas leis sábias, que exprimem e fixam o Direito, serão imperativas: a obediência ao governo (ao *consilium* que decifra os comandos do direito natural para o tempo) é tão imperativa quanto a necessária obediência às leis morais e divinas. Lembramos as palavras do exímio comentador Milton Valente: "Do alto a lei divina comanda o *vinculum iuris*, inspira o sábio [legislador] e dá poderes aos que detêm o *imperium*".[17] Voltamos, de alguma forma, como se vê, ao governo do sábio. Cícero não estagiou em vão na Academia platônica.

O *De oratore*

Entretanto, o legado ciceroniano mais importante para a tradição do pensamento político não vem apenas das considerações do *De re publica* sobre o *vinculum iuris* que funda a ordem política, nem mesmo da retomada e revitalização do tema das formas constitucionais — que, como já assinalamos, repercutem mais timidamente nas mobilizações posteriores do tema que as referências a Platão, Aristóteles e Políbio, pois há certamente na obra do filósofo romano outros elementos que suscitaram um interesse mais vivo. Por exemplo, os estudos ciceronianos debateram extensamente na segunda metade do século XX a respeito da figura do *Princeps* desenhada no *De re publica* e presente em toda a reflexão política do nosso autor. A referência à figura de um *rector civitatis* pareceu a muitos prefigurar — e mesmo augurar — o estabelecimento de um poder supremo na República, antecipando sua realização efetiva com o principado de Augusto. Tal figura marcaria em seu pensamento uma inclinação para a monarquia, a aspiração pelo poder forte e pessoal de um só. Não se poderia esquecer a preferência, expressa por Cipião no *De re publica*, pelo regime régio.[18]

---

[17] Milton Valente, *A ética estoica em Cícero*, *op. cit.*, p. 304.

[18] Cf. Cícero, *De re publica*, I, 54.

Contra tal interpretação, arrazoou-se, entretanto, que o autor projetava na figura do *Princeps rei publicae* não o poder de um homem singular, um governante absoluto, legitimado pela primazia que sempre deve ser reconhecida ao mérito excepcional, mas o paradigma do homem político ideal, republicano, reconhecido em outras obras nos traços do Orador, um *vir bonus dicendi peritus* (um homem bom perito na arte de dizer). Não haveria atração pelo poder de um só, um aceno à superioridade da monarquia, mas o ideal de um agente político moldado na sabedoria e capacidade de persuasão, muito distante da prepotência aristocrática, creditada por riqueza e sangue.

Nessa questão está implicada não só a compreensão da passagem da República ao Principado na história romana, mas também a inscrição do pensamento de Cícero nessa história e a natureza de seu republicanismo. Esse tema foi dissecado por Ettore Lepore num livro clássico, *Il princeps ciceroniano e gli ideali politici della tarda Repubblica*, publicado em 1954.[19] Não vou comentá-lo aqui, mas acredito que uma adequada compreensão do pensamento político de Cícero não pode contornar suas considerações sobre a dimensão política da eloquência e sobre a figura do orador como ator por excelência do mundo público — *tutor et procurator rei publicae* [...] *rector et gubernator civitatis*[20] — delineada no seu *De oratore*.[21] Passemos, ainda que brevemente, por esse livro excepcional que nos oferece uma espécie de balanço, precoce em muitos sentidos, de sua experiência oratória e política. Pois esse livro, vazado de insatisfação com seu tempo e de nostalgia em relação a momentos mais felizes da República, é a primeira de suas obras maiores, escrita em 55 a.C., sob o triunvirato de César, Pompeu e Crasso.[22]

---

[19] Ettore Lepore, *Il princeps ciceroniano e gli ideali politici della tarda Repubblica*, Nápoles, Istituto Italiano per gli Studi Storici, 1954.

[20] Cícero, *De re publica*, *op. cit.*, II, cap. XXIX, 51 (p. 160 Loeb).

[21] Cícero, *De l'orateur*, *op. cit.*

[22] O primeiro triunvirato de governo de Roma, iniciado em 60 a.C., mar-

A forma literária é a de um diálogo, que homenageia Platão e põe em cena o grande orador da geração anterior, Lúcio Licínio Crasso, em 91 a.C., um momento de forte tensão social e política (o da chamada Guerra Social),[23] para o autor um momento de crise análoga à de seu presente. Para além das questões técnicas de retórica e eloquência — que ele domina profundamente —, Cícero se propõe aí a fixar as posições divergentes de Crasso e Antônio — outro grande orador do período rememorado — sobre a própria natureza da eloquência, seus procedimentos e alcance cultural e político. De um lado, a posição de Antônio, que pretende ser a eloquência uma simples *tekhne*, uma arte menor, uma habilidade advinda de talento natural e da prática, sempre limitada a certas matérias, sobretudo aquelas das disputas forenses. De outro lado, a posição de Crasso, para quem a eloquência representa uma arte superior, exigente e ambiciosa: ela recolhe toda a diversidade dos saberes dos homens mais cultos, colocando-a a serviço da condução das coisas públicas. Crasso associa à eloquência a sabedoria e a grande arte política.

Vemos, assim, delinear-se nesse livro os traços do perfeito orador, do orador acabado — que os dois protagonistas do diálogo a seu modo, com suas posições diversas, encarnam —, um ideal exaltado pelas culturas ateniense e romana na Antiguidade. Trata-se, na verdade, de definir a figura do homem da vida ativa, do homem político, que tem responsabilidade em relação à sua cidade e deve ter instrumentos adequados para assumi-la. O diálogo apresenta, então, um programa de cultura intelectual e artística (abarca retórica, filosofia, poesia, música etc.)[24] e confere à eloquência a função de mediadora entre essa cultura (filosófica, jurídica, literária e artística) e a vida da comunidade política. A

---

ca para Cícero o início do fim da República. A erosão teria principiado com as tentativas de reformas dos Gracos, a partir de 133 a.C.

[23] Cf. nota 2 neste capítulo (p. 134).

[24] "[...] o que se pede ao orador é a fineza do dialeta, a sabedoria do filósofo, quase a língua do poeta, a memória do jurisconsulto, a voz do trágico e mesmo o gesto do ator acabado. Eis por que nada no mundo é mais raro que o orador perfeito" (Cícero, *De oratore*, *op. cit.*, I, XXIX).

eloquência, estofada de saber e guiada pela ideia do Belo (do bem dizer), surge como responsável pela criação do *consensus ordinum*, da concórdia: ela aproxima os homens e produz harmonia, mobilizando os saberes na conciliação das opiniões e na solidificação, pela força da persuasão, dos vínculos políticos.

Para Crasso, o bem pensar (o saber) e o bem dizer são indissociáveis; e é pela palavra boa e bela que ele define seu programa de associação da sabedoria e da eloquência.[25] Uma associação que deve ser compreendida em sentido radical: para ele, é na eloquência (política) que a sabedoria se realiza; ganha direção e sentido. A política encarna, dá corpo e vida à filosofia. "Não basta ter ciência, como pensam Sócrates e outros, é preciso associar o saber à eloquência", diz ele no livro; pois, segundo entende Crasso, ela se apropria dos outros saberes e os agencia e integra em vista de motivações efetivas, dando-lhes grandeza, amplidão e eficácia, tornando-os sabedoria prática. Por sua capacidade de mover os espíritos (*animos impellere*) e de produzir confiança (*fidem facere*) cria conjunção; agrega os homens dispersos, colocando-os na direção de uma ação comum. Esse saber atuante, referido ao comum, eleva-se muito acima daquela sabedoria do "sábio" isolado e também das interrogações sem fim (justamente porque desinteressadas) dos filósofos. "A eloquência está, com efeito, entre as mais altas virtudes [...] E tal é a virtude de que falamos: aquela que, abraçando o conjunto dos saberes, traduz com palavras os sentimentos e os julgamentos da mente, de maneira a mover os que ouvem para o lado a que ela dirige seu empenho".[26] O saber elo-

---

[25] "[...] ao filósofo que nos faz senhores das coisas e dos discursos, podemos dar, se quisermos, o nome de orador, eu consinto, ou, se se prefere, podemos dar o nome de filósofo ao orador de que falamos e que possui a sabedoria unida à eloquência, não me oporei [...], [mas] se separarmos o filósofo e o orador, o filósofo não levará nenhuma vantagem, visto que o orador perfeito possui toda a ciência dos filósofos, enquanto os filósofos, com todo seu saber, não possuem necessariamente a eloquência. Os filósofos podem desprezá-la, entretanto, é ela que vem coroar, de algum modo, o edifício de seus conhecimentos" (*idem*, III, XXXV, 142).

[26] *Idem*, III, 14, 54-5.

quente produz sabedoria superior e partilhada, adequada às circunstâncias e referida à ação comum. O orador eloquente, enquanto homem político, é, assim, fundamentalmente um civilizador. Ele produz e reproduz a associação política; "só ele é capaz — diz Crasso — de agrupar os homens dispersos, de fazê-los renunciar a vida ferina e rude e atingir a vida humana e civil que constitui as cidades, que estabelece as leis, a justiça e o direito, a conservação da república".[27] O orador cria a harmonia social consonante com a cósmica; conduz seus concidadãos para a vida civil, "como um tutor e procurador da República".[28] Cícero denomina-o, pois, *rector*, *gubernator*, *princeps*, de modo que já podemos observar que esse *princeps* em nenhum momento efetivamente é pensado como um governante absoluto, autocrático; ele é sobretudo concebido como homem de autoridade intelectual e moral, aquele que é capaz — por sua habilidade discursiva e persuasiva — de conduzir os homens dispersos à vida associada e civilizada. Ele é o condutor da república e o paradigma do agente político.

O manual *Dos deveres*

Entretanto, o momento em que o pensamento de Cícero parece mais original, mais inovador (e prometido a uma grande fortuna), está em seu trabalho final, o *Dos deveres* (*De officiis*),[29] o livro talvez mais influente e mais decisivo para a cultura republicana do Renascimento. Trata-se de uma investigação moral que não esconde seus alvos políticos: reconstruir os valores da cultura romana, fundar a eminência do interesse público (*communis utilitatis*, *utilitas rei publicae*) sobre os interesses privados, o mote permanente do filósofo. O livro tem uma marcada intenção pedagógica.[30] Nele, Cícero relembra, sobretudo aos jovens romanos,

---

[27] *Idem*, I, 8.

[28] *Idem*, *ibidem*.

[29] Cícero, *Les devoirs*, Paris, Les Belles Lettres, 1965-1970.

[30] Cf. acima, Parte II, capítulo 2, p. 123.

os códigos e padrões de conduta exigidos pela vida republicana; entende repropor para o presente todo o legado moral e cultural do momento de maior esplendor da República, os tempos de Cipião Emiliano e seu círculo de intelectuais ao final das Guerras Púnicas, cem anos antes. Trata-se, enfim, de proporcionar às novas classes dirigentes romanas os instrumentos intelectuais e morais necessários ao exercício de seu papel na condução do Império.

O Livro I, segundo já indiquei noutro momento,[31] seguindo um tratado anterior de Panécio de Rodes, lembra os fundamentos da moralidade, as inclinações naturais dos homens, e designa as virtudes que lhes são correlatas (suas formas de realização excelentes), bem como os preceitos ou deveres decorrentes. Não se trata de investigar especulativamente o "fim dos bens", o Bem soberano, e de estabelecer uma ciência ética;[32] trata-se de buscar os preceitos que dizem respeito aos "usos da vida", uma arte de viver destinada à orientação e educação da vida ordinária (*ad institutionem vitae communis*), uma moral preceptiva. É o interesse no estabelecimento de uma moralidade prática o que define aí o objeto e o terreno da investigação. O perfil final dessa moralidade — a forma superior da virtude — estará, como se sabe, nos preceitos relativos ao "decoro", a tradução externa da honestidade (*honestas*), nos gestos, comportamentos e estilo de vida de cada um, o que se aproxima do que ainda hoje chamamos "urbanidade" e "civilidade". São, tais considerações, enfatizo, que estão postas a serviço de um projeto de reforma social, da exigência de restaurar a moralidade e os valores republicanos, bem como de lembrar as maneiras requeridas para a produção de uma socialidade harmoniosa: a apropriação das condutas, o respeito aos padrões sociais, a *urbanitas* perdida por uma aristocracia corrompida, progressivamente substituída pelos *homines novi* da ordem equestre, cuja educação moral precisa ser construída em vista de sua responsabilidade pela conservação da república, num momento em que se

[31] Cf. acima, Parte II, capítulo 2, pp. 127-30.

[32] O objeto de seu livro *De finibus*.

assiste ao seu iminente desmoronamento. A educação moral desses homens é, para Cícero, questão de salvação pública.

Mas, se o livro tem, assim, finalidades políticas (que se evidenciam no estabelecimento do interesse comum como princípio superior da moralidade), o terreno em que se empenha é, diretamente, já vimos, o da formação do sujeito moral e não se põe, como o *De oratore*, no horizonte direto da constituição de um sujeito político. Trata-se de uma preceptiva dirigida à inteligência e à consciência do homem comum, ao qual oferece balizas para caminhar na direção de um comportamento adequado no que respeita às situações diversas de sua vida. Ora, essa grande reconstrução dos fundamentos e da preceptiva da "moralidade média" (os *kathekonta* dos estoicos, estabelecidos pelo catecismo moral destinado pelo sábio ao homem comum) trará, no Livro II, preceitos relativos ao "útil" e insinuará, nesse campo da reflexão moral, uma investigação inesperada sobre os meios de realização de interesses econômico-sociais, de claro alcance político.

Nesse registro da utilidade serão investigados os deveres que dizem respeito ao cultivo da vida (*ad vitae cultum*), às disposições (*facultates*) relativas às coisas que os homens usam como meios para viver: recursos e riquezas, referidos à copiosidade e à abundância, aquelas matérias sobre as quais cumpre sempre perguntar — diz o filósofo — o que é útil para o agente; o que é inútil; o que é mais útil entre duas coisas úteis e o que é mais inútil. Nesse domínio das coisas necessárias à conservação da vida — as inanimadas (terras, metais, e outras desse gênero) ou as animadas (bois, abelhas e tantos mais bestiais) — se constatará que a aquisição de grande parte delas depende da cooperação dos homens, que não são autárquicos no nível da produção material de suas vidas. Tais recursos dependem, enfim, "da vida em comum dos homens", como — lembra o filósofo — os aquedutos, canais fluviais, portos, diques[33] etc., justamente as coisas públicas. Ora, não se pode adquirir tais *opes et copiae* (riquezas e fartura) sem a mão e o trabalho de homens associados. As cidades não poderiam ser edificadas

---

[33] Cf. Cícero, *Dos deveres*, II, 14.

e habitadas sem esta reunião deles, "de que advêm as leis, os costumes, o direito, e as disciplinas da vida, [...] pelas quais, dando e recebendo, trocando capacidades [*facultates*] e bens [*commoda*] não se tem mais falta de nada".[34] Sem os esforços dos homens associados (*conspiratione hominum atque consensu*),[35] não se podem produzir coisas grandes e salutares (nem os generais nas guerras, nem os príncipes em casa podem gestar coisas grandes e salutares sem cooperação, "sem os esforços dos homens associados").

Assim, observa Cícero, depois dos deuses, são os homens que são para os homens *maxime utiles*, maximamente úteis, como podem ser-lhes também os mais nocivos. Inundações, epidemias, ataques de animais, não são tão nefastos a um homem quanto o que lhe pode advir de outros homens. Por isso, nesse terreno, o próprio da virtude — a *honestas* relativa aos meios de vida (*vitae cultus*) e à utilidade — será sobretudo a habilidade de conciliar a si os ânimos de outros homens, de modo a enredá-los na direção da própria utilidade,[36] segundo ensinam os que alcançaram a glória: "os esforços dos homens, sua presteza e preparo para a ampliação dos nossos bens, são estimulados pela sabedoria e virtude dos homens mais eminentes".[37] Trata-se, assim, de investigar os meios que permitem obter essa reunião dos esforços dos homens e mantê-los associados em vista da utilidade comum. Seguem-se, pois, os preceitos relativos a tais disposições virtuosas — preceitos que são bem conhecidos. Seu princípio maior: ser amado e não ser temido; na esfera privada, conquistar amigos; na esfera pública, ser amado pelo grande número, o que se realiza na glória. E são vários os meios indicados para alcançar esse amor da multidão: inspirar admiração, confiança e benevolência, que advém, esta, sobretudo da beneficência (que traz gratidão e ata vínculos de favor)[38] e da liberalidade (mostrar devotamento e largueza nas recompensas),

---

[34] *Idem*, II, 15.

[35] *Idem*, II, 16.

[36] *Idem*, II, 17.

[37] *Idem*, II, 17.

[38] *Idem*, II, 31: "uma glória elevada depende de três condições: que a mul-

situada, ela, entre a avareza e a prodigalidade perdulária, que apenas adula a multidão proporcionando-lhe prazeres.

Cícero deixa claro o alcance político desses preceitos morais. Através deles, alcançam-se "todas as coisas que os homens atribuem a um homem para elevá-lo e honrá-lo",[39] trazendo-lhe o reconhecimento que lhe confere prestígio político e a glória. E a enumeração desses preceitos da utilidade não deixa também de explicitar que os homens se submetem ao comando (*imperium*) e poder (*potestas*) de outros através de efeitos produzidos no nível do parecer. "O amor da multidão — diz — é intensamente suscitado pela fama e pela reputação [*opinio*] de liberalidade, benevolência, justiça c aquelas virtudes que dizem respeito à serenidade e suavidade dos costumes",[40] a virtude da clemência. Cícero fala em *opinio justitiae*, reputação de justiça, em *specie boni viri*, aparência de homem de bem... ainda que junte a estas observações o preceito de "parecer tal qual somos"[41] ou "ser o que queremos parecer" (o que garantiria efeitos de utilidade sólidos e duradouros).

É preciso frisar a originalidade desta entrada no domínio de questões de interesse político pela porta de uma instrução de caráter moral; não pela reflexão sobre a natureza do agente político, como no *De oratore*, nem pela via das investigações constitucionais vindas da tradição grega, como no caso do *De re publica*. Temos aqui o horizonte da ação de um agente moral, tomado no registro dos interesses próprios de sua vida econômica e social, necessariamente sobredeterminada por sua dimensão política. Aqui a ação não é diretamente (ou imediatamente) determinada pela visada do bem comum; ela se desencadeia em vista de fins particulares de um agente particular, tendo como fim imediato interesses do próprio agente, que visa aos outros homens como meios para sua realização. O agente, por intermédio de suas disposições

---

tidão nos queira bem [*benevolentia*], que tenha confiança em nós [*fides*] e que, com admiração, julgue-nos dignos de alguma honra".

[39] *Idem*, II, 21.

[40] *Idem*, II, 32.

[41] *Idem*, II, 43.

virtuosas (boa fé, liberalidade, clemência etc.), a rigor instrumentaliza aqueles que seduz para a consecução de seus fins (que evidentemente devem ser honestos e, mediatamente, apontar para interesses comuns). Não é difícil associar estas considerações à *virtus* associativa do orador, do *princeps*, como também constatar que, com algumas inflexões, elas nos levam diretamente à *virtù* do *Príncipe* de Maquiavel, o autor que simultaneamente assimila, radicaliza e subverte esses ensinamentos ciceronianos, como se pode perceber bem.

Todavia, menos que assinalar a importante apropriação e transformação desse legado do *De officiis* pelos renascentistas e modernos (seja nos *specula principum*, "espelhos dos príncipes", seja ainda na extraordinária torção política na cláusula moralizante desta preceptiva no *Príncipe* de Maquiavel), o que pretendo ressaltar aqui são antes as decisivas contribuições da obra do filósofo romano para a tradição do pensamento republicano. Sem deixar de explorar o tradicional registro constitucional e de reafirmar, na trilha da herança grega, a excelência do regime misto (no *De re publica*), ela carreia para essa tradição outras marcas fundamentais: a importância da retórica, a superioridade da vida ativa e do interesse público (inscrito no tempo político), o valor absoluto da honestidade, que não descura as exigências da utilidade. Há, de um lado, como vimos, sua reflexão sobre a natureza e função do agente político, associadas à eloquência (no *De oratore*), e de outro lado, como acabamos de ver, suas considerações relativas à eficácia da ação do agente moral, posta no registro "socioeconômico" (o Livro II *Dos deveres*), que, estas, abrirão o caminho de uma racionalidade política bastante diversa daquela de seu *De re publica* e dos ensinamentos dos Antigos.

Parte III: Florença
O renascimento do republicanismo

III.1

A *res publica* romana em Dante e o Medievo Tardio[1]

Felipe Faria Camargo

"A República Romana [*Romana res publica*] nunca existiu, por jamais haver sido coisa do povo [*res populi*]".[2] No décimo nono livro de *A cidade de Deus*, Agostinho visa demonstrar, partindo das definições de "república" e de "povo" propostas por Cícero em seu diálogo *Da República*, que, se forem seguidos os critérios definidores adotados pelo filósofo romano (formulados, no diálogo, por Cipião), jamais se poderia afirmar que Roma foi verdadeiramente república.

No primeiro livro do diálogo de Cícero, a república é definida como "coisa do povo", o que põe o problema, subsequente, de definir o que é povo: não é, ele diz, qualquer agrupamento hu-

---

[1] O conteúdo deste capítulo, escrito a convite de Sérgio Cardoso para integrar o seu livro, retoma, em seu primeiro tópico, parte significativa do que foi desenvolvido em um artigo de 2024 para o Dossiê "A Invenção da Antiguidade", da revista *Limiar*, da Unifesp, intitulado "Dante e a *uirtus* dos heróis da república romana no início do século XIV". Além disso, parte dos temas aqui abordados também foram expostos no IV Colóquio "Matrizes do Republicanismo: Virtude e Participação Política", coordenado por Alberto Ribeiro de Barros na FFLCH-USP, em uma comunicação realizada no dia 18 de setembro de 2024.

[2] Cf. Santo Agostinho, *De civitate Dei*, XIX, xxi, 1: "*numquam fuit Romana res publica, quia numquam fuit res populi*". Seguimos aqui a tradução de Oscar Paes Leme, Santo Agostinho, *A cidade de Deus: contra os pagãos*, Petrópolis/São Paulo/Bragança Paulista, Vozes/Federação Agostiniana Brasileira/Editora Universitária São Francisco, 2017.

mano, mas sim aquela "reunião de uma multidão associada pelo consentimento ao direito [*iuris consensu*], em vista da utilidade comum".[3] Mais adiante, Cipião e Lélio concordam que a república não pode ser governada sem justiça, pois se um tirano ou uma facção dominam, não há "coisa do povo" e, se quem é injusto é o próprio povo, este deixa de ser povo (dada a definição anterior de que um povo se constitui a partir do consentimento ao direito).[4] Agostinho deduz, portanto, que onde não houver *verdadeira justiça*, a referência para o direito dos homens, não pode haver associação de uma multidão fundada sobre o direito e, consequentemente, tampouco existe povo ou república.[5]

---

[3] Cf. Cícero, *De re publica*, I, xxv, 39: "*coetus multitudinis, iuris consensu et utilitatis communione sociatus*". Seguimos aqui a proposta de Sérgio Cardoso quanto a traduzir *iuris consensu* por "consentimento ao direito". Cf *supra*, Parte II, capítulo 3, p. 137.

[4] Já no terceiro livro, Cipião pergunta a Lélio (*De re publica*, III, xxxii, 44): "qual foi, de fato, a república dos atenienses quando, depois daquela grande Guerra do Peloponeso, os trinta varões governaram muito injustamente [*iniustissime*] aquela urbe? Por acaso foi a antiga glória da *ciuitas* ou o aspecto notável das muralhas, ou o teatro, ou os ginásios, ou os pórticos, ou os nobres propileus, ou a cidadela, ou as admiráveis obras de Fídias, ou o magnífico Pireu que faziam dela uma república?". Ao que, Lélio responde: "De forma alguma, posto que não havia coisa do povo efetivamente". Mais adiante, ao responder à provocação de Cipião se ainda existe uma república quando se diz "que tudo é feito pelo povo e que está na potestade do povo" (xxxii, 45, a referência é à terceira forma de corrupção, a tirania pela multidão na democracia), Lélio reage: "Cipião, como tu definiste muito bem, para mim, primeiramente, não é povo se não estiver unido por um consenso de justiça [*consensu iuris*], mas esse agrupamento é tão tirânico como se houvesse apenas um, e inclusive tanto mais repugnante porque nada é mais inumano que esta besta que imita o nome e o aspecto do povo". Seguimos aqui a tradução de Isadora P. Bernardo, Cícero, *De re publica*, apresentada na dissertação O De re publica *de Cícero: natureza, política e história*, Mestrado em Filosofia, Faculdade de Filosofia, Letras e Ciências Humanas, Universidade de São Paulo, São Paulo, 2013, pp. 202-3.

[5] Cf. Santo Agostinho, *De civitate Dei*, XIX, xxi, 1: "*Quocirca ubi non est uera iustitia, iuris consensu sociatus coetus hominum non potest esse et ideo nec populus iuxta illam Scipionis uel Ciceronis definitionem*".

Como demonstram os intérpretes,[6] Cícero[7] e Agostinho[8] esposam os mesmos termos para definir o objeto da virtude da justiça ("dar a cada um o que lhe é devido"), sendo, no entanto, bastante diverso o que cada um entendia por esses termos. Para o filósofo patrístico, o homem decaído após o pecado original é incapaz de alcançar por si próprio a virtude da justiça, e sequer é capaz de obedecer, sem o auxílio da graça, Àquele que é a própria Justiça, Deus.[9] Já para Cícero, os homens apresentam certa naturalidade para se agregarem e são capazes, por meio do uso da razão — que alcança os princípios do direito natural —, de exercer a virtude da justiça e atribuir justamente a cada um, o seu.[10]

---

[6] Em sua dissertação de mestrado, *A definição de populus n'*A cidade de Deus *de Agostinho: uma controvérsia com* Da república *de Cícero* (Mestrado em Filosofia, Faculdade de Filosofia, Letras e Ciências Humanas, Universidade de São Paulo, São Paulo, 2008), Luiz Marcos da Silva Filho comparou o pensamento de ambos os autores quanto à justiça e quanto à controvérsia em torno da definição de *populus*.

[7] Cf. Cícero, *De natura deorum*, III, 38: "*Nam iustitia, quae suum cuique distribuit*".

[8] Cf. Santo Agostinho, *De civitate Dei*, XIX, iv, 4: "*Quid iustitia, cuius munus est sua cuique tribuere*".

[9] Para Agostinho, Deus é o único capaz de atribuir verdadeiramente a cada um o que lhe é devido. Em *A cidade de Deus: contra os pagãos*, *op. cit.*, XIX, xxiii, 5, tratando da cidade celeste: "Deve-se, portanto, exigir essa justiça que faz com que o único e supremo Deus, segundo sua graça, impere à obediente cidade que não sacrifique a ninguém senão a Ele. Desse modo, em todos os homens, cidadãos de tal cidade e obedientes a Deus, a alma imperará fielmente e com ordem legítima sobre o corpo e a razão sobre as paixões. Dessa maneira, como um só justo vive da fé, assim também o conjunto e o povo de justos viverão dessa fé que age pela caridade, que leva o homem a amar a Deus como deve e ao próximo como a si. Em conclusão, onde não existe semelhante justiça não existe tampouco a congregação de homens, fundada sobre direitos reconhecidos e comunidade de interesses. E, se isso não existe, não existe o povo, se verdadeira a definição dada de povo. Por conseguinte, não existe tampouco república, porque onde não há povo não há coisa do povo".

[10] Assim como fez Sérgio Cardoso acima, em Parte II, capítulo 3: "Legados ciceronianos para a tradição republicana", remetemos ao *De legibus* de Cícero, I, 17-20.

Com vistas a fornecer outro fundamento para a noção de povo, Agostinho afirma que "povo é a união de uma multidão racional associada pela *concorde comunhão das coisas que ama*".[11] Excluída a referência ao direito e com o amor como laço fundamental, para se compreender as características de um povo "é preciso observar as coisas [por ele] amadas".[12] Por esta nova definição, Roma pode, agora, ser entendida como uma república constituída por um povo: mas este será "tanto melhor, certamente, quanto melhores as coisas com as quais concorda; e tanto pior, quanto piores forem".[13]

Assim como o século V em que viveu Agostinho foi marcado por grandes transformações na ordem política e social, cujo evento mais marcante foi a queda do Império Romano do Ocidente,[14] também não foram poucas as mudanças na ordem intelectual (na cosmovisão, ou *Weltanschauung*) dos Antigos com a ascensão e mesmo a preponderância alcançada pelo cristianismo. A doutrina cristã formulada por Agostinho e pelos filósofos patrísticos foi vista, então, como autoridade incontornável ao longo de toda a chamada Alta Idade Média[15] e exerceu grande influência sobre o pen-

---

[11] Cf. *De civitate Dei*, XIX, xxiv: "*Populus est coetus multitudinis rationalis rerum quas diligit concordi communione sociatus*". Seguimos aqui uma tradução sugerida por Sérgio Cardoso.

[12] *Idem*, *ibidem*: "*ut uideatur qualis quisque populus sit, illa sunt intuenda, quae diligit*". Tradução nossa.

[13] *Idem*, *ibidem*: "*tanto utique melior, quanto in melioribus, tantoque deterior, quanto est in deterioribus concors*". Tradução nossa.

[14] No ano de 476 d.C., apenas quatro décadas após a morte do filósofo cristão.

[15] Período que se estendeu, aproximadamente, do século V ao X, conforme a divisão historiográfica. Cf. Jacques Le Goff, que propõe a passagem da Antiguidade para o Medievo a partir do século V (*A civilização do Ocidente medieval*, trad. José Rivair de Macedo, Bauru, Edusc, 2005, p. 21). Para o historiador francês, uma mudança significativa ocorre a partir do século X, mas principalmente entre os séculos XI e XIII, período entendido pelo autor como "Idade Média Central" no qual teria ocorrido verdadeiramente a formação de uma civilização medieval ocidental, com a expansão da cristandade, com as re-

samento ético e político nos séculos seguintes, os séculos intermediários e finais do Medievo (do XI ao XIV) — embora já em um contexto de profundas transformações e revisões de ordem conceitual, lexical e epistemológica.

Neste trabalho, cujo objetivo é decifrar como o pensamento político do Medievo Tardio concebia a Roma antiga, propomos, em um primeiro momento, investigar de que modo as virtudes dos antigos romanos passaram por uma nova apreciação nas obras políticas de três autores fundamentais do início do século XIV: Ptolomeu de Lucca, Remigio de Girolami e Dante Alighieri. Embora Agostinho permanecesse como uma das principais referências,[16] tais autores lançaram nova luz sobre o que movia o povo romano e os seus cidadãos mais ilustres a realizar grandes feitos, o que revela um afastamento decisivo da leitura moral defendida pelo filósofo patrístico.

Em um segundo momento, passamos a uma análise comparativa entre os três autores, com o objetivo de identificar, por um lado, os elementos fundamentais que compõem um vocabulário comum na construção das teorias éticas e políticas do Medievo Tardio; e, por outro, as possíveis convergências e divergências nas interpretações das virtudes antigas e na elaboração de suas respectivas propostas políticas diante dos problemas do seu tempo.

Passemos, então, ao nosso primeiro tópico.

Os heróis republicanos romanos, de Agostinho ao Medievo Tardio

Com vistas a compreender as mudanças no modo de conceber a virtude dos antigos romanos no início do século XIV, buscaremos examinar as lições morais e políticas que Ptolomeu, Remi-

---

novações urbana e comercial, e transformações de ordem intelectual e artística, dentre outros fatores analisados (cf. Le Goff, 2005, "Introdução", pp. 9-11).

[16] Ainda que nem sempre expressa, como veremos, no caso de Dante.

gio e Dante extraíram dos catálogos de exemplos de cidadãos ilustres vindos da antiga república de Roma.[17]

No caso de Dante em particular, a presença de tais catálogos já suscitou surpresa e questionamentos. No início do *Trecento*, como se sabe, o filósofo florentino figurava entre os principais defensores da proposta de uma Monarquia Universal,[18] também chamada por ele de Império.[19] Os comentadores costumam ressaltar o quão inusitada é a escolha dos heróis da república, e não dos césares ou imperadores, para ilustrar as virtudes dos antigos romanos.[20] Essa aparente incongruência, porém, pode ser mais bem compreendida se nos voltarmos para os estudos que trataram das fontes textuais de Dante. Como veremos, tais catálogos de exemplos foram mobilizados diversas vezes desde a Antiguidade e até o Medievo Tardio (e mesmo, posteriormente, no humanismo), mas para usos diversos, conforme a intenção do discurso filosófico ou político de cada autor. E uma das fontes recorrentes, ao longo de todo o Medievo, para abordar o problema da virtude dos romanos e das lições morais a serem extraídas dos seus exemplos, foi, cer-

---

[17] Serão analisados os seguintes textos: de Ptolomeu de Lucca, a *Determinatio compendiosa de iurisdictione imperii* (1280) e o *De regimine principum* (1302-1304); de Remigio de Girolami, o *De bono comuni* (1302) e o *De bono pacis* (1304); e de Dante Alighieri, o quarto tratado do *Convivio* (1304-1308) e o tratado *Monarchia* (1313).

[18] Em sintonia com os juristas de direito civil, que advogavam a causa do imperador romano-germânico como *dominus mundi in temporalibus*, como Cino de Pistoia, amigo de Dante, poeta, jurista e considerado um dos pioneiros da escola jurídica dos comentadores ou pós-glosadores. Na primeira fase dos seus escritos, Cino defendeu a causa imperial na figura do imperador Henrique VII, assim como Dante. Mas passou, em seus escritos tardios, a defender a validade da Doação de Constantino e a superioridade do poder papal sobre o poder imperial.

[19] Cf. Dante Alighieri, *Monarchia*, I, ii, 2: "*Est ergo temporalis Monarchia, quam dicunt 'Imperium', unicus principatus et super omnes in tempore vel in hiis et super hiis que tempore mensurantur*".

[20] Cf. Claude Lefort, "La modernité de Dante", prefácio a Dante, *La Monarchie*, trad. Michèle Gally, Paris, Belin, 1993, pp. 28-9.

tamente, a já citada *Cidade de Deus* de Agostinho,[21] referência também para os autores aqui selecionados. É por ela, portanto, que convém começar.

Tomemos a lista agostiniana de onze heróis republicanos romanos e seus feitos, que aparece no quinto livro de *A cidade de Deus*: os cônsules Bruto e Torquato (que não hesitaram em condenar os próprios filhos à morte, por estes terem ameaçado a República);[22] o tribuno Camilo (que liderou a guerra romana contra a cidade de Veios e foi em seguida condenado e exilado de Roma, tendo depois retornado à pátria — *ingratam patriam* — para livrá-la dos gauleses);[23] o jovem Múcio Cévola (que falhou ao tentar assassinar o rei inimigo Porsena, e, aprisionado e levado diante deste, por conta de seu equívoco, pôs a sua própria mão em um braseiro em chamas, o que levou o rei, aterrado, a se retirar da guerra com Roma);[24] o soldado Cúrcio (que respondeu aos oráculos dos deuses, que haviam ordenado aos romanos que lanças-

---

[21] Como o destacam os estudos de Theodore Silverstein ("On the Genesis of *De Monarchia*, II, v", *Speculum*, vol. 13, nº 3, 1938, pp. 326-49), David Thompson ("Dante's Virtuous Romans", *Dante Studies*, nº 96, 1978, pp. 145-62) e Charles Till Davis (*Dante's Italy and Other Essays: The Middle Ages*, Filadélfia, University of Pennsylvania Press, 1984).

[22] Cf. *De civitate Dei*, V, xviii: "*Bruto autem, quia filios occidit, infelicitatis perhibet testimonium etiam poeta laudator* [...]. *Si alius etiam Romanus princeps, cognomine Torquatus, filium, non quia contra patriam, sed etiam pro patria, tamen quia contra imperium suum, id est contra quod imperaverat pater imperator, ab hoste provocatus iuvenali ardore pugnaverat, licet vicisset, occidit, ne plus mali esset in exemplo imperii contempti quam boni in gloria hostis occisi: ut quid se iactent, qui pro immortalis patriae legibus omnia, quae multo minus quam filii diliguntur, bona terrena contemnunt?*".

[23] *Idem*, *ibidem*: "*Si Furius Camillus etiam ingratam patriam, a cuius cervicibus acerrimorum hostium Veientium iugum depulerat damnatusque ab aemulis fuerat, a Gallis iterum liberavit, quia non habebat potiorem, ubi posset vivere gloriosius*".

[24] *Idem*, *ibidem*: "*Si Mucius, ut cum Porsenna rege pax fieret, qui gravissimo bello Romanos premebat, quia Porsennam ipsum occidere non potuit et pro eo alterum deceptus occidit, in ardentem aram ante eius oculos dexteram extendit, dicens multos se tales, qualem illum videret, in eius exitium coniuras-*

sem em um abismo aquilo que tinham de melhor — entendendo Roma que o que tinha de melhor eram seus guerreiros e suas armas —, jogando-se, armado e em cima de um cavalo, em um abismo);[25] os Décios (que, por três gerações, se sacrificaram no campo de batalha, oferecendo a vida pela pátria);[26] o cônsul Marco Púlvilo (que recebeu a honra de consagrar o Templo de Júpiter no início da República e não se absteve de realizar a missão mesmo quando propagaram a informação falsa de que seu filho havia sido morto);[27] o também cônsul Régulo (que, como prisioneiro de Cartago, foi enviado a Roma para negociar a rendição e uma troca de prisioneiros, mas instou os romanos a permanecerem na guerra, aceitando a sina de retornar aos inimigos, que o levaram à morte "com gravíssimos suplícios");[28] o cônsul Valério, morto durante seu consulado (que viveu na pobreza e teve o seu funeral às expensas do dinheiro público);[29] o camponês Cincinato (que,

---

se, cuius ille fortitudinem et coniurationem talium perhorrescens sine ulla dubitatione se ab illo bello facta pace compescuit".

[25] *Idem, ibidem*: "*Si Curtius armatus equo concito in abruptum hiatum terrae se praecipitem dedit, deorum suorum oraculis serviens, quoniam iusserant, ut illic id quod Romani haberent optimum mitteretur, nec aliud intellegere potuerunt, quam viris armisque se excellere, unde videlicet oportebat, ut deorum iussis in illum interitum vir praecipitaretur armatus*".

[26] *Idem, ibidem*: "*Si se occidendos certis verbis quodam modo consecrantes Decii devoverunt, ut illis cadentibus et iram deorum sanguine suo placantibus Romanus liberaretur exercitus*".

[27] *Idem, ibidem*: "*Si Marcus Pulvillus dedicans aedem Iovis, Iunonis, Minervae falso sibi ab invidis morte filii nuntiata, ut illo nuntio perturbatus abscederet atque ita dedicationis gloriam collega eius consequeretur, ita contempsit, ut eum etiam proici insepultum iuberet (sic in eius corde orbitatis dolorem gloriae cupiditas vicerat)*".

[28] *Idem, ibidem*: "*Si M. Regulus, ne crudelissimos hostes iurando falleret, ad eos ab ipsa Roma reversus est, quoniam, sicut Romanis eum tenere volentibus respondisse fertur, postea quam Afris servierat, dignitatem illic honesti civis habere non posset, eumque Carthaginienses, quoniam contra eos in Romano senatu egerat, gravissimis suppliciis necaverunt*".

[29] *Idem, ibidem*: "*L. Valerium, qui in suo defunctus est consulatu, usque adeo fuisse pauperem, ut nummis a populo collatis eius sepultura curaretur*".

tornado ditador para derrotar os inimigos que atacavam Roma, retorna depois, ao fim do seu mandato, à pobreza e ao arado);[30] por fim, Fabrício (que recebeu do rei Pirro, inimigo dos romanos, ofertas de presentes e posses, mas preferiu continuar pobre e cidadão de Roma).[31]

O significado moral que os romanos extraíam de todos esses exemplos é posto no início desta passagem do Livro V. Ao falar da "infelicidade" de Bruto, Agostinho cita Virgílio, que afirma que para o cônsul romano sempre "hão de prevalecer o amor à pátria e o imenso desejo de louvores".[32] O filósofo cristão sumariza e afirma que foram esses dois elementos, a "liberdade" (que, para o autor, equivale ao "amor à pátria"), de um lado, e o "desejo de louvores humanos", de outro, que "levaram os romanos a tão admiráveis feitos".[33] Seria, de fato, enganoso acreditar, observa Thompson,[34] que, dada a contraposição entre a felicidade fugaz da Cidade Terrena e a felicidade eterna da Cidade Celeste, Agostinho não tivesse nenhuma admiração pelos feitos dos romanos. E, na verdade, ao longo do Livro V, o filósofo afirma mais de uma vez que os romanos alcançaram o domínio do mundo inteiro como uma "recompensa" de Deus.[35] Ora, ao investigar os costumes

---

[30] *Idem, ibidem*: "*Audiat vel legat Quintium Cincinnatum, cum quattuor iugera possideret et ea suis manibus coleret, ab aratro esse adductum, ut dictator fieret, maior utique honore quam consul, victisque hostibus ingentem gloriam consecutum in eadem paupertate mansisse*".

[31] *Idem, ibidem*: "*Aut quid se magnum fecisse praedicabit, qui nullo praemio mundi huius fuerit ab aeternae illius patriae societate seductus, cum Fabricium didicerit tantis muneribus Pyrrhi, regis Epirotarum, promissa etiam quarta parte regni a Romana civitate non potuisse develli ibique in sua paupertate privatum manere maluisse?*".

[32] Tradução nossa. Cf. Virgílio, *Eneida*, VI, 823: "*vincet amor patriae laudumque immensa cupido*".

[33] Cf. Agostinho, *A cidade de Deus*, 2016, p. 522. No texto em latim: "*Haec sunt duo illa, libertas et cupiditas laudis humanae, quae ad facta compulit miranda Romanos*".

[34] Cf. Thompson, *op. cit.*, 1978, pp. 153-4.

[35] "A causa da grandeza do Império Romano não é evidentemente for-

romanos e a causa desse auxílio divino,[36] Virgílio é novamente referido, quando canta em seu poema que, enquanto há outros povos hábeis em "bronzes respirantes fundir" e em "sacar do mármore vultos vivos", "tu, Romano, cuida o mundo em reger; terás por artes a paz e a lei ditar, e os povos todos poupar submissos, debelar os soberbos".[37] E quanto mais exerciam tais artes, diz Agostinho, os romanos menos se entregavam aos prazeres do corpo e da alma[38] — o que evidentemente não significa para o filósofo cristão que tais comportamentos fossem exemplos de virtude. Na verdade, citando Salústio, ele lembra que os romanos "eram ávidos de louvor, pródigos de dinheiro; desejavam glória enorme, riqueza honrosa".[39] Porém, continua, "por esta desmesurada paixão, abafaram todas as outras paixões".[40] E aqueles que "não refreiam as suas torpes paixões invocando o Espírito Santo com

---

tuita", como diz no cap. I, ou "independente da vontade de Deus", pois é "a Providência Divina que estabelece os reinos humanos" (*diuina prouidentia regna constituuntur humana*). Cf. *A cidade de Deus*, 2016, p. 463, e *De civitate Dei*, V, i. O mesmo argumento estará presente em Dante e Ptolomeu de Lucca, como veremos.

[36] Cf. *A cidade de Deus*, 2016, p. 499, e *De civitate Dei*, V, xii.

[37] Cf. *Eneida*, VI, 847-53. Na tradução completa do trecho por Odorico Mendes (2008, p. 257): "Hão de outros, sim, mais molemente os bronzes respirantes fundir, sacar do mármore vultos vivos; orar melhor nas causas; descrever com seu rádio o céu rotundo, o orto e sidério curso: tu, Romano, cuida o mundo em reger; terás por artes a paz e a lei ditar, e os povos todos poupar submissos, debelar soberbos".

[38] Cf. *De civitate Dei*, V, xii, e *A cidade de Deus*, 2016, p. 503: "Estas artes exerciam-nas os romanos com tanto maior mestria quanto menor era a sua entrega à volúpia, ao enervamento da alma e do corpo pela ânsia de adquirir e de aumentar riquezas, por estas corrompendo os costumes, espoliando os cidadãos pobres e presenteando torpes histriões".

[39] *De civitate Dei*, V, xii. Cf. Salústio, *Bellum Catilinae*, VII, 6: "*Laudis avidi, pecuniae liberales erant, gloriam ingentem, divitias honestas volebant*". Seguimos a tradução de Adriano Scatolin, *A conjuração de Catilina*, 2015 (versão e-book).

[40] Cf. *De civitate Dei*, V, xii, e *A cidade de Deus*, 2016, p. 499.

piedosa fé [...] pelo menos tornam-se melhores pelo desejo de glória e de louvor humano. Não é que se tornem santos, mas menos torpes".[41]

Agostinho faz amplo uso da retórica ao comparar os sofrimentos dos heróis romanos aos sacrifícios enfrentados pelos cristãos desde o início de sua história. Observa que, se os romanos foram capazes de suportar tais martírios em defesa da Cidade Terrestre — na qual a felicidade é breve e ilusória —, os cristãos, para poderem alcançar a felicidade eterna da Cidade Celeste (que exige menos do que tais sacrifícios),[42] também devem estar dispostos a conter seus vícios e a desdenhar os "deleites deste mundo" — sem, entretanto, extrair disto alguma "jactância" (vaidade), como fizeram os romanos.

O núcleo do problema, portanto, estava na *finalidade* almejada pelos romanos ao operar suas maravilhas, o objeto do amor que os movia: o louvor humano, a glória para si próprio e para a cidade terrena, e não um comportamento de renúncia aos prazeres corruptores para se aproximar de Deus e amar a "beleza inteligível".[43]

Ao mudarmos nossa atenção para o pensamento de Ptolomeu de Lucca, discípulo de Tomás de Aquino, o contexto é a Toscana do Medievo Tardio, no início do século XIV. Autor de tratados políticos, Ptolomeu defendeu a plenitude do poder papal (*plenitudo potestatis*): uma doutrina, fundada no direito canônico,[44] que

---

[41] Cf. *De civitate Dei*, V, xiii, e *A cidade de Deus*, 2016, p. 510.

[42] Conforme *A cidade de Deus*, 2016, p. 521: "por esta pátria terrestre e temporal, um Bruto pôde até matar os filhos — o que a Pátria celeste a ninguém obriga a fazer". Cf. *De civitate Dei*, V, xviii.

[43] "*Amore intellegibilis pulchritudinis*". Cf. *De civitate Dei*, V, xiii. A passagem é interessante sobretudo quando pensada do ponto de vista da clivagem entre *vita activa* e *vita contemplativa* ao longo de todo o Medievo, com evidente superioridade moral para a segunda, entre os principais pensadores cristãos.

[44] Conforme Brian Tierney, Inocêncio III (1160-1216) defendeu em suas cartas que não apenas o supremo pontífice estava acima dos demais prelados, como também estava acima do direito, *supra ius*. "Seguindo o exemplo de Ino-

atribuía ao papa a prerrogativa de intervir em âmbito secular — nos assuntos de governo das cidades, dos reinos e mesmo do império romano-germânico. Em seu tratado *Determinatio compendiosa* (escrito provavelmente nos anos 1280),[45] o frade dominicano entrou no debate, ainda candente no seu tempo, sobre a origem da autoridade do imperador.[46] Naquele momento, apoiando-se nos trabalhos dos juristas civilistas de Bolonha estudiosos do direito romano, os imperadores se proclamavam senhores de todo o mundo (*dominus mundi*) e defendiam que o seu poder não derivava do papa, mas diretamente de Deus. Entre os séculos XI e XIV,[47] com o progressivo enfraquecimento do poder *de facto* do imperador, diversas campanhas militares foram empreendidas com vistas a ampliar o domínio imperial sobre a península itálica. Tais investidas dos imperadores, no entanto, foram repetidamente frus-

---

cêncio, [o papa] Tancredo enfatizou o significado da *plenitudo potestatis* [...] em uma esfera exaltada, acima de qualquer reprovação humana". Já "Inocêncio IV foi ainda mais longe, asseverando que a posse da *plenitudo potestatis* autorizava o Papa a exercer o poder temporal, além do espiritual, e lhe dava autoridade tanto sobre infiéis como sobre os cristãos". Tradução nossa. Cf. Brian Tierney, *Foundations of the Conciliar Theory: The Contribution of the Medieval Canonists from Gratian to the Great Schism*, Washington, Catholic University of America, 1968, p. 147.

45 Cf. a nota introdutória a *Determinatio compendiosa de iurisdictione imperii* de Ptolomeu de Lucca, em *Nuova edizione commentata delle opere di Dante*, vol. IV, *Monarchia*, organização de Paolo Chiesa e Andrea Tabarroni, Roma, Salerno Editrice, 2013, pp. 247-50.

46 Como explicam Chiesa e Tabarroni (2013, p. 249), "A partir do fim da luta pelas investiduras, o rei alemão, ainda não consagrado imperador, definia-se Rei dos romanos [...] mas somente com a coroação papal ele se tornava formalmente imperador romano". E acrescentam que "o pontífice Inocêncio III tinha estabelecido, precisamente com a decretal *Venerabilem*, que a Igreja de Roma tinha o direito e o dever de examinar aquele que prevalecesse na escolha dos príncipes eleitores". Tradução nossa.

47 Cf. Quentin Skinner, *As fundações do pensamento político moderno*, trad. Renato Janine Ribeiro e Laura Teixeira Motta, São Paulo, Companhia das Letras, 1996, pp. 26-8.

tradas pelas ligas formadas pelas comunas italianas, muitas vezes em aliança com o papado.[48]

Este frade dominicano, ao abordar as virtudes dos heróis republicanos romanos na *Determinatio compendiosa*, além de Agostinho, cita como autoridades Salústio e Valério Máximo, escritores romanos da época imperial.[49] Ele alude a seis nomes[50] (cinco referidos também pelo filósofo patrístico) e assegura que "embora todo principado tenha sido provido por Deus, aquele romano o foi especialmente".[51] Pois, como teria indicado *A cidade de Deus*, há para isso "várias causas — alguns tipos de virtudes — também prescritas pela lei evangélica, nas quais os antigos romanos se destacaram e pelas quais obtiveram o domínio como merecida recompensa".[52] As virtudes dos romanos ganham, assim, estatuto cristão, evangélico, sendo três as virtudes principais elencadas: o sincero amor pela pátria, a santíssima tradição das leis e a benevolência dos costumes.[53]

Davis[54] destaca a ausência do desejo de louvor humano e de outros aspectos das considerações de Agostinho, como o desejo de domínio (*libido dominandi*).[55] Mas Ptolomeu não contradiz dire-

---

[48] Que também intervinha constantemente nos assuntos das comunas. Foi este o caso de Florença, em 1301, em que uma ação militar apoiada pelo papa Bonifácio VIII levou ao exílio Dante e todo o seu grupo político, os guelfos brancos.

[49] Seus escritos remontam aos séculos I a.C. e I d.C.

[50] Bruto, Torquato, Cúrcio, Régulo, Fabrício e Cúrio.

[51] Tradução nossa. Cf. *Determinatio compendiosa*, XXI: "*Sed, licet principatus omnis fuerit a Deo provisus, specialiter tamen Romanus*".

[52] Tradução nossa. Cf. *idem*, *ibidem*: "*de quo beatus Augustinus in libro De civitate Dei plures causas assignat; sed, ut nos sub compendio perstringamus, propter certa genera virtutum quas et lex elica, quibus veteres Romani precipue viguerunt et ex eis tamquam mercedem eis condignam dominium meruerunt*".

[53] Cf. *idem*, *ibidem*. "*Primum fuit sincerus amor pro patria; secundum traditio legum sanctissima; tertium morum benevolentia*".

[54] Cf. Davis, 1984, p. 259.

[55] Cf. *De civitate Dei*, V, xix.

tamente o grande pensador africano; ele o toma como autoridade na mesma passagem em que observa que os romanos foram recompensados devido à "força de suas virtudes legais, dominando e governando com justiça".[56] O comentador sugere uma possível influência de João de Salisbury[57] sobre Ptolomeu, mas também evidencia o quanto são diferentes as duas leituras: enquanto no *Policraticus* há uma ampla gama de exemplos, que inclui romanos e não romanos, reis, imperadores e republicanos[58] — não havendo uma missão histórica distintiva para Roma[59] —, Ptolomeu está empenhado justamente em demonstrar a especificidade das virtudes romanas, que os alçaram a povo recompensado por Deus com o império sobre o mundo. O filósofo de Lucca defende uma leitura teleológica da história universal, na qual cinco impérios teriam se sucedido desde a Antiguidade:[60] os assírios foram os primeiros a exercer a monarquia mundial, transferida, posteriormente, aos medos e aos persas; em seguida, ela passou aos gregos e aos egípcios, no império de Alexandre; destes, em quarto lugar, foi transferida aos romanos. Por fim, o império universal "retornou ao verdadeiro senhor que o havia conferido, Cristo, de quem é vigário o sumo pontífice".[61] E foi Constantino, diz Ptolomeu, ao doar o im-

---

[56] Tradução nossa. Cf. *Determinatio compendiosa*, XXII: "*ex vigore virtutum suarum legalium dominando et imperando iustitia*".

[57] João de Salisbury escreveu *Policraticus*, célebre obra do século XII, citada por Ptolomeu.

[58] São citados em *Policraticus*, V, vii: Catão, Régulo, Cipião, Aníbal, Alexandre da Macedônia e Augusto. No capítulo seguinte, João de Salisbury tece um grande elogio ao imperador Trajano.

[59] O *De civitate Dei* sequer é mencionado por João de Salisbury.

[60] Cf. *Determinatio compendiosa*, XXV.

[61] Tradução nossa. *Idem, ibidem*: "*Deinde redit ad verum dominum qui contulerat, scilicet Christum, cuius vices summus pontifex gerit*". O império de Augusto surge, assim, como simples prenúncio da *monarchia Christi*, o verdadeiro império, embora tenha sido uma recompensa divina ao povo romano pelas suas virtudes.

pério e a cidade de Roma à Igreja, quem reconheceu este fim e transferiu o poder imperial para o papado.[62]

No seu *Do governo dos príncipes*,[63] as três virtudes romanas reaparecem com algumas poucas, mas importantes, modificações. Quanto ao "amor à pátria", esta virtude possuiria raiz na caridade, a mais alta das virtudes teologais. A caridade é o amor que "antepõe as coisas comuns às próprias", uma definição que o frade dominicano remete a Agostinho.[64] Em relação à "santíssima tradição das leis", Ptolomeu exalta o "zelo pela justiça" dos romanos,[65] adquirido por certo direito natural,[66] do qual deriva todo domínio justo. E acrescenta, mais adiante, que todo domínio é concedido apenas para a conservação da paz e da justiça.[67]

Por último, no lugar da benevolência dos costumes, o filósofo de Lucca aponta a singular "piedade" ou benevolência civil dos romanos.[68] Como explica Silverstein, a piedade é uma virtude antiga romana que ao longo da história se tornaria "caracteristicamente principesca",[69] e o Medievo Tardio "ainda recordava mui-

---

[62] *Idem, ibidem.*

[63] Nos caps. IV, V e VI do Livro III, Ptolomeu aduz como exemplos os mesmos heróis, adicionando, apenas, Cipião e Marco Marcelo no cap. VI, ao tratar da benevolência civil.

[64] Conforme Blythe em sua edição traduzida do *De regimine principum*, a referência em Agostinho deve ser buscada na *Regula Sancti Augustini*: no cap. V, ao interpretar 1 Cor. 13, 5, Agostinho afirma que "*Caritas enim, de qua scriptum est quod non quaerat quae sua sunt, sic intellegitur, quia communia propriis, non propria communibus anteponit*". Ou seja, a caridade não busca aquilo que é seu, mas sim antepõe as coisas comuns às próprias.

[65] "*Est autem et alia ratio, unde digne Romani dominium sunt adepti, zelus videlicet iustitiae*". Cf. *De regimine principum*, III, v.

[66] "*acquisierunt principatum quodam iure naturae*". Cf. *idem, ibidem.*

[67] "*pro pace ac iustitia conservanda*". Cf. *idem, ibidem.*

[68] "*Tertia vero virtus, per quam subiugaverunt Romani mundum et meruerunt dominium, fuit singularis pietas ac civilis benevolentia*". Cf. *De regimine principum*, III, vi.

[69] Cf. Silverstein, 1938, pp. 331-2. A piedade ocupou um lugar central no

to do significado original da palavra".[70] A piedade inspira o sentimento de devoção e reverência perante "algo superior", sejam os deuses, os pais, a família ou a pátria.[71] Ptolomeu cita Valério Máximo, para quem "a doçura da humanidade [*humanitas*] penetra o caráter dos bárbaros",[72] e os exemplos de comportamento dos antigos romanos demonstram o quanto Roma se destacou por tal virtude, pela qual teria levado nações estrangeiras a amá-la e voluntariamente a ela se sujeitar. Afinal, como se lê nas Escrituras,

---

programa político e cultural do reinado de Augusto, com vistas a recuperar a religiosidade e caráter devocional dos romanos. Cf., por exemplo, Paul Zanker, *The Power of Images in the Age of Augustus*, Ann Arbor, University of Michigan Press, 1988, pp. 103-4 (tradução nossa): "A *pietas* era mais do que apenas uma das virtudes do *princeps* recordada no escudo honorário. Ela se tornaria um dos mais importantes *leitmotifs* da era augustana. Desde os tempos de Catão, o Velho, a dissolução da tradição e do Estado, a autodestruição que ameaçava Roma, era atribuída à negligência aos deuses [...]. A esse respeito, o 'salvador' deveria liderar o caminho, agindo pronta e decisivamente. Logo em 29 a.C., foi proclamado um programa de reconstrução religiosa. O próprio Otaviano comissionou o Senado para que fossem promovidas as antigas práticas sacerdotais".

[70] No *Actus Beati Silvestri*, conjunto de narrativas do século IV referentes ao bispo Silvestre, contemporâneo de Constantino, é descrita uma fala do imperador, que diz: "*Romani imperii dignitas de fonte nascitur pietatis*" — a dignidade do império romano nasce da "fonte da piedade", citação que será referida por Dante na sua *Monarchia* II, como veremos mais adiante. Silverstein (1938, p. 331) acrescenta que quando os barões ingleses fizeram uma petição a Henrique III, no *Dictum de Kenilworth* (1266), apelaram respeitosamente à sua *pietas*.

[71] Cf., por exemplo, Cícero, no *De inventione*, 2.66: "*pietatem, quae erga patriam aut parentes aut alios sanguine coniunctus officium conservare moneat*", ou seja, "piedade, que adverte a manter o dever para com a pátria, os pais ou os parentes consanguíneos" (tradução nossa). No *Dos deveres*, Cícero critica Rômulo (ou Quirino) pelo assassinato de seu irmão Remo, quando da fundação da cidade de Roma, afirmando que ele "ignorou ao mesmo tempo a piedade familiar e a humanidade para obter aquilo que parecia útil, sem sê-lo" (cf. *Dos deveres*, 1999, p. 144, e *De officiis*, III, 41).

[72] Cf. Valerius Maximus, *Factorum et dictorum memorabilium* libri IX, VI, v, 6. "*Humanitatis dulcedo barbarorum ingenia penetrat*". Tradução nossa.

"uma palavra doce multiplica os amigos e aplaca os inimigos", observa Ptolomeu.[73]

O segundo autor a ser aqui considerado é Remigio de Girolami. Frade dominicano, assim como Ptolomeu, Remigio estudou em Paris e também obteve sua formação escolástica sob Tomás de Aquino, tendo depois retornado a Florença, onde se tornou famoso como *lector* no *studium* de Santa Maria Novella, devido aos seus sermões sobre o tema da paz. No início do *Trecento*, a comuna toscana encontrava-se engolfada em disputas de facções,[74] primeiramente entre os guelfos apoiadores do papado e os gibelinos apoiadores do imperador, depois, entre os guelfos brancos e os guelfos negros,[75] conflitos que terminavam sempre com a condenação ao exílio, o confisco de bens ou a morte para os membros da facção derrotada. Diferentemente de Ptolomeu, no entanto, Remigio não dedica muita atenção ao conflito entre o império e o papado em seus tratados, o *Do bem comum* e o *Do bem da paz*.[76] Sua preocupação constante é o conceito de "bem comum", segundo o qual o bem da comunidade é superior e deve sempre ser anteposto aos bens particulares.

---

[73] Cf. *Ecclesiasticus*, 6:5: "*verbum dulce multiplicat amicos et mitigat inimicos*".

[74] Cf., por exemplo, Skinner, 1996, pp. 25-44; Hilário Franco Júnior, *A Idade Média: nascimento do Ocidente*, São Paulo, Brasiliense, 2001, pp. 98-109; e Mariateresa Fumagalli, *Il pensiero politico medievale*, Roma/Bari, Laterza, 2000, pp. 105-44.

[75] A propósito, ver neste volume p. 222, nota 38.

[76] Em *De bono pacis* (1304), como destaca Nicholas Newman (*The Political Works of Remigius Dei Girolami*, New Hampshire, Saint Dominic's, 2018, p. 37), encontra-se a sua principal defesa do poder papal. Mas ele apenas menciona brevemente, ao tratar do argumento de que o bem da Igreja consiste na paz dos fiéis, que "o bem eclesiástico deve ser preferido ao bem temporal, assim como a cabeça da Igreja, que é o papa, deve ser preferida à cabeça do poder temporal, ou seja, posto acima do imperador". Tradução nossa. Cf. *idem*, p. 164. Cf. *De bono pacis*, quarto argumento: "*Bonum autem ecclesiasticum prefertur bono temporali, sicut et caput ecclesie idest papa prefertur capiti temporalium idest imperatori*".

O catálogo de sete heróis romanos surge no capítulo V do *De bono communi*. As três autoridades citadas são Valério Máximo,[77] Cícero[78] e Agostinho, com quem compartilha a referência a seis heróis.[79] Logo no início, o frade afirma que se lê sobre "inúmeros romanos virtuosos", que em defesa da coisa pública e pelo bem comum do povo até mesmo "se expuseram à morte", cuidando mais do bem comum que do bem próprio.[80] Para Davis,[81] Remigio foi um patriota local que, por meio da retórica, buscava acalmar as paixões facciosas e promover o amor pela comunidade entre os cidadãos. Na bibliografia dedicada ao autor,[82] é comumente lembrada a afirmação categórica de que todo conflito entre um bem particular e o bem comum é apenas aparente, pois o bem particular está sempre subsumido pelo bem comum e necessariamente decorre dele: quem não for um cidadão, não poderia ser um homem (*si non est civis non est homo*), uma vez que o homem é, por natureza, *animal civile*.[83]

---

[77] Cf. Valerius Maximus, *Factorum et dictorum memorabilium* libri IX, IX, v, 6.

[78] *Dos deveres*, para tratar de Catão. Cf. *De officiis*, I, 31.

[79] Valério, Cincinato, Fabrício, Cúrcio, Torquato, Régulo e acrescenta Catão — que será central para Dante, como veremos.

[80] Cf. *De bono communi*, V: "*De innumeris enim virtuosis Romanis legitur quod frequentissime exponebant se morti pro re publica idest pro bono comuni populi. Plus enim curabant de comuni bono quam de proprio*".

[81] Cf. Davis, 1984, p. 273.

[82] Cf. Ernst Kantorowicz, *Os dois corpos do rei: um estudo sobre teologia política medieval*, trad. Cid Knipel Moreira, São Paulo, Companhia das Letras, 1998, p. 289; e Skinner, 1996, p. 79.

[83] Aduzindo a autoridade de Aristóteles: "*Et si non est civis non est homo, quia homo est naturaliter animal civile, secundum Philosophum in VIII Ethicorum et in I Phisicorum*". Cf. *De bono communi*, IX. Para Remigio, a própria "existência da parte, como tal, depende do todo", "*Iterum esse partis dependet ab esse totius et non e converso, sicut posterius dependet a priori et non e converso*". E afirma que, quando a cidade é destruída, todos os cidadãos perdem virtude nas operações próprias de cada um: "*Unde destructa civitate remanet civis lapideus aut depictus, quia scilicet caret virtute et operatione quam*

Quanto à sua leitura da história de Roma, Remigio não nos oferece indícios tão claros de sua posição. Afirma, apenas, que a "plenitude dos tempos" se deu sob o imperador Otaviano, quando o poder secular se tornou universal e a paz estava completa.[84] Conforme Davis, não há também a atribuição de exclusividade às virtudes romanas, como vimos em Ptolomeu:[85] além dos romanos, nos mesmos trechos, aparecem Moisés, Davi e Judas Macabeu, que serviram ao bem comum do povo judeu; e ele se lembra também do papa Leão I, do arcebispo Tomás Becket e do rei Luís IX da França, que serviram ao bem comum da Igreja.[86]

Passemos, por fim, ao modo como Dante apreende as narrativas sobre os heróis da República Romana e o uso que fez delas na construção do seu discurso político.

Partindo das suas referências autobiográficas,[87] costuma-se remeter à década de 1290 o início do seu interesse pela filosofia.[88] No *Convivio*, o poeta florentino afirma ter frequentado "as escolas dos religiosos e as discussões dos filosofantes",[89] provável referência aos três *Studia generalia* existentes à época em Florença.[90]

---

prius habebat, puta miles in militaribus, mercator in mercationibus, artifex in artificialibus artis sue, officialis in officialibus, pater familias in familiaribus, et universaliter liber in operibus liberis, puta ire ad podere suum, facere ambasciatas, habere dominia aliarum civitatum".

[84] Cf. Davis (1984, p. 273), que cita como referência as informações do manuscrito 2 *Bibl. Naz. Flor. Conv.* sopp. G. 4. 936, f. 12v; D. 1. 937, f. 43, o que remete ao sermão *De tempore*, de Remigio.

[85] Bem como veremos em Dante, a seguir.

[86] Cf. *De bono communi*, capítulos VI e VII.

[87] Na *Vita Nuova* e no tratado I do *Convivio*, que funciona como uma introdução aos demais tratados da obra.

[88] Cf. Marco Santagata, *Dante: The Story of his Life*, Cambridge, MA, Harvard University Press, 2016, p. 99; cf. Alessandro Barbero, *Dante*, Bari, Laterza, 2020, capítulo 7 ("Gli studi"), versão e-book.

[89] Cf. *Convivio*, II xii, 7.

[90] Um da ordem dos agostinianos em Santo Spirito, outro dos franciscanos em Santa Croce e outro regido pelos dominicanos em Santa Maria Novella. Cf. Santagata, *op. cit.*, 2016, p. 99.

Entre os anos 1300 e 1302, Ptolomeu de Lucca foi prior geral no *Studium* de Santa Maria Novella, quando concluiu o *De regno* de Tomás de Aquino,[91] enquanto Remigio, principal *lector* no mesmo *Studium*, escrevia seus tratados *Do bem comum* e *Do bem da paz*, entre 1302 e 1304. Embora seja improvável o contato de Dante com as obras de Remigio e Ptolomeu antes do seu exílio em 1301,[92] tanto Santagata[93] quanto Davis[94] defendem que ele deve ter conhecido algumas das ideias dos dois filósofos ao frequentar as lições e sermões no *Studium* de que participaram os dois frades dominicanos.

Antes de abordar o primeiro catálogo de heróis em Dante, faz-se necessária uma introdução ao assunto do quarto tratado do *Convivio*.[95] Neste, em que o autor expõe pela primeira vez sua teoria da Monarquia universal,[96] ele anuncia a intenção de tratar do conceito de nobreza (*nobiltà* ou *gentilezza*), que muitos teriam compreendido erroneamente. É citada a opinião do imperador Frederico II (1090-1147), amplamente aceita à época, para quem a

---

[91] Cf. Chiesa e Tabarroni, 2013, p. 247.

[92] Com exceção da *Determinatio compendiosa*, escrita, provavelmente, nos anos 1280, como referimos anteriormente.

[93] Santagata, *Dante: The Story of his Life*, *op. cit.*, p. 103.

[94] Cf. Davis, 1984, p. 268.

[95] Os tratados do *Convivio* foram escritos, provavelmente, entre 1304 e 1308. Baseamo-nos na apresentação do *Convívio* feita por Emanuel França de Brito (Dante, *Convívio*, trad. e introd. de Emanuel França de Brito, São Paulo, Companhia das Letras, 2019, p. 28).

[96] Ao comentar, em prosa, a sua canção *Le dolci rime d'amor ch'io solia*. Como afirma Vincenzo Pernicone, na *Enciclopedia Dantesca* (1970, consulta online em <https://www.treccani.it/enciclopedia/le-dolci-rime-d-amor-ch-i-solia_(Enciclopedia-Dantesca)>, acesso em 21 de junho de 2024): "*È probabile, inoltre, che le particolari condizioni politiche e sociali del comune di Firenze in quel periodo di tempo in cui D. si era dedicato agli studi filosofici (1293-95: dittatura delle masse popolari rappresentate da Giano della Bella), abbiano contribuito a far meditare il poeta sul problema della nobiltà, e a spingerlo a trattarne di proposito in una canzone*".

nobreza seria "antiga riqueza e bons costumes".[97] O poeta reage a esta concepção: "qualquer um que diga 'Eu sou de tal estirpe', não deve ser acreditado como nobre se os mencionados frutos não estão presentes em si",[98] ou seja, se aquele que se diz nobre não possui, ele próprio, as virtudes. Pois, diz, "a estirpe não enobrece singularmente as pessoas, mas as pessoas singulares é que enobrecem a estirpe".[99]

Ao refutar a concepção de Frederico, o autor pretende demonstrar que o imperador, embora seja o *dominus mundi*, não possui autoridade em questões filosóficas. Para isto, busca definir, primeiramente, a natureza da autoridade imperial. O fundamento desta é a necessidade de uma "humanidade civilizada",[100] que deve ser destinada a um fim supremo, a "vida feliz". Influenciado pelo Aristóteles de Tomás,[101] Dante cita as diversas necessidades pelas quais os homens se associam (a subsistência, depois a defesa, formando famílias, casas, vizinhanças, cidades e reinos), até que, pela necessidade de evitar as guerras e conter o desejo ilimitado de conquista, conclui que o gênero humano deve se submeter a uma só Monarquia, cujo príncipe, "ao possuir tudo e nada mais podendo desejar",[102] revela-se o único capaz de manter os reinos nos seus limites e de instaurar a paz. Ele reconhece que alguém poderia perguntar, mesmo aceitando a necessidade de tal império, se os romanos não o teriam alcançado por meio da força, não pela "razão" ou pelo "decreto de uma congregação universal" do gênero humano.[103] E, neste ponto, parece se aproximar das leituras de

---

[97] Cf. *Convivio*, IV, iii.

[98] Cf. *idem*, IV, xx, 3. Seguimos a tradução de Emanuel França de Brito (2019).

[99] Cf. *idem*, IV, xx, 5.

[100] *Umana civiltade*, que na *Monarchia* será a *humana civilitas*.

[101] O homem é naturalmente *compagnevole animale*. Cf. *Convivio*, IV, iv, 1.

[102] Cf. *idem*, IV, iv, 4.

[103] Cf. *idem*, IV, iv, 8.

Agostinho e Ptolomeu sobre a origem do império romano, pois a "eleição desse supremo oficial" teria tido origem na providência divina, uma vez que "antes do mencionado oficial ninguém intencionava o *bem de todos*".[104]

Deus teria concedido um nascimento e crescimento especiais a Roma. A origem da cidade teria se dado quando Eneias foi de Troia à Itália (conforme a *Eneida*),[105] no mesmo tempo em que se iniciava a progênie judaica sagrada de Davi, da qual descenderia Maria. Mas além de um nascimento especial, seu desenvolvimento também foi divinamente concebido. Depois dos "tutores da infância" (os sete reis, desde Rômulo),[106] a cidade teria sido contemplada não com cidadãos humanos, mas "divinos". São treze suas referências,[107] das quais sete foram também referidas por Agostinho. Catão foi elogiado apenas por Dante e Remigio; Cipião e Cúrio, apenas por Ptolomeu e Dante, que, ele apenas, elogia também os Drusos e Cícero.[108]

Ao longo do restante do tratado, Dante irá tratar dos argumentos falsos relativos à noção de nobreza e apresentará a sua própria concepção, que a associa à virtude. Para o florentino, assim como no céu reluzem muitas estrelas, na nobreza reluzem muitas virtudes.[109] A nobreza (a "perfeição da própria natureza em

[104] Tal posto somente poderia ser alcançado pelo povo que demonstrasse "a maior e a mais humana benignidade".

[105] Cf. Virgílio, *Eneida*, I, 1.

[106] Rômulo, Numa, Túlio, Anco e os reis Tarquínios.

[107] Fabrício, Cúrio, Múcio, Torquato, Bruto, os Décios, os Drusos, Régulo, Cincinato, Camilo, Catão, Cipião e Cícero (que aparece, entre as listas que vimos, pela primeira vez como cidadão romano, e não apenas pensador).

[108] Como conclui Davis, a lista de Agostinho parece, portanto, apenas um dos pontos de partida, que permitiu a cada um elogiar os seus próprios heróis e realizar a sua própria leitura dos textos clássicos. Cf. Davis, 1984, p. 263.

[109] Dante cita as onze virtudes aristotélicas, tomadas da *Ética a Nicômaco*: Fortaleza, Temperança, Liberalidade, Magnificência, Magnanimidade, Amor pelas Honras, Mansidão, Afabilidade, Veracidade, Eutrapelia (moderação na diversão) e Justiça. Cf. *Convivio*, IV, xvii. Cf. França de Brito, 2019, notas de

todas as coisas") se revela quando a alma, predisposta por Deus, recebe a semente divina e a cultiva, exercitando o hábito das boas escolhas — evitando tanto os excessos como as faltas, como ensina Aristóteles — e alcançando, assim, o equilíbrio das virtudes.[110]

Mas voltemo-nos agora para o Livro II da *Monarquia*. Após ter demonstrado, no Livro I, a necessidade da Monarquia para a "boa ordenação do mundo", Dante pretende considerar "se o povo romano alcançou *por direito* o ofício da Monarquia".[111] Há, para ele, certamente, a mão da providência divina, que favoreceu os romanos na busca pelo império e operou milagres ao longo da história das suas guerras para que se desse a expansão da cidade.[112] Porém, aquilo que ele busca provar com os argumentos do Livro II é que, ao lançar-se para a conquista da autoridade imperial, o povo romano procedeu *por meio do direito* e buscou o *fim do direito* — um direito que, desde sempre (como explica através de alguns raciocínios silogísticos no início do capítulo II), existe na mente de Deus e é por Ele amado:[113] o "verdadeiro" e "puro"

1249 a 1261. As referências não são apenas à *Ética a Nicômaco* II e V, mas também podem ser traçadas a partir do Livro II do *Tresor* de Brunetto Latini.

[110] Há que se assinalar, aqui, um desenvolvimento interessante que Dante faz em seguida. Como destaca França de Brito na sua Introdução à obra (2019, p. 15), em *Convivio*, IV xxii, Dante afirma que "se um homem não traz essa semente da sua raiz natural, pode por bem adquiri-la através de um enxerto". Embora o florentino queira reforçar o "momento eleitor da graça divina", o risco seria dizer que alguns homens são excluídos da virtude e da nobreza *ab origine*, o que seria uma posição contrária à visão aristotélica do cultivo das virtudes por todo homem, enquanto animal racional. Desta forma, completa França de Brito, Dante "concede aos não privilegiados a possibilidade de providenciar a nobreza não *ex semine*, e sim por enxerto, sem se dar conta (ou se dando conta?) de que dessa maneira concede ao homem (e, ainda por cima, ao homem menos dotado) a substituição da obra pessoal com a obra divina".

[111] Cf. *Monarchia*, II, ii, 1: "*utrum romanus populus de iure sibi asciverit Imperii dignitatem*".

[112] Cf. *Monarchia*, II, iv.

[113] Cf. *idem*, II, ii, 4.

direito deve ser compreendido como "aquilo que Deus quer na sociedade humana".[114]

No capítulo III, Dante afirmará que "convém ao mais nobre dos povos predominar sobre todos os outros".[115] E explica: "se (toda) honra é prêmio da virtude", e se todo domínio é uma forma de honra, logo, todo domínio (enquanto honra) também é prêmio da virtude.[116] Nesse ponto, o filósofo se afasta ligeiramente daquela definição de nobreza apresentada no *Convivio*, pois os homens se tornam nobres, não apenas pelas virtudes próprias, mas também por sua ascendência.[117] E, aqui, não há referência ao nascimento de Roma como divinamente previsto para coincidir com o início da estirpe de Davi (a estirpe santa do povo judeu);[118] ele prefere, seguindo de perto a *Eneida*, destacar a profecia da conquista do mundo pelos romanos pela convergência das virtudes de todo o mundo (os três continentes) na linhagem de Eneias, o ilustre antepassado dos romanos.[119]

No capítulo V, em que expõe o seu catálogo de heróis republicanos, o autor já de início afirma que "quem persegue o bem da coisa pública, persegue (também) o fim do direito".[120] Ao longo

---

[114] Cf. *idem*, II, ii, 6: "*illud quod Deus in hominum sotietate vult, illud pro vero atque sincero iure habendum sit*". Tradução nossa.

[115] Cf. *idem*, II, iii, 2: "*nobilissimo populo convenit omnibus aliis preferri*".

[116] Cf. *idem*, II, iii, 3: "*nam, cum honor sit premium virtutis et omnis prelatio sit honor, omnis prelatio virtutis est*".

[117] Desta vez, Dante não apenas cita Aristóteles (cf. Diego Quaglioni, org., *Monarchia*, em *Opere*, Milão, Mondadori, 2014, p. 1073, que remete a *Política* 1294a 21), ao invés de citar o imperador Frederico II como a autoridade responsável pela definição da nobreza como "antiga riqueza e bons costumes", como também a assume para descrever a nobreza dos romanos. A nobreza destes, no entanto, não advém somente da linhagem nobre (iniciada em Eneias); ela também foi cultivada ao longo de toda a história do povo romano.

[118] Cf. *Convivio*, IV, v, 5. Cf. França de Brito, 2019, pp. 297-8.

[119] Cf. *Monarchia*, II, iii.

[120] Cf. *idem*, II, v, 1: "*Quicunque preterea bonum rei publice intendit, finem iuris intendit*".

de toda a sua história, os romanos teriam sido nobres por perseguirem o bem da coisa pública (e o fim do direito), de um lado, pelos feitos dos seus cidadãos; de outro, pela atuação dos conselhos e colegiados da cidade.[121] E ele se dedica, primeiramente, a esses colegiados e assembleias. A referência é Cícero, no tratado *Dos deveres*:

> [...] o império do povo romano se mantinha com benesses, não com injúrias, as guerras eram feitas para os aliados ou para o império, e os resultados delas eram brandos ou aqueles necessários; o senado era porto e refúgio dos reis, povos e nações; e também os nossos magistrados e comandantes buscavam obter os louvores sobretudo com isso: se defendiam as províncias e aliados com equidade e sinceridade. Portanto, proteção [*patrocinium*], mais do que império do mundo, a isso se pode denominar.[122]

Ao tratar, por outro lado, dos feitos dos cidadãos, a lista da *Monarchia* inclui sete exemplos de heróis, cujo significado moral é a busca do bem comum (ou da coisa pública) acima dos interesses privados.[123] São citados expressamente, como autoridades, somente pensadores romanos: Virgílio, Tito Lívio e Cícero.[124]

---

[121] Cf. *Monarchia*, II, v, 6.

[122] Cf. Cícero, *De officiis*, II 8. A tradução é nossa, baseada na tradução de Hernâni Donato para a edição da *Monarquia* em português (1983, o trecho aparece em pp. 59-60) e também na tradução de Angélica Chiapetta do tratado *Dos deveres*, 1999, p. 91.

[123] Cincinato, Fabrício, Camilo, Bruto, Múcio, os Décios, e por fim, o general Marco Catão, descrito (com base em Cícero) como o "severíssimo guardião da liberdade" (*severissimi libertatis tutoris*). Cf. Cícero, *De officiis*, I, 31.

[124] As semelhanças textuais, no entanto, são evidentes também em relação às listas de Agostinho (coincidem cinco nomes), Ptolomeu (apenas dois; no *Convivio*, coincidiam cinco nomes) e Remigio (três; no *Convivio*, também coincidiam cinco nomes); não apenas pelos nomes, mas também pelas descrições dos heróis. Quanto às coincidências nas fontes, Ptolomeu e Remigio em comum re-

No Livro III, Dante enfrentará o problema da origem da autoridade do imperador: se ela deriva do papa ou diretamente de Deus. Os argumentos se direcionam para o famoso delineamento — característico do pensamento político dantesco e um tanto *sui generis* para o início do século XIV — dos dois fins últimos estabelecidos por Deus para os homens, a felicidade terrestre e a felicidade celeste.[125] Cada fim deve ser alcançado por meios diversos: a felicidade desta vida é alcançada pela prática das virtudes intelectuais e morais, em conformidade com os ensinamentos dos filósofos; já a felicidade após a morte é obtida pelo exercício das virtudes teologais, a fé, a caridade e a esperança. Mas, embora os meios já sejam conhecidos dos homens — tanto a "razão humana", manifestada nas obras dos filósofos, quanto a "verdade sobrenatural", revelada pelos profetas, por Cristo e por seus discípulos —, "a cupidez humana lhes voltaria as costas", afirma Dante, se "assim como cavalos errantes em sua bestialidade" os homens não fossem corrigidos com "freio e embocadura". E é por isto que o homem precisa de um "duplo remédio diretivo"[126] con-

ferem Agostinho e Valério Máximo, enquanto Dante e Remigio citam Cícero. Cf. Davis, 1984 (em particular com relação a Remigio e Ptolomeu) e, principalmente, Silverstein, 1938, que fez uma preciosa investigação filológica dos textos (mas não conhecia a obra de Remigio).

[125] Cf. *Monarchia*, III, xvi. Para Dante, apenas o homem, entre todos os seres, "ocupa o termo mediano entre as coisas corruptíveis e incorruptíveis" (*homo solus in entibus tenet medium corruptibilium et incorruptibilium*). Por um lado, se considerada segundo as suas duas partes essenciais, "corpo" e "alma" (o "homem" enquanto substância, conforme Aristóteles, era um composto de corpo e alma), a natureza humana é corruptível. Mas se considerada apenas segundo uma das partes, a alma, a natureza humana é incorruptível (a alma não se corrompe, nem chega ao fim, com o fim do corpo). Logo, como a natureza humana é dupla, e todas as coisas possuem um fim próprio estabelecido por Deus na ordem da natureza, os homens são os únicos seres a possuírem um duplo fim (*duo ultima*): a felicidade terrestre para o homem enquanto composição de corpo e alma; e a felicidade celeste para o homem considerado apenas em sua alma.

[126] Cf. *idem*, III, iv.

ferido por Deus: de um lado, o sumo Pontífice, que em conformidade com a revelação conduz o gênero humano à vida eterna; de outro lado, o Imperador, que em conformidade com os ensinamentos filosóficos dirige o gênero humano à "felicidade temporal".[127]

Ptolomeu, Remigio, Dante e a "Ideia de Roma" no início do século XIV

Nesta segunda parte da nossa exposição, com vistas a aprofundar a compreensão dos usos que os três autores fizeram das narrativas dos heróis republicanos romanos e de que modo elas se articulam com um vocabulário comum da época para a construção de suas teorias políticas, será necessário realizar, embora de maneira breve, uma análise comparativa. Com ela, pretendemos evidenciar um pouco mais o pensamento político de cada autor, investigando as divergências e convergências que apontam para uma transformação na percepção de Roma e das antigas virtudes dos romanos no Medievo Tardio.

Para tal, numa breve análise comparativa, desejamos inicialmente sumarizar os elementos comuns das interpretações dos nossos três autores. Começamos por Ptolomeu, em que encontramos as três virtudes pelas quais os romanos alcançaram o império mundial: há o amor à pátria, como em Agostinho (mas que, para Ptolomeu, tem raiz na caridade); também a tradição das leis, ou o zelo pela justiça; e a magnanimidade ou benevolência civil, a piedade no *Do governo dos príncipes*. Também Remigio fala do amor à pátria[128] e da caridade. A ênfase, no seu caso, é colocada na bus-

---

[127] Cf. *idem*, III, xvi.

[128] "Se, portanto, alguém antepõe o amor privado por qualquer um, e mesmo por si próprio, ao amor à pátria, age claramente contra a natureza e, por isto, de maneira desordenada". Cf. *De bono communi*, IX: "*Si quis ergo amorem privatum cuiuscumque etiam sue persone amori patrie sue preponit, plane contra naturam ac per hoc inordinate facit*". Tradução nossa.

ca do bem comum.[129] E, como já vimos, os elogios de tais virtudes ecoam também nos textos de Dante. Ele não apenas enaltece o amor à pátria[130] e a busca do bem comum,[131] como atribui a virtude da caridade ao Monarca, logo após argumentar que a justiça reina plenamente no mundo somente sob a Monarquia universal.[132] Raiz do amor à pátria para Ptolomeu de Lucca, a caridade, para Dante, se destina ao conjunto do gênero humano e aparece como o amor que se volta para os homens; ela é o contrário da cupidez, o amor que se dirige para o acúmulo de bens, ofuscando a justiça.

Quanto à tradição das leis ou ao zelo pela justiça, enquanto para Ptolomeu os romanos alcançaram o império pelo "direito natural" (do qual se origina todo domínio justo), segundo Dante os romanos, ao pugnar pela conquista do império, procederam *pelo* direito e buscaram a *finalidade* do direito, por terem buscado o bem da coisa pública.[133] Para ambos, é importante lembrar, todo domínio é conferido para a conservação da paz e da justiça.[134] Já

---

[129] "A caridade busca aquilo que não é próprio", como afirma o frade citando São Paulo (1 Coríntios, 13:5); e "a caridade antepõe as coisas comuns às próprias", citando Agostinho (*Regula Augustini*). Cf. Davis, 1984, p. 261.

[130] Cf. *Convivio*, IV, v, 13: "E quem dirá que não foi por inspiração divina que Fabrício rejeitou uma infinidade de ouro para não ter de abandonar a sua pátria? Ou Cúrio, tentado ao suborno pelos samnitas, que rejeita outra enorme quantidade de ouro por amor à pátria, dizendo-lhes que os cidadãos romanos não queriam possuir o ouro, mas sim possuir os possuidores do ouro?". Seguimos a tradução de Emanuel França de Brito (2019).

[131] "Bem de todos", no *Convivio*, e "bem da coisa pública", na *Monarchia*. Cf. *Convivio*, IV, iv, 9, e *Monarchia*, II, v, 1.

[132] Cf. *Monarchia*, I, xi.

[133] Cf. *idem*, II, v.

[134] "*Pro pace ac iustitia conservanda*". Cf. *De regimine principum*, III, v. A paz universal é defendida na *Monarchia* como o meio que permite ao gênero humano alcançar a sua finalidade própria na ordem da natureza, a atualização da potência intelectiva (*Monarchia*, I, ii e iii). Tal meio é assegurado somente quando a humanidade se submete a uma só lei e a uma só vontade ordenadora, a do monarca.

com relação à benevolência civil e à piedade, para Dante, "aquele povo santo, *pio* e glorioso demonstra ter colocado à parte os interesses próprios, para buscar aqueles públicos, para a salvação do gênero humano". E acrescenta que, por isso, foi escrito: "O império romano nasce da fonte da piedade".[135]

Kantorowicz afirma que "foi apenas no século XIII [...] que a virtude cristã da *caritas* tornou-se inequivocamente política e passou a ser utilizada com mais constância que antes, sendo acionada para santificar e justificar, ética e moralmente, a morte pela 'pátria' política".[136] O próprio Tomás de Aquino, na *Suma teológica*, diz o comentador, sustentava que "os cidadãos virtuosos se expusessem ao perigo de morte pela preservação da república",[137] e ressaltava também que "a virtude da *piedade*, muitas vezes difícil de distinguir da *caridade*, era o poder que animava a devoção e reverência tanto para com os pais como para com a pátria".[138]

Silverstein destaca que certamente não havia necessidade de que Dante fosse "instruído" por Ptolomeu para associar as noções de "império" e "direito" (*ius*) em sua filosofia, ou mesmo para produzir os argumentos a favor do domínio universal romano. Tais elementos compõem a "ideia de Roma" do Medievo, que fascinou tanto Dante quanto Ptolomeu, e são encontrados em diversas formulações, como aponta o intérprete, nos tratados que versaram sobre o tema imperial entre os séculos XIII e XIV, como no *De*

---

[135] Esse enunciado, conforme Nardi, remonta a Constantino e aos tempos do *Actus beati Silvestri*. Cf. *supra*, p. 168, nota 70.

[136] A doutrina *pro patria mori*, abordada pelo historiador em seu livro. Cf. Kantorowicz, 1998, p. 152.

[137] Cf. Kantorowicz, 1998, p. 410 (nota 154), que remete a *Summa theologiae*, I, qu. 60, art. 5, resp.: "*Est enim virtuosi civis ut se exponat mortis periculo pro totius reipublicae conservatione*".

[138] Cf. *idem*, p. 153. Na nota ao texto, no entanto, Kantorowicz diz que por vezes Tomás se refere a *patria* com o sentido de "céu" ou "paraíso". O comentador remete às passagens: *Summa theologiae*, II-II, qu. 83, art. 11; m, qu. 8, art. 3.

translatione imperii, do jurista Landolfo Colonna (1250-1331).[139] Embora Silverstein não entre em detalhes sobre o que seria tal "ideia de Roma" no início do século XIV,[140] ao prosseguirmos agora para a conclusão deste trabalho, nosso esforço será justamente o de identificar, ainda que provisoriamente e em vista de outras investigações, alguns dos elementos que compuseram tal ideário e que nos parecem os essenciais da interpretação da antiga civilização romana pelos autores aqui considerados.

O primeiro é a observação histórica segundo a qual os romanos alcançaram o império universal como "recompensa" ou "prêmio" por suas virtudes, o que marca uma diferença importante em relação à interpretação agostiniana, que concebia o homem como maculado pelo pecado original e incapaz de exercer apropriadamente, sem o auxílio divino, tanto a justiça (fundamental para a constituição de toda comunidade política) como as demais virtudes morais. Tal mudança de percepção das virtudes antigas passa, certamente, pela redescoberta de Aristóteles, em particular a *Ética a Nicômaco*, e pelas sínteses da filosofia aristotélica com a teologia, produzidas por Tomás de Aquino. Passa também, e fundamentalmente, pelas narrativas dos poetas e historiadores romanos, autores como Virgílio,[141] Tito Lívio,[142] Valério Máximo,[143] Salústio[144]

---

[139] Cf. Silverstein, 1938, p. 334. O tratado de Landolfo será posteriormente citado por Marsílio de Pádua, no seu *Defensor pacis* (1324). Landolfo também refere a descendência dos romanos de Eneias, menciona a conquista do império pelos romanos por suas virtudes, e destaca o "culto da justiça" (*iustitiae cultu*) e a "reverência pelas leis" (*reuerentia legum*) dos romanos. Como diz Silverstein, palavras semelhantes podem ser encontradas no tratado *De ortu et fine romani imperii*, de Engelbert de Admont.

[140] Sua investigação sobre o modo como as narrativas dos heróis romanos aparecem nos tratados políticos é de caráter, sobretudo, filológico. Cf. *supra*, p. 177, nota 124.

[141] Sobretudo a *Eneida* e as *Eclogae*.

[142] *Ab urbe condita libri.*

[143] *Factorum et dictorum memorabilium*, Livro IX.

[144] *Bellum Catilinae.*

e Lucano,[145] bem como pelo estudo da filosofia política e moral romana, sobretudo nas obras de Cícero[146] e Sêneca.[147]

O segundo elemento da "ideia de Roma" do início do *Trecento* é aquele da dedicação ao bem comum, tópico clássico que vem do antigo estoicismo e da filosofia política e moral romana, particularmente de Cícero,[148] e que ganha novo vigor nas obras de Tomás de Aquino.[149] Em particular, cumpre destacar que os elogios à dedicação ao bem comum, o bem da coisa pública, sempre acompanhados de diversos exemplos a serem seguidos, embora já estivessem presentes em tratados teológicos e políticos anteriores, não davam preferência ou mesmo exclusividade aos romanos, como fazem Ptolomeu e Dante. Ptolomeu chega mesmo a afirmar que as virtudes praticadas pelos romanos eram recomendadas também pelo Evangelho[150] e a identificar, no do *Do governo dos príncipes*, o modo como os romanos governavam a si mesmos (*modus politicum*, e não *regale*) à maneira como o homem governava a si próprio no "estado de inocência" (antes do pecado), quando a natureza humana ainda se encontrava em seu estado perfeito.[151]

---

[145] *Farsalia.*

[146] Principalmente *De officiis*, *De inventione*, *De senectute*, *De amicitia*, *De natura deorum* e *De finibus bonorum et malorum*. Dois dos tratados de filosofia política mais importantes de Cícero, *De re publica* e *De legibus*, não eram conhecidos e não tinham circulação direta de manuscritos durante os séculos do Medievo. Alguns trechos destas obras, no entanto, circulavam em citações feitas nas obras de Agostinho e Lactâncio. Cf. Cary J. Nederman, "Nature, Sin and the Origins of Society: The Ciceronian Tradition in Medieval Political Thought", *Journal of the History of Ideas*, jan.-mar. 1988, vol. 49, nº 1, p. 6.

[147] *De beneficiis* e *Epistulae Morales ad Lucilium.*

[148] Especialmente no *De officiis*, em que Cícero defende que, de todos os "ofícios" ou "deveres" dos homens, os mais úteis e honestos são aqueles voltados para o bem da comunidade.

[149] Em *Summa theologiae*, I-IIae, questão 90, art. 4, Tomás define do seguinte modo a lei: "uma ordenação da razão para o bem comum, promulgada pelo chefe da comunidade".

[150] Cf. *Determinatio compendiosa*, XXI.

[151] Cf. *De regimine principum*, II, ix, 4.

O terceiro elemento da "ideia de Roma" do início do *Trecento* é a já referida conjugação das noções de "império", "direito" e "paz", para a qual contribuíram, certamente, os estudos dos juristas civilistas de Bolonha e o prestígio alcançado pelo direito romano desde o século XI, além da leitura dos já citados filósofos, poetas e historiadores romanos. Embora a proposição da "paz" como fim almejado por toda comunidade política tenha perpassado diversos autores ao longo do Medievo, com destaque para Agostinho[152] e depois Tomás de Aquino,[153] a ideia de que ela depende do reconhecimento de um poder universal e supremo, capaz de garantir o direito, ditar as leis e atribuir a cada um o que lhe é devido, ganha força, sobretudo entre os séculos XI e XIII, com base no direito civil, no direito canônico e nas querelas entre o império e o papado. São comuns as referências à "plenitude dos tempos", o momento em que o mundo era regido por Roma e a imposição de uma lei única aos povos assegurava a paz universal (*pax romana*), como vimos em Dante e em Remigio.

Embora esse vocabulário político seja comum aos nossos três autores, é importante reconhecer também os pontos de divergência e mesmo de antagonismo entre as suas propostas políticas. Vimos que, em Ptolomeu, a vinda de Cristo assinalou a transferência da monarquia universal dos romanos para a Igreja, e o marco definitivo da *translatio imperii* teria sido a Doação de Constantino, criticada na defesa do império por Dante no Livro III da *Monarchia*.[154] Em outras partes de *Do governo dos príncipes*, ademais, evidencia-se uma dupla acepção, que poderíamos chamar de externa e interna, do que foi o império romano para Ptolomeu: externamente (a monarquia universal que os romanos exerceram sobre outros povos), o império, já conquistado no período da repú-

[152] Cf. *A cidade de Deus*, XIX, xiv: "O uso das coisas temporais relaciona-se, na terra, com a obtenção da paz terrena e, na Cidade de Deus, com a obtenção da paz celeste". Seguimos aqui a tradução de Oscar Paes Leme, *A cidade de Deus*, Parte II: *Contra os pagãos*, Petrópolis, Vozes, 2017.

[153] Cf. *Summa theologiae*, II, IIae, questão 29, sobre a paz.

[154] Cf. *Monarchia*, III, x.

blica, é elogiado pelo autor;[155] porém, internamente, o principado de Augusto, que emerge com o fim da república secular de Roma, é visto como marcado pela "usurpação do império" por César,[156] quando o regime deixou de ser "político" (*politicum*), conforme as categorias utilizadas pelo filósofo, e passou a ser "régio" (*regale*), característica do poder imperial.

Ainda que fosse desejável, não vamos aprofundar, aqui, a consideração dos elementos "republicanos" e suas implicações no pensamento de Ptolomeu, nem vamos assumir uma posição sobre as classificações do filósofo como "monarquista moderado", "antimonarquista" ou mesmo "republicano", alinhado ou não à defesa da monarquia feita por Tomás no *De regno*; são temas polêmicos na bibliografia e exigem um estudo à parte.[157] Apenas sublinhamos que, conforme o frade dominicano, o regime político, característico de algumas regiões da Itália do século XIV e também de Roma antes da ascensão de César, ocorre quando "uma região, província, cidade ou fortaleza é governada por um ou muitos con-

---

[155] Como vimos, nos capítulos IV, V e VI do Livro III do *De regimine principum*. Cf., igualmente, o Livro IV, cap. 1, em que há a diferenciação entre o regime "político" e o regime "régio".

[156] Cf. *De regimine principum*, IV, i, 4.

[157] Um dos autores mais importantes, sem sombra de dúvida, é James M. Blythe, responsável pela tradução do *De regimine principum* para o inglês (*On the Government of Rulers*, Filadélfia, University of Pennsylvania Press, 1997) e por um livro dedicado ao pensamento político de Ptolomeu, *The Worldview and Thought of Tolomeo Fiadoni (Ptolemy of Lucca)* (Turnhout, Brepols, 2009). Blythe defendeu um caráter "republicano" para o pensamento de Ptolomeu, assim como Charles Till Davis ("Ptolemy of Lucca and the Roman Republic", 1974, presente em *Dante's Italy and Other Essays*, Filadélfia, University of Pennsylvania Press, 1984). Já para James Hankins, em "Exclusivist Republicanism and the Non-Monarchical Republic" (*Political Theory*, vol. 38, nº 4, ago. 2010), Ptolomeu pode ser lido como um pensador republicano, e mesmo como o "pensador republicano mais radical da Idade Média" (p. 462), mas não de um ponto de vista exclusivista e não-monárquico, como se apenas a forma republicana de regime pudesse ser legítima para o frade dominicano. Para Ptolomeu, é bom lembrar, o poder papal, que é "sacerdotal" e "régio", é de tipo monárquico e deve estar acima de todo poder secular (seja este "político" ou "régio").

forme estatutos próprios", com alternância no exercício das magistraturas e moderação no uso, pelo governo, do poder corretivo em relação aos cidadãos. É o regime mais apropriado para povos e homens "virtuosos e sábios".[158] Já o regime régio é caracterizado, precisamente, pelo recurso à "correção", pois os "perversos são corrigidos com dificuldade e o número de tolos é infinito". Para Ptolomeu, algumas províncias são mais aptas à liberdade e outras à servidão e é por isso que a "vara da disciplina, que todos temem, e o rigor da justiça são necessários no governo do mundo, pois por meio deles o povo e a multidão ignorante são mais bem governados".[159]

Enquanto o poder imperial é apenas *regale* e teria tido a sua origem com a perda do paraíso e a necessidade de correção da perversão da natureza humana, o papado é caracterizado como um regime "sacerdotal e régio", que teve a sua origem com a vinda de Cristo e a promessa da salvação humana. Como o seu fim é mais alto, a felicidade eterna, o papa necessariamente deve ser colocado acima do imperador, pois a Pedro e seus sucessores foram confiadas "as chaves do reino dos céus", de modo que o que eles ligarem na terra, também será ligado nos céus.[160]

Dante, por seu turno, tanto no *Convivio* como na *Monarchia*, defende a separação entre os poderes do império e do papado e atribui ao imperador romano a supremacia do poder temporal. Ele via a doutrina da *plenitudo potestatis* do papa, defendida pelos juristas canônicos e também por Ptolomeu de Lucca, como uma extrapolação da autoridade efetivamente recebida de Deus pelo pontífice: esta consistia em guiar os homens para a felicidade celeste, com fundamento nos preceitos de Cristo; já o Monarca (o imperador romano), através da paz universal, seria o responsável por guiar os homens para a felicidade terrestre, com fundamento no direito humano (*ius humanum*).[161] As felicidades terrestre e ce-

---

[158] Cf. *De regimine principum*, II, ix, 4.

[159] Cf. *idem*, II, ix, 5.

[160] Cf. *idem*, III, x, 2.

[161] Cf. *Monarchia*, III, x.

leste foram estabelecidas por Deus como os dois fins últimos do gênero humano. Não há, como em Ptolomeu, um quinto *dominus mundi*,[162] com o surgimento da Igreja na história universal. Dante também cita os diversos povos que se lançaram à conquista do império (assírios, persas, macedônios),[163] mas apenas o povo romano, pela virtude dos seus cidadãos e colegiados, perseguiu o fim do direito e visou ao bem temporal de todos, a paz.

Na comparação entre Remigio e Dante, o caso de Catão é bastante interessante. Enquanto Remigio, apesar de lembrá-lo, ainda traz a carga negativa que lhe havia atribuído Agostinho — que não se concentrava, como se poderia imaginar, no ato do suicídio do grande romano, mas sim na "inveja" que o teria levado ao ato extremo após a derrota para Júlio César[164] —, no caso de Dante, apesar da alta estima que este tinha por César, Catão de Útica aparece como o herói virtuoso exemplar: ele não apenas figura no topo da "escada dos sacrifícios" dos heróis citados na *Monarchia*, como, na *Divina Comédia*, surge como o guardião dos portões do Purgatório (enquanto todos os demais pagãos ilustres — inclusive Júlio César — estão no Limbo, ou seja, suspirando eternamente na antessala do Inferno). O poeta florentino escreve que na face do velho solitário, "*degno di tanta reverenza*", era possível enxergar os raios de "quatro luzes santas".[165] Como escreve Mario Fubini no verbete da *Enciclopedia Dantesca*,[166] trata-se das quatro virtudes cardeais antigas (Prudência, Constância, Temperança e

---

[162] Como vimos no primeiro tópico: os assírios foram os primeiros a exercer a monarquia mundial, transferida, posteriormente, aos medos e aos persas; em seguida, ela passou aos gregos e aos egípcios, no império de Alexandre; destes, em quarto lugar, foi transferida aos romanos. Por fim, o império universal "retornou ao verdadeiro senhor, que o havia conferido, Cristo, de quem é vigário o sumo pontífice".

[163] Cf. *Monarchia*, II, viii.

[164] Cf. *De bono comuni*, seção V. A referência é a *De civitate Dei*, I, xxiii.

[165] Cf. *Purgatorio*, canto I.

[166] Cf. o verbete "Catone l'Uticense", na *Enciclopedia Dantesca*, consultável online em <https://www.treccani.it/enciclopedia/catone-l-uticense_(Enciclopedia-Dantesca)> (acesso em 29/2/2024).

Justiça), uma interpretação que remonta ao comentário de Benvenuto da Imola (1320-1388) ao poema dantesco, e que aparecem antes, no início do mesmo canto, como as "quatro estrelas que não mais foram vistas desde a *prima gente*". Para referir-se a Catão na *Monarchia*, é Cícero que Dante toma por autoridade; e não cita Agostinho em nenhuma passagem do capítulo, diferentemente de Remigio e Ptolomeu. Para o poeta florentino, o império do início do século XIV, aliás, era ainda a continuidade do império romano histórico, e era assim que Dante se referia ao imperador dos seus dias, Henrique VII, apoiado energicamente em suas cartas ("tu, sucessor de César e Augusto").[167]

Segundo a historiadora britânica Frances Yates, quando nos voltamos para o início do humanismo renascentista, já na metade do século XIV, "Petrarca contrasta com Dante, ao representar o novo ponto de vista".[168] O pensador de Arezzo, comumente lembrado como o "pai do humanismo",[169] desenvolve o "sentido de uma nova distância histórica", que vê o fim da "civilização clássica" dos romanos com a destruição do império pelos bárbaros. O humanista teria, então, o papel de trazer a "renovação", abrir um novo período de luzes clássicas, dispersando as "trevas bárbaras". E é por isso que, em uma das suas cartas de juventude, Petrarca[170]

---

167 Cf. *Epistolae*, VII, 5.

168 Cf. Frances Yates, *Astraea: The Imperial Theme in the Sixteenth Century*, Londres, Pimlico, 1975, p. 13.

169 Cf. Eugenio Garin, *L'umanesimo italiano: filosofia e vita civile nel Rinascimento* (Bari, Laterza, 1958, p. 22), que recorda como os humanistas do século XV, como Leonardo Bruni (1370-1444), já tinham consciência da novidade representada pelo pensamento de Petrarca (1304-1374): "*Francesco Petrarca fu il primo il quale ebbe tanta grazia d'ingegno, che riconobbe e rivocò in luce l'antica leggiadria dello stilo perduto e spento*". Como explica Garin: "Assim Leonardo Bruni, na sua vida de Petrarca, de 1436, consagrando aquilo que foi, entre os humanistas, um julgamento amplamente compartilhado: ter sido a obra do *Messer* Francesco a aurora de um novo dia, surgido da barbárie e das trevas medievais". Tradução nossa.

170 Cf. Yates, 1975, p. 14, que remete a *Le Familiari*, ed. V. Rossi, 1926, 1, 25.

chama o rei Carlos Magno apenas de "Carlos", afirmando que os povos bárbaros "ousaram", com o cognome "Magno" ou "Grande", elevar tal rei à mesma estatura de um Pompeu ou Alexandre. Afinal, como se pergunta em *Liber sine nomine*, "se o império romano não está em Roma, onde, por favor, ele está?".[171]

Quando uma revolta popular eclode em Roma em 1347, a partir da movimentação política do senador Cola di Rienzo, Petrarca admira inicialmente o líder como o restaurador da antiga *uirtus* cívica da República Romana. Cola se apresenta como o último "tribuno" do povo romano, busca se colocar como representante do imperador romano-germânico Carlos IV e propõe que ele traga de volta a Roma a capital do império. Foi, ademais, autor de um comentário bastante elogioso à obra de Dante, *In monarchiam dantis commentarium* (escrito, provavelmente, entre 1347 e 1352),[172] em que analisa detalhadamente algumas das referências aos heróis da República Romana, dentre as quais a de Catão, em que insere um comentário de Salústio,[173] elogioso tanto das virtudes do general uticense como de Júlio César, tidos como os dois exemplos máximos de virtude. O movimento de Cola di Rienzo, como se sabe, fracassa e Petrarca expressa o desapontamento com o líder em suas cartas. O imperador romano-germânico Carlos IV, então eleito há pouco tempo (1349),[174] não desejava, da sua parte, elevar as tensões com o papa Clemente VI — e ignorando os apelos de Cola, prendeu-o e o entregou ao pontífice.[175]

---

[171] Cf. Petrarca, *Liber sine nomine*, IV: "*Si imperium romanum Rome non est, ubi, queso, est?*". Na continuação, acusa: "se está em outro lugar, já não é mais o império dos Romanos, mas daqueles em cujo poder a fortuna volúvel o colocou" (*si alibi est, iam Romanorum imperium non est, sed eorum penes quos illud volubilis fortuna deposuit*).

[172] Cf. a nota introdutória a *In monarchiam dantis commentarium*, de Cola di Rienzo, em *Nuova edizione commentata delle Opere di Dante*, vol. IV, *Monarchia*, p. 393. A datação é atribuída a Pier Giorgio Ricci, na sua edição da obra de 1965.

[173] Cf. Salústio, *Bellum Catilinae*, LIV.

[174] Cf. Chiesa e Tabarroni, 2013, p. 395.

[175] Em 1352, depois de ser recebido em algumas audiências com Carlos

Conforme destaca Yates, o chamado "republicanismo" de Rienzo, porém, "não [tinha] em si o entendimento das *diferenças constitucionais* entre a Roma republicana e o Império romano".[176] Enquanto no início do século XIV, como vimos, particularmente no panorama intelectual de Florença e das comunas do norte da península itálica, a ideia de *Res publica romana* era percebida sobretudo como o exemplo moral da antiga sociedade em que as assembleias e os cidadãos virtuosos se dedicavam ao bem comum (cujo herdeiro e responsável por trazer um novo período de paz e justiça, no caso de Dante, era o imperador romano-germânico), na metade do século, o discurso político de Cola di Rienzo e de Petrarca aponta para aquela necessidade de se recuperar a antiga virtude cívica dos romanos por meio do retorno da sede imperial a Roma e de uma "re-romanização" dos costumes, pois o mero exercício do ofício imperial pelo príncipe germânico — o sonho medieval da unificação de todo o mundo sob o seu comando — não bastaria para a recuperação da civilização romana clássica. Este novo sonho e propósito seriam característicos do Humanismo, enquanto amplo movimento cultural e político que abrigou diversas facetas, todas voltadas para a imitação e recuperação dos conhecimentos, valores, costumes e artes dos Antigos. E em meio a este novo movimento, em Florença, uma nova "ideia de Roma" (agora, sim, propriamente republicana; mas profundamente ancorada pela admiração e reverência à virtude dos heróis romanos de seus antecessores) ganhará cores no início do século XV, com o humanismo cívico de Leonardo Bruni.

IV em Praga, Cola di Rienzo é preso pelo imperador e enviado ao pontífice, para que fosse encarcerado em Avignon. Com a mudança do papa, o novo pontífice Inocêncio IV perdoou Cola e o removeu da prisão, sob a condição de que passasse a trabalhar para o papado em Roma. Cf. Jean-Claude Maire Vigueur, *Dizionario Biografico degli Italiani*, vol. 26, 1982, verbete "Cola di Rienzo", disponível online em <https://www.treccani.it/enciclopedia/cola-di-rienzo_(Dizionario-Biografico)/> (acesso em 23/6/2025).

[176] Cf. Yates, 1975, p. 15.

III.2

O renascimento do republicanismo em Leonardo Bruni[1]

A marca mais nítida e original da cultura política e moral do Humanismo Cívico renascentista é, sem dúvida, a eminência conferida à "vida ativa" — a vida dos cidadãos dedicados aos negócios da sua cidade e movidos pelo interesse comum — relativamente à vida dita contemplativa — direcionada para a investigação da verdade ou, no mundo cristão, para a contemplação dos mistérios da fé —, valorizada como a forma de vida superior pela cultura da Idade Média (mas também por Platão e Aristóteles). Ao lado do regime político que melhor o enquadra — o regime republicano —, esse novo paradigma aparece não somente como o mais conforme à vontade divina e o mais digno das recompensas celestes,[2] mas também como o mais conveniente aos interesses terrenos de cada um, considerado que a atividade cidadã garante a independência da cidade e a liberdade de todos para levar adiante os próprios negócios.

---

[1] Ao indefectível incentivador e apoiador de longa data dos estudos montaignianos e republicanos brasileiros, Thierry Gontier, que motivou a escrita deste texto e o publicou em francês, em 2022.

[2] Cf. Coluccio Salutati, "Carta a Peregrino Zambeccari", em Benjamin J. Kohl e Ronald G. Witt (orgs.), *The Earthly Republic: Italian Humanists on Government and Society*, Filadélfia, University of Pennsylvania Press, 1978. Salutati busca persuadir seu amigo Zambeccari, atormentado por uma paixão amorosa e decidido a se recolher a um monastério, do valor, perante Deus, de uma vida dedicada à sua família, aos seus amigos e à cidade. Ver os preciosos comentários em "A matriz italiana" de Helton Adverse (em Newton Bignotto (org.), *Matrizes do republicanismo*, Belo Horizonte, Editora UFMG, 2013, pp. 62-7); ver igualmente sobre este tema, Newton Bignotto, *Origens do republicanismo moderno*, Belo Horizonte, Editora UFMG, 2001, pp. 80-1.

Esta concepção e esta atitude dos humanistas relativa à vida cívica — ligadas a grandes transformações econômicas e sociais, bem como às inovações jurídicas e políticas que as antecedem — mantêm, evidentemente, um vínculo estreito com o movimento apaixonado de retorno às Letras e aos valores da Antiguidade clássica[3] e, particularmente, com o novo apego à obra de Cícero e à sua retórica. Podemos mesmo dizer que compreenderíamos mal a significação desse motivo da vida ativa se não percebêssemos as fortes ressonâncias ciceronianas que ele abriga: a afirmação das motivações práticas da pulsão humana em direção ao conhecimento; o apelo à ação e à observação dos deveres para com a pátria e os concidadãos (como preceitos que devem preceder a todos os outros) e muitos outros tópicos que foram assimilados pelos humanistas. Desse modo, para compreendermos a significação específica dessa cultura cívica, podemos começar por examinar a herança ciceroniana que está nos seus alicerces.

Comecemos pela afirmação da eminência da ação relativamente à contemplação e à busca de conhecimento — um tema recorrente na obra de Cícero. E lembremos que ele associa seu apelo à ação e à atenção ao bem comum a uma crítica severa às filosofias que pregam o afastamento da vida pública — a filosofia epicurista à frente. Desde suas primeiras obras, como o *De re publica* (um texto que os humanistas não conheceram em sua integralidade, mas cujo espírito está presente em todo o percurso do autor romano), ele convida os que se deixam impressionar pelos discursos dessas escolas a antes escutar os grandes heróis da história da República, aqueles cuja autoridade e glória são as mais excelsas.[4] Nesse diálogo com jovens interlocutores apaixonados pelas especulações da astronomia (e excitados naquele momento pelo advento de um eclipse), Cícero, pela voz de Lélio, os chama de volta à terra e, segundo diz, a questões mais graves, "as que nos tornam

---

[3] Jacob Burckhardt observava que "a Itália inteira se apaixonara pela Antiguidade" (*O Renascimento italiano*, trad. António Borges Coelho, Lisboa/São Paulo, Editorial Presença/Martins Fontes, 1973, p. 140).

[4] Cf. Cícero, *De re publica*, I, II, 3, p. 17.

úteis à República, o que é a mais nobre função da sabedoria, a maior demonstração de virtude e o primeiro de nossos deveres".[5] A virtude está na ação; não nos discursos da filosofia.[6]

O *De officiis* — o grande livro de moral preceptiva de nosso autor e, provavelmente, o manual mais frequentado pelos humanistas — está inteiramente permeado pela mesma intenção de estabelecer a superioridade dos deveres relativos ao interesse público e o patriotismo entre os jovens romanos aos quais ele se dirige. O motivo central dessa obra continua sendo a precedência da virtude voltada para a vida em comum diante daquela relativa ao conhecimento, a eminência dos deveres referidos à vida em comunidade. É no fim do Livro I que Cícero acrescenta às questões tradicionais dos opúsculos morais dos estoicos aquela interrogação dificilmente assimilável aos princípios de seu sistema, sobre o que devemos ter por mais honesto entre as coisas honestas. Esse lugar superior, ele o reserva, evidentemente, aos *officia ex communitate*, às obrigações morais relativas à sociedade, à comunidade política em primeiro lugar, à comunidade humana em seguida. Essa precedência se deve ao seu vínculo com a primeira das inclinações observáveis na natureza humana, sua tendência para a conservação da vida em sociedade, a tendência manifestada de maneira clara pela comunhão da linguagem — que é o próprio solo da racionalidade humana —, compreendida como dialógica. O valor do conhecimento e da contemplação está, assim, subordinado àquele referido à exigência da manutenção dos vínculos sociais. O saber permanece "incompleto" [e cego] se não visa a uma ação, se desconhece o alvo mais primitivos de todas as nossas interrogações: a conservação de nossa vida, em sociedade.[7]

---

[5] *Idem*, I, XX, 33, p. 57.

[6] Cf. *idem*, I, II, 2, p. 15.

[7] Esses raciocínios demonstrativos são seguidos de numerosas alegações persuasivas: "[...] o mais aquinhoado dos sábios seria feliz na solidão? Não ficaria apartado da realidade? Não buscaria um companheiro de estudos e de diálogo?" (Cícero, *Dos deveres*, I, 153). Ou ainda: "Quem se mostraria tão enamorado do conhecimento que não abandonaria suas investigações para vir em socorro da pátria ou dos pais em perigo?" (*idem*, I, 154). E conclui ainda que a

É importante observar que essa eminência dos deveres relativos à sociedade vem, de certa maneira, suavizar e corrigir o rigorismo e a inclinação ao formalismo da moralidade estoica (em que o agir por dever consiste em visar à virtude, sendo indiferente aos *skopoi*, aos alvos e resultados das ações).[8] Ela confere à honestidade pura um vínculo inesperado com a utilidade e com a visada da eficácia implicada por toda ação, visto que, além da consideração de seus preceitos fundamentais, a moral obrigaria o agente a perguntar também a cada instante o que a vida social requer dele relativamente ao interesse comum. Esta comunicação da honestidade com a utilidade, bem como a questão heterodoxa (considerados os manuais estoicos) sobre a coisa mais útil entre as coisas úteis, abre para tópicas que serão fundamentais na cultura humanista. Sem os esforços dos homens associados (*conspiratione hominum atque consensu*), não se podem produzir coisas grandes e salutares para o cultivo da vida, o que permite concluir que os homens são para os homens *maxime utilis* (ainda que também, potencialmente, os mais nocivos) e que leva o autor à busca dos meios para se alcançar esta associação e cooperação a serviço da vida comum: não a austeridade, mas ao contrário a liberalidade e a magnificência, que criam laços de amizade e de mútuo devotamento; não a humildade e a modéstia, mas o amor da glória, que inspira admiração e confiança; ou ainda a busca da boa reputação e do parecer, que dão ao homem moral mando e poder. Tais são, sabemos, os ensinamentos do Livro II do *De officiis*.[9]

Essa herança ciceroniana — o apelo à ação, a eminência do bem comum, a valorização da riqueza e da glória — foi decisiva na constituição do universo social, político e cultural do humanismo. No entanto, é preciso observar que ela passou por significativas transformações. A *renascentia romanitatis* figurada pelo humanismo não permite esquecer a diferença dos tempos e dos con-

---

própria grandeza de alma "separada da solidariedade para com o restante dos homens torna-se uma espécie de selvageria monstruosa" (*idem*, I, 157).

[8] Cf. acima, Parte II, capítulo 2, pp. 126-7.

[9] Cf. Cícero, *Dos deveres*, II, 16.

textos sociais e políticos, a grande distância que separa o momento ciceroniano daquele de sua recepção, por Bruni em particular. É preciso examinar atentamente as inflexões ocorridas nesses tópicos que condensamos nas expressões "vida ativa" e "virtude cívica". Aqui, nos limitaremos a algumas observações sobre esse distanciamento, começando pelo exame do regime de governo a que primordialmente se refere a vida ativa, no caso de Bruni e no de Cícero, visto que o regime é o fundamento da identidade de uma cidade e o fundamento da virtude de seus cidadãos.

Aristóteles nos adverte que a virtude política deve ser sempre relativa ao regime de governo da cidade: não é a mesma coisa, ele nos lembra, ser um bom cidadão em uma democracia, em uma aristocracia ou em uma monarquia. A virtude política pode ter várias figuras, segundo os diferentes tipos de governo, visto que se trata de buscar o bem comum da cidade a partir de posições diversas e segundo as exigências dos diferentes tipos de constituição. Desse modo, para responder à questão do estatuto da virtude política proposta por Cícero, no caso de Roma, e daquela projetada nos cidadãos de Florença por Leonardo Bruni — a figura emblemática das ideias e dos ideais do Humanismo Cívico —, é preciso examinar a natureza efetiva dos regimes considerados por eles, para avaliar, em consonância com seus discursos, a significação e o teor específicos do engajamento cívico que pedem a seus concidadãos.

Segundo Bruni, o núcleo da herança romana legada aos florentinos — e que é também o fundamento de todas as qualidades de suas cidades — é precisamente sua forma de governo: Florença, diz ele, herdou de Roma sua identidade republicana. Como a Roma, ele a vê como uma república no sentido próprio do termo, ou seja, seu regime de governo é o regime misto. Entretanto, ainda uma vez, é Aristóteles (em seus livros *Políticos*, uma obra traduzida por Bruni) que nos adverte que os regimes mistos[10] não são todos semelhantes; eles podem pender para um lado ou para outro

[10] O regime constitucional, *politeia*, é definido genericamente pela associação no governo dos dois partidos fundamentais da cidade, o partido dos ricos e o dos pobres, mistura de oligarquia e de democracia (cf. Aristóteles, *Política*, IV, 8, 1293 b 30).

de seus elementos de composição: há os que "pendem para a democracia" e que temos, diz, o hábito de chamar constitucionais, e outros que pendem para a oligarquia e que são indevidamente chamados aristocracias ("visto que a educação e o nascimento ilustre são sobretudo apanágio de pessoas ricas").[11] Entretanto, esses últimos poderiam legitimamente ser chamados aristocracias, desde que, o filósofo precisa, à associação da riqueza e da liberdade (esta, em cujo nome os pobres reivindicam sua participação no governo), some-se a virtude, que é, ao lado da riqueza e da liberdade, um dos títulos que podem ser evocados para justificar a hegemonia de uma das partes da cidade nas constituições políticas.

Esta distinção aristotélica dos regimes constitucionais permite-nos, seguramente, identificar a República Romana como um misto aristocrático (ou, mais precisamente, oligárquico). Cícero, no *Da República*,[12] a apresenta como tal: ele expressa seu medo da anarquia que espreita a liberdade democrática; concede ao Senado o papel principal no governo e atribui ao povo uma participação principalmente passiva no governo, a de consentir às leis e de velar por sua aplicação e conservação, em particular graças ao papel atribuído ao tribunato da plebe. A república não pode se conservar, ele pensa, se não confere "um poder suficiente aos magistrados, autoridade ao Conselho dos cidadãos eminentes e liberdade ao povo"[13] — uma liberdade que lhe advém através de seu consentimento às leis justas, de sua atenção à vigência do *mos maiorum* e do que é Direito.

Já a República florentina, por sua vez, pode certamente ser classificada — como Bruni o faz — como um regime misto que tende para a democracia, dada a participação considerável (sobretudo relativamente ao contexto italiano) do corpo dos cidadãos no sistema das magistraturas, mesmo se esta afirmação deva se acompanhar de uma série de reservas: o caráter cada vez mais formal dessa participação; a proporção pequena de cidadãos (dois ou

---

[11] *Idem*, IV, 8, 1293 b 35.

[12] Cícero, *De re publica*, I, XXVI, 42.

[13] *Idem, ibidem*.

três mil em um universo próximo de cinquenta mil habitantes); a plebe subordinada (*sottoposta*) às corporações (por intermédio das quais se tem acesso à cidadania); a exclusão do *popolo minuto*, as categorias dos pequenos artesãos e trabalhadores que são mantidos fora do sistema das artes. Malgrado tudo isso, pela classificação de Aristóteles, ao menos formalmente, Florença pode ser considerada — e ela, de fato, vem a se considerar, como propõe Bruni — um regime misto popular; portanto, um regime constitucional autêntico. Bruni, na *Laudatio*, seu "Elogio da cidade de Florença",[14] pode assim exaltar suas características democráticas: uma *Signoria* colegiada; a multiplicação dos Conselhos; a ampla organização da justiça; um Grande Conselho, cujos membros "decidem sobre os assuntos da República, sancionam as decisões da justiça, abolem leis, estabelecem paridades...";[15] a rotação importante na ocupação das funções públicas (dois meses em geral, mesmo para a *Signoria*) — sem esquecer "que não há cidade onde reine uma liberdade tão grande e tais condições de paridade entre ricos e pobres", garantidas pela própria diferenciação entre eles das penas aplicadas pela justiça.[16]

Não é supérfluo lembrar as origens comunais das instituições da cidade. Desde os *Ordinamenti di Giustizia* de 1295, que excluem a nobreza de todas as funções de poder, Florença é governada pela grande e a média burguesias, inscritas nas *Arti maggiore* e as *Arti minori*, que partilham o poder no seio de uma organi-

---

[14] Além da recente tradução do *Elogio* em português (utilizada aqui: (*Elogio da cidade de Florença*, trad. Alexander de Carvalho, introdução, revisão e notas de Fabrina Magalhães Pinto, *Morus: Utopia e Renascimento*, vol. 11, nº 2, 2016, pp. 265-335), vale indicar outras edições: Hans Baron, *From Petrarch to Leonardo Bruni: Studies in Humanistic and Political Literature*, Chicago, Chicago University Press, 1968, pp. 232-63; Paolo Viti, *Opere letterarie e politiche di Leonardo Bruni*, Turim, Unione Tipografico/Editrice Torinese, 1996, pp. 563-4); Leonardo Bruni, "Laudatio Florentinae Urbis", em Laurence Bernard-Pradelle (org.), *Histoire, éloquence et poésie à Florence au début du Quattrocento*, Paris, Honoré Champion, 2008, pp. 205-301.

[15] Bruni, *Laudatio*, par. 81.

[16] Cf. *idem*, *ibidem*.

zação política designada "Governo das Artes". Depois da revolta da plebe, associada ao *popolo minuto*, em 1378 (a chamada revolta dos *Ciompi*, pela qual a cidade chega a uma reforma inédita, que estabelece a cidadania universal, aberta a todos, logo suprimida), assiste-se a uma oligarquização crescente do regime, que abre a partir de 1393 (uma data assinalada também por Maquiavel)[17] o período que os historiadores chamam *Governo di Regimento*, o regime que, depois da ascensão dos Médicis tomará cada vez mais a forma de um Principado. Entretanto, dado que a estrutura do "Governo das Artes" é formalmente mantida, não é de admirar que Bruni — que conhece bem a máquina governamental — possa apresentar na *Laudatio* sua imagem mais favorável, celebrando a ampla participação dos cidadãos nos orgãos de poder e atribuindo à cidade a *forma popularis* (que não é propriamente a democrática — sempre reputada corrompida), ou seja, a forma de um regime misto inclinado para a democracia.

Tal apresentação do perfil político da cidade suscita, entretanto, reações severas por parte de comentadores atuais de Bruni. Um dos lados dessa crítica denuncia a *Laudatio* como fantasiosa diante da verdade histórica. Seria uma apresentação de Florença inteiramente afastada da realidade efetiva, tanto no que concerne a suas instituições e sua vida política, quanto no referente à sua história. Segundo James Hankins, trata-se de uma peça retórica cheia de "erros historiográficos grosseiros, de vergonhosos exageros, fantasias e mentiras".[18] Um Bruni ilusionista e mentiroso, portanto; um letrado ocupado em cortejar e adular a oligarquia à qual ele serve com uma imagem lisonjeira e harmoniosa da cidade, ocultando suas divisões e dissensões internas (uma crítica, aliás, já sugerida por Maquiavel no Proêmio de suas *Istorie fiorentine*). Esta

---

[17] Cf. Gabriel Pancera, *Maquiavel entre repúblicas*, Belo Horizonte, Editora UFMG, 2010, pp. 39-51.

[18] James Hankins, "Rhetoric, History and Ideology: Civic Panegyrics of Leonardo Bruni", em James Hankins (org.), *Renaissance Civic Humanism: Reappraisals and Reflections*, Cambridge, Cambridge University Press, 2010, p. 161.

leitura de Hankins, e de vários outros, é também a de Jarrold Siegel, que acusa a retórica de Bruni tanto de ocultação da natureza oligárquica do regime (acentuada ainda mais depois da supressão das conquistas da revolta dos *Ciompi*), quanto da natureza imperialista das relações de Florença com as comunas da Toscana.

Uma outra vertente da crítica parte do caráter retórico da *Laudatio* e da *Oratio*[19] (o discurso fúnebre dedicado por Bruni ao general Nanni degli Strozzi) para sublinhar seus objetivos mais imediatos e também as amplificações próprias do gênero epidítico (o gênero retórico da exaltação e do elogio) em que os dois textos se inscrevem. Trata-se, segundo lembram, de um tipo de discurso exortativo, destinado a promover os sentimentos patrióticos de seus concidadãos através de representações idealizadas da cidade e de suas instituições; um discurso que visa a reforçar os valores republicanos em face à ameaça da tirania. Aliás, o próprio Bruni, em uma carta posterior endereçada ao arcebispo de Milão, refere-se ao entusiasmo juvenil desses textos observando que "uma coisa é o gênero histórico, outra o do elogio. A história deve efetivamente seguir a verdade, mas o panegírico exalta muitas coisas acima da verdade".[20] Isso não significa que minta: seu panegírico, ele acrescenta, é apropriado e "verídico".[21] De qualquer modo, esses comentadores não deixam de lembrar que estas peças oratórias buscam sustentar a legitimidade da causa de Florença nas guerras contra Milão e também construir um discurso justificativo da expansão territorial visada pela cidade.[22] Elas o fazem, agora, em

---

[19] Cf. Leonardo Bruni, *Oratio in funere Iohannis Strozze equitis florentinis*, Turim, Unione Tipografica/Editrice Torinese, 1996, pp. 568-647.

[20] Leonardo Bruni, "Carta a Francesco Pizolpasso, Arcebispo de Milão [*Ep*. VIII, 4]", *apud* Hankins, "Rhetoric, History and Ideology", *op. cit.*, pp. 160-1; cf. Helton Adverse, "A matriz italiana", *op. cit.*, pp. 77-9.

[21] Cf. Leonardo Bruni, *Laudatio*, par. 49: "*Quis usque adeo perversus atque iniquus est ut succensendum michi putet quod suis ac veris laudibus civitatem ornarim?*" ("Quem poderia ser a tal ponto perverso e iníquo para se irritar comigo por eu ter tentado honrar a cidade com um elogio verdadeiro?").

[22] Para Bruni, a república florentina, como Roma, não se impõe às outras comunas por sua riqueza ou sua força, mas pela justiça e a humanidade. Cf.

nome da herança romana e da liberdade republicana. É inútil recitar aqui a passagem, desconcertante, que afirma que "todas as guerras empreendidas pelo povo florentino são justíssimas [*iustissima sint*]".[23]

Mas, não se pode, certamente, dizer que há nesses textos apenas propaganda e mentiras. Claude Lefort, em seus estudos sobre o humanismo cívico, observa de maneira fina que Bruni figura o momento em que emergem "os grandes temas da concepção racionalista e universalista da política, os princípios que estão no fundamento do pensamento democrático moderno":[24] "a crítica aos valores aristocráticos, associada à da tirania [...]; a igualdade

---

idem, par. 44: "*Neque enim prius certare destitit, quam se antistitem quandam Italie prestitit. Eamque amplitudinem atque gloriam adepta est non sedendo atque oscitando, nec rursus sceleribus accincta et fraudibus, sed magnitudine consilii, susceptione periculorum, fide, integritate, continentia maximeque tenuiorum causa patrocinioque suscepto. Neque enim divitiis solum prestare studuit, sed multo magis industria atque magnificentia; nec potentia tantum superare pulchrum duxit, quantum iustitia atque humanitate. His illa artibus de principatu certavit, his auctoritatem gloriamque nacta est*" ("Realmente Florença não se esquivou de lutar para ocupar o lugar de mestre da Itália. Ela conquistou domínio e glória não por meio do descaso e lassidão, nem de crimes e fraudes, mas de planejamento bem estruturado, enfrentamento de perigos, fé, integridade, firmeza e, sobretudo, na defesa e proteção dos mais fracos. Ela não procurou superioridade só em riqueza, mas na promoção de suas atividades de produção e de sua maior magnificência. Também não considerou melhor ser superior em poder que em justiça e humanidade. Justamente por meio desses atributos nasceram sua autoridade e glória").

23 *Idem*, par. 32: "*Ex quo etiam illud fit, ut omnia bella que a populo Florentino geruntur iustissima sint, nec possit hic populus in gerendis bellis iustitia carere, cum omnia bella pro suarum rerum vel defensione vel recuperatione gerat necesse est, que duo bellorum genera omnes leges omniaque iura permittunt*" ("Segue-se disso que todas as guerras feitas pelo povo de Florença são justas, e nunca faltará justiça às guerras feitas por esse povo, pois elas são pela defesa ou reconquista de seu próprio território. Essas são, realmente, as guerras que as leis e o sistema legal permitem").

24 Claude Lefort, "La naissance de l'idéologie et l'humanisme", em *Les formes de l'histoire: essais d'anthropologie politique*, Paris, Gallimard, 1978, p. 235.

dos cidadãos perante a lei; a partilha do poder entre aqueles que têm direito a ele; [...] a virtude cultivada no exercício da responsabilidade pública; a liberdade do indivíduo consubstancial à liberdade da cidade"[25] etc. Entretanto esse discurso, continua Lefort, "já aparece como contraditório, dilacerado entre a reivindicação [dessas] verdades universalistas e a justificação de um estado de fato",[26] a saber, a oligarquização do regime e a extensão do imperialismo florentino na região. É um discurso sobre o qual o menos que se pode dizer — escreve Lefort em um outro momento — é que se trata de um discurso "profundamente ambíguo",[27] uma ambiguidade que seria própria a um novo gênero de discurso, representativo do advento da ideologia nas sociedades modernas.[28]

Esse universo do comentário em geral nos convida a considerar seja o que a obra de Bruni oculta, seja os efeitos apaziguadores

---

[25] *Idem, ibidem.*

[26] *Idem, ibidem.*

[27] Cf. *idem*, "Machiavel et la verità effetuale", p. 153: "Não parece exagerado dizer que o humanismo cívico, cuja obra foi decisiva para a formação e difusão dos princípios republicanos na Europa moderna — ou para a resistência ao absolutismo —, esse humanismo, considerado em seu tempo, nas circunstâncias singulares em que se exerceu, forneceu o contraponto de uma reação antipopular. Ou, digamos melhor: sua obra aparece como eminentemente ambígua".

[28] "O nascimento da ideologia" é o nome do artigo notável de 1973, "La naissance de l'idéologie et l'humanisme", publicado pela primeira vez em *Textures*, nº 6-7, 1973, e republicado em *Les formes de l'histoire* (cf. Claude Lefort, "O nascimento da ideologia e o humanismo", em *As formas da história: ensaios de antropologia política*, São Paulo, Brasiliense, 1990, pp. 251-94). A propósito, conferir também Sérgio Cardoso, "Sobre a originalidade do republicanismo renascentista", em *Maquiavelianas, op. cit.*, p. 97: "Apoiado em Maquiavel, Lefort pode, assim, identificar, no ideário do humanismo cívico, o nascimento de um gênero novo de discurso, justamente aquele que não busca mais os fundamentos e sustentações de suas representações e valores fora de si mesmo, em algum elemento transcendente (a Justiça, o Direito, a Revelação divina) — produzindo uma representação teológica do mundo político —, mas sustenta em si e por si suas representações, projetadas como 'reais', como exteriores ao pensamento, 'sem [deixar] vestígios da sua origem'".

que ela visa a produzir sobre os espíritos de seus concidadãos, num momento de grande inquietação, suscitada pela guerra contra Milão. Observemos que nos dois casos a atenção está sobretudo fixada nos dispositivos e nos procedimentos retóricos das obras. Ora, por necessárias que sejam tais considerações, não conviria examinar também, para além das finalidades e dispositivos discursivos da obra, as próprias teses e argumentos que ela mobiliza com tanta eficácia em relação à sua audiência, tanto contemporânea quanto posterior? Para formular de outro modo: se levamos em conta o efeito desse discurso em Florença e sua importância posterior para a formação e difusão dos princípios republicanos na Europa moderna, não seríamos levados a considerar antes o próprio teor político desse discurso e a tentar decifrar o segredo de sua potência ideológica?

O que é certo é que, num contexto de fragilidade manifesta das instituições e de crise da legitimidade de seus fundamentos e de suas referências tradicionais (Florença, ideológica e imaginariamente, ainda balança, então, entre a potente *parte guelfa* e seus adversários, acusados de inclinação gibelina), Bruni retoma a grande tradição do pensamento político vinda da Antiguidade greco-romana e, cioso dessa herança, enfrenta o extraordinário desafio de fazer voltar a confiança e a motivação a seus concidadãos, oferecendo-lhes um discurso que dá um novo sentido a suas instituições políticas, instituições estas que conservam ainda a marca profunda de suas origens comunais medievais, sendo Florença um regime estruturado sobre o poder das corporações de ofício, um "governo das artes". O que devemos compreender, portanto, é que por suas obras — a *Laudatio* à frente —, Bruni empreende uma autêntica refundação simbólica da sua cidade, moldada, desta vez, em uma matriz inteiramente nova e republicana. Ele traduz os fundamentos do regime em uma nova linguagem: remete suas instituições à Roma republicana, como sua matriz e origem; reinterpreta, ou recria, sua história, como a de uma indefectível resistência às tiranias (prova dessa filiação à República Romana)[29] e re-

[29] Lembremos os grandes episódios dessa história: a guerra contra o ti-

traça todo um percurso de coragem e de devoção à liberdade subjacente — sem que os florentinos se dessem inteiramente conta de sua realidade e sem que compreendessem seu sentido. Essa história, a cidade logo vai assumi-la como sua: os doze livros das *Histórias do povo florentino* vão se tornar sua memória.[30]

Precisamos, assim, admitir que Bruni faz muito mais que trazer a seu povo motivações para sustentar a guerra e suas aspirações de expansão territorial. Se ele idealiza a qualidade das instituições, bem como a atividade e a virtude de seus concidadãos, é para oferecer-lhes um espelho crítico e um padrão de medida, é verdade. Pois, de fato, ele associa à descrição histórica uma dimensão prescritiva, como já mostraram Helton Adverse[31] e Laurent Baggioni em seus estudos. Devemos, porém, colocar a questão de saber se estas obras retóricas não realizam uma operação bem mais radical: Bruni oferece à sua cidade um objeto político ideal, moldado sobre a grande tradição republicana da filosofia política, convidando-a a reconhecer-se nele, a representar-se através de um novo vocabulário político, a encontrar sua identidade no novo espelho que ele lhe oferece: "Reconhecei-vos, florentinos; reconhecei vosso tronco e vossa linhagem. Considerai que, entre todas as gentes, sois os mais ilustres", exorta a *Laudatio*.[32] Bruni propõe à

---

rano de Verona, Martino della Scala; a expulsão do Duque de Atenas, no momento em que a cidade se rebela contra sua tirania; a guerra chamada "dos oito santos", contra o papa Gregório V; a resistência ao imperialismo milanês na virada do século XIV para o XV.

[30] Cf. Leonardo Bruni, *History of the Florentine People*, Cambridge, MA, Harvard University Press, 2001, 2004, 2007.

[31] Cf. Helton Adverse, "A matriz italiana", *op. cit.*, p. 74: "É claro que Bruni está perfeitamente consciente de que seu discurso panegírico não apresenta aos cidadãos de Florença um espelho fiel da cidade. Mas o que destacamos é a intenção política do texto, não uma suposta pretensão de objetividade histórica. O texto veicula um conjunto de conceitos que forma um ideário republicano que Bruni, além de subscrever, acredita nortear a prática política. [...] todos os elementos que encontramos no republicanismo clássico aqui estão presentes".

[32] Leonardo Bruni, *Laudatio*, par. 30.

cidade uma nova fundação; designa-lhe novos antepassados e lhe confere uma nova identidade: oferece-lhe um novo batismo.

É esse objeto ideal e esse vocabulário que veremos destacar-se em seguida do contexto e circunstâncias desse seu nascimento para projetar-se na posteridade, inaugurando a tradição moderna do republicanismo. E devo insistir sobre a modernidade do republicanismo de Bruni. Se ele busca seus motivos e vocabulário nas obras de Cícero e de Aristóteles, essa apropriação esconde diferenças marcantes. E a primeira e mais importante está no fato de Bruni fazer silêncio sobre as fundações metafísicas que seus predecessores supõem, alegando tão somente a forma do regime político e a história. Ele não alega, como já foi observado, nenhum elemento transcendente (a Justiça, o Direito, a revelação divina), nenhuma representação teológica, metafísica ou mesmo moral. O que lhe interessa são as instituições, é o regime político. O fundamento de seu republicanismo é a ordem constitucional consubstancial à liberdade, o regime misto autêntico, inclinado para a democracia. Sem negar a religião (muito ao contrário), sem polemizar sobre os fundamentos do direito, Bruni omite a referência a Deus, bem como às estruturas universais do Império e da Igreja, enquanto mediadores das leis divinas. Ele deixa de lado, enfim, os pressupostos dos autores que o inspiram, para referir-se apenas ao povo florentino, idealmente identificado por sua história e sua herança constitucional republicana, aquela que "sendo igualitária em todos os sentidos — diz — chamamos constituição popular".[33]

É essa fixação sobre o elemento constitucional que radicaliza o republicanismo de Leonardo Bruni. Não se trata mais, como bem observa Newton Bignotto, "da defesa tímida e prudente do direito de legiferar em matérias que concernem à organização interna das cidades".[34] O essencial não é a afirmação do direito ao autogoverno ou a reivindicação de uma *universitas superiorem non re-*

---

[33] Leonardo Bruni, "Oratio in funere Iohannis Strozze equitis florentinis", em Paolo Viti (org.), *Opere letterarie e politiche di Leonardo Bruni*, Turim, UTET, 1996, p. 716.

[34] Newton Bignotto, *Origens do republicanismo moderno*, *op. cit.*, p. 129.

cognoscens e não é também a igualdade jurídica de todos os cidadãos perante a lei. É algo muito mais radical, a saber, o ideal de "fazer corpo" (político) pela participação igualitária de todos nas magistraturas públicas, a participação que produz a energia virtuosa dos cidadãos, a liberdade e a glória da cidade. Bruni sublinha em uma passagem bem conhecida da *Oratio* que "o mérito específico das repúblicas é que a esperança de elevar-se na escala das honras públicas e de aí chegar pelos próprios esforços é igual para todos".[35] O essencial para ele é a igualdade, o acesso potencialmente igual para todos os cidadãos mesmo às funções mais altas, aos órgãos da produção das leis e da administração pública. Citemos uma passagem:

> A constituição de que nos servimos para o governo da república é conhecida pela liberdade e igualdade de todos os cidadãos. E, uma vez que ela é igualitária sob todos os aspectos, é chamada constituição popular. Não trememos sob o governo de um só. Nossa liberdade é igual para todos, apenas limitada pelas leis, liberada do medo dos homens. A esperança de atingir uma função e de se elevar é a mesma para todos, desde que a pessoa se esforce, tenha talento e um modo de vida salutar e sério.[36]

E Bruni insiste na *Laudatio* no fato de que essa igualdade política transborda para os registros jurídico, social e cultural de sua cidade. Uma passagem dos parágrafos 88 e 89, no final da obra, o assinala e, de certa maneira, resume o espírito desse republicanismo moderno de Bruni:

> Não há lugar na terra em que as leis sejam mais igualitárias para todos. Em lugar algum a liberdade é tão

[35] Leonardo Bruni, "Oratio in funere Iohannis Strozze equitis florentinis", *op. cit.*, p. 718.

[36] *Idem*, *ibidem*.

> grande, nem são superiores as condições de paridade entre ricos e pobres [...]. Quando os poderosos, seguros de suas riquezas, prejudicam os mais fracos, a República toma para si a causa dos desfavorecidos, tomando sob sua proteção seus bens e sua integridade, atribuindo penas [mais pesadas] aos agressores poderosos, pois é de bom alvitre considerar que a condições desiguais convêm penas desiguais e que sejam os mais necessitados que recebam mais. É o que recomendam a prudência e a justiça.[37]

E continua:

> Por todas essas razões, malgrado a diferença das classes, temos um estado de equilíbrio: os ricos são defendidos por sua riqueza, os mais pobres, a República os defende, e uns e outros temem a punição [das leis].[38]

É verdadeiramente espantoso ver aflorar do fundo do século XV essas formulações de nossos próprios ideais republicanos, e mesmo das social-democracias contemporâneas.

Para voltar à nossa questão. Como compreender, então, o estatuto da vida ativa e da virtude cívica exaltadas na construção ideal da república bruniana? Devemos considerar, como já mencionamos, que se a participação e a virtude política (a excelência da participação cidadã) devem ser pensadas a partir do regime específico em que se exercem, é preciso considerar o que a república aqui celebrada requer do seu cidadão. Ora, a marca fundamental do regime misto que Bruni atribui a Florença, como vimos, é a universalidade democrática do acesso aos cargos de governo e a meritocracia aristocrática (alimentada pela competição e a emulação) na atribuição das funções públicas. A virtude dos *cives* (a vir-

---

[37] Leonardo Bruni, *Laudatio*, par. 88.

[38] *Idem*, par. 89.

tude cívica) define-se, pois, pela excelência de sua participação ativa em tudo que se refere ao exercício do poder. Mas devemos precisar que essa virtude, em primeiro lugar, é uma virtude da cidade, de suas instituições, como a *Laudatio* enfatiza fortemente. Mais que os homens, é a cidade que é virtuosa, visto que seu regime político é a causa primeira da virtude dos cidadãos. A virtude inerente ao regime republicano de sua cidade é o motor daquela dos cidadãos. Aos que o acusam de vaidade e de servir a interesses privados, Bruni responde que "devem se lembrar que não falo da virtude dos particulares, mas daquela da República".[39] Os cidadãos são elementos de uma estrutura de governo e sociabilidade que lhes impõe qualificações e valores que pertencem de modo próprio à cidade: o sentido da igualdade, da justiça, da liberdade, o orgulho em relação à pátria. É essa convicção que permite a Bruni dizer que "nenhuma cidade é comparável à cidade de Florença em feitos e virtude".[40] Se os florentinos são virtuosos (sendo necessário, é claro, admitir exceções, como as há mesmo em Roma)[41] é porque sua constituição os faz tais. A observação de Maquiavel nos seus *Discorsi* já poderia, assim, bem ser atribuída a Bruni: "os bons exemplos [de virtude] nascem da boa educação; a boa educação, das boas leis"[42] (ainda que seja verdade que Bruni não assinaria a sequência do texto maquiaveliano: "as boas leis, por sua vez, são produzidas por estas agitações [populares] que a maioria condena tão inconsideradamente").[43] Enfim, segundo Bruni, a república engendra a virtude; ela a suscita ou a induz pela abertura das funções públicas a todos, pela celeridade da rotação das magistraturas e pela competição desencadeada pela eleição dos que as merecem.

---

[39] *Idem*, par. 50.

[40] *Idem*, par. 52.

[41] *Idem*, par. 51-2.

[42] Maquiavel, *Discorsi*, I, 4, em *Tutte le opere*, Florença, Sansoni Editore, 1971.

[43] *Idem*, *ibidem*.

Devo enfatizar que essa virtude exaltada pelo humanismo cívico de Bruni não tem nenhum vínculo direto com a moral. Sua referência primeira é o cidadão, não é o homem moral, como ocorre em Cícero, que se dirige a seus concidadãos para lembrar-lhes sua condição essencial de seres gregários, votados à vida em comunidade e os deveres que disso decorrem em relação à comunidade familiar, política e humana. Em Cícero, o que está em causa é o dever dos cidadãos relativamente aos vínculos comunitários: a defesa e conservação da república; o respeito necessário ao Direito (natural) que alicerça a vida civil e civilizada, sempre ameaçada pela barbárie, tanto externa quanto interna à cidade — a barbárie dos tumultos populares, da tirania e do despotismo. O que está em causa em Cícero não é, pois, a virtude do cidadão definida por sua participação no exercício do poder. É a virtude do homem moral (um *vir bonus*) enquanto tal, independentemente do regime político, ainda que a república seja o regime em que ele se realiza plenamente. Seu apelo à participação e à virtude se adequa inteiramente a seu conceito de república, cujo fundamento é o consentimento comum ao Direito, natural e divino, e o interesse comum na conservação dessa comunidade regulada pelo Direito.[44] Assim, em Cícero, os deveres do cidadão se definem antes de tudo pelo respeito à conservação desses vínculos jurídicos e pela salvação da República, não por sua participação nas responsabilidades do governo. Podemos mesmo dizer que a virtude, para ele, se refere, antes de tudo, à cidadania militar, que, ela, concerne efetivamente a todos os cidadãos. Cícero se refere a um regime que não oferece à massa dos cidadãos — os que integram as Centúrias e participam dos *Commitia Centuriata* — nenhuma possibilidade real de acesso às magistraturas (de realizar o *cursus honorum*, a carreira política), mesmo as mais baixas, nem reconhece à massa dos cidadãos uma influência efetiva na formulação ou na sanção das leis. É, por-

---

[44] Lembramos a famosa definição do povo republicano: "*coetus multitudinis iuris consensu et utilitatis communione sociatus*" ("a reunião de uma multidão associada por consentimento ao direito e por comunhão de interesse") (Cícero, *De re publica*, I, XXV).

tanto, em adequação a essa realidade que o patriotismo ciceroniano e seu apelo ao serviço da pátria exigem fundamentalmente a defesa das instituições e do Direito, expostos à corrupção e ao despotismo. É preciso que os cidadãos se espelhem nos heróis do passado, naqueles que sempre vieram em socorro da República em perigo — um Gaius Duelius, um Lucius Metellus, os dois Cipiões, Marco Catão, cujos heroísmos e sacrifícios foram postos a serviço da República ameaçada: "Tão grande é a necessidade da virtude e do amor pela defesa da conservação comum, que sua força venceu todas as cintilações do prazer e da ociosidade"[45] nessas grandes personagens. É sua força e seu rigor morais que configuram a virtude heroica que Cícero convida seus jovens concidadãos a imitar.

O afastamento de Bruni em relação a essa virtude político-moral (de inclinação nitidamente aristocrática) constitui a marca do nascimento do republicanismo moderno.[46] Sua aspiração de tudo remeter à forma do governo misto (democrático) assinala o momento mesmo do advento da política moderna. Se Maquiavel, um século depois, critica esse humanismo cívico, que entusiasmava os jovens republicanos anti-Medicis depois da queda da República em 1512, é preciso de qualquer modo observar que, sem essa virada antimoralizante vinda do humanismo, o momento maquiaveliano não teria certamente sido possível. É Bruni que, na realidade, inicia esse movimento decisivo. Petrarca, Salutati e outros humanistas, não obstante valorizarem (de modo ainda indeciso) a vida ativa, não renunciam ao horizonte moral ciceroniano da vida política; eles não alcançam, como Bruni, esse horizonte de uma virtude especificamente política, cidadã e cívica.

Certamente é possível ver uma forma de idealismo abstrato, e até ingênuo, no universalismo igualitário do republicanismo de Bruni. Porém, não podemos ignorar esta idealidade de seu artefa-

---

[45] *Idem*, I, I, p. 15.

[46] Esse momento é igualmente, segundo Claude Lefort, aquele do advento do político enquanto tal, como um domínio libertado das representações teológicas e dos postulados teleológicos dos antigos (cf. "La naissance de l'idéologie et l'humanisme", *op. cit.*, p. 236).

to histórico-político republicano enquanto condição de emancipação da teologia e da metafísica presentes nas representações políticas modernas. O mais importante, pois, é observar que se esse republicanismo é idealizado, ele não é moralizante. Seu idealismo não implica a suposição irrealista de que a existência e a conservação da república dependeriam da virtude moral dos cidadãos. Aqui, a república não supõe homens virtuosos; ela entende criá-los. Os regimes republicanos querem-se educadores; pretendem, e pretenderão sempre, produzir a virtude cívica, social e moral dos cidadãos.

Do desconhecimento do caráter político-ideal dessa república é que vem o mal-estar frequentemente suscitado pelo republicanismo na reflexão política moderna. Uma desconfiança que Norberto Bobbio exprime diretamente em um interessante diálogo com Maurizio Viroli: "Onde encontrar um Estado que se sustente pela virtude de seus cidadãos? [...] A razão de ser dos Estados — os republicanos inclusos — é frear os cidadãos viciosos, que são a maioria. Nenhum Estado real se mantém pela virtude dos cidadãos".[47] Devemos admitir que ele tem inteiramente razão. Nenhum Estado poderia se fundar na suposição de uma natureza virtuosa dos homens. Mas o que Bobbio parece ter dificuldade para compreender é que as repúblicas idealizadas que nos vêm do humanismo cívico (a Roma republicana, a Florença de Bruni) destinam-se a suscitar regimes nos quais a prática das relações políticas de igualdade possam produzir a liberdade e o desenvolvimento das virtudes cívicas, que se realizam, segundo Bruni, graças à adesão ativa dos cidadãos ao regime constitucional democrático, no qual a igualdade política — o governo rotativo de todos — faz-se o fiador da liberdade de cada um e a condição de sua potência de sujeitos ativos.

Não obstante as advertências de vários comentadores, a imagem que se impôs desse republicanismo herdado do humanismo cívico, em particular depois da classificação dos regimes políticos de Montesquieu, é aquela, atestada por Bobbio, de um regime ideal,

---

[47] Norberto Bobbio e Maurizio Viroli, *Diálogo em torno da República*, trad. Daniela Beccaccia Versiani, Rio de Janeiro, Campus, 2002, p. 15.

moralmente exigente, fortemente aristocrático, em função das qualidades requeridas para a participação no governo: a abnegação, o sacrifício dos interesses e sentimentos pessoais, a exemplo dos Brutus, dos Horácios e dos grandes paradigmas do patriotismo romano. A república seria, então, o regime da hipertrofia da dimensão pública da vida social, em detrimento da autonomia e da realização pessoal dos indivíduos. Um regime, em suma, idealizado e antagonista da natureza desejante dos homens, que teria sido lembrada por Maquiavel. Essa imagem, forjada a partir da perspectiva do individualismo liberal, talvez convenha ao patriotismo romano (que, é bom lembrar, não se refere propriamente a indivíduos), mas revela-se inteiramente inadequada ao republicanismo cívico tal como o encontramos na obra de Leonardo Bruni. Nela, não encontramos nenhum sinal de abnegação e de sacrifício pela causa comum. É, ao contrário, na adesão à cidade, na ambição e na competição pelas honras públicas que se veem empenhados os melhores interesses de cada um.

E, no entanto, são os Fábios, os Régulos, os Cipiões e os Catões[48] que Bruni convida seus concidadãos a imitar. Ao ler a obra de Bruni, não podemos deixar de pensar, como Claude Lefort, no Marx do *18 Brumário* e de ter o sentimento de apreender o momento mesmo do surgimento dos fantasmas romanos que, em tantos episódios da história política moderna, vêm assombrar os vivos no momento do nascimento do novo e obscurecê-lo. Assim, é necessário enxergar, para além das vestimentas e da linguagem romanas, sob a retórica tomada da Antiguidade, um universo no qual toda referência a parâmetros religiosos, metafísicos e morais foi afastada da virtude cívica e no qual uma história e um regime idealizados ocupam seus lugares. É em função dessa idealidade que a obra de Bruni, voltada para o passado, projeta-se, quase malgrado ele mesmo, para além do presente burguês de sua cidade na direção do futuro de nossas representações políticas. É ela que abre o pensamento político a valores e ideais plenamente assumidos por nossa modernidade: a liberdade associada à igualdade e à partici-

[48] Cf. Leonardo Bruni, *Laudatio*, par. 31 e 35.

pação popular no exercício do poder; a exigência de uma extensão máxima da cidadania; a crítica aos valores aristocráticos (fundados na nobreza do sangue ou do dinheiro); a laicidade; uma nova compreensão do patriotismo. Outras convicções testemunhadas por Bruni certamente encontraram adiante mais resistência: que a liberdade do indivíduo é consubstancial à da cidade e que a liberdade republicana é o destino da humanidade.

III.3

Fundação e refundações republicanas na Florença de Maquiavel[1]

Os grandes clássicos nos proporcionam uma experiência intelectual de interrogações que resistem a se fechar, que se reabrem a cada vez que delas nos aproximamos com nossas convicções e conclusões. Os comentários resvalam; passagens nos fazem duvidar mais uma vez, reabrindo seu exame e o diálogo com outros leitores da obra. Os clássicos fustigam o pensamento; não permitem que nos satisfaçamos e descansemos. É nessa experiência de um pensamento vivo, aceso, que nos enreda a clássica "obra Maquiavel".[2]

Assim, volto ainda uma vez à questão[3] certamente central dessa obra que nos fascina, à questão da divisão civil e da natureza dos desejos que a promovem, instaurando a vida política e fazendo história. Pois as *Histórias florentinas* (1525) nos propõem um campo extraordinariamente fértil para levar adiante tal questão, visto que é da matéria histórica, do passado e de seu presente, que desabrocha a reflexão política de nosso autor.

---

[1] Este texto é dedicado ao mestre Newton Bignotto, que nos sensibilizou para a importância do tema da "fundação" no pensamento de Maquiavel.

[2] Claude Lefort denomina sua tese "O trabalho da obra Maquiavel", lembrando-nos que uma obra de pensamento inclui o texto do autor e os de seus leitores/intérpretes, já que o sentido da obra não está apenas no texto e na letra do autor, mas, mais amplamente, no campo das interpretações e debates produzido por seus leitores (cf. Claude Lefort, *O trabalho da obra Maquiavel*, Belo Horizonte/São Paulo, Editora UFMG/Todavia, 2024).

[3] Referimo-nos sobretudo à Parte I, capítulo 1 e Parte II, capítulo 4 de Sérgio Cardoso, *Maquiavelianas*, *op. cit.*

Há para ele, evidentemente, a referência fundamental à história romana, lida sobretudo a partir de Tito Lívio. Porém, como observa no "Proêmio" destas *Histórias florentinas*, nelas sua reflexão se vê particularmente mobilizada e instigada; pois, diz, "se todo exemplo de república move, aqueles que se leem sobre a própria movem muito mais",[4] além de serem muito mais úteis, ele completa. E, sabemos, não se trata de uma República qualquer. Florença tornou-se célebre por suas turbulências políticas, produzidas tanto pelos conflitos civis como pelos enfrentamentos externos, oferecendo matéria histórica privilegiada para as considerações do investigador político. Uma particularidade enfatizada nesse "Proêmio" do livro: "se foram notáveis as divisões de alguma república, as de Florença foram notabilíssimas, já que a maior parte das repúblicas de que se tem notícia contentava-se com uma divisão — com a qual, conforme os acontecimentos, a cidade ora cresceu, ora se arruinou; mas Florença, não contente com uma, produziu várias".[5] Desse modo, na perspectiva do observador político — sempre interessado, acima de tudo, na compreensão da natureza "das discórdias civis e inimizades internas e dos efeitos que delas nasceram"[6] —, Roma, Atenas, ficam para trás, pois sua cidade produziu conflitos de toda ordem e em profusão: os advindos de sua tutela por potências estrangeiras (provocadas quase sempre pelas disputas entre os nobres e o *popolo* burguês); as disputas entre os próprios nobres e aquelas no interior do *popolo*; ou entre o *popolo* e a plebe e outras mais, protagonizadas por "partidos" (guelfos e gibelinos, *Bianchi* e *Neri*, amigos e inimigos das tutelas da cidade pelo reino de Nápoles), lideradas por famílias proeminentes, nobres ou burguesas, como as nomeadas no início do Livro III: Buondelmonti *versus* Uberti, Donati *versus* Cerchi ou, depois, Albizzi *versus* Ricchi (aliados dos Medici) e tantas assim.

---

[4] Maquiavel, *Tutte le opere*, *op. cit.*, p. 632².

[5] *Idem, ibidem.*

[6] "*Delle civili discordie e intrinseche inimicizie e degli effetti che da quelle sono nati*" (*idem, ibidem*).

Em Roma, observa ainda o "Proêmio" do livro, "depois de afastados os reis, veio a desunião entre os nobres e a plebe, a qual se manteve até a derrocada da cidade".[7] Desse modo, lá se vê o desenrolar de um mesmo longo e estável enfrentamento sociopolítico. E, a repararmos bem, podemos verificar que algo semelhante se passa nessas *Histórias florentinas* se considerarmos o Livro III. Pois ele tem em seu centro o enfrentamento entre a plebe e o *popolo* (burguês e pequeno burguês) e parece narrar um mesmo extenso episódio, com seu início, meio (sua *akme* assinalada pela revolta dos *Ciompi*) e fim, com a volta à situação inicial do domínio de uma das facções burguesas, aquela liderada pela família *degli Albizzi*. Tal segmento, narrado no Livro III, se inicia depois da interdição da participação institucional dos nobres nos postos de governo, motivada pela dominação opressiva da chamada "*parte guelfa*" (a facção liderada pelos Albizzi) sobre as ordenações e leis da cidade, passa, depois, à contestação e à derrubada dessa dominação (num movimento liderado inicialmente pela pequena burguesia da corporações menores), para chegar em seguida, então com o protagonismo da plebe, à inédita e efêmera democratização total das instituições, que desmoronará depois de três anos, em 1381, retornando a cidade ao ponto de partida do domínio oligárquico do partido guelfo, que controlará o governo por volta de cinquenta anos mais. Depois, com a volta de Cosimo de' Medici do exílio em 1434, inicia-se um outro ciclo, no qual se concluirá o processo de oligarquização da República, logo transformada em um verdadeiro principado (hereditário), que se estenderá por sessenta anos, até o retorno das instituições republicanas em 1494.[8]

Já a história do período anterior, narrada no Livro II,[9] é bem diversa. Trata-se de um tempo de hegemonia da nobreza, permea-

---

[7] *Idem, ibidem.*

[8] Cf. Sérgio Cardoso, "Lições das *Histórias florentinas*", em *Maquiavelianas, op. cit.*, pp. 133-79.

[9] O Livro I dedica-se à história da Itália do final do desmoronamento do Império romano ao fim do século XIV, momento das guerras contra Florença e Veneza provocadas por Filipe Maria Visconti, duque de Milão. Já o Livro II passa a ocupar-se propriamente das histórias florentinas, da fundação da cidade até

do por conflitos regionais e internamente por rivalidades de grupos de famílias (que provocam frequentemente a intervenção de potências estrangeiras), mas também por uma permanente e indefectível resistência popular republicana. No início, temos os primeiros embates no interior da nobreza entre guelfos e gibelinos (mais aplicados, é preciso dizer, às ambições de cada grupo pelo poder interno que às motivações dos conflitos do tempo entre Império e Papado); no final, a inteira exclusão política da nobreza e a consolidação do domínio popular, burguês, sobre a cidade.

Nesse período, os elementos oferecidos pela matéria histórica à reflexão política mostram-se não só abundantes, mas talvez mais interessantes ainda que os de outros segmentos da obra, se não pela grandeza e alcance histórico dos acontecimentos, pela sua multiplicidade, pela diversidade de natureza das divisões e dos conflitos, pela complexidade histórico-política do conjunto dos eventos considerados. No acompanhamento da longa e persistente oposição oferecida pelo *popolo* — a grande e a pequena burguesias — ao desejo de dominar, insolente e prepotente, da nobreza, o historiador vai apurando e destacando as razões, a natureza e a lógica dos conflitos políticos, de modo que são muitos os conhecimentos extraídos por ele dessas histórias: o sentido crucial da experiência da fundação e das contínuas refundações das *ordini* republicanas; a compreensão do entrelaçamento constante dos conflitos de facção e de interesses com os movimentos de teor propriamente político; a apreensão da mútua implicação dos eventos externos e internos à cidade; enfim, a observação do intrincamento desses diversos registros na singularidade de cada um dos episódios históricos narrados. Tentemos, assim, acompanhar, brevemente, em panorama, o fio e a trama que Maquiavel, neste Livro II, impõe às memórias da cidade para estabelecer sua história.

Talvez a primeira observação a fazer sobre o início do Livro II (aquele que deixa as peripécias da história geral da península

---

meados do século XIV. O Livro I repassa cerca de mil anos, como assinala o próprio Maquiavel; o Livro II centra-se sobretudo em cem anos, de aproximadamente 1250 até o afastamento da nobreza do governo da cidade.

italiana para concentrar-se nas histórias florentinas) seja relativa ao tratamento dado por Maquiavel à questão controversa da origem da cidade. Segundo narra, nem descendente do Império nem da República Romana — como pretendera Leonardo Bruni —, mas uma modesta colônia do povoado de Fiesole, que passa depois ao domínio (*alla ubbidienza*) dos romanos, sendo em seguida destruída pelos ostrogodos e, muito tempo depois, reedificada por Carlos Magno (pelos anos 800), para viver a partir daí, sempre submetida, "segundo a fortuna dos que comandavam a Itália".[10] Mesmo tendo experimentado, pelo tempo do imperador Henrique III, nos anos 1080, as conhecidas divisões entre güelfos e gibelinos, os florentinos "até 1215 — diz o historiador — mantêm-se unidos, obedecendo ao vencedor da hora, buscando apenas salvar-se".[11] Não têm autonomia; não têm vida própria; não têm identidade política: unida — Maquiavel insiste — essa gente obedece aos que a assenhoram (*signoreggiono*), aos que, ao sabor dos ventos, a dominam.

Esse "preâmbulo" — pode-se dizer assim — do Livro II, além da importância de sua tomada de posição nas controvérsias relativas às origens da cidade, mostra-se fundamental para o estabelecimento da natureza política e da dinâmica histórica dos acontecimentos do livro. O minimizar o peso da origem temporal e da cronologia (sequer são celebrados os favores da implantação geográfica da cidade, como é costume e como faz Leonardo Bruni, que o antecede nessa missão de historiador de Florença) e o acentuar a acidentalidade de seu percurso inicial estão nitidamente a serviço do destaque dado à sua verdadeira origem, o momento de sua fundação política, aquele em que advêm suas ordenações próprias, penhores de sua identidade como cidade, como República, um termo que, mesmo em meio às aventuras e desventuras das instituições da liberdade, Maquiavel não deixará de reiterar.

Na vida dessa comuna, que passa, "assenhorada", pelo reinado de Carlos Magno, dos Berengários e imperadores alemães, o

---

[10] *Idem*, p. 660[1].

[11] *Idem*, p. 660[2].

momento da origem, o ato da fundação, vai ser desencadeado pelo acirramento dos conflitos entre as famílias nobres, quando o apoio de Frederico II, rei de Nápoles, à facção liderada pelos Uberti, leva à expulsão dos Buondelmonti da cidade, comprometendo toda a vida da comuna nas rivalidades entre guelfos e gibelinos. A ameaça de desintegração induz e impõe a reação que logo adiante dará aos florentinos sua vida e identidade próprias, realizando seu desejo de independência (que continuará continuamente acossada, é verdade) e a instituição de um governo próprio. Tal movimento ocorre por ocasião da morte de Frederico, em 1250. Maquiavel relata assim esse momento inaugural: "Com a morte de Frederico, os que em Florença eram *uomini di mezzo* [nem nobres, nem plebe, e também independentes das facções] pensaram ser melhor unir a cidade que mantê-la dividida e arruiná-la".[12] Assim, esses homens agem no sentido da reconciliação, levando os guelfos a retornarem à cidade e os gibelinos a recebê-los, parecendo-lhes ter chegado o tempo de "tomarem forma de *vivere libero* e [instituírem] ordenações para poderem defender-se, antes que o novo imperador adquirisse forças".[13] Esses homens medianos (*uomini di mezzo*), para o benefício da cidade e o seu próprio, com respaldo popular ("tinham maior confiança por parte do povo"),[14] estabelecem as instituições civis e militares e instituem a república. Demarcam politicamente a geografia da cidade, dividindo sua extensão em seis partes e estabelecendo dois representantes de cada uma em um Conselho de governo. Estabelecem dois juízes externos — um *Capitano del Popolo* e um *Podestà* — para julgarem os conflitos civis e criminais e criam uma força pública (vinte bandeiras na cidade e setenta e seis no "*contato*"), porque sabem que "nenhuma ordenação é estável sem que lhe seja dado um defensor".[15] Assinalado isso, o historiador completa com grande ênfase: "com

---

[12] *Idem*, cap. 4, p. 661².

[13] *Idem, ibidem.*

[14] "*Avieno più credito con il popolo*" (*idem, ibidem*).

[15] "*Niuno ordine è stabile senza providergli difensore*" (*idem*, cap. 5, p. 661²).

tais ordenações militares e civis os florentinos fundaram a sua liberdade".[16]

Observaremos que toda a história posterior da cidade, até o início do século XV, oscilará entre a perda dessa fundação do "*vivere libero*" (vida sob *ordini e leggi*, ordenações e leis) — em episódios de tirania, servidão e obediência a facções internas ou a potências estrangeiras que pisam as leis — e retomadas, a cada vez, do gesto fundador, de sua reinstitucionalização e reinstituição da Liberdade republicana. A cada vez que submerge a *Libertà*, a cada vez que prevalece sobre as leis o desejo de dominar dos grandes, reacende-se o ímpeto popular de se livrar da *servitù* e, quase sempre, desse desejo renasce a República. Tudo parece corroborar o belo discurso dos *Signori* eleitos da cidade diante do Duque de Atenas,[17] que perpetra a mais violenta das agressões sofridas por suas instituições:

> Procurais fazer serva uma cidade que sempre viveu livre. [...] Tereis considerado o quanto em uma cidade como esta importa e é vigoroso o nome da liberdade, o qual força alguma doma, mérito algum contrapesa? [...] Essa é a razão da ruína dela e da vossa. [...] Pois é certíssimo que não basta o tempo para consumir o desejo da liberdade.[18]

---

[16] "*Con questi ordini militari e civili fondarono i fiorentini la loro libertà*" (*idem*, cap. 6, p. 662[1]). A palavra *Libertà* nomeia sempre as instituições republicanas.

[17] Gualtieri, Duque de Atenas, que dirige Florença até 1326 como vigário de Carlos da Calábria (filho do rei Roberto de Nápoles) a quem fora dada a *Signoria* sobre a cidade. O duque volta posteriormente a dirigir a cidade em nome do rei Roberto, chamado mais uma vez a socorrê-la diante do fracasso da campanha dos florentinos contra Mastino Della Scala de Verona e os pisanos, como se verá adiante. Ver discurso dos magistrados Livro II, 34, p. 682[2].

[18] "*Voi cercate fare serva una città la quale è sempre vivuta libera;* [...] *avete voi considerato quanto, in una città simili a questa, importi e quanto sai gagliardo il nome della libertà, il quale forza alcuna non doma, merito alcuno*

E, de fato, a cada episódio de servidão, o povo se rebela, reafirma e retoma sua autonomia, renovando o ato da fundação, instituindo *nuovi ordini*. Em cada um desses casos, vemos Maquiavel constatar, em formulações diversas, o que observa quando do término de um dos episódios de tutela da cidade pelo rei de Nápoles: "a cidade tornada *principe di se stessa* reordenou-se com seus dirigentes e magistrados costumeiros".[19]

E são inúmeros esses episódios de retomada da liberdade e do "*riformare lo stato*" após momentos de ruína das instituições por conflito de facções ou tirania. Considerando tais eventos, o historiador pondera e se permite generalizar: "ocorre em todas as repúblicas que sempre, depois de algum acidente, anulam-se algumas leis antigas e inovam-se algumas outras".[20] São momentos em que as repúblicas não só reafirmam o vínculo com seu passado de liberdade, mas precisam também marcar, de algum modo, com algum traço original, seu renascimento, o tempo da refundação.

Passemos, pois, a uma breve consideração dos episódios dessa história política de Florença, à parte narrada nesse fundamental Livro II. Busquemos o fio, a trama e a lógica que Maquiavel confere a essa história — que se constitui e perdura como tal pela renovação constante do gesto de sua fundação republicana.

Logo depois da primeira instituição da *Libertà*, da constituição das ordenações e leis próprias da cidade, os gibelinos, "odiados pelo povo por seu comportamento soberbo no tempo de Frederico",[21] tentam retomar o controle da cidade. São expulsos; mas logo retornam acompanhados por um capitão a serviço de Man-

---

non contrappesa? [...] *Il che fia cagione della rovina sua e vostra.* [...] *Che il tempo a consumare i desideri della libertà non basti è certissimo*" (*idem*, cap. 34, p. 682²).

[19] "*La città, diventata principe di se stessa, con i consuetti retori e magistrati si riordinò*" (*idem*, cap. 26, p. 675²).

[20] "*Avienne in tutte le repubbliche che sempre doppo un acidente, alcune leggi vecchie se annullano e alcune altri se innovano*" (*idem*, cap. 28, p. 676²).

[21] Maquiavel, *Histórias florentinas*, II, 6, p. 662².

fredo (rei da Sicília, filho ilegítimo de Frederico II), o conde Giordano, "que submeteu toda aquela cidade ao domínio de Manfredo, destituindo os magistrados e toda outra ordenação que deixasse aparecer alguma forma de sua liberdade";[22] além de exilar os guelfos. Esta injúria vinda dos gibelinos "foi recebida com grande ódio de todos [*dello universale*], de modo que [o povo], de inimigo dos gibelinos, tornou-se inimicíssimo deles".[23] Ora, quando em 1266, com o apoio do Papa, Carlos de Anjou[24] conquista o reino da Sicília e, mais tarde, o de Nápoles, afastando os descendentes dos Hauestaufen, os mesmos odiados gibelinos tentam ardilosamente ganhar a simpatia popular restituindo à cidade sua *Libertà*, sob novas ordenações. Entretanto, logo depois, arrependidos, tentam voltar atrás, mas enfrentam uma enorme reação popular. A cidade expulsa o vigário real (o conde Guido Novello, que substituíra o conde Giordano) apoiado pelos gibelinos e retoma as instituições da sua liberdade: "para satisfação daqueles que queriam o bem da república, decidem reunir a cidade e acolher todos os cidadãos, gibelinos ou guelfos", exatamente como se fizera no momento da fundação original. Voltam, assim, os exilados guelfos, perdoando aos gibelinos "*la fresca ingiuria*" (sem apagar, evidentemente, a memória do exílio de seis anos e o ódio aos seus adversários).[25] O *popolo*, então, assume e defende as *nuovi ordini* que os gibelinos lhe haviam concedido "por imprudência e por medo".[26] E se assiste à estabilização de um novo regime de governo, que vai perdurar: o chamado "governo das Artes", das corpora-

---

[22] "*Che quella città ridusse tutta alla ubbidienza di Manfredi, anulando i magistrati e ogni altra ordini per il quale apparisse alcuna forma della sua libertà*" (*idem*, cap. 7, p. 662[2]).

[23] *Idem*, *ibidem*.

[24] Carlos de Anjou, irmão do rei Luís IX da França, tornou-se rei da Sicília (coroado em Roma pelo Papa em janeiro de 1266) e de Nápoles (em 1282), derrotando os descendentes dos Hoenstaufen, Manfredo (filho de Frederico II) e Corradin, também personagens dessa história.

[25] Cf. *idem*, cap. 9, p. 664[1].

[26] *Idem*, cap. 8, p. 663[1].

ções,[27] que vem associado a várias outras inovações feitas em benefício comum,[28] segundo lembra o historiador.

O episódio seguinte acontece quando da descida para a Itália de Corradin, sobrinho de Manfredo, um momento que os gibelinos aproveitam para tentar novamente impor seu domínio. Os guelfos, no entanto, recorrem a Nápoles, a Carlos de Anjou, e os gibelinos fogem da cidade amedrontados. Nesta crise, os florentinos não sofrem a supressão das instituições recentemente estabelecidas, o governo das Artes; mas, ainda assim, marcam a saída da crise e a retomada do tempo da liberdade, criando novos conselhos, fortalecendo a "*parte guelfa*" (o partido guelfo) e confiscando bens dos gibelinos. "Reordenaram as instituições da cidade [*riordinarono lo stato della città*]", diz Maquiavel, que observa também que, com esse novo governo, ela "mantém sua reputação, dentro com as leis, fora com as armas".[29] Florença retoma sua Liberdade, ainda que sob a proteção e vigilância de Carlos de Anjou, feito vigário da Toscana pelo Papa.

Os episódios da ruína e da refundação da Liberdade se sucederão, frequentemente provocados pelos movimentos da balança dos poderes das potências estrangeiras, de forças externas à cidade. Não vem ao caso — nem é possível — escrutiná-los todos aqui; mas podemos lembrá-los.

Com a inesperada aliança do Papa Nicolau III com o imperador alemão — visando a neutralizar o crescimento do poder de Carlos de Anjou, rei de Nápoles, na Itália —, o angevino afasta-se da Toscana, para melhor defender ao sul seus próprios territórios. Florença aproveita esta ocasião para conter a degradação de suas instituições, desta feita causada pela prepotência dos guelfos, que haviam se tornado insolentes com a hegemonia de seu partido, apoiado por Carlos. Com o aval de um novo legado enviado ago-

---

[27] "*Distinsono tutta la città in Arti e sopra ciascuna Arte ordinarono uno magistrato*" ["Dividiram toda a cidade em Artes e estabeleceram para cada Arte um magistrado"] (*idem*, cap. 8, p. 667²).

[28] Cf. *idem*, cap. 8, p. 663².

[29] *Idem*, cap. 10, p. 664¹.

ra pelo imperador, Messer Latino, os florentinos decidem, mais uma vez, reunir a cidade e renovar suas instituições. No entanto, antes que isso ocorresse, a eleição de um novo Papa — um Papa francês — trouxe de volta à região a autoridade do rei de Nápoles. Os florentinos, então, expulsaram Messer Latino e "estabeleceram uma nova forma de regimento para impedir os gibelinos de participar do governo e para impor freios aos poderosos".[30] Conferem maior poder aos Priores, dão-lhes um palácio e passam a chamá-los "*Signori*", "*per maggiore magnificenza*" e autoridade. Com essas novas ordenações, diz Maquiavel, a cidade prospera e "tem-se por extintos em Florença os partidos gibelino e guelfo".[31]

O apaziguamento dos enfrentamentos entre as duas facções da nobreza faz mudar a natureza dos conflitos. O desgaste das instituições vem agora da prepotência e do comportamento arrogante próprio ao status mesmo dos nobres. Enquanto temiam uns aos outros, diz o historiador, enquanto uma facção temia à outra, eles mantinham alguma compostura civil;[32] porém, atenuados os entreveros, "a cada dia algum popular era injuriado e as leis e os magistrados não eram suficientes para vingá-lo; porque os nobres, com seus parentes e amigos, defendiam-se das forças dos Priores e do Capitão [do Povo]".[33] Diante desse quadro, a providência das autoridades foi a de reforçar o poder policial, o que evidentemente não funcionou. A solução para as desordens só vem com uma

---

30 "*Ordenarono nuova forma di regimento per privare i ghibellini del governo e tenere i potenti in freno*" (*idem*, cap. 11, p. 665²).

31 *Idem*, cap. 12, p. 666¹.

32 Maquiavel detecta um comportamento semelhante na nobreza romana. Também ela contém sua natural ambição e soberba enquanto enfrenta um oponente que pode beneficiar-se de uma aliança com o povo. Ela trata a plebe "humanamente", enquanto viveram os Tarquínios, diz. Com a falta deles, "acabando o medo, começaram a cuspir na plebe todo o veneno que tinham no peito e a ofendiam de todos os modos que podiam" (Maquiavel, *Discorsi*, I, cap. 3, p. 82).

33 "*Ciascuno giorno qualche popolare era ingiuriato e le legge e magistrati non bastavano a vindicarlo; perchè ogni nobili, con i parenti i amici, dalle forze de'Priori e del Capitano si defendeva*" (*idem*, cap. 12, p. 666¹).

drástica reforma das instituições — mais uma restauração republicana —, os *Ordinamenti della Giustizia* de 1293, com suas severíssimas medidas antinobiliárias: os nobres têm seu acesso vetado às magistraturas da *Signoria*; o *Gonfaloniero della Giustizia* (autoridade policial maior) passa a residir no Palácio com os Priores (aumentando seu poder de intervenção); a fama pública, na ausência de testemunhos, torna-se suficiente para inculpar um nobre de um delito; os nobres passam a ser sujeitos a multas mais pesadas que os demais cidadãos; além de outras disposições semelhantes. O interessante é que tais medidas são sugeridas ao povo por um nobre "amante da Liberdade", Giano della Bella, que, pelo ódio de seus pares ("*come di loro potenza distruttore*") e a falta de reconhecimento da cidade (que ele "*aveva libera della servitù de'potenti*"), será depois recompensado com o exílio.[34]

Com esta retomada draconiana da ordem, o historiador observa, então, que "nossa cidade não mais alcançou uma situação melhor e mais feliz que naqueles tempos".[35] Mesmo as "naturais suspeitas" existentes entre a nobreza e o povo passaram a não ter grande efeito, de modo que "unidamente e em paz cada um vivia".[36]

O novo desafio às instituições republicanas virá, no entanto, mais uma vez de conflitos entre famílias nobres, a partir de um incidente que acaba por dividir toda a cidade em dois partidos, *Bianchi* e *Neri*,[37] multiplicando os tumultos que deixam a *Signoria* im-

---

[34] *Idem*, cap. 13, p. 667[1].

[35] "*Ne'mai fu la città nostra in maggiore e piu felice stato che in questi tempi*" (*idem*, cap. 15, p. 668[1]).

[36] "*Unitamente e in pace ciascuno si viveva*" (*idem*, *ibidem*).

[37] Depois do prolongado conflito entre guelfos e gibelinos e dos "*ordinamenti della giustizia*" de 1293, um conflito entre famílias poderosas de Pistoia — logo identificadas como *Bianchi* e *Neri* — alcança Florença reacendendo antiga rivalidade existente entre as famílias dos Cerchi (*Bianchi*) e dos Donati (*Neri*), ambas guelfas. Logo, em maio de 1300, um incidente entre jovens das duas casas divide toda a cidade, nobres e populares. O conflito só arrefece com a descoberta (duvidosa) de uma conjuração dos *Bianchi*, que leva à expulsão da cidade de todos os Cerchi e de muitos de seus partidários, inclusive Dante Alighie-

potente para garantir a vigência das leis. A pedido dos *Neri*, o Papa envia à cidade o irmão do rei da França, Carlos de Valois, que estava na Itália para buscar recuperar para os franceses o reino de Nápoles. Os magistrados de Florença, de seu lado, "deram-lhe autoridade para dispor da cidade segundo seu arbítrio".[38] Ele, todavia, mantém as instituições estabelecidas e alcança certo apaziguamento das facções, de modo que a cidade voltou a viver "*assai quietamente*", sem que fosse necessária sua reinstitucionalização. O mesmo ocorre por ocasião dos tumultos provocados pelo poderoso e inquieto Corso Donati, que é punido pelas leis e morre em 1308.[39] Essa paz interna da cidade durará até a notícia da descida à Itália do imperador Henrique em nova disputa pelo reino de Nápoles, pois vêm com ele novas ameaças da parte dos exilados gibelinos.

Inicia-se um período de sucessivos perigos para a cidade. Há o imperador que desce da Alemanha; as ameaças de Uguccioni della Faggiola, senhor de Pisa e Lucca, com sua pretensão de dominar a Toscana; em seguida, Florença se depara com as ambições e a ferocidade de Castruccio Castracani (personagem a que Maquiavel dedica uma biografia), que se torna o novo senhor das duas cidades. Tais perigos põem os florentinos mais uma vez em inteira dependência — e submissão — em relação ao reino de Nápoles. Uma submissão sobre a qual Maquiavel não tergiversa: "Além disso — diz — dirigiram-se a Roberto,[40] rei de Nápoles, em busca de ajuda. E não podendo obtê-la como amigos, deram-lhe a cidade por cinco anos, para que a defendesse com seus homens".[41] Inicialmente, vem o irmão do rei, Piero, que é derrotado e morto

---

ri. A rigor, o conflito se estende até 1308, com a morte de Corso Donati (cf. *idem*, II, caps. 16-23, pp. 668[1]-74[1]).

[38] "*Gli detono autorità che potesse secondo lo arbitrio suo disporre della città*" (*idem*, cap. 19, p. 670[1]).

[39] Cf. *idem*, cap. 23, p. 673[2].

[40] Roberto, rei de Nápoles (1275-1343), neto de Carlos I de Anjou, reinou de 1309 a 1343.

[41] "*Mandarono oltra di questo, per aiuto, a Ruberto re di Napoli, e non*

na luta contra Uguccione. Nápoles envia, então, como novo capitão, o conde Novello; mas fazem-lhe resistência e a cidade logo "se divide entre amigos e inimigos do rei".[42] Os *popolani*, que têm maioria no governo, conseguem, então, expulsar o conde e entregar a cidade a um tal Lando d'Agobio, "com pleníssimos poderes sobre os cidadãos".[43] O novo capitão, com seus aliados, passa a dominar a cidade com extrema violência: saqueia os cidadãos; comete assassinatos; estabelece, enfim, uma tirania sanguinária. Só conseguem expulsá-lo por ocasião da estadia da nora do rei Roberto na cidade. E, nesse episódio, afastado o tirano, ao invés da refundação de suas instituições, a cidade prorroga a tutela e *Signoria* do rei de Nápoles por três anos. Será apenas ao cabo desse período, com o término dessa submissão, que a cidade, novamente "*diventata principe di se stessa*", se reordenou[44] — deixando de lado seus conflitos internos (o que, a bem da verdade, ocorre nesse momento principalmente pelo medo da nova ameaça representada por Castruccio Castracani).

Dura pouco, porém, a retomada do decoro republicano motivada pelo perigo representado por Castruccio, pois a cidade se vê novamente forçada a submeter-se a Nápoles para sua defesa. O filho do rei Roberto, Carlos da Calábria, é, então, anunciado como *Signore*[45] da cidade. E, como vigário de Carlos, chega à cidade o Duque de Atenas, que passa a escolher os magistrados "*secondo lo arbitrio suo*" e leva os florentinos a perder todas as garantias da sua *Libertà*. No entanto, afortunadamente, nesse momento, em 1328, ocorrem as mortes de Castruccio e de Carlos da

---

loro potendo attenere come amici, gli dierono la città per cinque anni, acciò che com suoi uomini gli defendesse" (*idem*, cap. 24, p. 674^1).

[42] *Idem*, cap. 25, p. 674^2.

[43] "*Con plenissima potestà sopra i cittadini*" (*idem*, *ibidem*).

[44] Cf. *idem*, cap. 26, p. 675^2.

[45] "*Perché quelli sendo consueti a siggnoreggiare Fireze, volevono più tosto la ubbidienza che l'amicizia sua*" ["Porque estando eles acostumados a admirar Florença, queriam antes a obediência que a sua amizade"], diz Maquiavel (*idem*, cap. 30, p. 677^2).

Calábria, de modo que os florentinos, diz o historiador, "libertam-se da *Signoria* de um e do temor do outro [...] e, ficando livres, reformaram a cidade";[46] refundaram mais uma vez sua república. Assim, até 1340, a cidade permanecerá apaziguada e viverá sob suas próprias *ordini e leggi* republicanas. Há pequenos conflitos internos (por exemplo, denúncias de manipulação das bolsas eleitorais pelos nobres) e também externos, bem como o verdadeiro dilúvio e inundação do Arno que assolam a cidade em 1333.[47] Mas, no geral, vigem as leis e a paz civil.

O episódio seguinte dessa nossa história é aquele da campanha contra as ameaças e ofensivas de Mastino della Scala, senhor de Verona. As patentes inabilidades na sua condução suscitam a indignação popular contra os vinte cidadãos escolhidos para conduzi-la, obrigando os dirigentes, como sempre, a recorrer a Nápoles, que lhes envia novamente o Duque de Atenas, sinistro personagem, que os nobres logo fustigam para que estabeleça um principado. O duque, com a cumplicidade e o incentivo de muitos *grandi* ("que, carregados de dívidas, desejam saldar seus débitos com o que é de outros e com a servidão da pátria livrar-se de seus credores"),[48] passa a cortejar a plebe e logo convence o povo a conceder-lhe uma *Signoria* vitalícia, "*signoria libera*", o coroamento da tirania mais terrível entre todas que a república conheceu. Mas, nesse momento (estamos em 1342), também começam as reações. Os cidadãos — "vendo a majestade do Estado arruinada, as ordenações corroídas, as leis anuladas, toda vida honesta corrompida,

---

[46] "*Dalla Signoria de l'uno e timore dell'altro si liberassino* [...] *e rimasi liberi riformarono la città*" (*idem*, cap. 30, p. 678¹).

[47] Grandes enchentes do rio Arno marcam a história da cidade de Florença. Depois desta de 1333, são lembradas outras ocorridas em 1557, 1844 e a recente e devastadora de 1966.

[48] *Idem*, cap. 33, p. 681¹. Lembremos também a seguinte passagem do mesmo capítulo: "*I Grandi, i quali, per le cagioni dette di sopra, vivevono malcontente, e avendo molti di loro conoscenza con Gulatieri,* [...] *pensorono che fusse venuto tempo da potere, com la rovina della città, spegnere lo incendio loro; judicando non avere altro modo a domare quel popolo che gli aveva afflitti, che ridursi sotto un principe...*" (*idem*, *ibidem*).

toda modéstia civil extinta"[49] —, movidos pela vergonha, o medo e o ódio, empenham-se em diversas conjurações, que mobilizam simultaneamente os nobres, os *popolani* e os artesãos. Ao serem descobertas, elas se unem e atacam o duque e seus aliados, terminando por vencê-los: uma multidão, em "*rabioso furore*", saqueia, incendeia, mata e os expulsa da cidade (em julho de 1343), produzindo um teatro de violência inaudita em um dos episódios históricos que maior orgulho cívico infundiu nos florentinos.

Acalmados os tumultos, são escolhidos catorze cidadãos (sete nobres e sete *popolani*) "*per dare forma allo stato*",[50] de modo a permitir à cidade retomar sua vida e costumes republicanos com novas instituições. E Maquiavel observa, então, que ela permaneceria assim pacificada não fosse a "natural" soberba e prepotência da nobreza, que continua a exasperar os populares, de modo a levá-los finalmente a decidir excluir de uma vez os nobres das funções da *Signoria*, como já ocorrera com os *Ordinamenti di Giustizia* de 1293, que se haviam afrouxado ao longo do tempo. Com a reação veemente e agressiva por parte da nobreza, o povo se arma e passa a exigir não só a reforma da *Signoria*, mas também dos conselhos, "de modo que todo o governo ficasse sob o arbítrio do povo".[51] Os nobres, indignados, buscam, o apoio da Lombardia; o *popolo*, por sua vez, o de Perúgia e Siena. Os relatos atestam a ocorrência de enfrentamentos de extrema violência, em que o *popolo* vai vencendo e dominando cada parte da cidade. Seu furor contra a nobreza atinge uma intensidade sem precedentes: saques, incêndios, destruição de palácios e torres de defesa dos *grandi* — numa ferocidade, diz o historiador, "capaz de envergonhar mesmo o mais cruel dos inimigos do próprio nome florentino".[52]

---

[49] "*Veggendo la maiestà dello stato loro rovinata, li ordini quarti, le legge annullate, ogni onesto vivere corroto, ogni civili modestia spenta*" (*idem*, cap. 36, p. 684¹).

[50] *Idem*, cap. 37, p. 686¹.

[51] "*In modo che tutto il governo nello arbitrio del popolo rimase*" (*idem*, cap. 39, p. 688¹).

[52] *Idem*, cap. 41, p. 689².

No final desses terríveis acontecimentos, vencida a nobreza, o povo mais uma vez "*riordinò lo stato*",[53] retomando todas as disposições antinobiliárias das legislações antigas. Daí em diante, relata Maquiavel, os nobres não mais ousaram pegar em armas contra o povo. Assim, na conclusão desse segundo livro, abre-se uma nova etapa dessas *Histórias florentinas*, aquela da neutralização política da nobreza e da passagem das divisões — inultrapassáveis — para o interior do próprio *popolo* burguês e ainda para sua oposição não mais à nobreza mas à plebe, como se vê ao longo do terceiro livro.

Os ensinamentos que nos vêm das histórias florentinas que aqui acompanhamos são muitos. O primeiro deles, certamente, é o que se procurou até aqui sublinhar: a extraordinária resistência popular (no caso, a burguesia florentina primeva — a grande e a pequena —, posta entre a nobreza e a plebe) à opressão arrogante dos *grandi*, os nobres, e sua capacidade de, a cada vez, recuperar a liberdade republicana — a vida sob *ordini e leggi* — desde que esta foi experimentada no momento da fundação política da cidade, no século XII. No único discurso direto[54] inscrito nesse Livro II (aquele dos *Signori* legalmente estabelecidos que buscam dissuadir o Duque de Atenas de avançar na tirania), Maquiavel estampa claramente, já vimos, esta convicção: "que é certíssimo que o tempo nunca é capaz de apagar os desejos de liberdade; pois amiúde se ouve que ela é restabelecida em cidades em que os habitantes nunca a experimentaram e que a amavam tão somente pela memória deixada por seus pais".[55]

Como pudemos verificar, o Livro II se escande sobretudo por esta reiterada resistência do desejo de liberdade, desejo de não ser

---

[53] *Idem*, cap. 42, p. 689².

[54] Trata-se de um recurso dos historiadores antigos em que se faz um personagem expor em discurso direto razões que levam à ação ou oferecem ou comentam o sentido dos acontecimentos em curso.

[55] *Idem*, cap. 34, p. 682². Cf. acima nota 18 (p. 219).

oprimido e arbitrariamente dominado, a aspiração por ver a cidade unida (expressão que volta a cada passo) e vivendo tranquilamente ("*quietamente*"), em paz ("*in pace*"), sob leis e instituições... um desejo permanentemente, indefectivelmente, afrontado pela soberba dos *grandi*, seja das famílias da velha nobreza florentina, seja dos prepostos das potências estrangeiras que subjugam a cidade. Prepotências efetivamente indefectíveis, como faz ver Maquiavel ao narrar a pacificação e refundação das ordenações republicanas da cidade após a expulsão do Duque de Atenas: "Concluídas estas ordenações, este governo, a cidade se teria assentado, se os grandes se contentassem em viver com a modéstia requerida pela vida civil; mas eles agiam de modo contrário, porque, enquanto privados, não queriam companheiros, e nas magistraturas queriam ser senhores".[56]

Tal soberba e insolência mostram-se comuns ao estamento da nobreza como um todo, mas manifestam-se particularmente através de alguns de seus personagens. No período que consideramos, o caso paradigmático para Maquiavel é certamente o de Corso Donati. Depois da cidade apaziguada dos conflitos entre *Bianchi* e *Neri*, Corso permanece insatisfeito e irritado "porque não lhe parecia ter na cidade a posição que acreditava convir-lhe; sendo o governo popular, ele via a república administrada por muitos inferiores a ele".[57] Dele, nosso autor comenta a certo momento: "*che il modo suo di vivere ogni civili misura trespassava*" (seu modo de viver ia além de todas as medidas civis).[58] Porém, podemos nos lembrar também daqueles nobres que insuflavam no ânimo ambicioso do Duque de Atenas seus ímpetos de tirania. Eles pensavam, já vimos, "não haver outro modo de domar o povo que submetê-lo a um príncipe, o qual, conhecendo a *virtù* de um dos

---

[56] *Idem*, cap. 39, p. 687[2].

[57] "*Perchè non gli pareva tenere nella città quel grado quale credeva convenirsegli; anzi, sendo il governo popolare, vedeva la republica administrata da molti inferiori da lei*" (*idem*, cap. 21, p. 671[1]).

[58] *Idem*, cap. 22, p. 673[1].

lados [o deles, certamente] e a insolência do outro, freasse uma e premiasse a outra",[59] com privilégios.

É essa arrogância que, a partir de certo ponto, torna insuportável, sobretudo para os *popolani*, membros da burguesia abastada, a presença dos nobres nos conselhos republicanos. É ela que em 1393 provoca os *Ordinamenti di Giustizia* que afastam a nobreza das funções do priorato, as magistraturas da *Signoria*, e que enseja também seu afastamento final, em meados do século seguinte, de todos os ofícios públicos, como se vê no término do Livro II. E são os fatos que aqui evidenciam aquela consideração que Maquiavel renova em todas as suas obras fundamentais: que, mesmo quando faltam motivos diretos de conflito, ainda assim "restam acesos aqueles humores que naturalmente costumam existir em todas a cidades entre os poderosos [*potenti*] e o povo, porque querendo o povo viver segundo leis e os poderosos querendo comandar aqueles, não é possível que se entendam".[60] Nada mais claro, enfim: o desejo popular de liberdade é desejo de *ordini*, aspiração continuada por viver sob leis e instituições republicanas. O povo é o sujeito, o motor e o autor das ordenações propriamente políticas.[61]

É importante insistir: Maquiavel não atribui ao povo aquele humor que os Antigos identificavam na massa popular democrática — um humor "libertário" e anárquico, avesso a qualquer autoridade, guiado pelo desejo de independência e de prazer. O desejo de liberdade é para ele a pulsão coletiva de um povo, imbuído da experiência histórica da sua fundação e constituição política, sem a qual os homens naturalizariam as relações de dominação e

---

[59] *Idem*, cap. 33, p. 681[1].

[60] *Idem*, cap. 12, p. 666[1].

[61] Não devemos deixar de frisar que essa figura política do "povo" pode ser efetivamente representada por extratos sociológicos diversos. Aqui no Livro II o papel do povo é desempenhado pela burguesia florentina — a grande e a pequena: cidadão inscritos nas *Arti maggiore* e nas *Arti minori* — em sua oposição à nobreza. No Livro III a função política popular será principalmente exercida pela plebe e pelo *populo minuto*, excluído das *Arti*, das corporações.

opressão. O humor popular que opera na divisão política maquiaveliana não é, portanto, um humor natural "aos homens" ou a uma massa de indivíduos oprimidos. Ele é o humor de um povo, que só existe como povo — como bem mostra o historiador — pela experiência histórica de uma vida própria coletiva, procedente de um acontecimento originário, o acontecimento de sua fundação política. Não há povo sem a memória de uma fundação política. Enfim, o humor popular que Maquiavel diz existir "naturalmente" *em todas as cidades* não está inscrito na natureza "dos homens" e não é de modo algum uma resistência à dominação semelhante à dos potros rebeldes aos arreios, evocados, por exemplo, por La Boétie.[62]

A materialidade histórica que suscita e sustenta os enunciados universalizantes de Maquiavel[63] nos adverte consistentemente em relação a uma compreensão do desejo popular de liberdade como negação absoluta e abstrata de toda e qualquer dominação, conferindo-lhe um caráter antropológico, como ocorre em relação a outros temas de uma obra, que é, não é demais insistir, de teor eminentemente político. O elemento "popular" não se confunde com uma massa qualquer de indivíduos destituídos e oprimidos para os quais a repulsa à dor e ao jugo, bem como o "desejo de liberdade", são naturais. Ele se manifesta em uma recusa da do-

---

[62] Em seu *Discurso da servidão voluntária*, Etienne de La Boétie convoca os animais para dar lições aos homens, degenerados e abatidos pela servidão. Ele interpela: "[...] se acaso temos alguma dúvida sobre isso [nosso desejo natural de liberdade ou franquia], e se estamos tão abastardados que somos incapazes de reconhecer nosso bem e também nossas afecções originais [*naifves*], será necessário que vos lembre a dignidade [*l'honneur*] que vos pertence e que, a modo de dizer, eu faça subir as bestas brutas à cátedra para ensinar-vos vossa natureza e condição. As bestas, ajudai-me Deus, se os homens não se fizerem de surdos, lhes gritam viva a liberdade" [...] "das maiores às menores, quando são presas, resistem com unhas, chifres, bicos e pés, de modo a declarar o quanto prezam o que perdem". La Boétie, *Le discours de la servitude volontaire*, Paris, Payot, 1976, p. 120. Conferir também La Boétie, *Discurso da servidão voluntária*, trad. Laymert Garcia dos Santos, São Paulo, Brasiliense, 1999.

[63] Cf. Maquiavel, *Il Principe*, cap. 9; *Discorsi*, III, 1; *Istorie*, II, 12.

minação e opressão (vinda de uma classe ou mesmo de facções), permeada pelo desejo de unificação da cidade sob *ordini e leggi*, o desejo de paz republicana — historicamente lastreado —, condenado a enfrentar sem trégua, permanentemente, a arrogância e a prepotência dos que se julgam naturalmente aptos a comandar acima de leis e instituições, que desprezam e manipulam em função de seus interesses. É esse desejo de liberdade que move os jovens que se reúnem com Maquiavel nos *Orti Oricellari*[64] e que olham inconformados e exasperados para a servidão da sua cidade, novamente submetida ao domínio dos Medici em 1512.

---

[64] Os chamados *Orti Oricellari* referem-se à residência dos Rucellai, rica família aristocrática que por duas gerações abrigou em seus jardins (com suas fontes, grutas e sombras) os mais eminentes intelectuais florentinos, para conversas políticas e literárias. Maquiavel, a partir de 1516, de volta de seu exílio em San Casciano, é convidado por Cosimo Rucellai (e seus primos Palla e Giovanni, herdeiros da casa) para comentar os livros do historiador romano Tito Lívio para um grupo de jovens aristocratas e burgueses, distanciados dos Medici e ardentes republicanos. Esses encontros estão na origem dos fundamentais *Discursos* do mestre Maquiavel. Cf. *Discursos sobre a primeira década de Tito Lívio*, São Paulo, Martins Fontes, 2007.

Parte IV: Nosso tempo
Pensando a república

IV.1

Que república? (As razões republicanas dos Antigos)

A cultura política de esquerda viu algumas vezes a volta das reivindicações republicanas à cena da ação e do pensamento políticos contemporâneos como um estreitamento desalentador do horizonte de suas perspectivas e expectativas históricas. Há pouco ainda, definia-se pela exigência da socialização dos meios de produção e da riqueza social; orientava-se pela urgência de uma revolução socialista. Depois, não faz também muito tempo, ao menos entre nós, viu sua atuação militante efetiva polarizada pela bandeira da democratização da vida social e política, buscando estender a influência e a participação populares nas representações institucionais, na repartição da produção social, na vida cultural e nas atividades associativas. Por fim, acabou sentindo-se acuada, tão somente, à defesa de um regime verdadeiramente constitucional e de um efetivo estado de direito, precários (ainda que imprescindíveis) obstáculos à permanente prepotência dos grandes e à ganância sempre crescente dos ricos. É, pois, sem grande ardor que esta esquerda parece tomar o caminho da defesa dos interesses e da própria preservação do espaço público; ela sustenta, aqui e ali, quase com resignação as causas do republicanismo.

Há, no entanto, os que assumem o paradigma da república com mais entusiasmo. Muitos epígonos da velha militância, convertidos ao realismo, aos valores do entendimento, das negociações e composições políticas, parecem encontrar nele ferramentas para a elaboração de seu distanciamento da empresa da igualdade econômica e da democracia social, malvistas por muitos agora como sinais de atraso ideológico e arcaísmo. É o suporte trazido pelas teses republicanas que os tem ajudado a sentar-se à mesa dos ricos e a ensinar aos pobres as necessárias concessões em prol do bem comum de toda a sociedade, sem facciosismos ou radicalismos. O argumento da república e das exigências institucionais lhes permite muitas vezes pregar aos pequenos a paciência necessária em relação ao gradualismo e lentidão das transformações e aos procedimentos necessários das deliberações democráticas (tão bem manipuladas pelas elites).

Já os velhos e os novos liberais parecem ver com magnânima condescendência a realização do debate sobre as exigências republicanas. Ele lhes parece, certamente, vir na contramão da história (num momento, justamente, em que estão abalados os alicerces dos Estados-nação e em que avança a mundialização da economia e a financeirização do mercado capitalista); mas permitiria atestar a vitória do ideal liberal da democracia. Pois, afinal, a defesa republicana da liberdade e do estado de direito (ao invés das pretensões um tanto exorbitantes da social-democracia) viria não só reforçar o necessário enquadramento jurídico-político da livre competição dos indivíduos, como também somar apoios — não negligenciáveis — ao combate aos resíduos de totalitarismos, despotismos, integrismos religiosos e às várias formas de autoritarismo, que entravam a universalização do mercado, a racionalização da produção mundial e as potencialidades da acumulação financeira necessária para sustentar o progresso tecnológico e as novas ambições da economia capitalista.

São múltiplas, enfim, as interpretações e as apropriações da retomada contemporânea do tema da república. No entanto, é possível verificar que as várias perspectivas apontadas, não obstante suas diferenças evidentes, apresentam traços comuns. Em primeiro lugar, elas deixam de assinalar — ou escondem — que o revigoramento da tópica republicana carrega um acentuado aguilhão crítico. Pois, seu novo alento se deve em grande parte, certamente, à própria realidade e radicalização das ideias liberais: ele faz contraponto à celebração da expansão do mercado e da esfera dos interesses privados, à retração do espaço público e das regulações políticas. É a agressividade teórica e prática do neoliberalismo, a rarefação da atmosfera social, que parecem suscitar a necessidade de devolver alguma densidade à esfera do comum, dos interesses partilhados, da ação coletiva e da solidariedade política no seio das próprias sociedades democrático-liberais contemporâneas — como se pode depreender de postulações de teorias "comunitaristas" e dos chamados republicanismos cívicos. É a expansão do domínio dos interesses, a ordenação de todas as instâncias da vida social na direção da satisfação dos apetites dos indivíduos (a expansão do que Leo Strauss designa como o reino do moderno hedonismo político), que parece sugerir a urgência de algum reatamento com as perspectivas clássicas da filosofia política: a afirmação do caráter originário da constituição política da sociedade (com o consequente reconhecimento da necessidade de interrogar esta dimensão fundante) e a distinção dos diversos regimes de governo, na perspectiva dos Antigos, hoje — para tomarmos a expressão de Claude Lefort — a questão de sua "forma", ou "*mise-en-forme*" política.[1]

O republicanismo pode ter deixado de ser revolucionário (como foi nas chamadas revoluções burguesas), entretanto não perdeu sua motivação crítica. Não perdeu, certamente, o traço conceitual e histórico que o caracteriza: o de balizar, para além das diferenças de posses, riquezas, influências e talentos, um espaço comum equalizador, definido por uma lei fundamental, uma Constituição, e pela implicação de todos os cidadãos no sistema das decisões políticas. Pois o regime republicano não supõe apenas essa integração de todos, ele a promove; e carrega, inevitavelmente, no bojo de sua efetivação, com a radicalização da democracia política, também a democratização econômica, social e cultural, operada pela universalização de direitos e da participação política.

Já o segundo elemento comum a ser observado nas diversas interpretações e usos ideológicos do conceito que abordamos é a tendência a reduzir república à ideia de um "governo constitucional", governo de leis e "estado de direito". Trata-se de um estreitamento inadmissível de seu campo de significações — o que, no entanto, ocorre frequentemente mesmo no âmbito das especula-

---

[1] Cf. Claude Lefort, "Permanence du théologico-politique?", *Le Temps de la Réflexion*, Paris, nº 2, 1981, pp. 18-20. Ver também Claude Lefort, *Pensando o político*, trad. Eliana M. Souza, Rio de Janeiro, Paz e Terra, 1991, pp. 253-6.

ções em torno de seus traços conceituais e históricos. Tome-se como exemplo dessa identificação imediata entre república e estado de direito moderno o artigo de Blandine Kriegel no número dedicado à república pela *Revue Internationale de Philosophie Politique*, em 1993:[2] "O estado republicano ou o estado de direito, isto é, o Estado que tira sua legitimidade de uma organização da sociedade em vista do 'bem viver', do interesse geral e do bem comum, dá consequentemente à Lei, ao Direito, o lugar de atributo principal de seu funcionamento",[3] diz ela, identificando aí o princípio da soberania do Estado, que seria a forma do "Direito político republicano".[4] Tais formulações vêm, no ensaio, sustentar a tese histórica do caráter republicano das monarquias absolutas modernas ("uma contradição aparente"),[5] enquanto "estados de direito".

Mas deixemos de lado as derrapagens conceituais e históricas dessas análises, para observar apenas que esta fusão imediata da ideia de república com o princípio moderno da soberania do Estado, não obstante oferecer um esquema cômodo para explicar as grandes transformações políticas da história moderna (assinaladas por Kriegel como passagem de uma república monárquica ou aristocrática para uma república democrática — ou passagem da soberania do rei à do povo — e ainda da simples soberania do Estado ao princípio da separação dos poderes e, progressivamente, ao desdobramento de novas esferas de direitos: do homem, do cidadão e dos povos), não só simplifica um tanto abusivamente o sentido político e jurídico destas transformações, como também obscurece os próprios conceitos que mobiliza e as determinações que estes adquirem ao serem reinvestidos em tempos e contextos diversos. Perde-se o sentido original de república como o melhor re-

---

[2] Cf. Blandine Kriegel, "L'idée republicaine sous l'Ancien Régime", *Philosophie Politique: Revue Internationale de Philosophie Politique*, Paris, nº 4, 1993, p. 29.

[3] *Idem*, p. 30.

[4] *Idem, ibidem.*

[5] *Idem*, p. 26.

gime de governo (e não somente de índice da natureza política de uma sociedade), bem como o caráter crítico-político de suas retomadas históricas.

Na verdade, o motivo primeiro desses equívocos e, mais diretamente, da tendência crônica para a assimilação da tópica republicana a "estado de direito"[6] está na dupla acepção conferida, já na sua origem, ao termo *politeia* (posteriormente dado pelos latinos como *res publica*), em função dos registros diversos em que se desenvolve a investigação dedicada às comunidades políticas: aquele relativo à sua definição essencial, à sua natureza, e aquele voltado para suas formas diversas de efetivação e suas propriedades, a questão dos diferentes regimes de goveno e de suas aptidões constitucionais próprias. Assim, a mesma palavra *politeia* designa o gênero dos regimes políticos e uma de suas formas específicas, aquela, justamente, cuja disposição excelente para a realização de sua natureza política permite assinalá-la com a denominação do gênero. Tal oscilação semântica, mesmo que sobejamente conhecida, atua na história das ideias e práticas republicanas obscurecendo frequentemente seu horizonte e turvando seu sentido. Pois os termos *politeia* e república são tomados nas indagações e debates prático-políticos dos clássicos, via de regra, na segunda acepção, como um regime determinado de governo, ainda que a caracterização desse regime ganhe, em certos casos, feições aristocráticas e, em outros, traços mais próximos da democracia. Estas concepções diversas da *politeia*, tomada como regime de governo, podem ser observadas, por exemplo, ou mesmo paradigmaticamente, nas suas matrizes platônica e aristotélica, ou ainda no confronto que divide os partidários de um governo *stretto* e de um governo *largo* nas cidades republicanas da Itália renascentista: de um lado, em cada caso, a formulação "aristocrática" e, de outro,

---

[6] O "estado de direito" pode ser determinado por uma universalidade tão somente jurídico-formal e não por aquela plenamente social e política a que aspiram as repúblicas. A república traz a ideia de um espaço público substantivo: racionalidade e interesse públicos, para além das aglutinações transitórias de opiniões e decisões majoritárias dos indivíduos — daí o relevo dado ao aspecto constitucional do vínculo político.

a concepção "democrática" desta forma de "governo misto" constitucional, à qual a tradição chamou república.

Ora, os termos e interesses da questão republicana mudam radicalmente quando se toma a *politeia* não como um regime político específico (seja na versão aristocrática ou na democrática do "regime misto") mas como o gênero das constituições "políticas" (oposto ao gênero dos regimes de natureza "despótica"), como ocorre frequentemente entre os Modernos e hoje, entre nós, de maneira generalizada. Assim, parece-nos imprescindível começar por examinar e precisar — mesmo que brevemente — as referências conceituais e históricas balizadoras do tema, pois só esse exame, acreditamos, permitirá demarcar um campo propriamente republicano de conceitos, indagações e discussões e limitar as zonas de mal-entendidos que travam nossos debates. De outro lado, esse movimento retrospectivo poderá fornecer também o enquadramento necessário para indagarmos o sentido que hoje se pode dar à reivindicação de uma esfera pública capaz de proporcionar aos homens alguma experiência de vida comum (capaz de referi-los, como apontamos há pouco, a um espaço de universalidade que não seja meramente jurídico-formal, mas plenamente social e político). Pois estas parecem ser as ambições do republicanismo que vemos ressurgir, com força, na cena atual da reflexão política.

A *POLITEIA* ARISTOTÉLICA

A palavra "república", sabemos, é latina e nos remete necessariamente à história das instituições romanas; mas é preciso começar pelo termo e o conceito gregos que lhe servem de paradigma e que assinalam o solo em que se determina seu sentido. A política, já se observou mais de uma vez, "fala grego", pois é na experiência da *polis* que se desenvolvem sua gramática e léxico fundamentais. Assim também no caso da *res publica*. A expressão pretende traduzir o termo *politeia*, procurando dar conta, pelo recurso à perífrase, da configuração nominal do conceito: o *quid* da *polis*, a constituição da *polis*, a "coisa" política. Ocorre, porém, que tal transposição não só nos distancia de referências semânticas e históricas originais do termo, mas também, e sobretudo, obscurece o uso mais preciso e mais técnico que lhe haviam conferido a prática e o pensamento políticos gregos: o sentido de "regime de governo", de "constituição política", pensada como uma forma de organização das magistraturas ou poderes que conformam e orientam a vida da cidade.

Ora, a expressão *res publica*, na sua significação mais imediata — a coisa pública, de todo o povo, a esfera dos interesses comuns, do bem comum —, parece acentuar mais a referência à natureza política da comunidade (que designa a agregação de cidadãos em vista do bem, do direito e do interesse comum, o *koinon synpheron* dos gregos) do que a questão, propriamente constitucional, da boa organização das magistraturas, a questão do "melhor regime", que polariza quase inteiramente o interesse dos clássicos pela ciência prática da política. Pois, para eles, a questão da boa constituição da comunidade (a da ordenação a melhor possível de seus elementos, em vista de seus fins últimos) remete, no fundamental, àquela da boa organização dos poderes, especialmente das magistraturas soberanas, à questão, enfim, do regime de governo de uma cidade. Assim, a *politeia* se refere essencialmente ao "governo": "a *politeia* é o governo [*politeuma*]",[7] diz diretamente Aristóteles. Mas, observemos que se a organização dos poderes define uma *politeia* é porque ela define também uma "maneira de viver", a constituição ou perfil moral da comunidade; pois este se determina pelo caráter de suas leis (que são educadoras) e estas, por sua vez, pela estrutura de poder, que designa não só a classe hegemônica na cidade mas também o tipo de homem e de vida que ela considera adequados e a que, portanto, confere autoridade.[8] A natureza e forma de vida de uma associação política determinam-se, assim, fundamentalmente, pelo seu regime de governo — o que faz da política, o saber das constituições, a ciência arquitetônica ou matriz do domínio das investigações prá-

---

7 Aristóteles, *Política*, III, 6, 1278 b 10.

8 Cf. Leo Strauss, *Droit naturel et histoire*, Paris, Plon, 1954, pp. 151-2.

ticas, e faz do legislador a figura mais eminente da esfera da ação, ou da práxis.

O que é, então, *politeia*? Que sentido é conferido a esse termo na tradição da investigação política? Para precisar e aprofundar esta questão, podemos, certamente, começar por Aristóteles — o filósofo das definições seguras, no qual a reflexão sobre a *polis* chega à sua forma mais acabada. Podemos verificar, então, que no Livro III (capítulo 6) da *Política* ele define *politeia* — constituição ou regime — como "uma certa ordem [*taxis*] das diversas magistraturas, especialmente a que é suprema entre todas [...] o governo da cidade".[9] Desse modo, se considerarmos que, para ele, a *polis* é constituída de cidadãos e que é cidadão o que participa ao menos de um dos poderes que governam a cidade (seja uma magistratura permanente ou não, pessoal ou coletiva), dispondo, pois, de algum poder sobre todos os demais (já que a igualdade política que caracteriza a *polis* vem justamente da ocupação — alternada e legalmente regulamentada — por todos os homens livres, adultos e nascidos na cidade, dos polos do mando e da obediência), veremos, então, que a *politeia* deve ser compreendida como a organização das magistraturas ou poderes exercidos pelos cidadãos, considerando-se, porém, especialmente os poderes soberanos, visto que é, como já assinalamos, pelo caráter do governo (*politeuma*) que se determina a qualidade, ou a natureza, da constituição (*politeia*) de uma cidade.

Se assim entendemos *politeia* (a ordenação dos poderes da *polis*, consideradas, fundamentalmente, as magistraturas de governo), verificaremos que o caminho mais imediato para a distinção de suas diferentes formas estará na determinação, para cada caso, do conjunto específico dos cidadãos que nela ocupam as funções de governo, a classe, enfim, que detém a hegemonia na ocupação das magistraturas soberanas, considerando-se que todo cidadão, por definição, participa de alguma magistratura da cidade. Desse modo, a natureza de um regime parece definir-se, de imediato, sobretudo pela resposta à questão "Quem (entre os cidadãos) gover-

---

[9] Aristóteles, *Política*, III, 6, 1278 b 9.

na?", ou pela delimitação do universo dos cidadãos que têm efetivamente acesso ao centro do poder. Ora, a classificação tradicional (que é amplamente consensual entre os gregos e que também Aristóteles toma como ponto de partida) enfrenta esse problema buscando distinguir os regimes pela extensão do poder soberano, ou seja, pelo número de cidadãos que compõem a "classe governante", relativamente ao conjunto total da cidadania; pois, efetivamente, governam todos os cidadãos, alguns ou apenas um, estabelecendo-se, portanto, como regimes fundamentais a democracia, a aristocracia e a monarquia (fundada a primeira na liberdade, que delimita o universo dos habitantes livres — nem escravos, nem estrangeiros — da cidade, elevados à cidadania e ao governo; a segunda, no mérito ou na virtude de cidadãos "escolhidos", eleitos; a terceira, em uma sabedoria ou um mérito extraordinários, que justificam a concessão do governo a um homem incontestavelmente superior aos demais). A estes regimes fundamentais, entendidos como constituições propriamente políticas (ou seja, como formas de governo exercido por cidadãos sobre cidadãos, em vista do bem de todos ou do bem comum da cidade e não daquele dos próprios governantes), virão se juntar, depois, suas formas desviantes ou degradadas: a tirania, a oligarquia e o regime licencioso (a própria democracia ou a oclocracia, o governo da plebe), os regimes não-políticos, despóticos, que completam o quadro da classificação.

Aristóteles, no entanto, mesmo partindo da tipologia proposta pela tradição, procura justamente assinalar a insuficiência do próprio princípio que a articula. Pois, conforme nos faz ver, o critério do número dos governantes, ou da extensão do poder soberano, não permite determinar a verdadeira natureza ou essência desses regimes. A essência de uma determinada constituição só pode ser cabalmente definida — como tudo o mais — por sua finalidade, exatamente como ocorre no caso dos diversos tipos de comunidade (familiares, régias, despóticas) e respectivos tipos de poder.[10] Ele entende, assim, que para se determinar o caráter de um dado regime é preciso perguntar por sua destinação: "para

[10] Cf. Francis Wolff, *Aristóteles e a política*, *op. cit.*, pp. 107-8.

quem?", "em vista de quem ele governa?"; esta é a boa questão. Na verdade, tal interrogação pode, à primeira vista, parecer ociosa, pois estaria de antemão respondida pela própria definição do gênero sobre o qual se investiga, o das "comunidades políticas", já que é por definição que estas comunidades visam ao interesse de todos, o bem viver comum (por oposição, sobretudo, ao gênero "comunidades despóticas", em que se governa sem compartilhamento dos poderes e em função dos interesses próprios dos governantes). Contudo, se o critério — o da destinação do governo — pouco acrescenta à compreensão dos regimes retos, no caso dos regimes desviantes seu rendimento especulativo será considerável, pois conduz à averiguação de sua inscrição social, das "bases sociais" destes governos e, assim, à consideração de sua natureza — em algum sentido — "política".

Vejamos, então. Para quem governam tirania, oligarquia e democracia (tomada aqui no sentido de governo do *demos* ou do vulgo), esses regimes inicialmente designados pelo critério do número (governo de um, de poucos ou de uma minoria e governo da maioria, do grande número, da multidão da massa popular)? O tirano, com toda a evidência, governa exclusivamente para si próprio; porém, que determinações, entre as inúmeras que distinguem as diferentes partes ou funções da cidade (camponeses, comerciantes, artesãos, militares, homens ricos, políticos, sacerdotes, homens de labuta ou mão de obra, entre outras lembradas pelo filósofo), especificam, em última instância, os destinatários e os interesses parciais dos governos oligárquicos e democráticos? Das qualidades consideradas, diz Aristóteles, todas podem, em princípio, ser acumuladas (um rico artesão, um político comerciante etc.), só sendo irredutíveis entre si as qualificações rico e pobre.[11] Portanto são elas que nos proporcionarão o princípio real de especificação destes regimes, os mais comuns entre as *poleis*: "considera-se, assim, que as partes por excelência da cidade sejam os abastados e os modestos, de modo que as constituições se determinam segundo a predominância destas partes; e diz-se comumente que há

---

[11] Cf. Aristóteles, *Política*, IV, 4.

duas constituições, democracia e oligarquia".[12] A oligarquia é, pois, o poder dos ricos, para os ricos, a democracia, o poder dos pobres, em vista dos pobres, sendo acidental, na verdade, desta perspectiva, que sejam o governo de poucos ou de muitos, de homens mais rudes e ignorantes ou mais refinados e educados.

Ora, é justamente esta dedução da natureza específica das constituições desviantes que nos põe na direção do que há de mais original no trabalho de investigação de Aristóteles: seu esforço no sentido de devolver a estes regimes (oligarquia e democracia — tomados como regimes desviantes) alguma significação "política". Veremos que, ao especificar suas determinações próprias, a partir da indicação da base econômico-social que os sustenta, o filósofo poderá também considerar o modo específico pelo qual entendem estabelecer um espaço comum, ou ainda a maneira pela qual ricos e pobres entendem justificar suas pretensões ao governo (a um governo político), legitimando a oligarquia ou a democracia. Pois é certo que eles defendem seus próprios interesses; mas não deixam de defendê-los em nome da justiça: não deixam de projetar um horizonte de legitimidade e de universalidade em que esses interesses estariam inscritos. Oligarcas e democratas, ainda que equivocadamente, sustentam cada um sua reivindicação ao poder soberano como a única justa e legítima.[13] Os pobres sustentam sua pretensão a uma igual distribuição das magistraturas soberanas a todos os homens livres, tendo em vista a proteção de sua liberdade (pois um governo para todos deve ser também de todos; não pode excluir ninguém, visto que o excluído de qualquer comando, apenas obedeceria — e deixaria de ser livre); eles não visam, entretanto, a um bem efetivamente comum, mas à segurança de cada um para viver sua vida segundo suas pulsões e desejos, como bem entender, pensa Aristóteles; visam, enfim, à preservação de sua "liberdade", da independência de sua vida privada. Os ricos, por sua vez, sustentam sua reivindicação ao poder em nome da riqueza, da competência e do mérito que, no governo, estariam postos a serviço da

---

[12] *Idem, ibidem.*

[13] Cf. Francis Wolff, *Aristóteles e a política*, *op. cit.*, p. 123 ss.

cidade; mas, na verdade, querem apenas conservar os seus bens e aumentar seu patrimônio, em que veem o bem verdadeiro e a aspiração universal dos homens. Tudo se passa para ambos — como bem observa Francis Wolff, comentando o texto do filósofo[14] — como se a justiça política se definisse pela distribuição do poder na proporção das aspirações de cada um (riqueza ou liberdade), tendo em vista a satisfação de seus interesses (bens ou segurança), postulados como universais políticos... como se "a comunidade política tivesse por fim unir particulares", como se "a cidade fosse uma associação de interesses privados",[15] diz Wolff, em vez de definir-se exclusivamente pela realização do bem comum — não a posse de bens para se viver bem, nem a segurança para se viver livre,[16] mas o "bem viver" comum (de todos, em comunidade, em *koinonia*), a própria "vida política", cuja realização tem no poder e nos regimes apenas seu instrumento.

O importante, todavia, é que no percurso desta crítica (que, justamente, discerne e esclarece a natureza própria das comunidades verdadeiramente políticas, sua visada de um bem efetivamente comum), oligarquia e democracia não aparecem mais para o filósofo apenas como o espaço dos interesses e da irracionalidade das paixões, regimes de injustiça e despotismo; elas surgem determinadas por alguma aspiração de universalidade, ordem e legitimidade que as aproxima, como já assinalamos, das realidades propriamente políticas. Desse modo, será essa abertura para a questão da justiça (seu traço de afinidade com o universal político) que Aristóteles buscará capitalizar na sua postulação inteiramente original de um regime "misto", pensado a partir das duas constituições mais comuns (ou mais frequentes, por representarem, como vimos, os interesses dos ricos — oligarquia — ou dos pobres — democracia —, as partes fundamentais das cidades) e entendido

---

[14] Cf. *idem*, pp. 123-9.

[15] *Idem*, p. 123.

[16] Não parece difícil reconhecer aqui aspirações de nossos socialistas e liberais que, segundo Aristóteles, se afastariam ambos do horizonte de uma verdadeira vida política.

como integrador de seus antagonismos: a *politeia*, o regime que será designado pelo nome genérico das constituições, por se mostrar eminentemente capaz de levar à realização dos fins "políticos" da comunidade.

O que é, então, esta *politeia* considerada agora, em sentido restrito, um regime específico? Aristóteles, como viemos de indicar, pensa esse regime a partir da democracia e da oligarquia. Ele o define, exatamente, como "uma mescla de oligarquia e democracia",[17] acrescentando — o que é importante — que se costuma chamar *politeia* às "misturas" que tendem para a democracia (para o alargamento da base do regime), e aristocracia às que tendem para a oligarquia ("porque os ricos costumam ter educação e nascimento ilustre", o que não é senão, acrescenta, "riqueza antiga"). Segundo o filósofo, esse regime entende constituir um equilíbrio, um "justo meio", entre os dois partidos opostos a que pode ser reduzida a cidade, de modo a garantir sua influência ativa nas decisões do governo. Mas como produzir esta mescla? Como pensar a mistura desses elementos heterogêneos?

Tentemos compreendê-lo, começando por observar os expedientes constitucionais indicados como capazes de processar tal mescla no governo das cidades. Quanto aos poderes colegiados, por exemplo, parece possível garantir a participação de todos cobrando multa dos ricos que deles não participarem (em função da atenção exigida por seus negócios) e pagando *jeton* aos pobres, para que possam deixar temporariamente sua labuta pela sobrevivência. Pode-se também, no que diz respeito a algumas magistraturas, estabelecer um censo médio como condição para sua ocupação (um censo alto lhes daria um perfil oligárquico, um censo muito baixo um perfil democrático, no sentido restritivo do termo), ou ainda combinar a ausência de censo (elemento democrático) com eleições (elemento aristocrático), em vez de sorteios, que aumentam a participação dos pobres. São normas como estas que parecem caracterizar esta constituição e viabilizar a realização de seu intento integrador ou includente, a efetivação de sua disposi-

---

[17] Aristóteles, *Política*, IV, 8, 1293 b 34.

ção essencial para o todo, para a superação das formas de governo exclusivas para uma das partes da cidade.

Mas, para uma melhor compreensão da natureza (*eidos*) e obra (*ergon*) próprias desse "regime misto", impõe-se certamente uma atenção maior ao tratamento da questão pelo filósofo. Podemos observar que o problema teórico enfrentado por ele para chegar à definição de um regime excelente, concebido não abstratamente (como governo de e para um "todos" indeterminado, designado apenas pela extensão universal da cidadania e a repartição dos poderes estendida a todos os homens livres — não-estrangeiros e não-escravos — visados, assim, na perspectiva da sua disjunção, de sua liberdade), mas concretamente, como capaz de figurar ou mesmo encarnar a essência dos regimes políticos retos, é o de encontrar na cidade realmente existente (sempre imperfeita, é certo) a matéria psico-social-econômica disposta ou apropriada para a forma política; isto é, encontrar o conjunto determinado de elementos cuja ordenação permitisse realizar um bem efetivamente comum a toda a cidade. Ora, já vimos que as partes que se mostram capazes de abranger a comunidade psico-social-econômica como um todo, que permitem unificá-la em um conjunto determinado de elementos fundamentais, designam-se nas classes dos ricos e dos pobres (todos os cidadãos, independentemente de suas demais qualificações — de número ilimitado —, são subsumidos, vimos, por uma destas categorias), que se revelam, então, a matéria apropriada para integrar (e integralizar) o composto propriamente político, ou seja, a matéria adequada para a ordenação/organização da *polis* como um todo efetivo, constituindo-a, portanto, como verdadeira comunidade política. Ultrapassa-se, enfim, a definição abstrata de um regime de governo de todos os homens livres em vista da sua liberdade — a democracia — pela definição da *politeia* como regime de governo de todos os homens livres, ricos e pobres, empenhados através das leis que pactuam na busca de um bem verdadeiramente comum.[18]

[18] Pode-se perguntar se seria descabido aproximar esta democracia da democracia liberal, formal, e aproximar a *politeia* da social-democracia.

Colocamo-nos aqui, observe-se bem, não mais no nível da definição dos diversos regimes (as *politeiai*) por gênero e diferença específica (a ordenação dos diversos poderes da cidade, com a hegemonia de um só, de alguns ou de todos nas magistraturas soberanas, no governo), mas no registro da definição de um regime, a *politeia*, por matéria e forma, isto é, no plano da questão relativa tanto às suas partes ou elementos constitutivos próprios quanto à forma de sua unidade. Vimos, então, que a matéria própria da *politeia* — como um regime político específico — é constituída pelas partes dos ricos e dos pobres, e pudemos verificar também o princípio que a identifica formalmente: ele se assinala justamente no intento de realização de um todo, naquele de promover a integração e comunicação destas partes fundamentais ("as partes por excelência", diz Aristóteles) e antagônicas da cidade. Desse modo, a *politeia* se define formalmente como um governo organizado em função da própria integração, a melhor possível, de todos — um "todos" verdadeiro, socialmente determinado — no exercício do poder soberano, em vista da existência mesma, entre pobres e ricos, de uma efetiva comunicação e comunidade. Portanto, nessa perspectiva, a causa final ou o fim específico visado pelo regime constitucional misto (republicano, como se dirá mais tarde) não é diretamente a felicidade (o "bem viver") e a virtude moral dos cidadãos; é a própria realização da *polis* como comunidade ativa de todos os cidadãos, a existência mesma da cidade pela atividade constitucional de sua produção e conservação como verdadeiro todo político. Diferentemente do que se passa na aristocracia, aqui não é a virtude ética a matéria da virtude política (a excelência do regime); é a virtude política, enquanto integradora da comunidade, que inclina os cidadãos para o bem comum e a moralidade.[19]

Ora, esta finalidade integradora que define a *politeia* só se realiza pela submissão dos interesses diversos das duas classes constitutivas da cidade ("a partir de que" ela se conforma, sua "matéria") ao interesse do todo, por sua sujeição à hipoteca da totalida-

---

[19] Cf. Solange Vergnières, *Ética e política em Aristóteles: physis, ethos, nomos*, São Paulo, Paulus, 1998, p. 194.

de. Pois ricos e pobres, ao integrarem a esfera política, continuam determinados por suas pulsões e interesses próprios: os primeiros pelo desejo de bens e de uma vida refinada e cultivada no conforto e no ócio, os outros pelo desejo de uma vida independente e segura, para viverem como bem entenderem, mantendo-se, assim, a tensão entre eles, sua "desconfiança recíproca".[20] Não se trata, pois, de negar estas pulsões originais constitutivas da vida da cidade; trata-se, ao contrário, de levá-las a alguma interação mediante o estabelecimento de um espaço de compromisso, de "um justo meio aceitável para todos".[21] Trata-se, enfim, nesse regime misto, republicano, fundamentalmente, de limitá-las, moderá-las, em função do interesse superior de todos: a própria existência da cidade como comunidade autárquica e integradora de todos os cidadãos. Modera-se, então, o afã por riqueza de uns (que ameaça a segurança de todos) e limita-se a pulsão do bel-prazer e de independência dos outros (que torna inseguras as propriedades), para que a *polis* possa existir e cada um viver, segundo seus interesses, o melhor possível.

Podemos verificar, portanto, que o bem comum oferecido por este governo constitucional misto — o princípio formal da unidade que ele realiza — não está na unificação (compatibilização) nem na ordenação (hierarquização) do universo das pulsões e dos interesses particulares dos cidadãos concebidas pela sabedoria virtuosa dos governantes (como num ideal demiúrgico de ordenação dos múltiplos interesses, de uma política pensada a partir da matéria da *oikonomia*, como gestão de um todo orgânico de interesses — quando, na verdade, tais interesses constituem um universo ilimitado e indeterminado e, logo, avesso à totalização). O bem se produz aqui pela subordinação das aspirações primárias de cada uma das classes ou partidos ao seu interesse superior na existência da cidade e ao interesse de cada um, como ser dependente e não autárquico, em viver no seio da comunidade política. Tudo nesse regime político ou constitucional se dispõe, assim, no sentido de coi-

---

[20] Aristóteles, *Política*, IV, 12, 1297 a 5.

[21] Cf. Pierre Aubenque, "Aristote et la démocratie", *op. cit.*, p. 263.

bir os excessos, evitar os extremos e buscar o "justo meio" no qual se realiza a justiça política (de tal modo que aí nada é pior que as medidas extremas, como desapropriar ou confiscar os bens dos ricos ou ameaçar a sobrevivência, a segurança e a liberdade dos pobres): "o que é melhor é a medida e o meio", diz o filósofo. O que é melhor, portanto, é o compromisso configurado nas leis produzidas por este "governo misto". Por isso a *politeia* é essencialmente o "governo da lei", antes que o governo do Bem ou o governo de homens movidos por princípios de atuação específicos (a sabedoria, a virtude, a riqueza ou a liberdade),[22] como no caso dos demais regimes. Seu princípio não é a "ciência do governo" (como em Platão), como não é também a virtude moral; é a própria realização da comunidade política, através das leis, como a expressão do "justo meio" ou do compromisso entre aspirações e interesses das partes fundamentais da cidade.

Esta compreensão da natureza do regime denominado *politeia*, do caráter essencialmente integrador de seus dispositivos constitucionais, permite-nos, por fim, compreender ainda que o "tipo ideal" de homem desse regime seja, para Aristóteles, aquele de "classe média". Os homens remediados, nem grandes possuidores, nem destituídos; nem arrogantes (pelo excesso de força, riqueza e influência) e inaptos para a obediência — como os muito ricos —, nem servis (pelo excesso de privações, fraqueza e indignidade) e inaptos para as funções de mando — como os muito pobres[23] —, sintetizam a moderação e a disposição para a inclusão e a igualdade visadas pela *politeia*. Eles manifestam e encarnam, paradigmaticamente, no entender de Aristóteles, a disposição formal deste regime para a produção de uma "vida política". Assim, são também eles, educados pelo regime, que apresentam os melhores títulos para o preenchimento das magistraturas de governo, sendo os mais preparados para a alternância nos ofícios do poder que caracteriza o verdadeiro estatuto da cidadania. Por isso, diz o

---

[22] Estes, respectivamente, os princípios da monarquia, da aristocracia, da oligarquia e da democracia.

[23] Cf. Aristóteles, *Política*, IV, 11, 1296 a 8-9.

filósofo, "a melhor comunidade política é aquela que é constituída por gente média e as cidades bem governadas são aquelas nas quais a classe média é numerosa, ou ao menos mais forte que as outras duas, ou ainda que uma das duas, pois seu concurso faz pender a balança e impede os excessos contrários",[24] impedindo que o regime deslize na direção da parcialidade, do facciosismo ou mesmo da criminalidade. Uma ampla classe média é, ao mesmo tempo, a condição da produção e da reprodução da *politeia* (pois é preciso que as cidades tenham sempre uma constituição afinada com sua parte mais forte, interessada em mantê-la)[25] e o sinal do bom sucesso de suas disposições integradoras e formadoras dos cidadãos para a virtude propriamente política, a busca do bem comum e a aptidão para a vida partilhada e concertada entre as partes da comunidade. Ora, se a cidade visa, em última instância, a formação ética dos cidadãos e sua felicidade, a condição desta formação está, por excelência, neste governo constitucional,[26] que figura a *ariste politeia*, o "melhor regime".

Sobre a tradição do "governo misto"

Sabemos que o tema da *politeia* como regime misto — nem monarquia, nem aristocracia, nem democracia — já está presente em Platão e que nele também se enunciam seus quesitos fundamentais: o de um regime includente, que partilha os poderes da cidade; o de um governo de leis, dotadas de legitimidade e de força para reinarem efetivamente e serem respeitadas por todos; o de uma constituição empenhada na realização da justiça como princípio da unidade da comunidade política. Todos estes elementos são encontrados também, segundo vimos, em Aristóteles e depois em grande parte da tradição do pensamento político inspirado pelos

---

[24] *Idem*, IV, 11, 1296 a 35-38.

[25] Cf. *idem*, IV, 12, 1296 b 16.

[26] Cf. Parte I, cap. 2, para observações complementares relativas à natureza deste regime constitucional.

clássicos. No entanto, se a pauta parece permanecer a mesma, são bastante diversas, em cada caso, as maneiras de compreender sua forma de realização, como são também diversas as balizas conceituais, históricas, e mesmo "ideológicas" que, em cada caso, orientam a investigação.

Começamos pelo caso de Aristóteles. Pudemos observar que, em sua obra, o caráter includente da *politeia* remete diretamente à exigência formal da realização da totalidade política (pensada a partir de uma matéria efetivamente apropriada à totalização: as partes fundamentais da cidade) e que a designação "governo de leis" assinala, por oposição às formas de governo tendencialmente facciosas, o espaço político do compromisso ou do equilíbrio — o justo meio — entre os interesses destas partes (a dos ricos e a dos pobres), em função da existência da cidade. Ora, em Platão o tratamento destes temas é inteiramente distinto. Na sua doutrina, a busca da inclusão dos elementos diversos da comunidade através de um governo de leis responde à necessidade de conciliar a ciência do Bem e da justa medida, possuída pelo "homem régio" (o político por excelência, "[...] capaz de distribuir em todos os casos entre os cidadãos uma perfeita justiça, penetrada de razão e de ciência, e de permitir, assim, não só preservá-los, mas torná-los melhores [...], na medida do possível"),[27] com a realidade do mundo dos homens, o mundo da imperfeição e da instabilidade; ou seja, tem-se em vista aí a exigência de associar o saber da justiça e do bem comum à sua realização prática possível. Sua teoria do governo constitucional se agencia, portanto, inteiramente em função do estabelecimento possível de um governo da sabedoria e da virtude, não de um governo de leis propriamente políticas (ou seja, politicamente produzidas), como em Aristóteles.

Mas tentemos delinear melhor os motivos da política platônica, pois é nela que encontramos o paradigma maior da tradição republicana do "regime misto". Seu ponto de partida, como sabemos, é a convicção de que o Bem transcendente é o fim verdadeiro da atividade da comunidade política e a causa essencial de

---

[27] Platão, *O Político*, 297 b.

sua coesão e unidade, e ainda de que apenas a ciência deste Bem — norma e medida de toda harmonia e toda concórdia — permite governar a cidade de acordo com a divina justiça e levá-la, assim, à sua realização perfeita, acabada. Mas, se de um lado o filósofo entende que a ciência da justa medida, a ciência do governo, é o único princípio capaz de legitimar o exercício do poder soberano (apontando para o ideal do governo absoluto do sábio), ele observa também, de outro lado, já o assinalamos,[28] que na realidade "nenhum homem, em função de sua natureza, pode reger como senhor absoluto todos os negócios humanos, sem se entumecer de desmedida e injustiça",[29] sem se enredar na busca "de seu próprio interesse e da perpetuação do próprio poder".[30] Assim se compreenderá que, na falta de um governante divino (um *daimon*, pois nenhum homem é perfeito e sábio algum realiza uma união acabada e inteiramente estável de seu intelecto com o Bem transcendente e imutável),[31] apenas um governo de leis sábias, promulgadas por um legislador impregnado de filosofia, poderá imitar ou refletir no mundo dos homens as ordenações divinas da justiça (que numa cidade ideal, como aquela imaginada na *República*, seriam objeto dos decretos de um governante filósofo), fornecendo à *polis* referências estáveis para a prática da justiça, da justa medida (segundo a norma do Bem imutável), que promove o ajuste e a harmonia entre os elementos heterogêneos que compõem uma cidade.

Mas esse regime de leis, além de introduzir na *polis* o princípio monárquico da sabedoria, também associa ao governo os *aristoi* e o *demos*, os outros elementos constitutivos da comunidade. Pois aí a administração das leis — não sua formulação — parece naturalmente destinada à nobreza, aos homens virtuosos, cuja honra e educação elevada habilitaria para o reconhecimento da

---

[28] Cf. Introdução e Parte I, capítulo 2, acima.

[29] Platão, *As Leis*, 713 c.

[30] *Idem*, 715 b.

[31] Cf. Janine Chanteur, *Platon: le désir et la cité*, Paris, Éditions Sirey, 1980, p. 224.

justiça, para a defesa da constituição e a aplicação das leis aos casos particulares (em vista da isenção que *aidos*, o pudor e a vergonha, confere aos homens honrados). Assim, diz Platão, "[...] os ofícios [do governo] deverão caber aos que se mostram excelentes no cumprimento das leis e que estendem esta excelência à cidade; o ofício mais elevado, o serviço dos deuses, ao primeiro, o segundo cargo ao segundo e os demais, sucessivamente, de maneira análoga, a todos estes homens".[32] Por fim, o próprio *demos*, passional e desejoso de "liberdade", pode também, de algum modo, ser associado a esse regime, que permite conquistar pela persuasão — papel dado aos preâmbulos das leis[33] — seu consentimento às leis (neutralizando-se, assim, a resistência popular aos governos autocráticos, mesmo os mais sábios). Garante-se, dessa forma, a atividade simultânea e equilibrada dos princípios que informam os três regimes legítimos primordiais: a sabedoria, a honra e a virtude, a liberdade (que Platão não exclui das fundações de uma ordem legítima, como se pode constatar no Livro VIII da *República*), instituindo-se um regime composto, que contorna os inconvenientes dos primeiros, barrando sua corrupção (dada, no entanto, como inevitável). Enfim, a ciência divina da justiça pode, em alguma medida, infiltrar-se na cidade por uma sábia constituição, uma estrutura legal estável, assentida pelo *demos*, defendida e aplicada pelos *aristoi*, sob o controle de certos dispositivos democráticos (escolha de magistrados, revezamentos nos postos de governo, tribunais constitucionais etc.). O legislador atua por sua — indispensável — sabedoria política; os grandes governam sob a direção das leis; o povo, mesmo excluído das magistraturas principais, assente às leis e dispõe de canais institucionais para exercer certa participação política.

Para assinalarmos o contraste destas formulações com as de Aristóteles, bastará sublinharmos o perfil nitidamente aristocrático desse regime misto platônico. No registro constitucional — se considerarmos que uma constituição se define pela parte ou pela

---

[32] Platão, *As Leis*, 715 c.

[33] Cf. Introdução e Parte I, capítulo 3, acima.

classe que nela ocupa hegemonicamente as magistraturas de governo —, tal constatação se impõe ao verificarmos que as funções propriamente governamentais cabem aí aos *aristoi*, os homens de honra e virtude. Além disso, no registro social, o "tipo humano" e o gênero de vida que aí se reconhecem como superiores, que a sociedade moldada por este regime valoriza e respeita, são inequivocamente os "aristocráticos", o da gente educada, "de boas maneiras e espírito cívico", representada sobretudo pelo patriciado urbano, os grandes proprietários de terra que vivem na cidade e dispõem do lazer necessário para o cultivo da excelência e da beleza, de uma vida virtuosa e refinada.[34] Por fim, no essencial, seu caráter específico se define, como sabemos, pela finalidade por ele visada: a excelência moral dos cidadãos; pois trata-se aqui do governo possível da virtude em vista da virtude, disposto de modo a superar, no mundo do devir, a ausência — se não a impossibilidade — da sabedoria virtuosa perfeita, a falta do perfeito governante filósofo. Esse regime, portanto, como bem observa Leo Strauss (que estende, no entanto, temerariamente, esta observação a toda a doutrina política clássica), "é, e se quer, na verdade, uma aristocracia, reforçada e protegida pela adjunção de institutos monárquicos e democráticos".[35]

Já com Aristóteles, podemos concluir, o regime misto, a *politeia*, ganha um perfil indiscutivelmente democrático. Não só porque o filósofo descarta de sua mescla os dois regimes virtuosos (a monarquia e a aristocracia predominantes na *politeia* platônica, que reserva ao elemento democrático um papel ínfimo na composição do governo), agregando nela apenas duas constituições desviantes (a oligarquia e a democracia), mas sobretudo por determiná-la essencialmente como o governo de todos em vista do todo político, como um governo comum de pobres e de ricos, formal-

[34] Cf. Mário Miranda Filho, "*Politeia* e virtude no republicanismo clássico", em *Lua Nova*, nº 38, 1996, p. 63; Leo Strauss, *Droit naturel et histoire*, *op. cit.*, p. 157.

[35] *Idem*, *ibidem*.

mente definido pela promoção da inclusão e comunicação destas partes fundamentais e antagônicas da cidade. No plano social, o perfil democrático deste regime fica ainda mais nítido quando observamos que o tipo humano promovido e educado por esta constituição é, para Aristóteles, o homem de classe média, como portador das virtudes propriamente políticas.

É a partir destes dois paradigmas da *politeia* que se desenvolverá a tradição do pensamento republicano. É verdade que a figura do regime misto que encontramos quase sempre aí apresenta traços mais simplificados e já o seu tanto distanciados dos campos de questão que identificamos como seu solo conceitual próprio. Devemos mesmo lembrar que sua configuração mais usual e instrumentalizada pelo pensamento político vem, na realidade, do helenismo romano e, mais precisamente, de Políbio. Foi o conhecido excurso teórico de sua *História* (o Livro VI) sobre as *politeiai* e, sobretudo, suas considerações sobre a *politeia* romana que fixaram, em grande parte, os termos da questão para a tradição política. Políbio testemunha a sedimentação do longo debate grego sobre o melhor regime, ainda que se furte a abordar seus aspectos mais teóricos: o que em Platão e Aristóteles aparecia na forma de considerações mais gerais e abstratas, com o historiador ganha figuração histórica; pois trata-se diretamente de compreender as relações mútuas entre os poderes dos cônsules (princípio monárquico), do Senado (aristocrático) e do povo (democrático), os elementos fundamentais das instituições políticas romanas. Menos que a questão da natureza da mescla que constitui o regime, interessa-lhe considerar a "parte" de cada um e as relações dos poderes que cabem a estes diversos elementos. Tal interesse determina-se, evidentemente, por sua teoria da *anacyclose* (relativa ao ciclo das mudanças e da corrupção irremediável das constituições) que, justamente, revela a longeva *politeia* romana como o "melhor regime", em função do equilíbrio das relações estabelecidas entre os diferentes componentes da constituição da cidade. O governo misto neutralizaria os defeitos ínsitos dos regimes nele combinados, retardando a degradação do composto político. É a compreensão polibiana do regime misto como sistema de interação e contenção mútua dos poderes republicanos que vai, posteriormente, moldar o enredo mais constante da tradição do pensamento e das instituições políticas.

Não obstante a forte presença das filosofias peripatéticas no helenismo romano, não parece difícil admitir uma afinidade nítida das elaborações políticas de Políbio e Cícero com o modelo platônico. No caso do historiador grego, se se considera o papel que ele confere ao Senado — a ascendência moral e sua presença na direção da República — se reconhecerá em seu *misthos* um caráter inequivocamente aristocrático. E, de fato, mesmo sendo concebida nos termos de um regime misto, a *res publica* romana é amplamente reconhecida como aristocrática, como se constata, por exemplo, no momento em que Caio Graco anuncia seu propósito como sendo o de "destruir a aristocracia e instaurar a democracia", sendo acusado por seus adversários de quebrar a *concordia ordinum*, de ameaçar o equilíbrio constitucional da cidade, por tentar instaurar uma igualdade extremamente iníqua (*aequitas iniquissima*): "todas as coisas ínfimas tornadas pares das mais elevadas [*omnia infima summis paria fecit*]", diz Cícero[36] — um atentado contra o legítimo primado do Senado.[37] Serão as lutas sociais da República, o antagonismo permanente entre o Senado e o povo, que acabarão por assinalar a oposição de caráter econômico-social entre grandes e pequenos, ricos e pobres, como o centro da questão política. Desse modo, é em função da obra dos historiadores que a perspectiva "aristotélica" entrará novamente em cena. É certo que de modo lateral, pois não se trata, ao menos diretamente, de retomar ou avalizar seu modelo de governo constitucional, apontado para as virtudes políticas da classe média. De qualquer modo, ele abre um caminho decisivo para a investigação política — aquele mesmo que, mais tarde, veremos trilhado por Maquiavel, a partir da leitura de Tito Lívio. Pois a maneira original segundo a qual Aristóteles pensa o "governo misto", talvez só encontre posterior-

---

[36] Cícero, *De legibus*, III, 9, 19.

[37] Cf. P. Bottieri e M. Raskolnikoff, "Diodore, Caius Gracchus et la démocratie", em Claude Nicolet (org.), *Demokratia et aristokratia*, Paris, Publications de la Sorbonne, 1983, pp. 61 ss.

mente um eco decisivo nesse extraordinário pensador florentino, que não desconhecia a audácia, então já secular, do chanceler-historiador Leonardo Bruni (tradutor renascentista dos *Políticos*) de projetar sobre sua Florença — em guerra contra a tirania milanesa — a figura de uma *politeia* (aristotélica) perfeita: uma cidade equilibrada, beneficiada pela hegemonia e governo de homens moldados pela mediania (de bens, poderes e também de virtude), a burguesia florentina (nem nobreza, nem plebe), seus homens de classe média.

A questão do governo misto como o melhor regime chega a esses pensadores florentinos através da recuperação da *Política* de Aristóteles — já traduzida para o latim em 1260 — por Tomás de Aquino e seus discípulos próximos. Pois mesmo considerando a monarquia o melhor regime, o filósofo medieval retomara a questão do governo misto na sua defesa de uma monarquia eletiva, temperada por contrapesos aristocráticos (conselhos) e populares (eleições de magistrados, ou *príncipes*), constituída de modo a controlar o poder do monarca e a tendência à degeneração apresentada pelo regime (a única forma de assegurar a paz entre o povo é que todos tenham alguma parte nos negócios do governo, diz ele). Um regime misto, é certo; mas um tanto diverso daquele de seu Aristóteles.

Bem depois do aquinata, já no século XIV, Henrique de Rimini (*Tractatus de quattuor virtutibus cardinales*), reiterando o caminho do mestre escolástico, ao fazer o elogio da forma mista da monarquia, propõe como seu paradigma, curiosa e significativamente, a constituição da Sereníssima Veneza, justamente uma república aristocrática, a mesma que alimentará o mito da *politeia* perfeita — inteiramente equilibrada — por muitos séculos de debate político (o mito que vem caucionar a persistente tradição do elogio do regime espartano como o melhor regime). O grande momento deste debate, no entanto, seguramente ocorre em Florença, entre a queda dos Medici em 1494 e a segunda restauração de seu governo oligárquico em 1530, o período em que os humanistas se voltam, com extremo interesse, para uma reflexão propriamente constitucional, polarizada por interpretações diversas do regime republicano — regime de leis e de liberdade — como governo misto.[38] Novamente se oporão os partidários de sua formulação aristocrática (os proponentes de um "*governo stretto*", como Patrizzi e Guicciardini) e de sua fórmula democrática (os partidários de um "*governo largo*", como Maquiavel ou Giannotti), num debate em que facilmente podem ser identificados elementos das matrizes platônica e aristotélica já apontadas, ainda que elas não constituam para esses humanistas um horizonte de referência explícito.

Entretanto, nesse momento, a interpretação realmente inovadora da *politeia* certamente será a de Maquiavel, não só por ser o primeiro a retomar efetivamente elementos fundamentais da teoria aristotélica, mas por reinterpretá-los num horizonte diverso daquele da razão clássica, da compreensão cosmológica e finalista do mundo, em que se movia o filósofo. Maquiavel representa um ponto de inflexão radical nessa tradição, enfrentando — como ele mesmo diz na introdução de seus *Discorsi* — os perigos de desbravar novas terras, "de entrar por um caminho nunca antes percorrido por ninguém".[39] Retomando o mote do "misto" aristotélico da oposição e tensão entre grandes e povo, ricos e pobres, poucos e muitos, ele marca sua ruptura, sabemos, ao reconhecer no polo popular desta tensão, o princípio da universalidade política: não mais uma pulsão na direção da independência (e do prazer), como quer a psicologia social dos Antigos, mas o desejo de lei e de liberdade republicanas. Essa atribuição da "guarda da liberdade"[40] e das leis ao desejo "negativo" do povo (como anteparo ao impulso particularista da ganância e da ambição de poder dos grandes) nos introduz, certamente, em novas terras — ainda insuficientemente exploradas — do republicanismo.

---

[38] Cf. Quentin Skinner, *As fundações do pensamento político moderno*, *op. cit.*, pp. 173-200.

[39] Maquiavel, *Discursos sobre a primeira década de Tito Lívio*, trad. Martins Fontes, São Paulo, Martins Fontes, 2007, p. 5.

[40] *Idem*, cap. V, p. 26.

IV.2

Por que república?
(A razão política dos Modernos)

Comecemos por relembrar coisas bem sabidas. *Res publica, res populi*: o que pertence ao povo, o que se refere ao domínio público, o que é de interesse coletivo ou comum aos cidadãos; por oposição a uma esfera de coisas e assuntos privados, relativos à alçada dos particulares, grupos, associações, famílias ou indivíduos. É certo que esta divisão não se impõe de maneira espontânea. Ela ocorre justamente pela postulação de um espaço público, dotado dos instrumentos que asseguram seu reconhecimento, o caráter coletivo de sua apropriação e suas regulações. Mas o termo "república" não assinala apenas a existência de uma esfera de bens comuns a um certo conjunto de homens; designa também, de imediato, a constituição mesma de um povo, sua forma própria de ser, suas instituições, regras de convivência e agências de administração e governo, cujas orientações derivam de um momento de instituição ou fundação política. Pois república se diz sobretudo dos "regimes constitucionais", daqueles em que as leis e regulações ordinárias, bem como as disposições do governo, estão atadas a princípios que conferem sua forma à sociedade e em que tais estabelecimentos, postos acima de todos, a protegem de interesses particulares ou transitórios, e de toda vontade caprichosa ou arbitrária. Desse modo, o termo nos remete de início à ideia de "império da lei" ou de "governo de leis" (e não de homens), e mesmo de "estado de direito", expressões que declaram, na sua acepção mais imediata, a prescrição de que os que mandam também obedeçam, mesmo nos casos em que a forma de governo não seja democrática e em que apenas alguns, ou mesmo um só, ocupam as posições de mando e postos de governo.

Esta postulação de uma esfera de interesses comuns, bem como a exigência do "império da lei" (que inspiram ao republicanismo seus discursos relativos à moderação e à contenção dos desejos e interesses privados e mesmo a um certo desinteresse de si, em vista do amor pela cidade, e a alguma abnegação, em função do empenho na promoção do bem público), assinaladas como elementos centrais e condições necessárias da existência das repúblicas, não são, no entanto, suficientes para determinar o que ordinariamente chamamos regime republicano. Pois, hoje, costumamos chamar assim (por entendermos que particularmente mereçam tal designação) especialmente os regimes democráticos representativos, tendo em conta, certamente, que os regimes de governo autocráticos, os político-religiosos e mesmo as monarquias constitucionais estão comprometidos com a ideia de "ordens" ou "condições" sociais (com seus privilégios e prerrogativas de extração natural ou histórica, moral ou religiosa), que anula ou rarefaz a pretensão instituinte e a reivindicação da liberdade e da igualdade, os universais políticos que constituem as bases da afirmação da cidadania republicana. É justamente nesse sentido mais restrito que, como sabemos, a tradição opõe a forma política dos "principados" àquela das repúblicas, tomadas estas, então, como governos de leis constitucionalmente determinadas, em que cidadãos governam cidadãos, considerando-se que todos eles, como homens livres, devem ter alguma influência na condução dos assuntos públicos.

Ressalta-se, assim, a importância que adquire no pensamento republicano a questão da participação política, da implicação efetiva de todos na expressão e realização do bem comum (a exigência que mais aproxima as repúblicas das democracias, os regimes fundados na convicção de que o interesse de todos se realiza melhor pelo igual concurso de todos na formação das decisões políticas do que pela inteligência ou virtudes de um ou de alguns). O regime republicano não propõe apenas que o poder seja contido por leis e se exerça para o povo, em vista do bem comum, mas exige ainda que seja exercido, de algum modo, pelo povo, ou ao menos por mandato seu — nos casos em que se admite a representação política.

A participação

A indispensável implicação de todos nos poderes de governo vem nos lembrar que nossa ideia de república herda e incorpora os elementos fundamentais do conceito clássico de *politeia*, a expressão grega genérica para as formas de associação de homens livres, as comunidades de cidadãos, definidas por oposição àquelas de natureza despótica, em que os governantes, um ou alguns, governam como senhores a servos, em vista de si mesmos e segundo seu próprio arbítrio. Positivamente, o termo *politeia* designa a constituição ou ordenação dos poderes (as magistraturas de governo) que dão forma e existência coletiva ao conjunto dos cidadãos, em vista da realização de seus fins e do Bem de toda a comunidade. E é por associar homens livres que essa forma de associação denominada "política" considera que todos devam ter alguma influência nas decisões relativas aos assuntos comuns, dispondo, assim, cada um, de algum poder sobre os demais, de modo a escapar da condição servil de uma obediência sem contraparte. Por isso, na repartição e organização das magistraturas, esse regime proporciona a todos, de forma constitucionalmente regulada, a possibilidade do exercício de algum encargo público, ainda que, na distribuição das magistraturas soberanas, admita a hegemonia de um cidadão excepcional ou de uma parte da cidade (pois admite como espécies, além da democracia, a monarquia e a aristocracia), com a condição de que não se permita uma concentração absoluta dos poderes, que negaria seu traço fundamental de "constituição da liberdade" de todos os cidadãos.

Também na modernidade esta exigência da universalização da participação política permite demarcar o campo republicano. Assim, se acreditamos poder excluir deste horizonte o estado hobbesiano, não é por considerar que não se tenha aí um verdadeiro "governo de leis", ou por se entender que ele seria incapaz de garantir aos cidadãos uma esfera de direitos e de exercício da liberdade — pois não se pode, certamente, corroborar os velhos libelos que o associam a uma ideologia despótica, indissociável do absolutismo monárquico ou mesmo precursora, já se disse, dos totalitarismos. Não se trata também de denunciar sua incapacidade para instituir uma esfera de interesses ou de um bem efetivamente comuns; pois Hobbes não apenas assegura que "o bem do soberano e o do povo não podem ser separados",[1] como entende proporcionar a todos a satisfação dos desejos "quanto àquelas coisas necessárias a uma vida confortável e a esperança de consegui-las pelo trabalho" (e também pelas relações de troca e contratos mútuos, garantidos pela autoridade do poder soberano). O que, na verdade, vem distanciar sua compreensão do Estado do campo republicano é, justamente, a incompatibilidade liminar de seus fundamentos com a universalização da participação política, o afastamento formal de qualquer possibilidade de interferência por parte do conjunto dos cidadãos na esfera da produção das leis e regulações da vida civil, âmbito da prerrogativa absoluta do exercício, separado, do poder soberano.

Como sabemos, são as condições mesmas da constituição do corpo político a partir da igualdade natural que, em Hobbes, impõem a desigualdade civil, deixando ao soberano o direito absoluto no âmbito dos assuntos públicos e aos cidadãos a contraparte da obrigação ou do dever — juridicamente estabelecido — da obediência. Os direitos e iniciativas dos súditos veem-se limitados à esfera da sua particularidade, à esfera privada, delimitada pela potência pública do soberano e pelo alcance das leis que, permitindo o que não impedem, asseguram aos indivíduos, por seus silêncios,[2] um espaço de livre exercício de seus direitos naturais no interior da ordem civil. A relação de "representação" e "autorização" — elaborada no *Leviatã* para resolver a questão da constituição jurídica da pessoa civil[3] — exige que o soberano, em razão de sua função mesma, como depositário da autoridade de todos os contratantes, transcenda o corpo que ele personifica e representa. Desse modo a soberania se institui como uma relação entre duas instâncias não apenas formalmente, mas realmente dis-

---

[1] Thomas Hobbes, *Leviathan*, Londres, Penguin Books, 1976, I, 30, p. 388.

[2] Cf. *idem*, II, 21, p. 271.

[3] Cf. *idem*, II, 17, p. 227; e II, 21, pp. 268-9.

tintas (ainda que ligadas por um vínculo indissolúvel) e referidas necessariamente a pessoas naturais diversas: de um lado, a multidão dos contratantes, que abandona a um homem ou assembleia de homens seu pleno direito natural de se governar (autorizando as palavras e atos deste, ou desta, como expressão de sua própria vontade); de outro lado, um ator que passa, então, a representar e "atuar" soberanamente os direitos que lhe foram transferidos, através de sua prerrogativa absoluta e inalienável de promulgar leis, determinar sua interpretação, julgar controvérsias e punir os desobedientes; enfim, sua faculdade de monopolizar toda expressão e atuação públicas do direito. E se é certo que as leis da vontade soberana não deixam de resultar da autoridade dos contratantes (que a autorizam pelo pacto), também o é que estes se veem politicamente reduzidos a uma inteira passividade, privados de todo direito de interferir nas decisões da vontade soberana, e mesmo de ajuizar sobre a justiça de seus atos.[4]

No campo das teorias contratualistas modernas, só o contrato social rousseauniano revela-se capaz de conferir ao Estado este requisito fundamental do ideário republicano: a extensão máxima do universo da cidadania — o perfil popular do regime — configurada pela universalização da participação política. "O povo submetido às leis — diz Rousseau — deve ser seu autor; cabe àqueles que se associam regulamentar as condições da sociedade".[5] Como se sabe, a cláusula única do pacto, que estipula "a alienação total de cada associado, com todos os seus direitos, a toda a comunidade",[6] institui a própria comunidade como corpo político soberano e atribui à sua vontade, à vontade geral, a prerrogativa da criação das leis e da direção suprema daquela vida comum em que passam a se inscrever os indivíduos. Assim, esses mesmos homens que se submetem às leis, que obedecem, definem-se como cidadãos por sua participação na autoridade soberana: concorrem com sua

---

[4] Cf. *idem*, II, 29, p. 365.

[5] Jean-Jacques Rousseau, *Du contrat social*, introdução, notas e comentários de M. Halbwachs, Paris, Aubier-Montaigne, 1943, II, 6, p. 172.

[6] *Idem*, *ibidem*.

vontade (evidentemente — função do compromisso do Contrato —, enquanto dirigida ao interesse comum e enquanto "suficientemente esclarecida") para a manifestação da vontade geral, participando, pois, necessariamente, da atividade legislativa e de controle do governo (a instância da aplicação das leis, sempre gerais, aos casos particulares). Desse modo, ao estabelecer, como condição de todo direito e da própria ideia da liberdade civil, a soberania da vontade geral, Rousseau põe no centro de sua teoria política a atuação da cidadania — ativamente soberana —, mesmo naqueles casos (talvez mais consonantes com as realidades humanas) em que a forma *do governo*, da administração, não seja democrática, em que não governem (em sentido estrito) todos e nem mesmo a maioria dos membros da associação. É porque o povo, em qualquer regime legítimo, é o autor das leis, porque todos os contratantes estão integrados na vontade geral (que se atualiza por sua atividade legislativa), é que Rousseau poderá dizer sem hesitação: "Chamo república todo Estado regido por leis, sob qualquer forma de administração [de governo] em que isso ocorra; pois só então o interesse público governa, e a coisa pública é alguma coisa. Todo governo legítimo é republicano".[7]

Estas breves indicações já nos permitem certamente verificar que nosso filósofo repõe e renova, no quadro dos pressupostos do individualismo moderno, os traços fundamentais da antiga *politeia*, em seu sentido genérico — o conceito que, segundo vimos, expressa a identidade e as condições de legitimidade dos regimes propriamente políticos —, um governo de cidadãos sobre cidadãos, que tem em vista a realização do bem público e no qual, então, não apenas se submetem todos igualmente às prescrições das leis, como também dispõem todos de alguma participação na produção das decisões políticas. Por outro lado, Rousseau mantém também o traço fundamental da *politeia*, o chamado "regime constitucional", no sentido específico que lhe confere Aristóteles, em que a hegemonia popular se assinala na participação inalienável de todos na soberania legislativa. Em resumo: tanto a *politeia* dos

[7] *Idem*, II, 6, p. 171.

Antigos quanto o estado rousseauniano reconhecem a extensão máxima à cidadania (todos os homens livres, todos os contratantes) e ainda sua soberania, imprimindo o traço popular participativo ao regime que se denomina republicano.

É verdade que tais determinações (a extensão da cidadania e a hegemonia popular) não esgotam os requisitos inicialmente identificados em nossa ideia de república. Pois, como já assinalamos, em nossa compreensão mais usual do termo, não se pode deixar de incluir o constitucionalismo, justamente o traço que, desde Aristóteles, a identifica como um regime político específico e lhe confere, entre todos, o perfil muito particular de uma verdadeira obra de "engenharia" política. Assim, a inclusão de todos no exercício do poder soberano, que define as formas denominadas políticas em geral, não determina suficientemente o regime em que se reconhece o ideário que designamos como republicano. E visto que, seja em Aristóteles, seja em Rousseau, o termo república (*politeia*, *res publica*) aplica-se especificamente aos "regimes constitucionais", é preciso examinar com atenção o teor desse constitucionalismo.

O constitucionalismo

Comecemos por insistir em que, entre os Antigos, essa questão diz respeito à passagem do uso genérico do termo *politeia* a seu emprego em um sentido restrito. Pois já sabemos que, em Aristóteles, se a palavra *politeia* designa todo o universo das constituições políticas, uma de suas formas, no entanto, realiza o conceito de maneira excelente, paradigmática, de modo a merecer a designação do gênero: o "regime misto", também chamado "constitucional". E esse nome, ele o merece, também já sabemos, por dois motivos principais. De um lado, porque realiza de maneira especial o requisito da inclusão de todos na organização das magistraturas de governo; de outro, porque confere um papel central e essencial à própria articulação constitucional — enquanto objeto de inteligência e cálculo políticos — na realização dos fins da comunidade e, assim, na definição da própria legitimidade da ordem constituída. No caso dos demais regimes sua "forma" — ou sua constituição, seu modo próprio de articulação dos poderes e das relações entre os cidadãos — capitaliza e opera princípios determinados tidos como os mais aptos para a realização dos fins da associação: fazer jus à isonomia e à liberdade de todos, evitando o domínio de particulares ou de facções — o caso da democracia; reconhecer à virtude sua aptidão para o Bem comum e para promover a felicidade, concedendo às qualidades morais de um indivíduo excepcional, ou de uma elite, também a hegemonia política — os casos da monarquia e da aristocracia. No que concerne ao regime misto constitucional o critério da distribuição dos poderes não são os motivos alegados pelas várias "partes" da cidade pretendentes à hegemonia: a liberdade, a virtude (a excelência ou a competência), a sabedoria. O princípio do regime constitucional é tão somente sua disposição para promover adequadamente (e engenhosamente) a acomodação destes elementos e sua integração na totalidade política. A *politeia*, o regime constitucional, define-se formalmente como uma distribuição dos poderes públicos articulada segundo a finalidade específica da melhor integração das diversas partes ou classes da cidade — um regime ordenado, enfim, em vista da existência, produção e conservação da própria comunidade política.

A democracia, devemos ter bem em mente, pretende ser o regime político por excelência por atribuir a todos uma parte igual dos poderes e garantir, assim, a liberdade de cada um, evitando o despotismo de facções e a prevalência de interesses particulares. Todavia, ao visar à isonomia formal dos cidadãos (os quais, por não poderem todos governar sempre e ao mesmo tempo, alternam-se — frequentemente mediante sorteios — na ocupação das magistraturas), ela se realiza na verdade, segundo lembra Aristóteles, como o governo da maioria, isto é, o regime da hegemonia da plebe (nela, diz ele, "uma maioria de homens livres, pobres, são os senhores do poder"),[8] fazendo prevalecer a aspiração dos pobres por segurança — pela preservação da sua liberdade — acima dos interesses gerais da comunidade. Já o regime constitucional, também um governo de todos, procura retomar a exigência da equi-

[8] Aristóteles, *Política*, IV, 4, 1290 b 17.

dade buscando as determinações reais — sociais e econômicas — dos elementos que compõem a cidade, procurando ultrapassar, na busca da repartição igual dos poderes, a abstração do "todos", levando em conta as aspirações e interesses efetivos das partes. Considera que a visada formal da totalidade, não só falsifica a pretensão democrática à igualdade, como de fato compromete — ao pretender realizá-la e radicalizá-la — a própria intenção de universalidade da participação prevista pela natureza dos regimes políticos (em sentido genérico), pois, na verdade, recusa a alguns, às minorias, qualquer influência efetiva na condução dos assuntos coletivos, que cabe à maioria (os pobres). Por isso, no regime misto constitucional, busca-se realizar a totalização política não mais pela "forma" da igualdade — reconhecida a todos os cidadãos, enquanto unidades elementares da comunidade —, mas pelo ajuste e equilíbrio dos poderes atribuídos a cada uma das classes ou partes da cidade (sobretudo a plebe e os grandes, pobres e ricos, suas "partes fundamentais"), fazendo, assim, valer os interesses de todos — ainda que limitados e moderados —, mediante a disposição constitutiva deste regime, sua virtude própria, para harmonizá-los, segundo o princípio unificador do bem comum, do "bem viver" de toda a comunidade.

Nesse sentido específico, como se observa, o regime constitucional, a *politeia* (que será erigido a regime político por excelência), opõe-se à democracia, ao buscar realizar de maneira efetiva seu ideal de isonomia e equidade. E ela o faz mobilizando a dimensão constitucional do regime, referindo o princípio da existência e conservação da comunidade, não mais, de maneira imediata, às inclinações próprias de suas partes — o desejo de liberdade da plebe ou a virtude e competência dos grandes —, mas às qualidades mesmas da urdidura constitucional, à articulação engenhosa de seus dispositivos de equilíbrio dos poderes em vista da acomodação e unificação dos elementos que integram o composto político. Ora, se a existência da cidade, sua capacidade para produzir-se como totalidade política, não se deve mais, fundamentalmente, à virtude moral ou à sabedoria dos governantes, ou mesmo à igualdade (aritmética) da participação dos cidadãos, mas se deve à própria eficácia dos dispositivos criados em vista da integração efetiva de suas partes, então, o fim visado por este regime — é o que mostra Aristóteles — revela-se imanente à sua própria forma: a forma política busca a si mesma, busca a eficácia e permanência da capacidade integradora inscrita na constituição, a virtude política da boa distribuição dos poderes ou da ordenação das magistraturas de governo capaz de produzir a acomodação e articulação dos diversos interesses, sua convivência a melhor possível. Enfim, a distribuição das magistraturas, que define um regime político, não é mais presidida por um princípio transcendente à sua forma, posto como condição de sua existência e como norma de sua realidade: a constituição é aqui, ela mesma, seu bem, o bem comum à cidade, enquanto fundamento e forma da vida da comunidade política.

Como sugerimos há pouco, esse mesmo constitucionalismo que se insinua na teoria das *politeiai* reaparece na retomada moderna da tradição republicana, ainda que, evidentemente, a partir dos pressupostos individualistas das teorias do contrato e, assim, de uma formulação diversa do problema a ser resolvido pelo estabelecimento das associações políticas. E podemos certamente, aqui, também tomar como referência a obra de Rousseau — não obstante a insistência da história e do pensamento políticos em manterem o foco em sua reivindicação categórica da "soberania popular", a partir da qual se projeta a figura do mais radical democratismo.

Sua concepção da Vontade Geral, como se sabe, designa uma "união de vontades" ou uma mesma vontade expressa no pacto pelos contratantes no sentido de renunciar a seus interesses particulares e de assumir como seu próprio o interesse coletivo. É, pois, essa vontade de cada um, assim identificada às demais (generalizada por seu direcionamento para o bem comum, em função da cláusula única do pacto), a vontade que dá "existência e vida" à pessoa pública, conferindo-lhe o "eu comum" que constitui o corpo político. A Vontade Geral é, enfim, a vontade desse "corpo moral e coletivo", instituída como autoridade soberana e formalmente dirigida para o bem de toda a comunidade. Ora, é certo que, assim compreendida — Rousseau adverte —, fica por resolver, a cada vez, a questão de seu conteúdo efetivo, a da passagem da sua constituição formal às suas determinações positivas ("o ato primitivo pelo qual este corpo se forma e se une não determina ainda o que ele deve fazer para se conservar",[9] diz o filósofo). Resta, pois, dar ao corpo político "movimento e vontade pela legislação",[10] pela qual a disposição coletiva para o bem comum acede às suas configurações históricas efetivas. Mas, como fazê-lo?

Se as leis são os "atos" da Vontade Geral, e se esta atuação é, como sabemos, confiada aos sufrágios do povo, enquanto portador das condições da existência da comunidade e, assim, habilitado para fixar seus interesses efetivos (inscritos em circunstâncias históricas e diante de exigências específicas), como pensar, enfim, esta passagem do direcionamento formal da Vontade Geral no sentido do bem comum para os objetos mesmos da legislação, para suas formulações positivas? Se o povo real, constituído por um conjunto de indivíduos singulares, com suas paixões e interesses, incorpora a massa densa das particularidades que permeiam a vida social, como calar a cacofonia das vontades para obter a expressão positiva da Vontade Geral, para permitir que ela realmente se expresse, fazendo prevalecer o bem coletivo? Rousseau, no capítulo "Da Lei", põe a questão de modo contundente: "Como as regularão? Será de comum acordo, por uma inspiração súbita? [...] Como uma multidão cega, que frequentemente não sabe o que quer, porque raramente sabe o que lhe é bom, executaria por si mesma uma empresa tão grande quanto um sistema de legislação?".[11]

O problema, como se vê, é aqui, na verdade, o da passagem da massa dos apetites e interesses (que se somam na "vontade de todos") para a universalidade requerida pelas leis, os princípios gerais encarregados de definir as obrigações dos particulares, referindo-os ao todo e proporcionando-lhes aquela "existência relativa" que faz dos contratantes verdadeiros cidadãos. Certamente, ao levantar esta questão, Rousseau não pretende negar a existência e eficácia da vontade geral e do compromisso assumido pelos ci-

---

[9] Rousseau, *Du contrat social*, *op. cit.*, II, 6, p. 168.

[10] *Idem*, II, 6, p. 168.

[11] *Idem*, II, 6, p. 172.

dadãos mediante a realização (lógica) do contrato. Pois o povo, enquanto associado pelo pacto, busca sempre o interesse coletivo — posto que a vontade de cada particular, já vimos, assume a forma da Vontade Geral, "sempre reta e direcionada para a utilidade pública".[12] Mas, se o povo, enquanto povo, quer sempre o bem comum, ocorre que "por si mesmo, nem sempre o vê",[13] observa o filósofo. Não é, portanto, a ausência de uma vontade comum o que está aí em questão; é a insuficiência do entendimento. O que está em causa, de imediato, é a capacidade do povo para saber em que consiste, aqui e agora, o interesse coletivo, para estabelecer os princípios gerais aptos a oferecer às ações de todos uma orientação comum. Para tanto, será preciso unir no corpo social a vontade ao entendimento,[14] dar ao corpo a "inteligência superior", a razão calculadora, que o filósofo, então, personifica na figura do "legislador".

É a este "homem extraordinário" que aqui se confere a tarefa de formular as leis, as condições reais da existência civil. Cabe a ele "descobrir as melhores regras de sociedade que convêm às nações",[15] de modo a esclarecer as decisões do povo soberano, que as chancela por seu consentimento, por entendê-las capazes de realizar o interesse coletivo. Esse "legislador", evidentemente, de si mesmo não tem qualquer direito legislativo, visto que o estabelecimento das leis é prerrogativa inalienável do corpo dos cidadãos, cuja vontade não pode ser representada. Assim, ele desempenha o papel do necessário mediador entre a lógica (a forma geral da vontade produzida pelo contrato) e a história, representa a inteligência criativa encarregada da invenção — não da imposição — da maquinaria legal e constitucional que dá movimento ao corpo artificial instituído pelo pacto político.

A bem observar, entretanto, se compreenderá que a função reservada ao legislador vai além do esclarecimento da vontade po-

---

[12] *Idem*, II, 3, p. 145.

[13] *Idem*, II, 6, p. 172.

[14] Cf. *idem*, II, 6, p. 173.

[15] *Idem*, II, 7, p. 179.

pular, que seu papel é mais decisivo. Pois, se na perspectiva da abstração jurídica, o momento da produção das leis supõe o povo elementarmente constituído pelo pacto, no registro da realidade histórica, a constituição das regras da convivência social é, na verdade, a própria empresa de instituição do povo, a "constituição ou fundação do corpo político". Desse modo, a missão do legislador ("sob todas as perspectivas um homem extraordinário"[16] — por sua inteligência, gênio e autoridade) é, de fato, a de produzir cidadãos, conduzir os indivíduos independentes e egoístas à disciplina das leis; é, enfim, a de *realizar* o contrato social pela constituição da república. Rousseau o diz claramente:

> Aquele que ousa empreender a instituição de um povo deve sentir-se em condição de mudar, por assim dizer, a natureza humana; transformar cada indivíduo, que por si mesmo é um todo perfeito e solitário, em parte de um todo maior do qual este indivíduo recebe, de algum modo, sua vida e seu ser; alterar a constituição do homem para reforçá-la; substituir por uma existência parcial e moral a existência física e independente que todos recebemos da natureza. É preciso, em uma palavra, que ele subtraia ao homem suas forças próprias para lhe dar outras que lhe são estranhas e de que não possa fazer uso sem o auxílio de outrem.[17]

O legislador é, assim, um autêntico fundador. Ele opera, por suas leis, autoridade e capacidade persuasiva, a transformação dos "indivíduos absolutos" nos homens relativos da sociedade civil: realiza o "milagre" da criação política.

Podemos observar por estas indicações que o interesse comum da coletividade — o objeto da Vontade Geral — se vê também aqui fixado ou corporificado no próprio sistema de leis que regula a convivência dos cidadãos, que lhes confere uma efetiva existência

---

[16] *Idem, ibidem.*

[17] *Idem*, II, 7, p. 180.

coletiva. Mais diretamente: o bem público está, também aqui, como se vê, na própria constituição, nas leis determinadas racional e historicamente pela inteligência política do legislador e assumidas soberanamente pelos homens associados, como a condição de sua vida comum, sua vida de membros de um corpo político. Nessa república, o bem público não é, pois, um bem a que se aspira; é um bem que se frui, a própria convivência social proporcionada pelas leis estabelecidas. E verificamos, então, que os elementos centrais do constitucionalismo reivindicado pela tradição republicana estão presentes aí: o bem comum identificado ao sistema de leis, constitucionalmente enquadradas; a inteligência prática do legislador que o concebe como uma verdadeira obra de engenharia política; o poder de sancioná-lo, de conferir-lhe a forma de lei, atribuído a todos os cidadãos; e ainda sua vinculação a um momento histórico determinado, aquele da fundação ou da constituição da própria ordem política.

Compreendemos, desse modo, que tanto na *politeia* excelente de Aristóteles, quanto na república de Rousseau, o bem comum — o bem visado no registro político — se materializa na própria ordenação constitucional das partes da sociedade política e nas leis que dela derivam. O bem da cidade, enfim, são suas leis, enquanto responsáveis por sua existência e conservação, pela convivência dos interesses diversos, por elas limitados e ajustados. Por isso, nos regimes constitucionais, o amor à cidade (*amor patriae*) se manifesta no apego dos cidadãos ao sistema constitucional e na sua reverência às leis que os integram como povo e articulam sua "vida relativa". E podemos igualmente verificar que o constitucionalismo, em ambos os casos, o dos Antigos e o dos Modernos, responde à preocupação de proporcionar à disposição formal (do Contrato, no caso dos Modernos) ou natural (do finalismo, no caso dos Antigos) da vontade coletiva para o bem comum os meios adequados para realizá-lo, para conferir a essa vontade comum uma eficácia real, sua efetividade especificamente política. Trata-se, enfim, de passar da compreensão dos regimes políticos em geral, entendidos apenas como formas de organização de uma comunidade em vista da realização do interesse coletivo, para a postulação de um regime específico que visa ao interesse coletivo assegurando as condições efetivas de sua realização — determinadas estas por uma inteligência prática inscrita na legislação que molda o corpo político.

República e democracia

Constatamos, então, que a passagem da forma da vontade universal, que funda um corpo político, para sua existência efetiva (o movimento da determinação histórica da sua disposição — jurídico-formal, nos Modernos, ou natural, nos Antigos — para o bem comum) é concebida nas repúblicas de modo bastante diverso do que se observa nas democracias. Estas, as democracias, se apoiam na convicção de que a liberdade de todos — garantida pela igual repartição dos poderes, o igual concurso de todos na formação da autoridade soberana — impede a prevalência dos interesses particulares e permite a expressão do interesse comum, apurado através do voto majoritário de todos os cidadãos ou por intermédio de representantes escolhidos com o concurso de todos, de modo a espelhar a diversidade dos interesses. Enquanto, pois, a democracia *parte* da suposição da imediata liberdade de todos — garantida pela igualdade política — como condição suficiente da produção do interesse coletivo posto nas leis, a república, como se viu, *chega* à afirmação da liberdade de todos como produzida pelas leis, mobilizando a abstração de uma disposição para o acordo e a busca do interesse comum (pressupondo a Vontade Geral produzida por um Contrato ou, no caso dos Antigos, pressupondo a inclinação natural para o Bem) para garantir às convenções historicamente determinadas um estatuto jurídico, a *forma* de leis. No caso das democracias, a vontade popular livre (produzida a partir de certas condições requeridas para seu pleno exercício: liberdade de pensamento, palavra e opinião, livre debate e outros direitos que asseguram a vida democrática), por voto majoritário do conjunto dos cidadãos, estabelece as leis, os objetos dessa vontade coletiva; já na república, o povo só existe ao "assumir" leis (ao consentir a princípios, valores e normas que transcendem a expressão da vontade da maioria), deixando-se moldar por elas como efetiva comunidade política. Em outras palavras: as repúblicas não pressupõem o povo como livre para produzir suas leis (para produzir, por maioria de vozes, as leis que bem entender, "como se nada lhe fosse impossível ou interdito");[18] pensam o povo como livre por seu amor às leis, por seu comum consentimento e adesão a valores, princípios e às formas constitucionais articuladas por um legislador político. Desse modo, nas repúblicas, entre a vontade popular ("vontade de todos" ou da maioria) e as leis, interpõe-se a forma do Direito, a "Vontade Geral" (a disposição formal para o bem comum e o acolhimento das ordenações proporcionadas pela inteligência prática do legislador na apuração do que é reto, "direito"), formalmente voltada para a realização de um todo político.

É por desconsiderar esse caráter tão somente formal da universalidade veiculada pela "vontade coletiva" que as reivindicações democráticas tendem a positivar o povo, como sujeito imediato, naturalizado, do bem comum.[19] É por esquecer que o voto popular e as maiorias democráticas apenas legitimam e conferem, em última instância, a forma da universalidade às construções, sempre precárias, das concertações e entendimentos, que se perde o horizonte republicano do Direito e se resvala no voluntarismo que ronda permanentemente as práticas democráticas. Nas democracias, a vontade do povo mostra-se sempre transitiva: o povo quer isso ou aquilo, visa a objetos. Já a vontade popular republicana, através disso ou daquilo, visa ao Direito e ao bem comum da cidade; visa, portanto, a leis, condições da coexistência civilizada, e se inscreve de imediato, assim, no registro jurídico-político. Desse modo, enquanto a substantivação do povo introduz nas democracias uma forte inclinação "populista" e plebiscitária (pretende-se, aí, constantemente, ouvir o povo, fazê-lo manifestar-se, prestar-lhe contas, submeter-se a seus juízos, posto que tudo se reduz à apu-

---

[18] Francis Wolff, *Aristóteles e a política*, *op. cit.*, p. 108.

[19] Observe-se que as democracias tendem a figurar o "povo" demograficamente, enquanto as repúblicas o tomam de imediato politicamente, como constituído por suas leis, enquanto conjunto de cidadãos.

ração da sua vontade), nas repúblicas, trata-se sempre de construir uma vontade como autenticamente coletiva, de "empreender a instituição de um povo",[20] de soldá-lo pela autoridade das leis e do Direito; enfim, emendar e produzir uma vontade comum pela experiência da civilidade política.

É certo que o paradoxo das repúblicas está justamente em que elas só possam existir pelas leis e que estas, por sua vez, só possam existir pela vida comum que elas criam. Rousseau assinala esta dificuldade de modo clássico, numa passagem bastante conhecida: "[...] seria preciso que o efeito pudesse tornar-se a causa; que o espírito social, que deve ser obra da instituição, presidisse a própria instituição; e que os homens fossem antes das leis o que devem tornar-se por elas",[21] diz ele. Mas também Aristóteles credita a formação política dos cidadãos às leis, sobretudo no governo constitucional, a *politeia*, em vista da aptidão dela para produzir institucionalmente a igualdade política e o cuidado do bem comum, assinalando, pois, o mesmo círculo. Entretanto, nos dois casos, o paradoxo se esclarece quando se compreende a inteligência que preside às fundações políticas: estas, na verdade, pressupõem e reivindicam (seja metafísica e normativamente, pela suposição de uma inclinação natural dos homens para a vida política; seja lógica e juridicamente, pela suposição da Vontade Geral instituída por um Contrato) — para, então, realizá-la — a disposição coletiva para o bem comum; e, assim, em virtude dessa pressuposição da aspiração comum pelo direito, estabelecem as leis e fazem delas as condições efetivas da convivência política.[22] É essa a as-

---

[20] Rousseau, *Du contrat social*, *op. cit.*, II, 7, p. 180.

[21] *Idem*, II, 7, p. 184.

[22] Protágoras é o primeiro a assinalar essa operação. Pelo conhecido mito de Prometeu (Platão, *Protágoras*, XI-XIII, 320 d-324 d), afirma que Zeus, ao distribuir a arte política (o senso de Justiça e o pudor, *aidós*), a todos os homens (diferentemente da distribuição das outras artes), torna-os aptos para buscar a justiça, aptos para a vida em comum. O mito assinala, assim, a exigência de que os homens postulem a existência da justiça (e do decoro) para que ela possa existir. Que creiam nela para que ela possa humanamente advir. Enfim, pressupõe-se a aspiração comum dos homens pela justiça para que ela possa ser apu-

túcia do legislador republicano: enquanto civilizador, ele supõe o "espírito social" (expressão de Rousseau) e o induz pelas leis; forja a crença no coletivo para criar entre os homens a disposição cidadã para a harmonização de seus interesses e a regulação de suas oposições e conflitos. Ele faz, enfim, o povo preceder a si mesmo, proporcionando-lhe, pela pressuposição de sua forma social e pela autoridade das leis, um equivalente dos mitos de fundação das cidades antigas. Enfim, a distinção dos registros formal e positivo, lógico e histórico, dissolve o paradoxo da instituição social, referindo a causa motora da produção do corpo político à figura do legislador — seja em Rousseau, seja em Aristóteles.

Este caráter originário e fundante das leis republicanas — que identifica os "governos de leis", não diretamente "do povo" — suscita, evidentemente, algumas suspeitas. Pois, deixando o terreno das fundações e retomando a perspectiva jurídica, verificamos, como já foi assinalado, que nesses regimes o direito coincide com as leis, encarna-se nelas, visto que o bem público — para continuarmos a empregar o vocabulário rousseauniano — se define ao alcançar, pela vontade popular (esclarecida e penetrada pelas disposições do Contrato), o caráter de lei, assumindo a forma da universalidade. Enfim, se o direito se define mediante a Vontade Geral, por seu direcionamento formal para o bem do corpo político, não há, na verdade, qualquer medida outra do direito além das leis historicamente constituídas, pois não há qualquer instância transcendente a elas (e, portanto, aquém da *forma* do consentimento popular) capaz de legitimá-las, do exterior: em última instância, algo é legítimo porque o povo o assume, porque consente.

Ora, como encarar essa "absolutização" das leis republicanas? Como não suspeitar esse regime do vício da idealização de suas disposições históricas? E como não imputar um caráter arraigadamente conservador a esse constitucionalismo? Pois, se as democracias naturalizam o povo, as repúblicas não positivizariam

---

rada pelo debate político. "O justo" não existe *a priori* (como em Platão); existe *a posteriori*, sob a condição de ser postulado, e alcançado. A crença precede a existência.

abusivamente o Direito? As democracias, de fato, parecem inclinar-se na direção de um mero (e muitas vezes obsessivo, como se observa em nossas ciências políticas) procedimentalismo — entendido como a realização da liberdade —, que procura refinar ou corrigir cada vez mais a apuração da "vontade popular". Mas as repúblicas, por seu lado, ao investir inteiramente o Direito na Constituição e nos sistemas legais constituídos, não tenderiam para o mais estreito e reverencial institucionalismo e legalismo? É certo que, ao ultrapassar a celebração da "vontade popular" e seus feitos na direção de um governo de leis, as repúblicas oferecem um necessário suporte de estabilidade para a vida das comunidades políticas (já que é próprio do Direito expressar-se por leis e da natureza das leis aspirarem à duração, justamente enquanto expressões de um Direito). No entanto, quando a cidadania se define pelo amor à Constituição e às leis — pela disposição não só de estabelecê-las mas de mantê-las —, como defender o regime do processo relativo ao seu conservadorismo?

Não se pode negar *in limine* este libelo; pois há, seguramente, um laivo de conservadorismo nas repúblicas. Entretanto, é preciso compreendê-lo adequadamente, a partir da própria natureza do regime. Porque se entendemos que o que distingue os regimes constitucionais republicanos é o fato de conferir à própria articulação constitucional (e não à vontade popular, ou a sábios, a homens extraordinários ou a elites morais ou políticas) a incumbência do governo e da realização do bem comum ou dos fins da comunidade política (de tal modo que o regime não visa mais diretamente a um objeto da vontade coletiva; deixa de buscar um bem exterior à própria configuração constitucional para visar a si mesmo, sua produção e duração, enquanto configuração eficaz e historicamente determinada da "vontade comum"), compreenderemos, então, que o respeito e o apego às leis que caracterizam tais regimes republicanos exprimem fundamentalmente o interesse coletivo na permanência da vida social, na própria existência da convivência política. O amor às leis e à Constituição assinala, enfim, o desejo da cidade de conservar-se em seu ser ou, para usar um conceito caro à metafísica clássica, o *conatus* do corpo político. Não se trata, portanto, de buscar a conservação das próprias leis; trata-se de, por elas, buscar a conservação da vida coletiva. Portanto, visto sob esta ótica, o conservadorismo republicano é pulsão de vida; ele protege a cidade da volubilidade e errância das opiniões e vontades.

Mas, por outro lado, devemos considerar também que se o constitucionalismo reverencia e cultua as leis (e mesmo as "absolutiza"), não as "idealiza", entretanto. Pois a identificação do Direito às leis[23] — a atribuição de uma forma instituída e historicamente determinada ao Direito, enquanto produzido por uma obra artificial de engenharia política — confere-lhe uma adesão incontornável às circunstâncias históricas de sua instituição e, assim, necessariamente enfrenta a exigência de sua apropriação e conformação à diferença dos tempos; implica um compromisso simultâneo com a tradição e a inovação, com o passado e o presente; imprime-lhe, enfim, as marcas da história. Enquanto a democracia tende a se pensar como forma e valor universais, investindo-se inteiramente nos procedimentos ou na pura expressão atual, por voto majoritário, da vontade popular, a república se renova e se transforma ajustando suas leis historicamente determinadas às variações das circunstâncias e à mudança dos tempos. A república (dos Antigos e dos Modernos) não quer reinventar ou recriar a vida social a cada dia; ela quer enfrentar o novo, armada de seus princípios constitucionais históricos, com o menor desgaste possível para os equilíbrios, sempre precários, estabelecidos entre as partes do todo político. É verdade, ela sabe, que isso nem sempre é possível. Impõe-se muitas vezes a mudança da própria constituição, a passagem de uma república a outra (de uma velha a uma nova república); como pode ocorrer também — toda a tradição revisita este tema — a morte do corpo político.

A democracia, relembremos (e falamos sempre do que subjaz à sua representação mais estabelecida), tende a concentrar-se na atualidade da vontade coletiva; empenha-se, no mais das vezes, na

[23] Também o positivismo jurídico contemporâneo identifica o Direito às leis estabelecidas, mas estas leis são geralmente pensadas à maneira democrática mais que republicana, isto é, seriam criadas fundamentalmente através de aglutinações de interesses operadas pelo voto e a representação e não essencialmente derivadas de valores constitucionais, fundadores da sociedade.

pura imediatez do "vontade do povo", apurada a cada momento através dos rituais de seus procedimentos e rituais eleitorais; e, como forma política que se quer fundada na igualdade de todos e na universalidade da liberdade, inclina-se sempre a apresentar-se como absoluta, necessária e permanente (a convicção de sua acabada legitimidade leva-a, frequentemente, a pensar-se como o fim da história). Já a república, imbuída do caráter instituído e histórico de suas leis, opera sempre com as determinações sociais e com a divisão temporal: o tempo passado da fundação, o presente de sua reapropriação/atualização, o futuro de sua *metabole*, sua revolução em outra forma ou seu desaparecimento enquanto ordem constitucional dada; ela tem sempre no horizonte sua morte como tal regime político. As repúblicas incorporam a dimensão do tempo. Como as democracias, elas nascem, vivem e morrem; mas só elas, pelo caráter fundante que conferem a seus sistemas constitucionais social e historicamente determinados, constante e constitutivamente lembram-se disso.

Há um ponto, entretanto, em que não se deve deixar persistir qualquer equívoco. É preciso insistir em que a sustentação do ideário republicano não implica em recusa ou afastamento dos ideais da democracia. Ao contrário, deve-se observar que o empreendimento da república incorpora as afirmações centrais do regime popular. Reafirma a liberdade e igualdade políticas dos cidadãos e reconhece a todos a responsabilidade pelo estabelecimento das leis, a participação na soberania legislativa. Não confere a qualquer indivíduo, classe ou parte da cidade qualquer prerrogativa (de nascimento, idade, condição social, virtude, saber ou de qualquer outro título) que legitime sua elevação e poder sobre os demais. Como a democracia, o regime constitucional também admite, plenamente, o caráter contingente das leis e das expressões do Direito: não reconhece qualquer instância ou paradigma supra políticos como aptos a medir a adequação, bondade, justiça ou legitimidade de seus enunciados e práticas efetivos, a não ser os princípios e cláusulas inscritos na própria Constituição e a conservação da ordem política. O que a república quer lembrar à democracia é tão somente a exigência da encarnação constitucional (e não meramente procedimental ou "simbólica") do Direito e a dimensão social e histórica de suas disposições. O que ela recorda ainda à democracia são as condições reais da produção e reprodução das leis, a exigência de que uma efetiva concertação de opiniões, valores e interesses sustente a sua formulação, visto que a democracia tende a tomá-las, nós vimos, como produzidas imediatamente pela universalidade da participação, pelo recurso ao voto e à regra numérica da maioria.

Verificamos, enfim, que a república adverte a democracia sobre os riscos de uma visada meramente formal, abstrata, da igualdade, sustentada pela afirmação da liberdade de cada um dos cidadãos (que impediria o domínio, ou mesmo a hegemonia, de um ou de alguns, de um indivíduo ou facção). Ela entende que a articulação da totalidade política não se realiza apenas pela eficácia da forma política da igualdade e da liberdade (pelos procedimentos do voto e dos rituais da universalidade democrática), mas pelo empenho laborioso na articulação social e política de um todo historicamente determinado, através da atividade incessante da inteligência prática do legislador, dos cidadãos e dos homens políticos. A democracia (nessa tradição da reflexão de Antigos e Modernos sobre a natureza, condições e méritos das diferentes formas de governo, que aqui consideramos),[24] por fiar-se nas virtudes formais da igualdade, fixa-se sobretudo no presente dos interesses e em suas aglutinações instáveis, e é, pois, imediatista e frequentemente voluntarista. Já a república, por seu empenho constitucional e seu respeito pelas leis estabelecidas (pois o que o povo, o universal político, exige aqui é o cumprimento das leis e a realização de seus princípios constitucionais), mostra-se, talvez, mais modesta e realista. Ela exalta o engenho requerido pela empresa da concertação de opiniões e interesses e da regulação dos

---

[24] Em "Que república?", o primeiro texto dessa Parte IV, buscamos, sobretudo, o conceito de república "indo aos Antigos", enquanto neste, "Por que república?", o acompanhamos "vindo aos Modernos". Nossas reflexões e interrogações sobre o republicanismo contemporâneo são objeto do próximo capítulo, "A que república?", que prospecta razões e caminhos contemporâneos para a república.

conflitos e celebra a prudência e a paciência exigidas pelas obras de construção política.

Essas considerações, como se vê, não pretendem veladamente reiterar as acusações platônicas e de todos os iluminismos políticos (ou mesmo das postulações liberais) contra os perigos da democracia popular e o engano de conceder o poder a uma massa de indivíduos anárquicos, movidos por paixões e desejos volúveis e irrefreados ou pelos equívocos do que chamamos "populismo". Parece-nos necessário, ao contrário, interrogar os pensadores mais ciosos dos princípios democráticos para buscar o que os leva às suas reivindicações propriamente republicanas. São os insuspeitos Aristóteles e Rousseau que, talvez, melhor nos permitam perceber os limites das aspirações imediatas das democracias.

IV.3

A que república? (Razões contemporâneas da república)

República e Democracia são regimes gêmeos, desde sempre atados, visto que as teorias republicanas surgiram, e ressurgem a cada vez, como empresas críticas e retificadoras das lacunas e problemas das democracias, que, é preciso lembrar, nunca gozaram no passado do prestígio universal que hoje lhes cabe. Ao contrário, entre os regimes políticos paradigmáticos, o democrático revela-se historicamente o mais criticado e desacreditado, enquanto, por outro lado, o prestígio da república parece permanecer, desde os clássicos antigos, inabalável. Ora, sendo tipos de regime tão estreitamente atados (empenhados ambos em sustentar que o poder distribuído a todos os cidadãos é o melhor regime, mais apropriado ao vínculo social dos homens e de maior eficácia institucional que o governo de um só ou o dos melhores), o que desqualifica a democracia e exalta e valoriza a república, que sempre pareceu pretender, até com alguma arrogância, prevalecer sobre a primeira e impor sobre ela sua autoridade? Tentemos examinar essa questão, começando por lembrar as críticas que cronicamente oneram o crédito da democracia e abrem caminho para as repúblicas, no sentido de emendar e remediar seus vícios ínsitos.

Sabemos bem que vem de longe a desconfiança e mesmo a hostilidade dos pensadores das instituições políticas em relação a ela. Desde sua invenção (a "invenção da política", advinda com as reformas de Clístenes no século V a.C.)[1] e os tempos de sua primeira existência em Atenas, foram raros os que a defenderam, muitos os que a desqualificaram e tantos os que, com suas reser-

[1] Conferir supra, Parte I, capítulo 3.

vas, buscaram atenuar seus princípios e reconsiderar seus requisitos. As censuras sempre foram muitas: a incompetência da multidão dos votantes; a passionalidade e volubilidade das decisões; a demagogia e as astúcias dos oradores (que adulam as massas e fomentam fanatismos); o caráter errático das suas leis e a instabilidade das instituições. Políbio, por exemplo, depois de comparar a democracia ateniense a uma nau desgovernada (*adespoites*), no Livro VI de sua *História* refere-se a Atenas e Tebas como "cidades em que tudo é conduzido pelos impulsos desenfreados de uma turba excepcionalmente agressiva e obstinada em uma delas [Tebas] e, na outra [Atenas], violenta e apaixonada".[2] Quando, mais tarde, volta o interesse pela política dos clássicos, as críticas não são menos contundentes. Se escutarmos, por exemplo, Jean Bodin, verificaremos que ele tem a democracia como o pior dos regimes, dada a desordem que haveria na multidão e considerando-se ainda que o povo, quando tomado pela emoção, revela-se, ele diz, "um animal de múltiplas cabeças, sem capacidade de julgamento e sem razão".[3]

O problema, no entanto, que é o fulcro das críticas dos Modernos é a injustiça e a irracionalidade da igualdade democrática. A democracia, diz Bodin, pretende ser um regime de igualdade aritmética:

> [...] quer partilhar igualmente os status [*états*], as honras, os ofícios, os benefícios e dinheiros comuns, territórios conquistados, e, se é preciso fazer leis, instituir oficiais, aplicar pena de vida ou de morte, ela quer que o povo seja ouvido e que a voz do mais tolo e temerário tenha o mesmo peso e efeito que a do mais sábio. Ademais — continua —, os regimes populares querem que tudo seja decidido por sorte e com igual peso, como os Antigos [...]. Assim se passa, pois, na forma de governo

---

[2] Políbio, *História*, *op. cit.*, Livro VI, p. 339.

[3] Jean Bodin, *Les six livres de la République*, Paris, Le Livre de Poche, 1993, Livro VI, 6, p. 563.

> popular: tudo se dá por sorteio e por leis rígidas, sem ponderação equitativa, sem privilégios nem exceção para ninguém, de tal modo que os nobres são sujeitos às mesmas leis que o vulgo; multas são iguais para ricos e pobres; o mesmo pagamento é atribuído ao forte e ao fraco, ao capitão e ao soldado. Ao contrário de um governo aristocrático, em que tudo se faz por proporção geométrica e se procede com a régua de Lesbos, que era de chumbo, a fim de que, flexionando-se e acomodando-se em todas as direções, poupasse a pedra, enquanto os outros ajustavam a pedra à régua.[4]

No entender dos Modernos, esse governo da multidão (dos pobres) mostra-se perverso sobretudo em seu desejo de tudo igualar e de expropriar os ricos, uma pulsão associada à ambição geral dos homens de tudo possuir e de invejar os demais.[5]

Tais críticas se prolongam no tempo, pois as reservas e hostilidades persistem. Mesmo no curso da Revolução Francesa, entre 1789 e 1795, a ideia de soberania popular encontra resistência contínua no interior do próprio campo revolucionário. Há resistência ao sufrágio universal (que se impõe em 1792, mas cai em 1795); introdução do conceito de "cidadão passivo" (direitos políticos plenos reservados apenas aos que podem contribuir para os cofres públicos, que podem pagar impostos); imposição de um sistema de governo "representativo da nação" (não diretamente do povo), de modo a protegê-la do "despotismo da multidão",[6] da insanidade e da anarquia de um povo em "deliberação contínua" no exercício flutuante da sua vontade. Esse temor da "soberania

---

[4] *Idem*, pp. 570-1.

[5] A aspiração igualitária da democracia a levaria a governar "contra os ricos". Esta crítica manifesta-se hoje nas alusões aos "populismos redistributivistas", que ouvimos todos os dias. De outro lado, as observações sobre o caráter perverso da igualdade democrática, como sabemos, vêm de longe, como podemos verificar no *De re publica* de Cícero.

[6] "*Despotisme de la canaille*", na conhecida expressão de Voltaire.

ilimitada" do povo aponta para a centralização administrativa, que leva, na Constituição de 1799, à nítida eminência do poder executivo e seu corpo de funcionários (representado depois por Bonaparte, Consul vitalício em 1802 e Imperador em 1804), que vem, então, perfazer o processo de expurgo da democracia, expresso sem rodeios por Cabanis em suas considerações sobre a nova constituição de 1799: "Tudo se faz para o povo e em nome do povo; nada se faz por ele nem sob seu mando [*sa dictée*] irrefletido".[7]

É bem verdade que esse regime, quase sempre estigmatizado como irracional, instável e tumultuário, perdura até nossa modernidade como o paradigma central de uma vida política legítima; como também é verdade que na sua formulação ateniense original resistiu por quase 200 anos, sem muitos incidentes.[8] O regime democrático só se arruína por motivos externos (a invasão macedônica em 322 a.C.), tendo dado à cidade um enorme poder político, econômico e militar (imperialistas), além de um admirável vigor cultural e intelectual, nas artes, na literatura, na filosofia, um vigor de que se beneficiaram, direta ou indiretamente, seus críticos e adversários mais armados, Antigos e Modernos. E, no nosso tempo, o nome democracia, quase universalmente reverenciado, é convocado para legitimar mesmo os regimes mais autoritários e para camuflar as oligarquias mais estreitas. Qualquer empresa política que hoje se pretenda legítima não parece poder prescindir da retórica democrática. Todos são democratas e, de fato, quase sempre buscam se respaldar com a vontade popular através de eleições aceitavelmente livres, mesmo quando agridem os valores, normas e procedimentos considerados constitutivos da democracia. Há muito a pensar sobre isso, pois, como observou Moses Finley, "não vai de si que uma tal quase-unanimidade ocorra atualmente no que

---

[7] Cf. Yannick Bosc, *La souveraineté populaire contre l'État*, conferência realizada na USP, em 21 de março de 2023.

[8] É, de fato, surpreendente, consideradas as críticas internas ao regime de isonomia, que os dois golpes oligárquicos, o de 411 e o de 404 a.C., não tenham prosperado e que os novos regimes oligárquicos tenham tido uma duração quase insignificante.

diz respeito às virtudes da democracia, quando, na maior parte da história, aconteceu o inverso".[9]

Da democracia ao "governo misto"

Comecemos por averiguar o que requer a democracia tomada em sua acepção mais pura, na radicalidade de sua invenção original. Que traços constitucionais principais ela promove? Não parece difícil elencá-los prontamente: a universalidade da cidadania (a integração de todos — um "todos" a qualificar — na comunidade cívica); participação direta do corpo dos cidadãos — por voto majoritário — em todas as decisões coletivas; igualdade das vozes, respaldada pela inteira publicidade de tudo que se refere aos assuntos comuns e também pela liberdade de expressão das opiniões e do exercício da persuasão na cena pública; sorteios para a ocupação (da maioria) dos postos de governo e de distribuição da justiça (de modo a neutralizar as desigualdades sociais e econômicas); rotatividade, a maior possível (por mandatos curtos), de todos os cidadãos nos cargos e funções públicas. São esses os traços principais do desenho institucional mais puro da democracia, ainda que eles se atenuem e muitos se percam no trajeto histórico de suas realizações. Considerem-se, por exemplo, as restrições várias (de renda, instrução, idade, gênero etc.) impostas à definição do universo da plena cidadania; a limitação dos temas e objetos das decisões (muitos reservados a "profissionais competentes"); as formas várias de limitação ou mesmo de interdição de acesso aos meios de exercício da palavra pública; a eliminação dos sorteios (procedimento democrático), substituídos por eleições (procedimento aristocrático), no preenchimento das funções públicas; extensões do tempo do exercício das magistraturas e a diminuição consequente de sua necessária rotatividade. Enfim, tantas formas

[9] Moses Finley, *Démocratie antique et démocratie moderne*, Paris, Payot, 2003, p. 57.

bem conhecidas de contornar ou mesmo burlar o espírito e as práticas primeiras próprias da democracia.

Todas estas torções, deformações ou atenuações — quase sempre dissimuladas — do perfil original do regime têm, como já sugerimos, uma raiz comum: a desconfiança e o temor dos "poucos" em relação ao poder dos "muitos", dos populares, e a crença, tantas vezes formulada e reiterada, de que, contra a hegemonia anárquica da massa — o governo dos piores — deve prevalecer a aristocracia (oligarquia), sustentada em nome da evidente superioridade de um governo dos melhores: os mais sábios, os mais virtuosos, os mais competentes. Sobre a natureza real desse regime, Aristóteles não permite que nos enganemos: a verdadeira democracia não é propriamente o governo de todos; ela é, de fato, o complexo exercício constitucional do poder (*kratos*) da maioria pobre (*demos*). Ele é o primeiro a ter inteira clareza e a advertir sobre isso, ao assinalar nos regimes sua dimensão social:

> Parece que o raciocínio torna evidente o seguinte fato: a soberania ser dos poucos ou dos muitos não é senão um atributo acidental das oligarquias e democracias, pelo fato de que por toda parte os ricos [os abastados] são minoria e os pobres [as pessoas modestas] maioria. Sua diferença não vem, na verdade, das causas antes apontadas [o número dos elementos destas classes]; o que faz a diferença real entre uma e outra, democracia e oligarquia, é a pobreza e a riqueza. Assim, necessariamente, um regime em que os que governam o fazem graças à riqueza, não importa se minoria ou maioria, será uma oligarquia e onde os pobres governam, será uma democracia.[10]

A natureza de um regime não é dada, então, pela quantidade dos que comandam (um, poucos, ou muitos); é dada pela qualidade da

---

[10] Aristóteles, *Les Politiques*, *op. cit.*, III, 8, 1279b 34-1280a 4, p. 232.

pulsão que nele se investe (desejo de bens e poder da parte dos ricos; desejo de satisfazer seus apetites em segurança, do lado dos pobres).

Mas para bem esclarecer o estatuto da democracia, devemos, na verdade, começar por lembrar a ambiguidade inscrita no vocábulo *demos*, o titular do seu *kratos*, do poder. Palavra desde sempre polissêmica, "povo" se refere, como bem sabemos, tanto ao conjunto dos habitantes, quanto ao conjunto dos cidadãos, quanto à parcela mais pobre, o grande número dos homens comuns de uma cidade. Portanto, quando se pretende considerar a democracia tomando o termo "povo" na segunda acepção, aquela propriamente política (nem demográfica, nem social), é preciso ter em mente a advertência de Aristóteles de que a proporção normalmente diversa entre pobres e ricos de uma cidade distorce a igualdade pretendida, revelando que um governo — igual — de todos os cidadãos é, de fato, o governo da maioria pobre, um regime tendencialmente degenerado, como também as oligarquias, por não visar o bem de toda a cidade mas os interesses próprios, flutuantes, de uma de suas partes. A contraparte desta observação, entretanto, parece ser que, além do caráter tido como errático de seus impulsos, os pobres se mostrariam expostos à persuasão demagógica, ou ideológica, dos ricos. Desse modo, se dificilmente se concebe um governo dos ricos (uma oligarquia) que não seja fundamentalmente "para os ricos" (que se mostram sempre mais capazes que os pobres de se entender, visando o incremento de seus bens e poder), no caso da democracia, mesmo em suas formas mais radicais, ela dificilmente parece ser capaz de governar efetivamente "para os pobres", em vista da vulnerabilidade deles à força da demagogia e das ideologias dos "grandes" — que tantas vezes fazem crer que seu desejo de bens (e poder) redundarão no bem de toda a cidade e também, como sabemos, mostram-se capazes de seduzir os pobres a se verem potencial, ou imaginariamente, como aliados ou mesmo como parte dos seus, dado que a aquisição de bens seria a ambição de todos os homens.

No entanto, considerando-se que a democracia parece dificilmente governar, de fato, para o homem comum (para a maioria pobre), poder-se-ia imaginar uma forma reta de democracia, que operasse efetivamente para o bem da cidade, do conjunto dos cidadãos? Se a democracia pretende ser um governo de todo o povo para todo o povo, mas oscila instavelmente entre as pulsões da maioria pobre e os interesses dos educados e ricos, a questão fundamental da reflexão política inscrita no ambiente democrático ateniense (que os filósofos veem como desalentador) foi a de encontrar uma articulação institucional da democracia que realizasse os interesses e fins da cidade como um todo, através de uma certa disposição do conjunto dos cidadãos nas magistraturas de justiça e de governo. Desse modo, os filósofos afastam a Democracia, em sua forma original — a simples atribuição do poder à vontade majoritária de todos os cidadãos —, e buscam articular fórmulas constitucionais que possam fazer jus ao interesse do todo, que sejam capazes de promover o bem comum através da integração — diferenciada — de todos no governo (com o afastamento do poder direto da maioria pobre, perigoso e danoso para o bem comum), através de fórmulas diversas de um "governo misto". Platão, sabemos, busca a integração da sabedoria do filósofo (que dita as leis), das virtudes da aristocracia (homens honrados que as conservam e aplicam) e da massa popular (que, com certas limitações censitárias e morais, eleva, pelo voto, os mais aptos para as magistraturas e controla seu desempenho). Aristóteles, já sabemos também, propõe a produção de um regime de composição constitucional de pobres e ricos, de modo a obter uma constituição que pudesse não só produzir leis e justiça favoráveis à boa ordem e ao interesse comum da cidade, mas fosse também capaz de promover uma integração progressiva das suas "partes" na direção de um "justo meio" entre os interesses de cada uma e da qualificação política e moral de um homem médio, educado para o bem comum.[11] Enfim, o que a democracia promete só se realizaria, segundo pensam os filósofos, por um outro regime (que, é verdade, guarda inteira afinidade com ela e pode mesmo, no caso de Aristóteles, ser visto, sim, como sua forma reta), um "regime misto", constitucio-

[11] Cf. Aristóteles, *Les Politiques*, *op. cit.*, Livro IV, 11, 1295a 25-1296b 10, pp. 311-5.

nal, a república (um "governo de leis": nem de um, nem de poucos, nem de muitos), regido por instituições desenhadas com uma participação — diferenciada — de todos (visto que sem alguma participação no poder se é apenas súdito; não se é cidadão e não se é livre).

É esse o caminho que será tomado pelo ideário republicano.[12] Sua vertente de inspiração platônica (e "espartana") vai, em Roma, se desdobrar principalmente nas obras de Políbio e Cícero, que, retomadas no Renascimento, legarão vários traços centrais às instituições políticas modernas. Do mesmo modo, o paradigma aristotélico, também retomado no Renascimento — de Leonardo Bruni a Maquiavel —, alcançará a modernidade através das grandes revoluções democráticas dos séculos XVII e XVIII, e vem, na atualidade, despontar na mobilização desta tradição para uma renovação republicana das democracias, em sua nova configuração liberal e neoliberal. Entretanto, mais importante talvez que a identificação dessas linhagens seja reconhecer nos Estados contemporâneos, advindos das revoluções democráticas modernas, os traços fundamentais dos "regimes mistos": seu caráter constitucional; o império da lei ou estado de direito; sua disposição integradora do universo da cidadania (agora transposta na garantia de direitos e no apelo à participação política). Pois, enquanto a democracia busca a expressão da vontade popular, a república enfatiza o governo das leis e o papel das instituições na ordenação da vida comum: os mecanismos institucionais de contenção do arbítrio dos governantes e do poder das "facções"; a separação dos poderes; os dispositivos de alternância nas funções públicas e de proteção das minorias. Esses elementos afirmados e estampados pelas democracias liberais modernas (mesmo que dificilmente assumidos em toda sua extensão e exigências) mostram bem impressas nelas as marcas e exigências do republicanismo.

---

[12] *Res publica*, sabemos, na cultura política romana, traduz o vocábulo grego *politeia*. Conferir supra Parte I, 2 e Parte IV, 2.

Um novo republicanismo

Se viermos agora aos termos da retomada contemporânea do republicanismo — tomando-o em suas formas mais difundidas —, verificaremos que permanece nele seu espírito original de buscar a correção e a realização da democracia, concebida hoje, evidentemente, no novo contexto dado pelos princípios da racionalidade política moderna e submetida a novos desafios. O contexto é aquele das referências e valores das políticas liberais e neoliberais e os desafios permanecem aqueles relativos à realização de um governo efetivo de todos e para todos os cidadãos, referidos aqui à promessa de liberdade e igualdade universais do liberalismo, desafiada sobretudo pela exacerbação do individualismo e seus efeitos perversos, seja no tocante à participação política e à responsabilidade cívica dos cidadãos (cuja passividade política abre espaço para os autoritarismos), seja no que se refere ao acirramento das desigualdades e dissimetrias e suas consequências funestas para a liberdade dos indivíduos. Esse novo republicanismo, como bem observa Jean-Fabien Spitz, é "antes de tudo uma reflexão crítica sobre a liberdade a que aspiram hoje as sociedades democráticas para seus cidadãos";[13] um movimento, pois, de problematização do liberalismo e de suas promessas.

Vêm dos anos 1970 e dos países de língua inglesa os trabalhos que embasaram e sustentaram a nova vitalidade do republicanismo, em sua versão mais influente hoje no debate acadêmico e nos embates políticos. Os livros extraordinários de J. G. Pocock, *The Machiavellian Moment*, e de Quentin Skinner, *The Foundations of Modern Political Thought* (que, em sua primeira parte, é, em boa medida, um grande exercício de interpretação "contextualista" da obra de Maquiavel)[14] abrem caminho para uma reflexão

---

[13] Jean-Fabien Spitz, "La philosophie politique républicaine aujourd'hui: un état des lieux", em *Politique et Sociétés*, vol. 20, nº 1, 2001, p. 2.

[14] Não devemos deixar de lembrar que estas obras que voltam ao republicanismo renascentista foram precedidas pelos trabalhos de importantes historiadores das ideias, entre os quais se destaca o clássico de Hans Baron, *The Crisis of the Early Italian Renaissance*, sobre o protorrenascimento florentino,

política que encontra no pensador florentino um precursor e um ponto de apoio fundamentais. Ele figuraria um "momento" que recolhe a retomada dos Antigos realizada pelo humanismo cívico florentino e relança o republicanismo, renovado, para o cenário das revoluções modernas, através das quais seus valores e exigências virão se imprimir em nossas instituições políticas. Ao restaurar o elo renascentista, esses historiadores das ideias fazem chegar até nós a grande linhagem republicana que atravessa a história da filosofia política. E esse novo republicanismo, herdeiro de traços cívicos do humanismo e de contribuições maquiavelianas, parece desdobrar-se agora em duas figuras e linhagens centrais. Uma delas, representada originalmente por J. G. Pocock, enfatiza o exercício das virtudes cívicas e dá ênfase e precedência à esfera do comum (marcada por interesses próprios, para além da mera salvaguarda da independência dos indivíduos), vista como constitutiva das liberdades privadas. A outra, formulada inicialmente por Skinner, dá às exigências de "civismo" e de responsabilidade pelo público um caráter apenas instrumental: seriam um meio para assegurar as liberdades liberais modernas, que requereriam que os indivíduos compreendessem que seus interesses particulares e suas liberdades individuais estão vinculados à sua responsabilidade pela conservação da liberdade política.

Tentemos, então, colocar bastante diretamente a questão da contribuição e da originalidade desse neorrepublicanismo em sua versão atualmente mais influente,[15] que, a partir de Skinner, faz escola com Maurizio Viroli, Philip Pettit, Cass Sunstein e tantos outros. Em que esse republicanismo se destaca da democracia liberal (um regime fundado na busca da expressão majoritária dos interesses dos indivíduos e na proteção de seus direitos naturais), que ele se empenha em corrigir? O que ele reivindica como seu perfil próprio? Procuremos averiguar.

---

em que o autor cunha o conceito de "humanismo cívico", e também a obra magistral de Eugenio Garin, que retoma estende e aprofunda o conceito.

[15] Trata-se do republicanismo denominado neorromano em função de sua referência ao ideal romano da *Libertas*: a independência da república em relação a poderes externos e a dos cidadãos em relação a poderes arbitrários.

Enquanto a tradição liberal exalta a independência dos indivíduos, recusando interferências na esfera de suas escolhas e da execução de suas vontades (buscando reduzi-las ao mínimo) — o que, com base na célebre conferência de Benjamin Constant de 1819, Isaiah Berlin passou a denominar "liberdade negativa" —,[16] nossos neorrepublicanos entendem radicalizar a compreensão, o alcance e os instrumentos de proteção dessa esfera de liberdade (negativa), denunciando, para além dos obstáculos materiais e jurídicos que possam limitá-la, qualquer dependência em relação a um outro que possa vir a interferir nas escolhas ou ações de um indivíduo; enfim, sua exposição a interferências possíveis (não apenas as efetivas), ou mesmo a sujeição em relação a alguma tolerância ou boa vontade da parte de um outro que possa fragilizar sua liberdade, que venha a restringi-la pela vulnerabilidade (pelo temor da reação dos poderosos ou mesmo da prepotência das maiorias democráticas) ou pelo sentimento de exposição ou impotência, incompatíveis com a potência da verdadeira liberdade. Não seriam, portanto, apenas forças coercitivas ou sua ameaça imediata os obstáculos à liberdade, mas toda forma de dominação (mesmo suave e benevolente) ou de dependência que implique alguma sujeição e servidão, atual ou possível, a uma outra vontade. Por esse conceito de liberdade como "não-dominação" (elaborado sobretudo por Philip Pettit),[17] se "estenderiam as fronteiras da liberdade" e se asseguraria vigência mais plena dela nas sociedades democrático-liberais, afastando-se as formas dissimuladas e latentes de sujeição e dominação. Segundo Maurizio Viroli, a passagem do conceito liberal de não-interferência para esse novo conceito republicano da liberdade (não-dominação) significa, por exemplo, entre outras

---

[16] Cf. Isaiah Berlin, "Two Concepts of Liberty", em *Four Essays on Liberty*, Oxford, Oxford University Press, 1969, pp. 118-72.

[17] Sobre o neorrepublicanismo de Pettit, consultar os comentários precisos de Alberto Ribeiro de Barros, "O modelo de democracia contestatária de Philip Pettit", em *Cadernos de Ética e Filosofia Política*, vol. 42, 2023, pp. 19-28. E também Alberto Ribeiro de Barros, "Liberdade e democracia no neorrepublicanismo de Philip Pettit", em *Revista Espaço de Diálogo e Desconexão*, vol. 15, 2023, pp. 38-47.

coisas, "ter mais mulheres e homens que não dependam do julgamento arbitrário de outros para empreender uma carreira pública ou privada; significa que menos cidadãos são reduzidos ao silêncio e à passividade por seu grupo social, cultural ou étnico ser considerado inferior e sua história sem valor; significa que menos cidadãos são discriminados ou tratados com arrogância ou suficiência no seu local de trabalho ou que são relegados, ou autorrelegados, ao confinamento na vida doméstica".[18] Na mesma direção, também Jean-Fabien Spitz, com clareza, nos faz ver o caráter progressista desse conceito de não-dominação:

> Além da liberdade, essa corrente de pensamento republicano mostra-se igualmente preocupada com o fato de que, no mundo moderno, a igualdade política tornou-se puramente nominal e dá lugar a um processo no qual uma minoria de ricos e poderosos chega a exercer uma influência quase exclusiva sobre as decisões essenciais que afetam a vida de todos os cidadãos. As enormes diferenças de fortuna e a constituição de poderes privados sem comparação com o que ocorria no passado fazem temer que a igualdade não seja mais que uma palavra vã, tanto no plano dos direitos pessoais quanto naquele dos direitos políticos.[19]

Em suma, esta afirmação republicana da liberdade moderna entende afastar toda forma de dependência da vontade dos mais fortes e poderosos e também cuidar para que as desigualdades e a pobreza não exponham os indivíduos a constrangimentos, a exclusões ou a experiências degradantes, incompatíveis com a dignidade que lhes é devida por sua condição de cidadãos e pelo ideal universalista da liberdade do moderno liberalismo. Trata-se, portanto, de democratizar a democracia, afastando toda submissão e

---

[18] Maurizio Viroli, "Républicanisme, libéralisme et communitarisme", em *Klesis: Revue Philosophique*, vol. 18, 2011, p. 18.

[19] Jean-Fabien Spitz, *op. cit.*, p. 22.

subordinação trazidas por assimetrias sociais muito marcadas ou grande disparidade dos recursos econômicos de alguns, que restringiriam ou ameaçariam a liberdade de outros indivíduos.[20] Tal radicalização republicana da exigência de igualdade viria, pois, incentivar as sociedades e os governos a buscar limitar riquezas e poderes sociais e políticos excessivos, potencialmente comprometedores da liberdade de muitos e das próprias bases liberais da democracia: levaria a promover maior igualdade de oportunidades ou mesmo a socorrer cidadãos vulneráveis, através do incentivo ao trabalho, da promoção da educação e de condições de vida aceitáveis — aproximando-se, deste modo, do perfil de uma social-democracia e de um Estado protetor, através de intervenções que seguramente incomodam os liberais e agastam os neoliberais. Portanto, segundo nossos neorrepublicanos, a liberdade concebida como não-dominação requer Estado e governo dotados dos meios necessários para o desempenho de seu papel de proteção dos cidadãos vulneráveis a interferências possíveis na esfera das escolhas facultadas pelas leis a cada um, evitando estreitar ou mesmo falsear as liberdades pela disparidade de condições econômicas e sociais.

Pode-se observar, então, que esses neorrepublicanos acolhem com simpatia certas interferências de regulações sociais na esfera das liberdades individuais, desde que tais intervenções, eles afirmam, não sejam arbitrárias, isto é, desde que advenham de leis consentidas, estabelecidas com a participação de todos os cidadãos, que sejam iguais para todos e capazes de proteger igualmente a todos, conforme os princípios da democracia. Nesse sentido, segundo Philip Pettit, deveria haver um reforço dos procedimentos democráticos aptos a oferecer garantias adicionais de controle da equidade das leis e das liberdades contra os perigos da influên-

[20] É conhecida a observação de Rousseau sobre a necessidade da igualdade para a existência da liberdade: "Sobre a igualdade, não se deve entender por essa palavra que os graus de poder e de riqueza sejam absolutamente os mesmos, mas que, quanto ao poder, ele esteja abaixo de toda violência e não se exerça nunca senão em virtude da posição e das leis e, quanto à riqueza, que nenhum cidadão seja bastante rico para poder comprar um outro, e ninguém tão pobre que seja obrigado a se vender" (*Du contrat social*, *op. cit.*, II, 11, pp. 218-9).

cia dos poderosos, da tirania das maiorias ou do poder de governos. Ele advoga a produção de um regime "contestatário", que ofereça instrumentos para a problematização e questionamento das decisões públicas, abrindo para os cidadãos canais imparciais de apelação contra as leis e deliberações democráticas nos casos em que acreditem que seus interesses não teriam sido adequadamente levados em conta e devidamente computados nas tomadas de decisão coletivas. Nesse regime "contestatário", diz Pettit, o povo, o conjunto dos eleitores, permanece o autor das leis, mas coletivos de cidadãos, funcionando como contrapoderes, seriam seus "editores", através de procedimentos de revisão em fóruns institucionais apropriados de controle dos vereditos políticos.[21] Ao passar pela prova de resistência de sua lisura imposta por esses filtros, as leis alcançariam maior consistência e maior legitimidade, desafogando os humores e as insatisfações de grupos e indivíduos. Na verdade, o centro de gravidade da democracia se deslocaria, então, do poder popular de fazer leis para a possibilidade de contestá-las (e legitimá-las pela prova das contestações),[22] o que, além de reassegurar as expectativas democráticas, promoveria maior participação e tornaria sensível aos indivíduos o vínculo de seus interesses com a sustentação das instituições comuns.

Podemos verificar que Pettit (mais que Skinner) reafirma o vínculo das liberdades liberais com as imposições das leis. Aqui, os cidadãos são livres pelas leis, enquanto para o liberal, mesmo o mais dócil à ação do Estado e das instituições, as leis não aparecem como constitutivas, mas sempre como restritivas da sua liberdade,[23] de onde sua exigência de um Estado mínimo. Já no republicanismo, a existência de leis civis (e sua estrita observância)

---

[21] Cf. Philip Pettit, *On People's Terms: A Republican Theory and Model of Democracy*, Cambridge, Cambridge University Press, 2012, pp. 160-81.

[22] Philip Pettit, *Republicanism: A Theory of Freedom and Government*, Oxford, Oxford University Press, 1996, pp. 183 ss.

[23] Para a crítica de Pettit a Skinner, conferir Philip Pettit, *On Liberty Before Liberalism*, conferência na Universidade McGill, 1998, *apud* Spitz, *op. cit.*, p. 18.

são condições intrínsecas da liberdade. Nele a liberdade não é a do estado de natureza, das prerrogativas do indivíduo natural ou aquela de um "estado licencioso" (em que a liberdade se definiria idealmente pela ausência de obstáculos físicos e jurídicos à ação de sujeitos desembaraçados de todo elo e compromisso político-social). A liberdade, no republicanismo, está, antes de tudo, no império da lei (*rule of law*) — uma liberdade intrinsecamente coletiva, prerrogativa da cidadania —, o que implica justamente o afastamento de todo poder arbitrário (vindo de agentes privados ou públicos, e mesmo da vontade majoritária democrática, sempre sujeita a contestações) e também a exclusão de distinções, favorecimentos e privilégios, que são as reivindicações primeiras de todo republicanismo. A liberdade concebida como não-dominação busca, portanto, garantir uma proteção igual para todos os cidadãos, assumindo um ideal de equalização não apenas jurídica e política, mas também econômica e social, visando, então, a suprimir toda forma de dependência que possa constranger os agentes ou pôr em risco, no âmbito assegurado pelas leis, sua ação desembaraçada.

Vínculos liberais e dificuldades do novo republicanismo

Se não é pouco o que esses pensadores trazem aos estudos políticos contemporâneos por sua abordagem crítica da democracia liberal, isto não pode entretanto obscurecer o fato do enraizamento conceitual e do horizonte prático de suas proposições estarem inteiramente confinados nesse mesmo campo liberal. Pois é amplamente reconhecido que esse neorrepublicanismo partilha seus princípios e supõe seus procedimentos, procurando, como já observamos, realizar, estender e radicalizar suas exigências de liberdade e igualdade. Também ele supõe uma ordem política definida pelo sufrágio universal e o poder conferido às maiorias; direitos civis constitucionalmente estabelecidos; império da lei; e não deixa mesmo de se aproximar, de algum modo, como vimos, dos ideais igualitários das social-democracias (mobilizados agora não propriamente em nome da justiça, mas da não-dominação, das ameaças de constrangimento à liberdade dos indivíduos), acrescentando a esses requisitos democráticos suas exigências suplementares de garantia da igualdade cidadã para a realização plena das liberdades prometidas pelo liberalismo. É verdade que esta ampliação e radicalização das exigências de proteção das liberdades (a passagem da exigência liberal de não-interferência àquela de não-dominação republicana) e os expedientes de reforço da legitimidade das leis e decisões democráticas têm como contrapartida, além da expansão da rede das leis e controles sociais, a exigência de um envolvimento dos cidadãos com a esfera pública maior que aquela que, em geral, estão dispostos a admitir os liberais: comprometimento com um melhor funcionamento das instituições; vigilância sobre a exacerbação dos poderes políticos e econômico-sociais; contestação crítica das leis e decisões democráticas etc. (elementos, afinal, daquilo que a tradição põe em conta das "virtudes cívicas"). Ora, tais obrigações, evidentemente, ampliam o campo das interferências na esfera das prerrogativas dos indivíduos e, na perspectiva liberal, enredam sua independência de átomo, de radical livre, numa teia por demais cerrada de vinculações e regulações. E sabemos que o neoliberal chega a suspeitar que é menos livre em um estado democrático republicano que em um estado autocrático em que não é instado a qualquer forma de cidadania ativa e em que o "silêncio das leis" seria mais amplo e menores as interferências efetivas nas deliberações dos indivíduos — ao menos para os que não fustigam ou desafiam o poder.[24] Como é sabido,

---

[24] Spitz observa: "[...] *si l'appartenance à l'État libre se traduit par une augmentation de la quantité des loix auquelles on est assujetti, on est moins libre dans un État de forme démocratique que dans un État de forme non démocratique. Si le fait de diminuer l'influence directe de l'ensemble des citoyens dans la législation et l'exercice du pouvoir aboutit à une diminution de la quantité de contraintes effectives que subit l'individu, la liberté est en effet plus grande dans un régime où le peuple est tenu à l'écart de toute intervention dans la gestion de ses affaires communes que dans un régime où il est plus directement associé à cette gestion*" (Jean-Fabien Spitz, *op. cit.*, p. 15). É bastante conhecida a comparação de Hobbes, no *Leviatã*, entre a menor liberdade dos cidadãos da república de Lucca que a dos súditos do Sultão.

os neoliberais acomodam-se bem a regimes autoritários (mesmo sanguinários)[25] se estes deixam campo aberto para o mercado e para a acumulação de seus campeões, que jogam contra a igualdade e fragilizam as liberdades. Mesmo claramente comprometidos com os fundamentos da democracia liberal, não são poucos, pois, os motivos de desconforto que trazem para esse campo político-ideológico os novos mentores do republicanismo.

Enfim, não obstante sua originalidade, interesse teórico, eficácia crítica e imaginação institucional para a revitalização da democracia liberal (sobretudo no caso de Philip Pettit); não obstante reintroduzirem, em um mundo permeado pelo individualismo e avesso às regulações políticas, a linguagem e os ideais da tradição republicana (igualdade, participação, civismo, constitucionalismo, recusa das exclusões e privilégios); não obstante ainda a desconfiança dos liberais e a hostilidade dos neoliberais; é importante frisar, e não perder de vista, que esse novo republicanismo permane-

---

[25] Não podemos deixar de lembrar a aproximação de Friedrich Hayek em relação a Pinochet. Ichimaru e Cardoso comentam:

"É bastante conhecido o flerte de certas linhagens liberais com o autoritarismo. Certos autores neoliberais, como Wilhem Röpke, por exemplo, mostram-se abertos a sacrificar a democracia e suas liberdades políticas em nome da 'liberdade de mercado'. Ele diz: 'Eu busco o fortalecimento do Estado na *intensidade*, não *extensividade*, de suas políticas econômicas. Como a estrutura legal constitucional de um tal Estado deveria ser desenhada é uma questão, por si só, para a qual eu não tenho nenhuma receita evidente a oferecer. Eu compartilho sua opinião de que antigas fórmulas da democracia parlamentar se provaram inúteis. As pessoas precisam se acostumar ao fato de que há também democracias presidenciais, autoritárias, sim e até mesmo — *horribile dictum* [é horrível dizer] — democracias ditatoriais'.

O pensamento de Hayek é evidentemente um pouco mais nuançado, mas — parece-nos claro — justifica a ditadura; ele marca, sob qualquer ângulo de análise, uma ruptura decisiva com o liberalismo político e seu núcleo conceitual (pluralismo, moderação política, proteção de direitos das minorias) [...] atravessando essa fronteira, o neoliberalismo torna-se simplesmente antidemocrático." Matheus Ichimaru e Sérgio Cardoso, "Populismo e bolsonarismo: Bolsonaro populista?", *Revista Rosa*, vol. 2, nº 2, 2020.

ce inteiramente na órbita política do liberalismo e que, ao assumir seus princípios, retomar seus procedimentos e visar seus fins, compartilha também suas dificuldades, práticas e teóricas. Nesse sentido, devemos ressaltar os limites desse projeto republicano de depuração da democracia liberal e de tentativa de correção de seu caminho previsível na direção da despolitização (e "economicização") da sociedade (com a consequente abertura de rotas para autoritarismos políticos). Pois, afinal, o que nosso neorrepublicanismo propõe são advertências endereçadas à razão e à sensibilidade dos agentes econômicos e sugestões institucionais imaginativas aos reformadores políticos: busca reduzir os efeitos perversos do individualismo; relembra aos cidadãos a necessidade da participação e o engajamento necessário para a preservação das liberdades e das próprias instituições democráticas; mostra, enfim, a exigência das virtudes cívicas para a preservação do liberalismo, oferecendo, é preciso reconhecer, instrumentos institucionais para seu exercício. É certo que ele escapa à ideia de uma moralização dos indivíduos ou à ideia de uma educação cívica apontada para o interesse coletivo (como entende fazer o republicanismo francês do século XIX), e que escapa ainda a um projeto de refundação da cidadania sobre valores e tradições vindos do, e voltados para o, comum (como pretendem os chamados comunitaristas). Ele assume as instituições liberal-democráticas e seu funcionamento, apenas recomendando a introdução de procedimentos suplementares que ampliem o espaço requerido pelas liberdades e propiciem, e incentivem, a participação, que levem os indivíduos a verificar que a responsabilidade e o envolvimento cidadão, republicano, atendem a seus interesses.

Não se pode, porém, deixar de reconhecer que, se esse caminho busca ampliar o conceito de liberdade e incentivar a responsabilidade e participação republicanas, ele parece continuar a enfrentar as dificuldades que o próprio Skinner exprime muito bem: "Para os escritores republicanos — ele diz — a questão mais importante e mais difícil permanece sempre a seguinte: como convencer os cidadãos, necessariamente voltados para si próprios, a agir de maneira virtuosa, a fim de que possam esperar aumentar uma liberdade que eles infalivelmente rejeitariam se ela fosse deixada em suas mãos?".[26] Como, no contexto liberal e neoliberal, tornar os agentes (econômicos) politicamente responsáveis? Como levá-los a ir além de seus interesses imediatos? Se a resposta de Skinner não moraliza, ela apela, como se sabe, à razão; chama, mais uma vez, os indivíduos ao seu "interesse bem compreendido" para sustentar reformas institucionais e legais aptas a reforçar a consciência e os comportamentos republicanos. Ele acredita inspirar-se em Maquiavel:[27] "a pobreza e a necessidade fazem os homens industriosos e as leis fazem os homens bons". Mas parece esquecer o restante das proposições do Secretário: para este, as boas leis não vêm de um consenso racional (sempre suplementado por disposições coercitivas para os resistentes à razão) e de uma legislação sábia, mas são produzidas pelos conflitos de classe: "os bons exemplos [de virtude cívica] nascem da boa educação; a boa educação, das boas leis [sim; mas]; as boas leis, daqueles tumultos [os conflitos civis] que muitos condenam, inconsideradamente".[28]

E esse neorrepublicanismo partilha também com a democracia liberal, que ele assume, dificuldades teóricas. A mais evidente parece ser justamente aquela que se manifesta em seu intento de corrigir e realizar a pretensão primeira das democracias — e desta democracia liberal — de ser um governo de todos, de todo o povo, em vista de todos. Liberais e neorrepublicanos supõem haver um interesse comum, de todos, a ser realizado e conservado como um bem maior, supremo, a liberdade, em seu sentido moderno de não-interferência — potencializada e realizada agora mediante o ideal neorrepublicano de não-dominação. Ora, mesmo se admitíssemos esse postulado liberal (o de erigir a independência, a não-interferência, como o interesse primeiro e universal dos homens), como pensar que tal interesse poderia ser realizado pelo funcionamento

---

[26] Quentin Skinner, "Les idéaux républicains de liberté et de citoyenneté", *Cahiers de Philosophie Politique e Juridique*, nº 21, 1992, p. 54.

[27] Skinner lhe atribui — no nosso ver, equivocadamente — uma concepção de liberdade "negativa".

[28] Maquiavel, *Discorsi sopra la prima deca di Tito Livio*, Florença, Sansoni Editore, 1971, Livro I, 4, p. 82.

formal (procedimental) da democracia, que, em atmosfera de individualismo e concorrência, opera fundamentalmente no campo de jogo dos egoísmos e da competição, fazendo sempre prevalecer interesses circunstanciais das maiorias (como podemos verificar todos os dias)? As reformas e inovações propostas pelos neorrepublicanos — suas instituições contestatárias — podem certamente refinar as decisões majoritárias e estender seu alcance; podem minorar as insatisfações e aliviar as pressões sobre as instituições; podem proporcionar instrumentos de resistência à tirania das maiorias; mas não parecem capazes — num mundo destituído de finalidade metafísica — de enredar os indivíduos no encalço de um bem comum, de um interesse comum, ainda que esse bem ou interesse seja o da preservação da razão da sua liberdade. No mundo dos egoísmos e dos valores do individualismo parece difícil fazer entrar pela porta dos fundos um metavalor, capaz de alicerçar as aspirações republicanas do comum e da universalidade. Não parece fácil, enfim, combinar as premissas do liberalismo e do republicanismo — ainda que expedientes de caráter republicano (extensão da participação, iniciativas de inclusão e de proteção social, redução das desigualdades) possam vir a amenizar as derivas individualistas que acabam por comprometer os próprios valores do liberalismo.

O neorrepublicanismo, o "governo misto" e Maquiavel

Observemos que a relação do neorrepublicanismo com a democracia liberal, na verdade, repete em nova chave, e a seu modo, o movimento que conecta democracia e república desde suas origens. Pois o governo misto constitucional também foi pensado, já vimos, como forma de correção e realização de um governo que fosse efetivamente de todos e para todos, a democracia (dado ser ela incapaz de cumprir, apenas pelo voto universal, seu intento de implicar em suas decisões a universalidade dos interesses da cidadania). O regime misto paradigmático de Aristóteles, através da limitação e da promoção da participação de pobres e ricos, procura perfazer, mediante uma engenharia constitucional de composição social do governo, o fim visado pelo regime democrático de alcançar um bem efetivamente comum, considerados todos os pontos de vista e interesses envolvidos nas escolhas e decisões da cidade. De modo semelhante, no ambiente do individualismo moderno, o novo republicanismo faz, por sua vez, o mesmo movimento: busca produzir instituições capazes de realizar efetivamente a aspiração da democracia liberal de "constituir a liberdade" de todos, estendendo e radicalizando seu propósito de preservar (politicamente) a independência dos indivíduos (através da reintrodução do conceito do Direito romano de não-dominação,[29] entendendo, já vimos, garantir as liberdades em relação a ameaças veladas de interferência (pelas desigualdades e dissimetrias acentuadas), que comprometem escolhas de fato independentes dos indivíduos. Assim, temos nos dois casos a mesma implicação e relação entre república e democracia: a primeira assume os procedimentos fundamentais da segunda — reformando-os e suplementando-os — e seu propósito de se constituir, através da universalidade da participação, como um governo para todos, totalizando e unificando o campo político. Esse propósito da democracia e da tradição da república, que percorre a história da filosofia — totalizar a cidade, reconciliar os interesses e produzir entendimento — só vai encontrar sua antítese na obra de Maquiavel.

Ora, sabemos que, nesse intento de realizar a democracia liberal, nossos neorrepublicanos, em especial Quentin Skinner, justamente se pensam herdeiros do republicanismo italiano do Renascimento e, em especial, de Maquiavel. Pois, ao circunscrever e determinar politicamente o polo popular da cidade, o florentino pareceria ser o primeiro a compreender a "liberdade dos Modernos", a liberdade negativa; não, porém, como não-interferência nos fins visados pelos agentes (como virá a postular Hobbes), mas justamente como não-dominação, recusa da submissão servil a um outro, da dependência de alguma vontade alheia arbitrária (reto-

[29] Referência à oposição entre o cidadão livre, independente, que age por direito próprio (*sui iuris*) e o servo, posto sob a autoridade ou jurisdição de um outro (*alienum iuris*).

mando o conceito de *alienum iuris* que determina no Direito romano o estatuto servil). Maquiavel imprime à oposição do polo popular ao dos "grandes" — a oposição do desejo de não ser dominado e oprimido àquele de dominar e oprimir (que, devemos lembrar, ressoa a divisão social aristotélica entre ricos e pobres) — uma nova dinâmica: não mais promover a conciliação e integração destas partes antagônicas da cidade na direção de um justo meio e de um interesse comum,[30] como pretende o filósofo antigo, mas agora, segundo Skinner, inscrevê-las constitucionalmente em uma oposição tensa (mantida em tensão pelas instituições), de modo a impedir que uma destas partes ("facções", ele diz) dobre toda a cidade a seus interesses, o desejo de bens e poder dos ricos ou o desejo de prazer e segurança dos pobres, quebrando os vínculos de solidariedade política na direção da tirania (dos grandes) ou da anarquia (do povo). Apenas a institucionalização republicana da vigilância e resistência mútuas destas pulsões antagônicas preservaria a liberdade de todos, ricos e pobres, para a realização dos fins visados por cada um. Maquiavel, assim, parece a ele abrir as portas do republicanismo liberal, aquele da não-dominação (recusa de intervenções arbitrárias, efetivas ou possíveis, no campo das escolhas de cada um), alicerçada por leis e instituições.[31]

---

[30] Há no campo das interpretações da obra de Maquiavel uma matriz de leitura do tema da divisão civil que mantém a perspectiva clássica da política como atividade de conciliação e integração das partes fundamentais da cidade. Nessa perspectiva, a conciliação não se faz mais, como em Aristóteles, pela fórmula constitucional do regime misto, mas pela ação do Príncipe, um agente político capaz de aceder *alla verità effetuale della cosa*: um mediador do conflito entre grandes e povo, que busca promover a reconciliação das partes pela via de acordos e compromissos, em vista da sua convivência possível na cidade. Essa atividade de pacificação seria constitutiva da política, tendo em vista que a divisão civil para Maquiavel — diferentemente de Aristóteles e de seu otimismo fundado pela perspectiva teleológica da inclinação universal para o Bem — é inultrapassável.

[31] "Na perspectiva de Skinner, a 'solução' maquiaveliana (para produção da *virtù* e da *grandezza* da cidade) seria ainda a reiteração da antiga fórmula da 'constituição mista': o ordenamento constitucional que associa os humores popular e aristocrático, mantendo, porém, sua oposição num estado de vigilância

Se Skinner, então, compreende o republicanismo maquiaveliano como a busca de um enquadramento constitucional sábio para a tensão e contenção dos humores opostos, em vista da produção e preservação de leis favoráveis à liberdade de todos (em vista, enfim, da realização da república), insistimos em lembrar que, na verdade, Maquiavel credita diretamente ao próprio conflito — aos "tumultos", às reações populares de oposição às opressões advindas dos grandes — a criação e a recriação contínua das instituições e das leis. Ele enxerga nos próprios conflitos as condições de possibilidade de produção das instituições e dos universais jurídico-políticos. Os casos romano e florentino, trazidos em suas evocações históricas, vêm mostrar que as boas *leggi ed ordini* se produzem (ou não) na história de um povo sempre através de acontecimentos desencadeados pelos conflitos de classe. Se Maquiavel nos remete em vários momentos à sabedoria constitucional de um fundador, é sobretudo para mostrar que a cidade republicana deve ser livre na sua origem, ter vida própria e identidade política[32] e que busca recuperá-la quando submetida a uma força externa ou a uma tirania. No entanto, a ruptura é radical em relação à tradição da filosofia política e ao seu objeto próprio, a investigação (sempre destinada ao legislador) sobre "o melhor regime".[33] A extraordinária inovação trazida por nosso autor é, jus-

---

mútua, de forma a produzir, entre as pulsões e escolhas de vida das duas 'facções', leis que impediriam o arbítrio, a dominação de alguns. Mas, aqui, já estamos na modernidade. Não há mais, portanto, a produção de um efetivo interesse comum (realização do ser político dos homens), mas apenas uma acomodação mútua (em tensão), que propicia a necessária convivência e a preservação da liberdade de todos, sob leis" (Sérgio Cardoso, *Maquiavelianas*, *op. cit.*, p. 32, nota 12).

[32] Maquiavel, nas suas *Histórias florentinas*, sobretudo no Livro II, mostra que a cada episódio de servidão o povo se rebela, reafirma e retoma sua autonomia, renova o ato da fundação instituindo *nuovi ordini*. Em cada um desses casos, vemos Maquiavel constatar, em formulações diversas, o que observa quando do término de um dos episódios de tutela da cidade pelo rei de Nápoles: "a cidade tornada *principe di se stessa* reordenou-se com seus dirigentes e magistrados costumeiros". Conferir supra Parte III, 3.

[33] Consulte-se sobre essa ruptura de Maquiavel em relação à tradição o

tamente, a de mostrar que a lógica da política diz respeito à divisão civil e que é o polo popular da cidade que emerge como força política (fazendo emergir a ordem política) por sua oposição à dominação e opressão. É por esse movimento de negação que se produz e reproduz uma esfera universal regulada por leis, que se produz, para além do embate universal dos interesses (econômicos), um espaço propriamente político. O "humor popular" é, assim, erigido por Maquiavel em "guardião da liberdade", força propulsora de criação e conservação das *ordini e leggi* republicanas. "Os desejos dos povos livres são raramente perniciosos à liberdade, porque é a opressão que os faz nascer ou a suspeita de que haverá opressão"[34] — uma opressão a ser contida pela força das leis, dos universais jurídico-políticos. A negação (historicamente determinada) das opressões, objetivada em leis, demarca, paulatinamente, no tempo, o espaço público de realização positiva, histórica, do desejo popular — desejo coletivo, de muitos — de não ser dominado e oprimido pela vontade particular arbitrária de uns poucos. É a esse espaço de vida civil, balizado por leis, que, seguindo a tradição, Maquiavel chama Liberdade ou República.

Não nos parece demasiado insistir em que não se trata aqui, nesse poder popular, do que denominamos "soberania do povo" ou de governo da massa popular[35] (através dos procedimentos elei-

---

comentário de Claude Lefort ao capítulo 9 do *Príncipe* na parte IV, cap. 3 de *Le travail de l'oeuvre Machiavel*, especialmente a p. 381. Lefort observa: "*Ainsi sommes-nous mis en présence d'un jugement d'une portée universelle* [...]. *En ne retenant de la diversité des types de gouvernement que trois régimes [Principauté, Liberté et Licence], Machiavel abandonne spetaculairement les classifications traditionnelles* [...], *il donne à penser que seule compte, aux yeux de l'observateur, la manière dont se résout la lutte des classes* [...]". Claude Lefort, *Le travail de l'oeuvre Machiavel*, Paris, Gallimard, 1972, p. 381.

[34] Maquiavel, *Discorsi sopra la prima deca di Tito Livio*, *op. cit.*, I, 4, p. 83.

[35] Lefort observa: "*Le peuple constitue bien un pôle d'identité, assez défini pour que s'indique le statut d'un Sujet: il détient la souveraineté; il est censé exprimer sa volonté; le pouvoir s'exerce en son nom; les hommes politiques l'invoquent constamment* [...]. *Mais son identité demeure latente. Outre qu'elle est en dépendance d'un discours qui la nomme et qui est lui-même multiple, lui*

torais regulares das democracias). As leis não advêm aqui dos interesses majoritários do conjunto dos cidadãos (ou mesmo das perspectivas majoritárias sobre o que seja o bem da cidade); não advêm também de um arranjo constitucional apto a produzir as melhores decisões para o bem comum (como na tradição dos regimes mistos), nem se legitimam por expedientes institucionais e procedimentais aptos a depurar o consentimento às decisões democráticas (como propõem nossos neorrepublicanos). Não se projeta, enfim, a força legislativa real no todo da cidadania (numa "vontade geral", na vontade do "povo"), para o enfrentamento e acomodação da pluralidade dos interesses envolvidos; pois não são interesses (nem de todos, nem da maioria, nem de poucos) que aqui estão em causa — é a liberdade, a aspiração por direitos, pela proteção comum por universais jurídico-políticos em face a formas intoleráveis de opressão. Como se pode ver, enquanto os neorrepublicanos buscam realizar e radicalizar um governo de todos para todos, a democracia, Maquiavel radicaliza o governo de leis, a república. Seu republicanismo não serve à realização de uma vontade geral, à apuração de um interesse comum; ele coíbe o avanço dos interesses particulares dos grandes; faz barreira à dominação e opressão da parte de alguns. O "povo", enquanto parte, quer, fundamentalmente, apenas não ser dominado e oprimido. São os procedimentos democráticos, como veremos, que se põem a serviço da manifestação e da conservação (institucional) desta força de reivindicação (e invenção) de universais jurídico-políticos.

Verificamos, então, que o que aglutina os muitos e os alça ao singular "povo", proporcionando-lhes existência e capacidade de ação coletivas é tão somente a oposição — um ódio portado a cada vez por muitos (não todos) — aos grandes, o ímpeto de muitos de resistir à dominação e às opressões. Para além desse humor negativo, nada mais catalisa e solda esta associação. Não opera aí uma inclinação metafísica para o bem e a vida em comum, como pre-

---

prête des figures différentes, que le statut du Sujet ne se définit que par les termes d'une constitution juridique, il est, notions-nous, dans le moment de la manifestation de sa souveraineté, dissous dans l'élément du nombre" (Claude Lefort, "Permanence du théologico-politique?", *op. cit.*).

tendem os Antigos (Maquiavel não é mais Antigo); não há "contrato social" que disponha racionalmente os indivíduos a superar seu egoísmo natural e a buscar um interesse comum (Maquiavel não é Moderno). Apenas a aversão a formas exacerbadas de opressão por parte de poucos pode levar muitos a revindicar leis e direitos e a passar do registro econômico dos embates de todos por seus interesses àquele de uma socialidade política fundada em leis.[36] Sem qualquer elo metafísico, moral ou mesmo propriamente social: a associação se perfaz tão somente por um vínculo jurídico-político, quando leis protetoras, sustentadas pela força de muitos, oprimidos, impõem-se a todos; obrigam e proíbem universalmente (e também, é verdade, decantam costumes, civilidade e civilização — mesmo que sempre ameaçados e frágeis).[37] A legitimidade dessas leis não advém de um consenso racional ou do interesse bem compreendido dos indivíduos (os particulares, mormente os grandes, permanentemente as desafiam);[38] ela vem tão somente de sua universalidade, da afirmação da igualdade, jurídico-política, que é o fundamento do Direito e da Liberdade. Não há, enfim, vontade de todos a alcançar: a cidade está irremediavelmente cindida entre os muitos, associados a cada vez por sua oposição comum às opressões, e os poucos, estes, fixados em seus in-

---

[36] Diz Maquiavel: "[...] os homens não fazem qualquer bem senão por necessidade; mas onde as opções são muitas e pode haver licença, tudo se enche logo de confusão e de desordem. Mas diz-se que a fome e a pobreza fazem os homens trabalhadores, e as leis os fazem bons. E onde uma coisa por si mesma, sem lei, funciona bem, não é preciso lei; mas quando falta aquele bom costume, uma lei logo se faz necessária" (Maquiavel, *Discorsi sopra la prima deca di Tito Livio*, *op. cit.*, Livro I, 3, p. 82).

[37] "Os bons exemplos [diz Maquiavel] nascem da boa educação; a boa educação das boas leis" (*idem*, Livro I, 4, p. 82).

[38] Observe-se o comentário de Maquiavel sobre o comportamento da nobreza romana, quando desaparecem os Tarquíneos, que funcionam como anteparo de proteção para a plebe contra as agressões dos grandes (o papel dado a um príncipe político, na falta de leis republicanas): "[...] mortos os Tarquíneos, e os nobres tendo perdido o medo, começaram a cuspir sobre a plebe aquele veneno que haviam guardado no peito, e a ofendiam de todas as maneiras" (*idem*, Livro I, 3, p. 82).

teresses particulares próprios. Ela está cindida, como vemos, entre o registro econômico dos interesses (que, é preciso lembrar, envolve a todos) e seu registro político-social, ativado pela negação popular. Não há aqui, portanto, "governo de todos", o ideal das democracias; há um "governo (de leis) para todos", que concerne a todos, um regime republicano.

Dizer, porém, que as leis nascem tão somente das ações populares em defesa de liberdades, de ações que, a cada vez, alcançam (ou não) força para barrar as ambições desmedidas e a conhecida prepotência dos grandes, que ofendem a muitos, não significa dizer que Maquiavel ignore instituições e procedimentos democráticos; ao contrário. A vida política não se reduz aos "tumultos" ou insurreições populares permanentes. Há, por certo, manifestações legitimamente políticas por "meios extraordinários" ("*tumulti, rumori, grida*" — clamores públicos, tumultos e mesmo violências), naqueles casos em que as instituições existentes se mostram impotentes para conter a prepotência dos grandes, incapazes de garantir a expressão e a vazão dos humores ("*sfogare i maligni umori*")[39] e ódios fermentados na massa popular. Mas há também instituições democráticas republicanas: aquelas que, em seu funcionamento ordinário, abrigam a divisão civil, que veiculam o embate dos desejos de dominar e de não ser dominado e manifestam o desejo dos oprimidos de obter a proteção de leis. Quando Maquiavel se mostra partidário de um "*governo largo*" (e não *stretto*), não está apenas se pronunciando pela democracia (e recusando a oligarquia); não está se declarando pela ampliação da representação em vista de enfrentar e acomodar a pluralidade dos interesses em embate na cena econômico-social; ele está procurando dar espaço e voz ao humor popular no seio das instituições políticas e garantir a hegemonia da massa popular, que "guarda" a república, em relação à ganância e arbítrio dos particulares e à privatização da cidade pela ambição dos grandes. São muitas as instituições republicanas exaltadas ou recomendadas por Maquiavel ("são muitos os caminhos ordenados pelas leis para dar vazão aos

---

[39] *Idem*, Livro I, 7, p. 88.

humores"); entre tantas, o Tribunato da plebe romana e as acusações públicas ("[...] um legislador de uma república deve ordenar que se possa acusar qualquer cidadão sem qualquer temor e sem qualquer reverência")[40] — certamente com a punição dos caluniadores. A imaginação constitucional de Maquiavel é aguda, como revela seu *Discurso sobre as formas de governo de Florença após a morte do jovem Lorenzo de Medici*, de 1521.

Entretanto esse registro institucional do republicanismo maquiaveliano não pode obscurecer ou esconder, como tem acontecido, a radicalidade da transformação introduzida por ele no trajeto da filosofia política. E talvez o engano maior dos neorrepublicanos que têm nele sua inspiração seja o de traduzi-lo nos termos da lógica democrática da busca da expressão política de um desejo de todos, do interesse comum da cidade (o *koinon synferon* dos gregos). Ora, com Maquiavel não estamos mais na *ekklesia* ateniense, em que os cidadãos confrontam suas perspectivas sobre o bem da cidade, realizando sua tendência natural para uma vida orgânica harmoniosa no interior da *polis*. E também não estamos ainda em uma democracia liberal em que um universo de indivíduos, formalmente iguais, negociam livremente seus interesses para a formação de maiorias que decidem os rumos da cidade (segundo regras aceitas por todos e sob o controle do Estado). Inscrevê-lo nessas lógicas democráticas (Antiga ou Moderna) ou na tradição das doutrinas políticas que pretendem democratizar a democracia e realizar um "governo efetivamente de todos" é ignorar a magnitude das rupturas que sua obra representa. As instituições democráticas assumidas por Maquiavel já não podem mais ser pensadas nessa grande linhagem da história da filosofia política: a categoria "povo" tem em suas grandes obras políticas um outro sentido. Nelas, "povo" já não se pensa mais abstratamente, como um todo demográfico ou sociológico (ou mesmo um agregado unificado mediante a aspiração por uma Lei inalcançável, simbólica),

---

[40] Respectivamente, "[...] *molte le vie da sfogare* [*le umori*] *ordinate dalle leggi*" e "[...] *un ordinatore d'una republica debbe ordinare che si possa in quella accusare ogni citadino, sanza alcuna paura o sanza alcuno rispetto*". *Idem*, Livro I, 8, p. 89.

a ser politicamente ativado pelos protocolos democráticos; povo não é uma realidade substantiva, dada, a ser incorporada e movida pelas instituições. O povo apenas se aglutina no desejo ativo de dominados e oprimidos de viver a igualdade, sem dominação e opressão, de viver sob a proteção de leis iguais para todos. Se os particulares (todos, distributivamente tomados) desejam bens e também poder sobre os outros, "povo" apenas se manifesta nas ações de muitos, orientadas para a produção de universais jurídico-políticos (ou nas leis que logra realizar); ele só se manifesta enquanto motor político da invenção de direitos, ou seja, nos movimentos sociais que visam a alcançar a proteção de leis que se imponham a todos (a cada um em particular) pela sustentação da força de muitos, a força "popular". Se povo, distributivamente tomado (multidão), almeja à "não-interferência" (viver cada um como bem entender, como diziam os Antigos), o "povo", como coletivo em ação, quer "não-dominação", isto é, quer leis.

Se é, portanto, verdade que, para nosso Maquiavel republicano, nenhuma liberdade é possível fora da lei e só pode existir pelas (e nas) instituições políticas; se também é verdade que essas instituições são formalmente democráticas; não se pode esquecer que a lógica da divisão civil comanda estas instituições e que, de algum modo, ela também opera nos principados civis, os principados políticos (quando o príncipe — um *principe nuovo* — se alia à parte popular, ocupando o lugar das leis republicanas na contenção da ambição dos grandes). As verdadeiras instituições políticas maquiavelianas (principados políticos ou repúblicas) encarnam a práxis da divisão civil, resultam dela e a fazem operar. A atualização do pensamento de Maquiavel, que hoje tantos buscam promover, precisa, pois, entender a "parte popular" como o único sujeito das leis e o "guardião" da república. Sendo assim, o postulado maquiaveliano da divisão civil poderia, seguramente, atuar em instituições parlamentares democráticas renovadas, que fossem capazes de oferecer maior proporção de representação às camadas populares, como sugerem alguns comentadores[41] — desde que, no

[41] Ver Sébastien Roman, opondo-se a John McCormik: "*Nous proposons,*

entanto, elas fossem capazes de encenar efetiva e eficazmente o conflito civil fundamental, permitindo que alcance repercussão e ganhe força no seio da sociedade; e desde que, evidentemente, se renuncie à imagem ilusória dos Parlamentos como espaços de reflexão e confrontação continuada de pontos de vista diversos de homens livres sobre o bem comum (como sugere Sébastien Roman), como espaços de produção de entendimentos e de apaziguamento, que impediriam os conflitos de desandarem em violências. Não se pode dar o benefício de uma intenção civil àqueles que Maquiavel inscreve no polo dos "grandes", definindo-os pelo desejo de dominar e oprimir. O conflito civil, político, benéfico para a república, é produzido pelos oprimidos e não deve ser contido ou neutralizado institucionalmente pelo antagonismo da parte dos grandes (para não terminar em tumultos extrainstitucionais e anarquia), como quer entender Quentin Skinner ao ler o filósofo. As duas partes em que Maquiavel divide as cidades não são simétricas e não se equivalem; operam segundo lógicas diversas: a lógica econômica dos interesses, do lado dos grandes, e a da liberdade política, do lado popular (que nega a opressão dos grandes instituindo os vínculos institucionais jurídico-políticos). É na potencialidade

---

de notre côté, deux choses: la première insiste sur l'importance du conflit en politique, qu'une plus grande proportionnalité au Parlement doit rendre plus effective. Il faut que la politique soit davantage l'exercice d'un commun litigieux, pour se nourrir de l'imaginaire social et intéresser les citoyens. C'est la vie politique parlementaire qui doit être à l'image de la société, non une assemblée tribunicienne qui prétendrait être gardienne de la liberté. Bien sûr, la confrontation des points de vue sur le bien commun déborde les institutions [...]" (Sébastien Roman, *Nous, Machiavel et la démocratie*, Paris, CNRS Éditions, 2017, p. 310). Além de considerar o Parlamento como espaço de confrontação de pontos de vista simétricos, o comentador acredita que sua função é a de evitar a violência excessiva por meio das querelas discursivas: "[...] *le conflit doit pouvoir être joué pour être entretenue dans ses justes proportions*" (*idem*, p. 311). E completa adiante: "*La démocratie, en ayant pour principe le conflit civil, a tous les moyens de devenir authentique en incitant les citoyens à réfléchir continuellement sur le bien commun à suivre pour maximiser leur capacité de vertu civique*" (*idem*, p. 312). Não parece tão fácil associar essa virtude cívica à *virtù* conceituada por Maquiavel.

conflitiva da própria parte popular que reside a condição de existência e vitalidade das repúblicas.[42]

Parecem, por isso, equivocados os caminhos que, sob a égide do pensamento de Maquiavel, almejam a correção das democracias liberais, no sentido de potencializar a representação popular nos processos de produção de decisões e entendimentos. Philip Pettit, como vimos, pretende reforçar esses procedimentos democráticos com instituições suplementares de garantia de sua representatividade (e legitimidade) e, com elas, promover maior responsabilidade dos indivíduos em relação à conservação de suas liberdades. Na verdade, porém, sua "democracia contestatária" parece permanecer presa à ilusão liberal de buscar garantir, pelo sufrágio universal e as decisões majoritárias, a igual liberdade de todos — por não apontar essa ilusão, por não contestá-la; por contestar apenas a extensão e o alcance democrático destas decisões e imaginar canais institucionais para ampliá-los. Ao assumir o horizonte da democracia liberal, ilude o dissenso constitutivo que Maquiavel reconhece como a lógica da política.

Em busca de novas repúblicas

O desejo de emendar e renovar nossas combalidas democracias liberais manifesta-se insistentemente no pensamento político contemporâneo. Trata-se, mais uma vez, como assinalamos, de exigir das democracias a realização de suas premissas e promessas de igualdade e de inclusão de todos no universo da cidadania, sempre visando a constituir uma efetiva vontade coletiva e legitimar uma autoridade unificada, a partir dos interesses diversos que se enfrentam na sociedade. E, certamente, entre tais projetos de renovação e revitalização das democracias, os que hoje buscam inspiração na extraordinária obra de Maquiavel talvez tenham em John McCormick o que mais longe leva o postulado maquiavelia-

---

[42] Conferir as agudas observações críticas de Alberto Ribeiro de Barros a Skinner em "Quentin Skinner e a liberdade republicana em Maquiavel", *Discurso*, vol. 45, nº 2, 2015, pp. 200-4.

no central da divisão civil, atualizando-o com uma imaginação institucional radical e criativa. Ele assume o tema da divisão entre grandes e povo, conferindo ao tema, acertadamente, o caráter de uma oposição de "classes",[43] ocultada pelos liberais e desconsiderada — ele assinala — pelo neorrepublicanismo de Pettit, cuja teoria lhe parece acabar por revalidar e reforçar a concepção eleitoral e representativa de uma democracia submetida à lógica liberal da "fundação universalista e individualista da liberdade política — cada cabeça um voto" (para retomar a formulação de Nadia Urbinati),[44] a lógica que obscurece e bloqueia a divisão civil. As instituições contestatárias de Pettit, concebidas a partir do conceito de não-dominação, seriam, de fato, capazes de estimular os cidadãos a corrigir e refinar o alcance das decisões majoritárias (e de fazer contrapeso à tendencial "tirania" das maiorias), mas de modo algum seriam capazes de contornar o caráter "elitista" das instituições representativas de governo; seriam incapazes de conferir o traço popular requerido por uma autêntica democracia. A forma liberal da representação, que se mantém aí como base das

---

[43] McCormick refere-se muitas vezes à "*institutionalization of class politics outlined in* Machiavellian Democracy". Cf., por exemplo, o uso deste conceito de "classe" para qualificar a política de Maquiavel e, sobre uso da expressão "*class-conscious republic*" referida a Roma, ver "Machiavellian Democracy in the Good Society", *op. cit.*, p. 105. Sobre esta questão, conferir ainda Sérgio Cardoso, *Maquiavelianas*, *op. cit.*, p. 63. Sébastien Roman também elogia a reintrodução da noção de "classe" por McCormick (chegando a usar, um tanto descabidamente, a qualificação de "neomarxismo" para a teoria, em função da classificação fundamentalmente econômica destas classes): "*Les travaux de McCormick ont pour effet bénéfique de contribuer à réemployer la notion de classe, en cherchant à donner un pouvoir politique plus conséquent au peuple.* [...] *Son analyse de Machiavel a pour point commun avec la nôtre d'insister sur le conflit civil entre les grands et le peuple, contrairement à l'École de Cambridge, qui le néglige ou l'omet. Les différences, toutefois, sont nombreuses, et la solution que propose McCormick, pour permettre l'exercice d'une démocracie authentique, ne nous paraît pas souhaitables*" (Sébastien Roman, *op. cit.*, pp. 220-301).

[44] Nadia Urbinati, "Republicanism: Democratic or Popular?", *The Good Society*, vol. 20, nº 2, 2011, p. 168.

decisões políticas, leva à passivização das camadas populares e as exclui do governo: a institucionalização das contestações não enfrenta diretamente esta exclusão e não parece capaz de mudar substancialmente essa realidade.

Ora, como incluir efetivamente o povo no governo? McCormick, inspirando-se em Maquiavel, sugere a criação de um Tribunato popular (colegiado) que tivesse, como o da plebe romana, poder real de intervenção nas decisões de governo, de modo a oferecer contraponto e equilibrar o caráter elitista da representação liberal (sempre sujeita à pressão do dinheiro, do monopólio das comunicações e tantos outros recursos dos ricos e poderosos). Trata-se de uma instituição hipotética, constituída através de sorteios anuais (procedimento democrático) entre cidadãos listados sobretudo em função de sua (baixa) renda, com amplos poderes de veto, de obstruções, convocação de plebiscitos, aplicação de penalidades aos dirigentes políticos e formas várias de autoridade e intervenção direta sobre os poderes executivo, legislativo e judiciário dominados pelas elites, de modo a oferecer ao povo miúdo alguma autoridade real no seio do governo. Não mais estender e aprimorar a representação, mas oferecer-lhe uma contraparte, completá-la e universalizá-la por meio da instituição desta nova magistratura, especificamente popular, de "classe", que dá ao povo uma voz institucionalizada, deliberada e estável, estabelecendo, enfim, um "*well orded people*", afastado do tumulto das opiniões, dos protestos, gritos e revoltas violentas, um povo capaz de governar.[45] "Maquiavel — diz, com certa parte de razão, McCormick — atri-

[45] McCormick critica severamente leitores atuais de Maquiavel — que ele indica ironicamente como "*self-styled radical democrats*" — que, segundo ele, aliam-se aos comentadores straussianos na interpretação de que o autor atribuiria ao povo a incapacidade de governar. A partir de perspectivas diversas, leitores como Miguel Vatter, Filippo Del Lucchese e Miguel Abensour, sob a influência de autores como Hannah Arendt, Sheldon Wolin ou Jacques Rancière, recusariam "a noção de governo do povo e a perspectiva legal-institucional da democracia (p. 723). Seja porque o desejo popular seria flutuante e anárquico, sendo política e institucionalmente improdutivo, seja porque se manifestaria politicamente como pura potência crítica, um desejo absoluto de não dominação (conferir sobre isso, Sérgio Cardoso, *Maquiavelianas*, *op. cit.*, p. 40), caso em

bui ao povo, formalmente reunido em assembleias que deliberam e decidem políticas públicas, uma capacidade superior à dos príncipes: maior capacidade para apreender objetivamente o bem comum e para decidir em favor dele",[46] plena capacidade, enfim, para participar das decisões de governo. Ele lembra ainda a "descrição da bondade popular por Maquiavel no *Príncipe* e nos *Discursos*": "os plebeus podem atacar violentamente em resposta a uma grande opressão, mas se apropriados recursos institucionais e organizacionais estiverem disponíveis, estarão muito mais inclinados a se comportar moderadamente".[47]

Essa diferenciação "de classe", materializada pelo conselho do Tribunato popular, que vem fazer contrapeso ao Parlamento e ao Governo, permitiria, segundo McCormick, não só amenizar a desigualdade político-social e controlar a elitização dos poderes, como contribuiria também para produzir consciência de classe, ao empoderar os cidadãos mais pobres através destas suas instituições próprias. Entretanto, é certo que essa oposição "nós e eles" aqui proposta por McCormick incomoda os liberais, que identifi-

---

que os populares "podem atuar como agentes de contestação das forças de governo (poder econômico e agentes do Estado), mas não governar eles próprios" (John McCormick, "Subdue the Sanate: Machiavelli's 'Way of Freedom' or Path to Tyranny", *Political Theory*, vol. 40, nº 6, 2002, p. 723).

[46] John McCormick, "Machiavellian Democracy in the Good Society", *The Good Society*, vol. 21, nº 1, 2012, p. 102.

[47] *Idem*, p. 103. Em outro texto, McCormick comenta: "No capítulo dos *Discorsi* dedicado à 'sabedoria da multidão' (I, 58), Maquiavel assinala como historiadores e filósofos frequentemente acusam o povo de inconstância — por favorecer um indivíduo em um dia e condená-lo em outro; por jurar fidelidade a um príncipe em um instante e ansiar por liberdade no seguinte. Mas Maquiavel insiste que os padrões pelos quais os escritores julgam o povo são injustamente distorcidos: comparam casos de multidões destituídas de leis com os raros exemplos de submetidos a leis e sob príncipes 'bons e sábios'. A comparação apropriada, Maquiavel afirma, é com 'uma multidão regulada por leis', como o povo romano, com príncipes como aqueles que governaram o antigo Egito, Esparta ou a França de seus dias. A partir dessas análises os povos emergem não apenas iguais, mas superiores aos príncipes" (John McCormick, "Subdue the Senate", *op. cit.*, p. 724).

cam nela um traço característico dos populismos. Nadia Urbinati observa a ele que a verdadeira democracia exige a mais estrita igualdade entre cidadãos, uma igualdade formal (mesmo que virtual), que se veria seriamente comprometida e desfigurada pela introdução, institucional, desta diferenciação de classes, que segundo Rogers Smith também comprometeria "o sentido de uma identidade cívica partilhada e de unidade cívica".[48] McCormick responde procurando, de um lado, refutar a alegação da existência dessa igualdade nas democracias antigas e, evidentemente, também nas modernas, e, de outro lado, sugerindo paralelos para suas instituições populares nas negociações coletivas e ações afirmativas,[49] que proporcionam aos excluídos paridade de condições em relação a seus "companheiros cidadãos mais aquinhoados" (*with their better-resourced felllow citizens*).[50] No entanto, a bem examinarmos suas proposições, constataremos que ele não recusa as instituições democráticas liberais existentes, pois, a rigor, como vimos, apenas opõe ao seu funcionamento regular de representação (na verdade, uma representação dos "grandes") a instituição radicalmente popular do Tribunato, no sentido de contrabalançar e moderar a desigualdade política. McCormick procura resgatar a igualdade, de fato negada pelas instituições liberais, que, no entanto, no seu modelo constitucional permaneceriam a base (e o princípio) da produção das leis e das decisões políticas.

McCormick, ao integrar o povo — o povo miúdo — à sua hipotética instituição de governo, acredita trazer à luz um corolário do postulado maquiaveliano da divisão civil entre grandes e povo — e, de fato, traz. Entretanto, sua lógica institucional se mantém, também ela, na verdade, no bojo da grande tradição de buscar alcançar, pelas instituições, a expressão política de "todos", grandes e povo, o qual agora se veria integrado, com voz própria, à boa ordem democrática: "incluído". Ora, a lógica da política revelada por Maquiavel, como vimos, escapa decididamente a esse

---

[48] *Idem*, p. 111.

[49] *Idem*, p. 110.

[50] *Idem*, p. 111.

horizonte democrático da postulação de (ou da crença em) uma comunidade de interesses a ser perfeita, de um interesse comum a ser alcançado (mesmo que esse bem seja o ideal de uma ordem política capaz de garantir a liberdade de todos, como entendem os liberais). É certo que a refinada invenção constitucional de McCormick viria emendar e reformar, eficaz e beneficamente, nossas democracias parlamentares representativas; mas, seguramente, não viria superar seus problemas e transformá-las na direção radical apontada por Maquiavel, que faz do "povo", do povo miúdo, o sujeito exclusivo da criação das *leggi ed ordini*. Para ser fiel ao mestre, ele precisaria, assim, passar do universalismo democrático do seu *Machiavellian Democracy* ao republicanismo popular radical que a obra do Secretário atesta de maneira inequívoca.[51] Não o republicanismo "contestatário" das decisões democráticas majoritárias ou aquele constitucionalmente equilibrador da expressão política da totalidade das forças sociais — sempre em vista de uma efetiva inclusão de todos —, mas um republicanismo, poderíamos dizer, "protestatário", fundado na ação puramente negativa do humor popular frente às opressões desmedidas dos grandes, e criador das leis e instituições que fazem barreira às suas ambições e prepotência. Sem esta atividade popular de negação não há, segundo o filósofo florentino, leis verdadeiras; não há república. Maquiavel vem despertar a velha e boa tradição democrática do pensamento político de seu persistente sonho dogmático de alcançar a unidade pacificada (mesmo que apenas simbólica). No universo político maquiaveliano é a democracia (nossa terra comum, tão prezada e também desprezada) que, com suas instituições, vem girar em torno dos princípios da república — da sua república.

---

[51] Reveja-se o fundamental capítulo 4 do Livro I dos *Discorsi*. Maquiavel não poderia ser mais claro: "[...] *sono in ogni republica due umori diversi, quello del popolo, e quello de' grandi; e come tutte le leggi che si fanno in favor della libertà, nascono dalla disunione loro, come facilmente si può vedere* [...]" (Maquiavel, *Discorsi sopra la prima deca di Tito Livio*, *op. cit.*, Livro I, p. 82). As leis criadas em favor da Liberdade (republicana) nascem dos conflitos, isto é, vêm do "povo" que os produz, quando os produz.

Mas hoje, quando experimentamos agudamente as dificuldades e os limites das democracias liberais — enredadas nos simulacros da representação universal, acossadas pelas desigualdades exponenciais produzidas pelo globalismo e o neoliberalismo, assediadas ou vencidas pelas ameaças autoritárias — que república buscar? Para uma democracia cronicamente incapaz de saldar seu empenho em realizar a universalização da cidadania e em maximizar a forma política de governo, isto é, de um governo de cidadãos (sendo tais, já nos ensinava Aristóteles, os que de algum modo, participam do governo da cidade, simultaneamente como governantes e governados) iguais perante as leis e livres de dominação e opressão, a república parece ainda, mais uma vez, oferecer-se como remédio. No entanto, os caminhos republicanos de revitalização da democracia que acompanhamos, e que se querem vazados no pensamento de Maquiavel, não parecem dar conta de sua radicalidade. Eles seguramente alimentam o pensamento acadêmico do "político"[52] e da democracia, e também — com suas especulações institucionais criativas — provocam a imaginação e acenam para uma prática "política" mais vigorosa: são "bons de pensar" e "bons de imaginar" (o que por si só os valida). Porém, se se afastassem mais dos pressupostos, princípios e exigências da democracia liberal representativa e voltassem a investigar a própria lógica da vida política (extraída da observação dos acontecimentos do presente e do passado, *la verità effettuale della cosa*, a lição de Maquiavel), talvez pudessem oferecer orientações mais eficazes para uma ação efetiva, para uma prática política inscrita no tempo (suscitada pelos acontecimentos que nos interpelam), que fosse histórica e fizesse história. Sabemos já que, nesse sentido, maquiavelia-

[52] Lefort observa: "[...] *le mot politique nous met en présence d'une ambiguïté qu'il faut trancher pour savoir de quoi l'on parle. Le fait qu'on choisisse de dire le politique ou la politique fournit, comme chacun sait, un indice de cette ambiguïté*". Ao dizer "o político" nos referimos a uma maneira de ser em sociedade, "*une certaine mise en forme de la coexistence humaine*". Quando dizemos "a política" nos referimos à ordem das relações sociais dadas na história. Cf. Claude Lefort, "Permanence du théologico-politique?", *op. cit.*

namente falando, só há ação política autêntica, republicana, se for de massa (popular), se for protestatária (suscitada por opressões determinadas, não por princípios ou ideologias), e se aspirar pela proteção de universais jurídico-políticos, leis e instituições (*leggi ed ordini*).

Adendo

Democracia e populismo: de Kelsen e Schumpeter a Laclau e Lefort[1]

Minha intenção inicial era a de propor aqui um paralelo entre o fenômeno da demagogia (e da sofística) na democracia antiga e as figuras dos populismos modernos, cujo paradigma clássico sociólogos e politólogos identificaram em regimes latino-americanos de meados do século XX (anos 1930-50), os quais, depois, em vagas sucessivas, teriam se desdobrado até nosso presente, contaminando hoje mesmo países do hemisfério norte, para surpresa e inquietação de intelectuais e analistas políticos. Eu pretendia, assim, começar meu paralelo, Antiguidade/atualidade, com figuras de grande destaque na vida intelectual e política da Atenas clássica: o grande sofista Protágoras — personagem central de diálogos de Platão e, como nos mostrou Francis Wolff, em uma ocasião semelhante a esta,[2] o verdadeiro pensador da democracia ateniense; ou ainda figuras de demagogos conhecidos, como Alcibíades, filho de um cidadão muito rico (Clíneas), educado na família de Péricles e próximo de Sócrates. Dele, de Alcibíades, um importante historiador diz ter sido "a personalidade mais brilhante de Ate-

---

[1] O texto que se segue foi escrito em 2018 para apresentação oral, em aula inaugural tradicionalmente dirigida aos estudantes ingressantes no curso de Filosofia. Essa destinação levou-me, em alguns momentos, a dispensar indicações bibliográficas mais precisas e a glosar certas passagens de obras dos autores comentados com a finalidade de tornar os argumentos mais diretos e claros. Peço ao leitor que releve tais procedimentos.

[2] A referência é ao artigo "Filosofia grega e democracia", título dado ao texto remanejado da aula inaugural ministrada por Wolff aos ingressantes do Departamento de Filosofia, em 1982. Cf. Francis Wolff, "Filosofia grega e democracia", *op. cit.*

nas, nessa época", representante da espécie de políticos motivados principalmente pelo prestígio pessoal, um personagem para o qual "a democracia de Atenas era o palco em que fazia o papel de astro e não permitia a ninguém afastá-lo da ribalta".[3]

Eu pretendia também evocar a figura de Cléon, líder do partido democrata, novo-rico, abominado pelos aristocratas e ridicularizado por Aristófanes na peça cômica *Os cavaleiros*. Esse personagem, Plutarco diz ter sido "o primeiro a gritar ao povo nos discursos, a rasgar as vestes, bater nas coxas e correr de um lado para outro, falando; de modo que o proveito [pessoal] e o desprezo do decoro que logo depois tomaram conta de toda a vida política, ele os inspirou aos outros homens políticos". Tais figuras, eu queria observar, manifestam uma espécie de paradoxo da democracia: o regime da *isegoria* (da palavra pública, aberta a todos e da confiança na eficácia da persuasão retórica) que, em certo ponto, parece ter vindo a comprometer a isonomia; comprometer o peso da igualdade das vozes e deliberações pela demagogia, uma doença congênita, ao que parece, às democracias.

Mas não será possível desenvolver meu paralelo. Devo permanecer no campo dos embates conceituais e apreciativos que o populismo suscita, à direita e à esquerda. Disse "apreciativo", deveria dizer "depreciativo", pois, como é sabido, o termo, em geral, goza de uma inditosa fama, talvez lastimável. O populismo tornou-se um recurso para desqualificar discursos e práticas políticas ou mesmo para simplesmente embaraçar e constranger adversários, visto ter passado a conotar não só demagogia, mas também oportunismo, atraso e práticas contrárias ou lesivas à democracia. Para o senso comum e o comentário político o termo se fixou como o contraponto dos princípios, ideais e procedimentos da democracia representativa, que os populismos distorceriam e desfigurariam. De um lado, teríamos um regime saudável, respeitoso das liberdades do mercado, cioso das instituições da representação, responsável e aberto para a cooperação internacional e o futuro. De ou-

[3] Peter V. Jones (org.), *O mundo de Atenas*, São Paulo, Martins Fontes, 1997, p. 34.

tro lado, a indigência de lideranças atrasadas, muitas vezes irresponsavelmente redistributivistas, estatistas e confrontacionistas, presas à velha lógica do "nós contra eles" e da soberania dos Estados-nação. O populismo hoje é a sombra ameaçadora das boas práticas da democracia liberal ou neoliberal.

Não permaneçamos, porém, nesse registro mais corrente e ideológico do uso do vocábulo. Consideremos algumas balizas sociológicas e históricas desse conceito, sobretudo a partir do momento em que, dos anos 1950-60 em diante, ele passa a ser referido aos movimentos políticos e aos regimes de países da América Latina. Mas, convém lembrar preliminarmente — o que não é sem importância — que, na literatura sociológica, o vocábulo populismo (depois de seu emprego para movimentos sociais diversos, desde o final do século XIX) se impõe inicialmente nos estudos norte-americanos relativos aos traços ideológicos e às bases sociais do macarthismo, em trabalhos clássicos da sociologia, como os de Talcott Parsons, Seymour Lipset,[4] e outros ainda.

Nos anos 1960, o populismo passa para os estudos das transformações políticas de países saídos do colonialismo (colonizados e subdesenvolvidos) e ganha, nos anos 1960-70, seu campo de referências mais fértil e estável em trabalhos sobre movimentos e regimes políticos latino-americanos, que se tornaram, então, os grandes paradigmas do conceito. Foi nesse campo, como se sabe, que o termo ganhou consistência sociológica no bojo das teorias da *modernização* e da *dependência*, em grande parte gestadas — é preciso lembrar — em nossa Faculdade de Filosofia da USP e desenvolvidas em trabalhos clássicos de Fernando Henrique Cardoso, Octavio Ianni, Francisco Weffort, Guita Debert e outros. Segundo essas teorias, o populismo ocorre como resultado de um processo rápido de urbanização e industrialização em países atrasados e, para os teóricos da dependência, como consequência da incorporação desses países periféricos ao sistema capitalista inter-

---

[4] Ver, de Talcott Parsons, "Social Strains in America", em Daniel Bell (org.), *The Radical Right*, New Brunswick, Transaction Publishers, 2008, pp. 209-30; e de Seymour Martin Lipset, *Political Man: The Social Basis of Politics*, Nova York, Doubleday, 1960.

nacional, numa transição — tanto das economias, como das relações sociais e das formas da autoridade — que produz instabilidade e vácuo político. A frágil rearticulação das classes (tanto as populares, quanto as que despontam para a hegemonia) abriria, nesse momento, a brecha para a atuação de líderes personalistas e para as instáveis alianças de classe dos regimes populistas. Eles seriam, portanto, fenômenos de transição de uma fase histórica de desenvolvimento dependente, em que a estrutura sociopolítica não estaria consolidada, em que a forma liberal da sociedade civil não estaria bem enraizada. Esta seria a natureza dos populismos.

Certamente não entrarei aqui nas amplas e acirradas críticas enfrentadas por essas teorias: determinismo (passagem sem mediações das condições socioeconômicas a consequências políticas); reducionismo (visão simplista das massas como objetos de manipulação); demarcação histórica estreita do fenômeno e daí por diante. Mas não quero deixar de ressaltar o interesse (e a inteligência) dessa abordagem do populismo em termos genéticos e histórico-sociais, em termos das relações estruturais entre as classes e suas contradições políticas.

É verdade que essas teorias da modernização dependente inocularam na literatura sobre o populismo a ideia persistente de anomalia, irracionalidade e inconsistência política e ideológica dos regimes visados. No entanto, quando se buscou, com razão, escapar ao fundo economicista dessas análises, para investigar a racionalidade da própria ação política, os traços institucionais e as condições específicas da emergência desses fenômenos populistas (o discurso mobilizador; sua recepção; as formas de organização e de ação coletiva dos movimentos), logo se deslizou, eu acredito, para uma simples repertoriação de traços e características analíticas de suas práticas, até se chegar à redução destes elementos a um certo modo (genérico) de aquisição e conservação do poder. Um meio, entre outros; uma maneira característica (descritivamente determinada) de obtenção do poder. Enfim, um tipo de "método" ou de "estratégia" política.

Assim, de conceito relativo a tipos de formação social e de regime político, o populismo passa, na literatura mais recente, a designar um perfil de comportamento na cena pública, um "estilo populista", com notável negligência quanto a seus enraizamentos históricos, econômicos e sociais. Um esvaziamento do conceito que permite dizer, por exemplo, que um político é populista, como o seria também um professor ou um síndico de edifício, por agir "de maneira populista". A operação é semelhante àquela que reduz o *Príncipe* de Maquiavel a um manual de estratégias políticas, a um tratado de maquiavelismo. Mas não obstante tal observação crítica, é verdade também que se alcançou por esse caminho um consenso bastante amplo sobre os traços identificatórios mais gerais dos populismos. Não vou desenvolvê-los aqui, mas posso enunciá-los:

1) mobilização de uma base social heterogênea: as massas, o povo, setores marginalizados da população (em oposição às elites), os excluídos da visibilidade no espaço público — não mobiliza classes socioeconômicas determinadas;

2) desprezo pelos procedimentos da democracia representativa e, em geral, pelas mediações institucionais republicanas — demanda de democracia direta, ou mesmo de uma hiper-democracia (manifestações, referendos, plebiscitos etc.);

3) liderança personalista (e frequentemente paternalista), figurada, em geral, por *outsiders* da cena política;

4) retórica demagógica: anti-*establishment* e antielitista; polarização dualista (nós/eles);

5) ideologia amorfa, rarefeita e inconsistente; recursos de propaganda vazia.[5]

Ora, se observarmos bem, verificaremos que a redução do conceito a tais traços revela claramente que sua configuração se constrói diretamente por antítese em relação aos procedimentos da democracia liberal-representativa, que o populismo viria deformar e corromper. Para o liberal, o populismo é a doença infantil da democracia: supõe seus procedimentos (voto, decisões por

[5] Ver, entre outros, Cas Mudde e Cristóbal Rovira Kaltwasser, *Populism: A Very Short Introduction*, Oxford, Oxford University Press, 2017; e Jan-Werner Müller, *What is Populism?*, Filadélfia, University of Pennsylvania Press, 2016.

maioria etc.), mas os exacerba (leva ao extremo a ideia de soberania popular) ou os enfraquece e contorna (fustiga o Parlamento, desafia a Justiça), e sempre os esvazia, fazendo de um povo "visível" e de sua vontade atual, e não dos próprios procedimentos democráticos, a instância de legitimação do poder e das instituições políticas. Os populismos requerem os procedimentos democráticos, mas mostrar-se-iam impacientes com a democracia. Eles atropelam, se diz, os processos (parlamentares, por exemplo) de construção da unidade, em favor de algo como um consenso prévio e superior, representado pela vontade imediata e assertiva de um "povo" pressuposto. Enfim, segundo concluem Nadia Urbinati e Maria Paula Saffon, o populismo: a) nega as diferenças ao invés de superá-las; b) desafia o pluralismo e os conflitos que justificam o procedimentalismo democrático; c) subordina a liberdade à unidade, que se realiza, esta, pela ou na figura de um líder.[6] O populismo, então, no frigir dos ovos, nada mais seria que o recurso à demagogia para atalhar "os incômodos aparatos das consultas democráticas", algo como um *fast track* empregado por novas elites para chegar ao poder.[7] Nada mais, portanto, que um mecanismo de substituição das elites políticas — um caminho que, em países atrasados, aprofunda o autoritarismo, fragiliza as instituições e retarda a construção da democracia.

Permitam-me insistir. O populismo é aqui avaliado e recusado como uma forma de procedimento político justamente em vista de uma compreensão também procedimental da ordem política democrática — a definição enraizada no senso comum e nas próprias instituições neoliberais do nosso tempo —, como aquela concepção, chamada "minimalista", da democracia, compreendida singelamente como um método de tomada de decisões coletivas que opera por acomodações e compromissos de interesse e escolha de representantes pelo voto, segundo a regra da maioria; um mé-

[6] Ver Maria Paula Saffon e Nadia Urbinati, "Procedural Democracy: The Bulwark of Equal Liberty", *Political Theory*, vol. 41, nº 3, 2013, p. 441.

[7] *Idem*, p. 454. Ver também Jean Comaroff, "Populism and Late Liberalism: A Special Affinity?", *The Annals of the American Academy of Political and Social Science*, vol. 637, 2011, pp. 99-111.

todo que se imporia em contextos de pluralismo de opiniões e valores e de conflitos de interesses antagônicos. Os regimes legitimamente democráticos nada mais seriam, portanto, que a institucionalização desse método — cito Joseph Schumpeter — "pelo qual indivíduos ganham o poder de decidir por meio de uma luta competitiva pelo voto do povo".[8] Ou, para dizer sem contornos: método para selecionar elites políticas e, assim, produzir decisões que agreguem preferências e interesses dos indivíduos. Tudo muito simples.

Mas não é difícil entender por que, e em que contexto "ideológico", o populismo foi reduzido a um método — espúrio, evidentemente — de substituição de elites políticas. É importante frisar que nessa concepção da democracia a legitimidade advém da igualdade formal dos cidadãos realizada pelos procedimentos eleitorais e consultivos, aqueles procedimentos que o populismo desprezaria e contornaria, evocando, para além dessa unidade formal-eleitoral, um povo substantivo. Por isso o populismo aparece não apenas como despolitizador, mas como contrapolítico.

Entretanto, muitos certamente me lembrarão que esse diagnóstico rigoroso, severamente crítico, sobre o populismo não vem apenas dos liberais. Marilena Chaui, por exemplo, em seus agudos estudos sobre o populismo brasileiro, também assumiria firmemente esta avaliação crítica. Sim. Mas, é preciso completar, por razões bastante diversas. Pois ela escava no fundo dos populismos brasileiros (nem sempre, é claro, atribuindo o termo aos mesmos personagens que os liberais) seu enraizamento histórico e cultural em uma concepção teológico-política do Estado e em uma representação absolutista do poder, persistentes em nossa história. Ela mostra que o Estado, entre nós, se representa como separado da sociedade, anterior a ela, aparecendo, desse modo, como o sujeito histórico por excelência da nação. Estamos, assim, atados a uma formação social oligárquica, hierarquizada e autoritária, na qual os "donos do poder" relacionam-se com a sociedade não na for-

---

[8] Joseph A. Schumpeter, *Capitalism, Socialism and Democracy*, Nova York, Harper and Row, 1972, p. 269.

ma da representação democrática, mas na forma da tutela e do favor. Portanto, o populismo, entre nós, não é um recurso ou uma estratégia de agentes políticos que vem comprometer as regras do jogo democrático; ele advém de uma formação social incompatível com as mediações institucionais democráticas e republicanas: personalista (na forma senhorial ou naquela da "competência" do especialista, do tecnocrata), absolutista e salvacionista; pois a matriz teológica — transformada, aclimatada, laicizada, modernizada — continua a alicerçar nossas relações sociais e políticas. É por isso que, segundo Marilena Chaui, o nosso populismo é contrapolítico.[9]

Voltemos agora aos embates teóricos da reflexão política atual sobre o nosso tema, buscando traçar um eixo de orientação nesse debate, que tem como horizonte a lógica da democracia, as condições de realização de um governo do povo (nem de um, nem de muitos; de todos) e que busca, portanto, compreender o que é um povo político, aquele que dá nome à *demo*cracia. Esse povo não se manifesta como um fenômeno empírico, nem como uma entidade sociológica; ele é politicamente constituído. Desse modo se faz necessário elucidar as condições desta constituição.

A primeira estação desse nosso trajeto é certamente a concepção minimalista, procedimental, da democracia, a que já nos referimos, a concepção assumida pelo "mercado" e que se impõe cada vez mais generalizadamente no mundo neoliberal. Tentemos formular, de maneira direta, sua resposta à nossa indagação. O que é povo, nessa perspectiva procedimental; o que é o povo democrático? Hans Kelsen, em "Essência e valor da democracia" já satisfaz, nos termos mais claros, a esta interrogação.[10] Ele observa que a unidade de um povo é uma construção ideal, sem qualquer outra

---

[9] Ver Marilena Chaui, "Raízes teológicas do populismo no Brasil: teocracia dos dominantes, messianismo dos dominados", em Evelina Dagnino (org.), *Os anos 90: política e sociedade no Brasil*, São Paulo, Brasiliense, 1994; e, mais recentemente, "Sobre o populismo no Brasil", *Cadernos de Ética e Filosofia Política*, nº 32, 2018, pp. 54-74.

[10] Ver Hans Kelsen, "Essência e valor da democracia" [1929], em *A democracia*, São Paulo, Martins Fontes, 2000, pp. 23-108.

incorporação sociológica que a submissão de todos os cidadãos às leis, criadas através dos compromissos de interesse e operadas pela representação e pelo voto. Existiria apenas uma forma de vencer os antagonismos dos indivíduos (de seus interesses e valores) sem atentar contra sua liberdade: a competição eleitoral pelo poder, em igualdade de condições, segundo as regras formais, procedimentais, do jogo democrático — entendido este, então, como a única fonte possível da produção e da legitimidade das leis, as quais, por sua vez, representam a única incorporação sociológica possível da unidade de um povo. Sublinhemos: um povo só é povo por suas leis, a partir de suas leis, e estas são tais em função das regras formais da democracia representativa — a razão política que opera nas sociedades democráticas.

Em franca oposição a esta concepção, está o filósofo argentino Ernesto Laclau — ex-professor em Essex e interlocutor de muitos intelectuais brasileiros, falecido há alguns anos; hoje mais conhecido como referência importante, ao lado de Chantal Mouffe, para o grupo da esquerda francesa *La France Insoumise*. Ele nos propõe uma outra razão política democrática — justamente chamada "populista". Aqui a unidade do povo não é mais de extração formal (advinda dos procedimentos de apuração de uma vontade da maioria); é simbólica. Tentemos, pois, compreender esse modo de constituição política. E ousemos, temerariamente, contornar as referências lacanianas e linguísticas da teoria para esboçar o que seria a resposta laclauniana à nossa indagação.

Não há para nosso autor, um povo dado, substantivo, como aquele que se costuma alegar nos populismos. Sua unidade advém, segundo Laclau, do ato de sua constituição como um ator histórico, como sujeito político de uma demanda,[11] de uma reivindicação de extensão universal (de todos, popular), que incorporaria uma pluralidade de demandas socioeconômicas heterogêneas ("primordiais e irredutíveis"), fazendo-se, então, política, ao su-

---

[11] O termo "demanda" empregado aqui, como se sabe, é objeto de polêmica: insinuaria passividade no povo, que deveria ser justamente o ator político. Mas é preciso tomar o verbo "demandar", no seu sentido original de "re-clamar", "protestar", "gritar contra" (*reclamare*, *reclamitare*).

perar a particularidade dessas demandas elementares. Assim, para ele, toda a questão está em compreender esse processo de transformação, ou melhor, de sintetização da constelação das demandas particulares socioeconômicas nessa demanda de alcance universal, política, motor de uma ação propriamente popular.

Ora, a rigor, não parece haver grande mistério nessa transformação (nessa "transubstanciação", segundo ironiza Žižek).[12] É necessário, observa Laclau, que uma certa demanda particular (de um grupo, de um setor social, de uma classe) assuma o papel, ou tome o lugar, do universal, que figure o conjunto das demandas particulares, nomeando o universal, dando-lhe presença discursiva. Pois o universal só pode se manifestar pela mediação de um particular: "a encarnação no concreto [na particularidade de um símbolo do todo] é a única via pela qual a plenitude do universal pode ser alcançada", visto que, "faltando ao universal um meio de representação direta, ele só pode obter uma presença 'emprestada', pelo meio enviesado de seu investimento em um certo particular".[13] Por isso, ele conclui também que a "encarnação do universal no particular é inerente à construção de toda identidade política"[14] (e "toda identidade política é necessariamente popular").[15]

Mas como se dá essa operação de identificação (ou de fusão) do particular e da totalidade? Ou, formulando de outro modo (visto que tudo se dá no registro da linguagem): como acontece o deslizamento da energia das demandas particulares para aquela universal em que se empenha uma identidade social? É esta a questão que nos leva ao núcleo da teoria de Laclau, a seus principais conceitos ("equivalência", "hegemonia" e outros, para os que conhecem seu pensamento). Vejamos, então! Como se dá a passagem das demandas particulares à universal, o processo de unificação das

---

12 Slavoj Žižek, "Against the Populist Temptation", *Critical Inquiry*, vol. 32, nº 3, 2006, p. 554.

13 Ernesto Laclau, "Why Constructing a People is the Main Task of Radical Politics", *Critical Inquiry*, vol. 32, nº 4, 2006, p. 648.

14 *Idem*, p. 650.

15 *Idem*, p. 677.

demandas primárias, socioeconômicas, em reivindicação propriamente política?

O processo se deve, diz Laclau, à ocorrência de frustração de uma série de demandas pontuais, ocasionando o enfraquecimento de sua força, a atenuação de sua afirmação positiva, criando, então, entre tais demandas, "relações de equivalência" (se quiserem o laclaunês: "relações equivalenciais metonímicas de contiguidade"),[16] equivalências produzidas sobretudo por sua comum oposição a um polo antagônico, identificado como a causa das frustrações e, assim, investido como inimigo. É a produção dessa "equivalência" entre as demandas face a um oponente que permite que uma delas — por eventos contingentes, históricos — se faça hegemônica e se eleve à posição de "equivalente geral", ou equivalente universal, de todas elas (*pars totalis*), trazendo nomeação ou figuração simbólica a um universal político em que todas as demandas se identificam, forjando, assim, um sujeito político geral, popular.

É necessário sublinhar que esse processo de construção de uma identidade "popular", simbolizada por uma demanda determinada, é inseparável, segundo Laclau, da posição de seu "outro" (aceno a Carl Schmitt), da construção de um inimigo (o judeu, o capital financeiro internacional, os imigrantes, seja o que for), o inimigo sobre o qual se projeta a responsabilidade pela pluralidade das frustrações. De outro lado, esse processo é inseparável também da função identificatória exercida por um líder, um "novo príncipe" (aqui a base maquiavelo-gramsciana de Laclau), cuja liderança emerge identificada à demanda hegemônica, que ele figura e vocaliza, promovendo, assim, uma massa heterogênea de grupos sociais à sua afirmação (demandante, reivindicativa) como "povo". Caso paradigmático para Laclau: o "povo polonês" que, em 1980, emerge repentinamente sob os símbolos dos estivadores de Gdansk, liderados por Lech Walesa — todos reunidos em torno do significante "Solidariedade", esvaziado de sua particularidade

---

[16] Ernesto Laclau, "O retorno do 'povo': razão populista, antagonismo e identidades coletivas", *Política & Trabalho: Revista de Ciências Sociais*, nº 23, 2005, p. 12.

(as reinvindicações primárias dos estivadores) e tornado "equivalente universal" de todas as demandas frustradas dos poloneses. O símbolo "Solidariedade" faz ver a plenitude (ausente) do povo polonês nos anos 1980.[17] Nesses movimentos populistas, segundo Laclau, vemos, com lentes de aumento, o que ocorre, na verdade, em todas as formas de política. Toda política, acredita ele, pode ser subsumida por esse paradigma populista: "o populismo é o caminho para se compreender algo sobre a construção ontológica da política enquanto tal".[18] O populismo é a via régia para penetrarmos a sua lógica: toda política, afinal, é populista.

Vê-se, assim, como já assinalamos, que nessa estação laclauniana de nosso percurso passamos a uma constituição da unidade do povo não mais de natureza formal e procedimental, mas simbólica. A unidade/identidade se manifesta na particularidade de um símbolo (discursivo) tornado apto a nomear o universal político, em função de um esvaziamento de sua energia própria, particular, e de sua elevação a uma posição hegemônica entre demandas particulares frustradas. Cito o próprio Laclau:

> Minha análise inteira baseia-se na asserção de que qualquer campo político discursivo é sempre estruturado através de um processo recíproco pelo qual o vazio enfraquece a particularidade de um significante concreto, mas, em contrapartida, a particularidade reage dando à universalidade um corpo, necessariamente encarnado[19]

— encarnado no símbolo, mas também na figura do líder que lhe dá voz, que vocaliza a "demanda universal" de um "povo". Povo-

---

[17] Ver Ernesto Laclau, "Why Constructing a People is the Main Task of Radical Politics", *op. cit.*, pp. 652-3; *idem*, "O retorno do 'povo'", *op. cit.*, p. 11.

[18] Ernesto Laclau, *A razão populista*, trad. Carlos Eugênio Marcondes de Moura, São Paulo, Três Estrelas, 2013, p. 115.

[19] *Idem*, "Why Constructing a People is the Main Task of Radical Politics", *op. cit.*, p. 647.

-Um, investido nessa demanda, sem distância de si mesmo, encarnado e plenamente nomeado por seu significante hegemônico e por seu líder.

Aqui, portanto, o poder não emana de qualquer fundamento transcendente (Deus, Natureza, Razão) de que o líder seria representante, como também não emana de um povo pressuposto, substantivado ou ainda constituído juridicamente por sua submissão às leis positivas. Para Laclau, ele se produz efetivamente como *poder popular imanente*, por coincidir com a própria instituição política do povo. Talvez pudéssemos mais precisamente dizer: por coincidir com a instituição imaginária desse povo, vocalizado pelo líder e identificado por uma demanda "simbólica".

Mas minha intenção não é expor ou debater o pensamento de Laclau, quero apenas, como disse inicialmente, pontuar com ele um percurso de investigação. Por isso, passemos à estação final do nosso percurso, como se poderia talvez prever, à concepção lefortiana da democracia e à sua compreensão das condições da identidade social, também pensada como "simbólica". E podemos tomar como ponto de partida das considerações de Claude Lefort justamente a afirmação da impossibilidade de figurar a unidade e identidade sociais no registro do positivo, sua denúncia da ilusão de dar a esse "lugar do universal" uma determinação positiva. No entanto, Lefort nos faz ver que, se tal "lugar" não pode ser determinado e preenchido (permanece vazio), se é "inocupável", ele o é, "de tal modo que esta impossibilidade de ocupá-lo revela-se constitutiva do processo de socialização. Ele [o lugar do universal] está ausente do nosso campo [social], mas trata-se de uma ausência que conta, que o organiza".[20] Enfim, sua ausência — o vazio do universal, da Lei — justamente tem a virtude de balizar, para além da multiplicidade dos interesses, um espaço comum, que seria plenamente social, o social "realizado". E é através do poder que esse "comum", o sentimento dos homens de pertencerem a uma mesma coletividade, se manifesta: "é através do poder [que]

[20] Claude Lefort e Marcel Gauchet, "Sur la démocratie: le politique et l'institution du social", *Textures*, vol. 71, nº 2-3, 1972, p. 17.

se indica esse lugar fora *como ausente*".[21] Em outra formulação: "a instauração de uma transcendência radical da Lei, do Universal [em que a unidade de um povo se realizaria], é correlata da tomada de posição [...] empreendida pelo poder sob seus emblemas".[22] Nas democracias, o poder político marca esse "lugar" da unidade social, o lugar do universal, sem poder propriamente ocupá-lo, sem poder incorporá-lo, mantendo-se sempre distanciado dele; mantendo-o vazio.

Assim, esta presença simbólica, indeterminada, da Lei e do Direito, pela qual um espaço social se produz e existe, impede a identificação e fixação imaginárias da sociedade a suas leis positivas e também aos poderes estabelecidos e abre a vida política para a indeterminação, para uma interrogação sempre aberta sobre a Lei e o Direito e para o trabalho do tempo e da história. Lefort nos mostra que tal dimensão simbólica da Lei e do Direito se assinala e se patenteia nitidamente nos procedimentos democrático-eleitorais que regulam a ocupação temporária e alternada do lugar do poder e do lugar do saber da sociedade sobre si mesma, os procedimentos que justamente apontam esse lugar do Poder e da Lei como vazio — esvaziado a cada vez, a cada eleição, para ser ocupado por um outro, indefinidamente, visto que esta distância da sociedade em relação à Lei e ao Direito, em relação a "si mesma", é inultrapassável. Assim, segundo Lefort, através de seus rituais eleitorais, as sociedades democráticas modernas encenam sua distância em relação a si mesmas, em relação à sua identidade, em relação a uma Lei destacada de todos os pontos de vista particulares, que seria capaz de harmonizar e soldar seus membros em uma mesma e inteira comunidade. Enfim, o ritual eleitoral democrático periódico marca o lugar da Lei e do Poder e lhe confere um ocupante provisório, afirmando tacitamente ser impossível "ocupar" esse lugar da identidade social, mantendo-o vazio, marcando seu estatuto simbólico. Portanto, a democracia surge, aqui, como aquela formação social que concebe sua unidade (e a Lei que a realizaria)

[21] *Idem, ibidem.*

[22] *Idem*, p. 18.

como uma referência tão somente simbólica, a referência que a institui como interrogação social sobre o Direito, que suscita e sustenta o movimento da criação histórica de leis e de direitos. Sem tal referência simbólica, os conflitos sociais não alcançariam sua dimensão política; permaneceriam na arena da mera confrontação/oposição (e possível composição) de interesses, confortando as interpretações liberais da democracia (como simples método de aglutinação de interesses e solução dos conflitos).

Observemos, no entanto, a enorme diferença entre o estatuto e a função do simbólico no populismo político de Laclau e nesta concepção lefortiana da democracia. Em Laclau, o simbólico é o elemento da fusão das demandas particulares em uma demanda universal; é o lugar e o meio da identificação do ocupante particular do poder com o universal representado pela "demanda popular" (política), a demanda tornada hegemônica e simbólica do conjunto heterogêneo das demandas socioeconômicas. O símbolo "Solidariedade", por exemplo, é o elemento da identificação entre o povo polonês, o sindicato de Gdansk e Lech Walesa, que então ocupa o lugar do Poder. Já em Lefort, o estatuto simbólico do Direito, ao contrário, é justamente o que permite barrar essa identificação imaginária do ocupante do poder com o universal, com a Lei e o Direito; ele é o antídoto para a tentação que ronda a cada passo os ocupantes provisórios do lugar do poder de figurarem eles mesmos o universal, de encarnarem uma sociedade una e indivisa contra seus inimigos. Enfim, aqui, o simbólico não é o promotor da identificação do poder e do povo; ele é o motor da negação da pretensão dos poderes históricos e suas leis de encarnarem o universal, de "incorporarem" o povo, de se fazerem os fiadores ou representantes da sua identidade, da Lei e do Direito — que, assim, permanecem indeterminados, "ausentes", irredutíveis a qualquer positividade, puramente simbólicos. A passagem pela crítica dos totalitarismos barra em Lefort toda ilusão identificatória do povo com um partido ou com um líder político.

Por outro lado, justamente esta dimensão simbólica também afasta a democracia lefortiana do enclausuramento da democracia liberal nos limites estreitos da legalidade positiva de um "estado de direito". A democracia procedimental, por não reconhecer qualquer elemento de transcendência, qualquer distância do Direito em relação às cláusulas formais de seu funcionamento, confere às leis positivas uma autoridade inderrogável. Tudo concede, assim, às leis positivas e ao poder do Estado, que garante o estabelecimento e o cumprimento dessas leis, a manutenção da ordem legal (vista, esta, como o elemento mesmo da unidade da sociedade). Para Lefort, há povo pela Lei simbólica, buscada pelos movimentos sociais, que dão vigor aos rituais da democracia. Para o liberal, apenas há povo pelas leis positivas, estabelecidas pelos procedimentos e contagens de votos das democracias. Ora, esse formalismo democrático — a forma superior da política nesses nossos tempos neoliberais —, na verdade, afasta a ideia de povo (há, efetivamente, indivíduos e seus desejos e valores próprios) e desdenha a cidadania popular reivindicativa e "contestatária" (fundada na aspiração comum pelo Direito); ele reduz os cidadãos a uma massa heterogênea de interesses conflitantes, a serem acomodados tão somente por meio dos compromissos eleitorais e acertos representativos. Esse formalismo tende a desqualificar toda manifestação "popular" por direitos que pressione a legalidade e escape aos rituais do voto e eleições como irracionalismo político (sustentado quase sempre por ideologias inconsistentes ou populismos demagógicos), como sabemos bem.

O que tenho a dizer é que não podemos deixar prevalecer esta concepção procedimental como a forma natural da democracia; não podemos deixá-la usurpar, como tem feito, o seu nome. A democracia não é o regime da positividade das leis e do formalismo da ordem. Não é também um método e um procedimento político engenhoso de agenciamento e agregação de interesses, a ser operado por homens honrados e honestos, sob a vigilância e o olhar atento da massa dos indivíduos concernidos. A democracia — tratando-se dela, faço-me lefortiano — é uma formação social histórica que se inventa e reinventa nos movimentos que afloram a cada dia na superfície da sociedade nas lutas "populares" por direitos e valores, contra a opressão dos interesses particulares dos "grandes" (vocabulário maquiaveliano), em sociedades que descobriram que nem tudo se reduz a conflitos e acomodações de interesses, e também que o Poder e a Lei não têm donos e que o Direito não está fixado (por Deus, pela natureza ou pela Razão dos sábios ou dos sensatos), que é objeto de uma interrogação histórico-social permanente.

É preciso observar que os embates da política e das ideologias envolvem também nossas batalhas intelectuais cotidianas, como essas mesmas que tentei lembrar aqui, relativamente ao conceito de poder popular, democracia e populismo, relativamente ao debate em torno da natureza do sujeito político das democracias. Vejam que, entre o povo-eleitor dos liberais, o povo-debatedor dos habermasianos (que contornei no meu percurso), o povo-opositor (polo antagônico às elites), mobilizado imaginariamente por demandas universalizantes e lideranças populistas, ou o povo-contestador e reivindicador do ativismo atuante dos movimentos sociais e políticos por direitos, aquele da invenção democrática dos lefortianos (e quiçá outros mais), o pensamento está em curso e, mais decisivamente ainda, nossa história está em causa e está sendo escrita.

Permito-me uma observação final. Nosso percurso buscou o terreno das interrogações sobre a democracia, o regime que faz do povo (*demos*) o sujeito do exercício do poder (*kratos*) e pudemos verificar que, nesse campo, o povo busca alcançar sua totalização e perfazer sua unidade política por caminhos bastante diversos. Mas pudemos observar também que, em cada caso, a operação é sempre a mesma: parte-se de um "todo" imediato, de uma massa determinada de indivíduos, que busca soldar-se como um todo efetivo, um corpo político — por caminhos diversos: seja pela apuração dos interesses majoritários entre esses indivíduos (supostos naturalmente votados a uma vida em comum); seja em virtude de uma razão comunicativa partilhada (potencialmente capaz de persuadir todos sobre o melhor e o mais justo); seja pela figuração imaginária de um "outro", o inimigo (produzindo identidade mediante a diferença); seja ainda pela postulação de uma razão reguladora e de um Direito (cuja busca e interrogação permanentes mantêm a coesão desta sociedade democrática). Por qualquer desses caminhos, a democracia vai de um todo ao todo: parte de um todo imediato, abstrato, para chegar a um todo efetivo, para realizar, tornar real, esse todo, levando adiante, através de instrumentos vários, sua operação, sempre inacabada, de totalizar, de "fazer corpo" político — seja, como acabamos de assinalar, pela suposição da inclinação de todos para o comum e a concertação dos interesses ou pela suposição de uma racionalidade por todos partilhada; seja ainda através da astúcia da imaginação, que forja um inimigo comum (um "outro"), ou da astúcia da razão, que faz aspirar por um Direito. Nas democracias, leis e direitos são sempre resultados (provisórios) dessas operações de totalização, de busca da unidade de um certo agrupamento de indivíduos.

Ora, Maquiavel é o primeiro a tomar pelo avesso essa operação de unificação concebida pelas democracias. Em seu republicanismo, a ordem política não aspira mais a produzir um povo, a agregar um todo; ela apenas busca, permanentemente, produzir barreiras à opressão de poucos sobre os muitos, a opressão que, recorrentemente, emerge dos embates dos interesses de cada um. Não há *todo* em sua compreensão da ordem política, nem a aspiração por um todo pacificado (mesmo que provisoriamente), que move as democracias; há o conflito, inultrapassável, e a divisão civil ativada pelos oprimidos, que buscam leis e instituições (*leggi ed ordini*), não como formas de acomodação de interesses ou de apaziguamento da cidade, mas como elementos de proteção, sempre frágeis, em relação à opressão dos "grandes". Aqui, enfim, as leis não são concertação de interesses e valores de um agrupamento qualquer, convencional, de indivíduos ou de grupos sociais (por qualquer caminho constitucional que seja), como teimam em afirmar as nossas democracias; elas são, fundamentalmente, advertências, fincadas por muitos, sobre os limites do tolerável. Assim, Maquiavel escapa ao horizonte conceitual tradicional da democracia e anuncia um republicanismo radical, de estofo popular, um "governo de leis", advindas não da "vontade do povo", de um desejo (positivo) de todo o povo, mas do desejo (negativo) de muitos de não ser oprimidos por parte de poucos.[23]

Como se vê, a história do pensamento político nos dá ainda o que pensar, para além do horizonte da nossa firme, necessária e legitima adesão à democracia.

---

[23] Conferir acima Parte IV, capítulo 3, pp. 311-3.

Bibliografia de referência

O leitor encontrará na listagem que se segue as obras citadas ou consideradas no decorrer da escrita dos textos deste livro. Foram destacados os estudos sobre o republicanismo brasileiros mais recentes, que constituíram um campo privilegiado de interlocução para o autor.

GERAL

Agostinho, Santo. *De civitate Dei contra paganos libri viginti duo*. Patrologia Latina, tomo 41. Turnhout: Brepols, 1983.

________. *A cidade de Deus*, 5ª ed. Tradução, prefácio, nota biográfica e transcrições de J. Dias Pereira. Lisboa: Fundação Calouste Gulbenkian, 2016.

________. *A cidade de Deus: (contra os pagãos)*, Partes I e II, introdução de Emmanuel Carneiro Leão; tradução de Oscar Paes Leme. Petrópolis/São Paulo/Bragança Paulista: Vozes/Federação Agostiniana Brasileira/Editora Universitária São Francisco, 2017.

Alighieri, Dante. *Monarchia*, a cura di Bruno Nardi, in *Opere minori*, tomo II, La Letteratura Italiana: Storia e Testi. Milão: Riccardo Ricciardi Editore, 1968, pp. 240-503.

________. *A monarquia*, tradução de Hernani Donato. São Paulo: Editora Parma, 1983.

________. *La monarchie*, tradução de Michèle Galy, prefácio de Claude Lefort. Paris: Éditions Belin, 1993. Edição bilíngue.

________. *A Divina Comédia*, tradução de Italo Eugenio Mauro. São Paulo: Editora 34, 2014. Edição bilíngue.

________. *Monarchia*, a cura di Diego Quaglioni, in Dante Alighieri, *Opere*, edição de Marco Santagata. Milão: Arnoldo Mondadori Editore, 2014, tomo II, pp. 807-1415.

________. *Monarchia*, in *Nuova edizione commentata delle opere di Dante*, vol. IV, edição de Paolo Chiesa e Andrea Tabarroni, colaboração de Diego Ellero. Roma: Salerno Editrice, 2013.

_________. *Convívio*, tradução, introdução e notas de Emanuel França de Brito. São Paulo: Companhia das Letras, 2019.

Alföldy, Géza. *História social romana*. Lisboa: Editorial Presença, 1989.

Annas, Julia. *Introduction à la* République *de Platon*, tradução de Béatrice Han. Paris: PUF, 2006.

Aquino, Tomás de. *Suma teológica*, IIII, vol. 5, tradução de G. C. Galache *et al.* São Paulo: Loyola, 2004.

_________. *Suma teológica*, III, vol. 4, tradução de G. C. Galache *et al.* São Paulo: Loyola, 2005.

_________. *Escritos políticos*, tradução de Francisco Benjamim de Souza Neto. Petrópolis: Vozes, 2011.

Arienzo, Alessandro; Borelli, Gianfrancesco (orgs). *Anglo-American Faces of Machiavelli*. Milão: Polimetrica, 2009.

Aristóteles. *Ethica ad Nicomachum; Politica et Oeconimic Libri*, interpretação de Leonardo Aretino. Estrasburgo: Johann Mentelin, 1469.

_________. *Éthique à Nicomaque*, introdução, notas e índice de J. Tricot. Paris: Vrin, 1972.

_________. *Les Politiques*, tradução e apresentação de Pierre Pellegrin. Paris: Flammarion, 1993.

_________. *Política*, tradução de António C. Amaral e Carlos C. Gomes (edição bilingue). Lisboa: Editora Veja, 1998.

Aristóteles; Xenofonte. *On Democracy and Oligarchy*, tradução e comentário de J. M. Moore. Berkeley: University of California Press, 1983.

Aubenque, Pierre. *La prudence chez Aristote*. Paris: PUF, 1963.

_________. "Aristote et la démocratie", in Aubenque, Pierre (org.). *Aristote politique: études sur la Politique d'Aristote*. Paris: PUF, 1993.

Audier, Serge. *Les théories de la république*. Paris: La Découverte, 2004.

_________. *Machiavel, conflit et liberté*. Paris: Vrin, 2005.

Aurélio, Diogo Pires. *Maquiavel e herdeiros*. Lisboa: Círculo de Debates, 2012.

_________. "A fortuna ou o imprevisível em política", in Bento, Antônio (org.). Maquiavel e o maquiavelismo. Coimbra: Almedina, 2012.

_________. "Sovereignty, the people, and popular Sovereignty", in Campos, André Santos; Cadilha, Susana (orgs). Sovereignty and value. Nova York: Rowman and Littlefield, 2021.

_________. *Soberania popular: estudos sobre a ideia de um poder absoluto e intemporal*. Vila Nova de Famalicão: Húmus, 2024.

Baggioni, Laurent. "Théorie et histoire de la liberté chez Leonardo Bruni", *Éthique, Politique, Religions*, vol. 2, nº 21, 2022, pp. 19-36.

Baldassari, Stefano U. "Introduzione", in Bruni, Leonardo. *Laudatio Florentinae Urbis*, edição de Stefano U. Baldassari. Florença: Sismel, 2000.

Banerjee, Kiran; Suchowlansky, Mauricio. "Between Citizen and Subject: placing the people in Machiavelli's political imagination", *Annual Meeting of the American Political Science Association*, aug. 29-sept. 1, 2013.

Barbero, Alessandro. *Dante*. Bari: Laterza, 2020.

Barker, Ernest. *Teoria política grega*. Brasília: Editora UnB, 1978.

Barnes, Jonathan (org.). *Aristóteles*, tradução de Ricardo Hermann Ploch Machado. Aparecida/São Paulo: Editora Ideias & Letras, 2009.

_________. *Aristóteles*. São Paulo: Loyola, 2005.

Baron, Hans. *The Crisis of the Early Italian Renaissance*. Princeton: Princeton University Press, 1966.

_________. *From Petrarch to Leonardo Bruni: Studies in Humanistic and Political Literature*. Chicago: Chicago University Press, 1968.

_________. *En busca del humanismo cívico florentino: ensayos sobre el cambio del pensamento medieval ao moderno*. Cidade do México: Fondo de Cultura Económica, 1993.

Barrow, Reginald H. *Los romanos*. Cidade do México: Fondo de Cultura Económica, 1986.

Bento, António. "Conjuras e golpes de Estado: de Machiavel a Gabriel Naudé", in Adverse, Helton (org.). *Reflexões sobre Maquiavel: 500 anos de O Príncipe*. São Paulo: Loyola, 2015.

Bellamy, Richard. "Republicanism, Democracy and Constitutionalism", in Laborde, C.; Maynor, J. (orgs.). *Republicanism and Political Theory*. Londres: Blackwell Publishing, 2008.

Berlin, Isaah. "Two Concepts of Liberty", in *Four Essays on Liberty*. Oxford: Oxford University Press, 1969, pp. 118-72.

Bernard-Pradelle, Laurence. "L'influence de la seconde sophistique sur la *Laudatio Florentinae Urbis* de Leonardo Bruni", *Rhetorica: A Journal of the History of Rhetoric*, vol. 18, nº 4, 2000, pp. 355-87.

_________. *Leonardo Bruni Aretino. Histoire, éloquence et poésie à Florence au début du Quattrocento*, seleção de textos, edição e tradução de Laurance Bernard-Pradelle. Paris: Honoré Champion, 2008.

Berti, Enrico. *As razões de Aristóteles*, tradução de Dion Davi Macedo. São Paulo: Loyola, 1998.

Blythe, James M. *Le gouvernement idéal et la constitution mixte au Moyen Âge*. Paris: Éditions du Cerf, 2005.

_________. The *Worldview and Thought of Tolomeo Fiadoni (Ptolemy of Lucca)*. Turnhout: Brepols, 2009.

Bobbio, Norberto; Viroli, Maurizio. *Diálogo em torno da República*, tradução de Daniela Beccaccia Versiani. Rio de Janeiro: Campus, 2002.

Bock, Gisela; Skinner, Quentin; Viroli, Maurizio (orgs.). *Machiavelli and republicanism*. Cambridge: Cambridge University Press, 1990.

Bodéüs, Richard. *Le philosophe et la cité: recherches sur les rapports entre morale et politique dans la pensée d'Aristote*. Paris: Les Belles Lettres, 1982.

_________. Aristote. Paris: Vrin, 2002.

Bodin, Jean. *Les six livres de la République*. Paris: Le Livre de Poche, 1993.

Bonadeo, Alfredo. "The Role of the People in the Works and Times of Machiavelli". *Bibliothèque d'Humanisme et Renaissance*, t. 32, nº 2, 1970.

Bondanella, Peter E. *Machiavelli and the Art of Renaissance History*. Detroit: Wayne State University Press, 1973.

Bottieri, Paula; Raskolnikoff, Mouza. "Diodore, Caius Gracchus et la démocratie", in Nicolet, Claude (org.). *Demokratia et aristokratia*. Paris: Publications de la Sorbonne, 1983.

Brisson, Luc. *Leituras de Platão*, tradução de Sônia Maria Maciel. Porto Alegre: EDIPUCRS, 2003.

_________. "A religião como fundamento da reflexão filosófica e como meio de ação política nas *Leis* de Platão", *Kriterion*, nº 107, jan.-jul. 2003.

Brisson, Luc e Pradeau, Jean-François. *As Leis de Platão*, tradução Nicolás Nyimi Campanário, São Paulo: Edições Loyola, 2012.

Brucker, Gene. *Dal Comune alla Signoria: la vita pubblica a Firenze nel primo Rinascimento*. Bolonha: Il Mulino, 1981.

Bruni, Leonardo. *Historiarum florentini populi libri XII e Rerum suo tempore gestarum commentarius*, edição de Emilio Santini e Carmine Di Pierro. Città di Castello: S. Lapi, 1926.

_________. "Laudatio Florentinae Urbis", in Baron, H. *From Petrarch to Leonardo Bruni: Studies in Humanistic and Political Literature*. Chicago: University of Chicago Press, 1968, pp. 232-63.

_________. *Panegirico della Città di Firenze*, testo italiano a fronte di Frate Lazaro da Padova, presentazione di Giuseppe De Toffol. Florença: La Nuova Italia, 1974.

_________. *Opere letterarie e politiche*, edição de Paolo Viti. Turim: Unione Tipografica/Editrice Torinese, 1996.

_________. "Oratio in funere Iohannis Strozze equitis florentinis", in Viti, Paolo (org.). *Opere letterarie e politiche di Leonardo Bruni*. Turim: Unione Tipografica/Editrice Torinese, 1996, pp. 464-93.

________. "Laudatio Florentinae Urbis", in Viti, Paolo (org.). *Opere letterarie e politiche di Leonardo Bruni*. Turim: Unione Tipografica/Editrice Torinese, 1996, pp. 568-647.

________. *Laudatio Florentinae Urbis*, edição de Stefano U. Baldassari. Florença: Sismel, 2000.

________. *History of the Florentine People*, vol. 1, edição e tradução de James Hankins. Cambridge, MA: Harvard University Press, 2001.

________. *History of the Florentine People*, vol. 2, edição e tradução de James Hankins. Cambridge, MA: Harvard University Press, 2004.

________. *History of the Florentine People*, vol. 3, edição e tradução de James Hankins. Cambridge, MA: Harvard University Press, 2007.

________. *Leonardo Bruni Aretino. Histoire, éloquence et poésie à Florence au début du Quattrocento*, edição e tradução de Laurence Bernard-Pradelle. Paris: Honoré Champion, 2008.

________. "Laudatio Florentinae Urbis", in Bernard-Pradelle, Laurence (org.). *Histoire, éloquence et poésie à Florence au début du Quattrocento*, seleção de textos, edição e tradução de Laurence Bernard-Pradelle. Paris: Honoré Champion, 2008. pp. 205-301.

________. *Lettres familières*, 2 tomos, edição, tradução e notas de Laurence Bernard-Pradelle, Montpellier: Presses Universitaires de la Méditerranée, 2014.

________. "Elogio da cidade de Florença [*Laudatio Florentinae Urbis*]", texto latino e tradução de Alexander de Carvalho, introdução, revisão e notas de Fabrina Magalhães Pinto, *Morus: Utopia e Renascimento*, vol. 11, nº 2, 2016, pp. 265-335.

Burckhardt, Jacob. *O Renascimento italiano*, tradução de António Borges Coelho. Lisboa/São Paulo: Editorial Presença/Martins Fontes, 1973.

Cabrini, Anna Maria. *Per una valutazione delle* Istorie Fiorentine *del Machiavelli: note sul fonti di Secondo Libro*. Florença: La Nuova Italia, 1985.

Cambiano, Giuseppe. "L'Atene nascosta di Leonardo Bruni", *Rinascimento: Rivista dell'Istituto Nazionale di Studi sull Rinascimento*, vol. 38, 1998.

Caporali, Riccardo; Morfino, Vittorio; Visentin, Stefano (orgs.). *Machiavelli: tempo e conflito*. Milão: Mimesis, 2013.

Cardini, Roberto; Viti, Paolo (orgs.). *Le radici umanistiche dell'Europa. Coluccio Salutati cancelliere e politico*. Florença: Edizioni Polistampa, 2008.

Castoriadis, Cornelius. "A *polis* grega e a criação da democracia", *Filosofia Política*, nº 3, Porto Alegre, UFRGS, 1986.

Chanteur, Janine. *Platon: le désir et la cité*. Paris: Éditions Sirey, 1980.

Cícero. *L'orateur/Du meilleur genre d'orateurs*, estabelecimento de texto e tradução de Albert Yon. Paris: Les Belles Lettres, 1964.

_________. *Les devoirs [De officiis]*, estabelecimento de texto e tradução de M. Testard. Paris: Les Belles Lettres, 1965, 1970.

_________. *Dos deveres*, tradução do latim de Angélica Chiapeta. São Paulo: Editora Martins Fontes, 1999.

_________. *On the Commonwealth and On the Laws*, edição de James E. G. Zetzel. Cambridge: Cambridge University Press, 1999.

_________. *De l'orateur*, tradução de E. Courbaud e H. Bornecque. Paris: Les Belles Lettres, 2002, 2009.

_________. *Tratado da República*, tradução do latim, introdução e notas de Francisco de Oliveira. Porto: Editorial Verbo, 2008.

_________. *La Repubblica*, edição de Francesca Nenci. [*S. l.*]: BUR, 2010.

_________. *De re publica*, tradução do latim por Isadora Prévide Bernardo, apresentada na dissertação "O *De re publica* de Cícero: natureza, política e história", Mestrado em Filosofia, Faculdade de Filosofia, Letras e Ciências Humanas da Universidade de São Paulo, São Paulo, 2013.

_________. *Dos deveres [De officiis]*, tradução de Carlos Humberto Gomes. Lisboa: Edições 70, 2017.

_________. *On the Republic [De re publica]. On the Laws [De legibus]*, tradução de Clinton W. Keyes. Cambridge, MA: Harvard University Press, 1994.

Comaroff, Jean. "Populism and Late Liberalism: A Special Affinity?", *The Annals of the American Academy of Political and Social Science*, vol. 637, 2011, pp. 99-111.

Coulanges, Fustel. *A cidade antiga*. São Paulo: Edipro, 2008.

Crombie, Ian M. "Análisis de las doctrinas de Platón", in *El hombre y la sociedade*. Madri: Alianza, 1990.

Davis, Charles. "Education in Dante's Florence", *Speculum*, vol. 40, pp. 415-35, 1965.

_________. *Dante's Italy and Other Essays (The Middle Ages)*. Filadélfia: University of Pennsylvania Press, 1984.

Despotopoulos, Constantin. *La philosophie politique de Platon*. Bruxelas: Éditions Ousia, 1997.

Destrée, Pierre. *Aristote: bonheur et vertus*. Paris: PUF, 2003.

Di Maria, Salvatore. "Machiavelli's Ironic View of History: The *Istorie Fiorentine*", in *Renaissance Quarterly*, vol. 45, nº 2.

Europe: Revue Littéraire Mensuelle, Jean-Pierre Vernant, nº 964-965, ago.-set. 2009.

Ferguson, Wallace K. *La Renaissance dans la pensée historique*, tradução de Jacques Marty. Paris: Payot, 1950.

Finley, Moses I. *Les anciens grecs: une introduction à leur vie et à leur pensée*, tradução do inglês de Monique Alexandre. Paris: Éditions La Découverte, 1984.

_________. *L'invention de la politique: democratie et politique en Grèce et dans la Rome républicaine*, tradução do inglês de Jeannie Carlier. Paris: Flammarion, 1985.

_________. *Démocratie antique et démocratie moderne*, tradução do inglês de Monique Alexandre. Paris: Payot, 2003.

Frosini, Fabio. "La repubblica immaginata da Niccolò Machiavelli", *Il Contributo*, vol. XXVII, nº 2-3, mai.-dez. 2005.

Fubini, Riccardo. "Osservazioni sugli *Historiarum Florentini Populi libri XII* di Leonardo Bruni", in Sestan, Ernesto (org.). *Studi di Storia Medievale e Moderna per Ernesto Sestan*, vol. 1. Florença: Olschki, 1980.

Fumagalli, Mariateresa. *Il pensiero politico medievale*. Roma/Bari: Editora Laterza, 2000.

Fumaroli, Marc. *L'âge de l'éloquence: rhétorique et "res literária" de la Renaissance au seuil de l'époque classique*. Paris: Librairie Droz, 1994.

Gaille-Nikodimov, Marie. *Conflit et liberté: la politique machiavéllienne entre histoire et medicine*. Paris: Honoré Champion, 2004.

_________. *Machiavel et la tradition philosophique*. Paris: PUF, 2007.

Gaille-Nikodimov, Marie; Ménissier, Thierry (orgs.). *Lectures de Machiavel*. Paris: Ellipses, 2006.

Galand-Hallyn, Perrine. "La rhétorique en Italie à la fin du Quattrocento (1475-1500)", in Fumaroli, Marc (org.). *Histoire de la rhétorique dans l'Europe moderne, 1450-1950*. Paris: PUF, 1999, pp. 131-90.

Garin, Eugenio. "Le traduzioni humanistiche di Aristotele nel secolo XV", in *Atti e Memorie dell'Academia Fiorentina di Scienze Morali La Colombaria*, vol. 16, 1947-1950.

_________. *L'educazione in Europa (1400-1600)*. Bari: Laterza, 1957.

_________. *L'umanesimo italiano: filosofia e vita civile nel Rinascimento*. Bari: Laterza, 1958.

_________. *Moyen Âge et Renaissance*. Paris: Gallimard, 1969.

_________. *Machiavelli fra politica e storia*. Turim: Einaudi, 1993.

_________. "La vita civile", in *L'Umanesimo italiano*. Roma: Editori Laterza, 1993, pp. 47-93.

_________. *Ciência e vida política no Renascimento*, tradução de Cecília Prada. São Paulo: Editora Unesp, 1996.

Garosci, Aldo. *Le* Istorie Fiorentine *del Machiavelli*. Turim: G. Giappichelli, 1973.

Gilbert, Felix. *Machiavelli and Guicciardini: Politics and History in Sixteenth-Century Florence*. Princeton: Princeton University Press, 1965.

_________. *Machiavelli e il suo tempo*. Bolonha: Il Mulino, 1977.

Girolami, Remigio dei. *Dal bene comune al bene del comune: i tratti politici di Remigio dei Girolami (1319) nella Firenze dei Bianchi-Neri*, edição de Emilio Panella. Florença: Nerbini, 2014.

_________. *The Political Works of Remigius dei Girolami*, tradução de Nicholas Newman. New Hampshire: Saint Dominic's, 2018.

Grange, Juliette. *L'idée de République*. Paris: Pocket, 2008.

Griffiths, Gordon; Hankins, James; Thompson, David (orgs.). *The Humanism of Leonardo Bruni: Selected Texts*. Birmingham: Renaissance Society of America, 1987.

Grimal, Pierre. *Les erreurs de la liberté*. Paris: Les Belles Lettres, 1990.

Gualdo, Germano. "Leonardo Bruni segretatio papale (1405-1415)", in Viti, Paolo (org.). *Leonardo Bruni, Cancelliere della Repubblica di Firenze*. Florença: Olschki, 1990.

Heródoto. *The Persian Wars, Volume I: Books 1-2*, tradução de A. D. Godley. Cambridge, MA: Harvard University Press, 1920.

Hankins, James. "The 'Baron Thesis' after Forty Years and Some Recent Studies of Leonardo Bruni", *Journal of the History of Ideas*, vol. 56, nº 2, 1995, pp. 309-38.

_________. "Traduire l'*Éthique* d'Aristote: Leonardo Bruni et ses critiques", in Zini, F. Mariani (org.). *Penser entre les lignes: philologie et philosophie au Quattrocento*. Lille: Presses Universitaires du Septentrion, 2001, pp. 133-59.

_________. "Humanism in the Vernacular: The Case of Leonardo Bruni" in Celenza, Christopher; Gouwens, Kenneth (orgs.). *Humanism and Creativity in the Renaissance: Essays in Honor of Ronald G. Witt*. Leiden: Brill, 2006.

_________. *Renaissance Civic Humanism: Reappraisals and Reflections*. Cambridge: Cambridge University Press, 2010.

_________. "Rhetoric, History and Ideology: Civic Panegyrics of Leonardo Bruni", in Hankins, James (org.). *Renaissance Civic Humanism: Reappraisals and Reflections*. Cambridge: Cambridge University Press, 2010, pp. 143-78.

_________. "Coluccio Salutati e Leonardo Bruni", in *Enciclopedia Italiana. Ottava appendice. Il contributo italiano alla storia del pensiero*. Roma: Istituto Della Enciclopedia Italiana, 2013, pp. 85-94.

_________. "Europe's First Democrat? Cyriac of Ancona and Book 6 of Polybius", in Blair, Ann; Goeing, Anja-Silvia (orgs.). *For the Sake of Learning: Essays in Honor of Anthony Grafton*. Leiden: Brill, 2016, pp. 692-710.

_________. "Leonardo Bruni and Machiavelli on the *Lessons of Florentine History*", in Francesconi, Giampaolo; Miglio, Massimo (orgs.). *Le cronache volgare in Italia*. Roma: Istituto Palazzo Borromini, 2017, pp. 373-96.

Hinard, François. *La république romaine*. Paris: PUF, 1992.

Hobbes, Thomas. *Leviathan*, edição de C. B. Macpherson. Londres: Penguin Books, 1976.

_________. *De Cive ou les fondements de la politique*, tradução de François Tricot. Paris: Sirey, 1981.

Humbert, Michel; Kremer, David. *Institutions politiques et sociales de l'Anti--quité*. Paris: Dalloz, 1971.

Ianziti, Gary. "The Plutarchan Option: Leonardo Bruni's Early Career in History, 1405-1414", *I Tatti Studies: Essays in the Renaissance*, vol. 8, 1999, pp. 11-35.

Inglebert, Hervé (org.). *Histoire de la civilisation romaine*. Paris: PUF, 2005.

Jaeger, Werner. *Paideia: a formação do homem grego*, tradução de Artur M. Pereira. São Paulo: Herder, s/d.

_________. *Aristoteles*. México: Fondo de Cultura Económica, 1995.

Johnston, David; Urbinati, Nadia; Vergara, Camila (orgs.). *Machiavelli on Liberty and Conflit*. Chicago: The University of Chicago Press, 2017.

Joly, Henri. *Le renversement platonicien*. Paris: Vrin, 1980.

Jones, Peter V. (org.). *O mundo de Atenas*. São Paulo: Martins Fontes, 1997.

Kelsen, Hans. "Essência e valor da democracia" [1929], in *A democracia*, tradução de Ivone Castilho Benedetti *et al.* São Paulo: Martins Fontes, 2000, pp. 23-108.

Klein, Francesca. "Considerazioni sull'ideologia della città di Firenze tra Trecento e Quattrocento: Giovanni Villani, Leonardo Bruni", *Richerche Historiche*, nº 10, 1980, pp. 311-36.

Kohl, Benjamin J.; Witt, Ronald G. (orgs.). *The Earthly Republic: Italian Humanists on Government and Society*. Filadélfia: University of Pennsylvania Press, 1978.

Kraut, Richard (org.). *Platão*. São Paulo: Ideias & Letras, 2013.

Kraye, Jill (org.). *The Cambridge Companion to Renaissance Humanism*. Cambridge: Cambridge University Press, 1996.

Kriegel, Blandine. "L'idée republicaine sous l'Ancien Régime", *Philosophie Politique: Revue Internationale de Philosophie Politique*, nº 4, 1993.

Kristeller, Paul Oskar. *El pensamiento renacentista y sus fuentes*. Madri: Fondo de Cultura Económica, 1993.

La Boétie, Étienne de. *Discurso da servidão voluntária*, tradução de Laymert Garcia dos Santos. São Paulo: Brasiliense, 1982.

Laclau, Ernesto. "O retorno do 'povo': razão populista, antagonismo e identidades coletivas", *Política & Trabalho: Revista de Ciências Sociais*, nº 23, 2005.

_________. "Why Constructing a People is the Main Task of Radical Politics", *Critical Inquiry*, vol. 32, nº 4, 2006.

_________. *A razão populista*, tradução de Carlos Eugênio Marcondes de Moura. São Paulo: Três Estrelas, 2013.

Landi, Sandro. "Alcune considerazioni sulla 'voce d'un popolo' in Machiavelli (*Discorsi* I 58)", *Laboratoire Italien*, vol. 1, 2011, pp. 35-52.

_________. "Fama, Humors and Conflits: A Re-reading of Machiavelli's *Florentine Histories*", in Rospocher, Massimo (org.). *Beyond the Public Sphere*. Bolonha: Il Mulino, 2012.

Lanza, Antonio. *Firenze contro Milano: gli intellettuali fiorentini nelle guerre con i Visconti (1390-1440)*. Roma: De Rubeis Editore, 1991.

Le Goff, Jacques. *A civilização do ocidente medieval*, tradução de José Rivair de Macedo. Bauru: Edusc, 2005.

Lefort, Claude. *Le travail de l'œuvre Machiavel*. Paris: Gallimard, 1972.

_________. "La naissance de l'idéologie et l'humanisme", in *Les formes de l'histoire: essais d'anthropologie politique*. Paris: Gallimard, 1978, pp. 234-77.

_________. *Les formes de l'histoire: essais d'anthropologie politique*. Paris: Gallimard, 1978.

_________. "Prefácio", in Machiavel, Nicolas, *Discours sur la première decade de Tite-Live*. Paris: Berger-Levrault, 1980.

_________. "Permanence du théologico-politique?", *Le Temps de la Réfléxion*, nº 2, 1981, pp. 18-20.

_________. *As formas da história: ensaios de antropologia política*, tradução de Luiz Roberto Salinas Fortes e Marilena Chaui. São Paulo: Brasiliense, 1990.

_________. *Pensando o político*, tradução de Eliana M. Souza. Rio de Janeiro: Paz & Terra, 1991.

_________. *Écrire, à l'épreuve du politique*. Paris: Calmann-Lévy, 1992.

_________. *Desafios da escrita política*, tradução de Eliana de Melo Souza. São Paulo: Discurso Editorial, 1999.

_________. *O trabalho da obra Maquiavel*, tradução de Gabriel Pancera, Helton Adverse e José Luiz Ames. Belo Horizonte/São Paulo: Editora UFMG/Todavia, 2024.

Lefort, Claude; Gauchet, Marcel. "Sur la démocratie: le politique et l'institution du social", *Textures*, vol. 71, nº 2-3, 1972.

Leibovici, Martine. "From Fight to Debate: Machiavelli and the Revolt of the *Ciompi*", *Philosophy and Social Criticism*, vol. XXVIII, nº 6, 2002.

Lepore, Ettore. *Il Princeps ciceroniano, gli ideali politici della tarda Repubblica*. Nápoles: Istituto Italiano per gli Studi Storici, 1949.

Lévêque, Pierre; Vidal-Naquet, Pierre. *Clisthène L'Athénien: sur la représentation de l'espace et du temps en Grèce de la fin du VIe siècle à la mort de Platon*. Paris: Éditions Macula, 1964.

Levi, Mario Attilio. *Péricles*, tradução de Antonio Agenor Briquet de Lemos. Brasília: Editora UnB, 1991.

Lipset, Seymour Martin. *Political Man: The Social Basis of Politics*. Nova York: Doubleday, 1960.

Liscu, Marin. *Étude sur la langue de la philosophie morale chez Cicéron*. Paris: Les Belles Lettres, 1930.

Loraux, Nicole. *L'Invention d'Athènes: histoire de l'oraison funèbre dans la cité classique*. Paris: Éditions EHESS, 1981.

_________. "Repolitiser la cité", *L'Homme*, vol. 26, nº 1-2, 1986, pp. 239-55.

Manent, Pierre. *Curso de filosofia política*. Buenos Aires: Fondo de Cultura Económica, 2003.

Maquiavel, Nicolau. *Discorsi sopra la prima deca di Tito Livio*, in *Tutte le opere*, estabelecimento de texto e organização de Mario Martelli. Florença: Sansoni Editore, 1971.

_________. *Tutte le opere*, estabelecimento de texto e organização de Mario Martelli. Florença: Sansoni Editore, 1971.

_________. *História de Florença*, tradução, apresentação e notas de Nelson Canabarro. São Paulo: Musa, 1994.

_________. *Discursos sobre a primeira década de Tito Lívio*, tradução de Martins Fontes, revisão de Patrícia Aranovich. São Paulo: Martins Fontes, 2007.

Marchand, Jean-Jacques. "L'interpretation de l'histoire chez Machiavel", *Études de Lettres*, s. IV, t. 1, 1978.

Mattucci, Andrea. *Machiavelli nella storiografia fiorentina: per la storia di un genere letterario*. Florença: Olschki, 1991.

McCormick, John. "Subdue the Sanate: Machiavelli's 'Way of Freedom' or Path to Tyranny", *Political Theory*, vol. 40, nº 6, 2002.

_________. *Machiavellian Democracy*. Cambridge: Cambridge University Press, 2011.

_________. "Machiavellian Democracy in the Good Society", *The Good Society*, vol. 21, nº 1, 2012.

_________. "On the Myth of a Conservative Turn in Machiavelli's *Florentine Histories*", in Urbinati, Nadia; Johnston, David; Vergara, Camila (orgs.). *Liberty and Conflict: Machiavelli on Politics and Power*. Chicago: The University of Chicago Press, 2017.

_________. "Machiavelli, Popular Resistance and the Curious Case of the *Ciompi*", in Ferrer, Véronique; Desan, Philippe (orgs.). *Penser et agir à la Renaissance*. Paris: Droz, 2020.

Ménissier, Thierry. *Machiavel, la politique et l'histoire: enjeux philosophiques*. Paris: PUF, 2001.

Millon-Delsol, Chantal. *Essai sur le pouvoir occidental: démocratie et despotisme dans l'Antiquité*. Paris: PUF, 1985.

Molinié, Georges. *Dictionnaire de rhétorique*. Paris: Librairie Générale Française, 1992.

Mommsen, Theodor. *Historia de Roma*. Madri: Francisco Góngora Editor, 1876.

Mudde, Cas; Kaltwasser, Cristóbal Rovira. *Populism: A Very Short Introduction*. Oxford: Oxford University Press, 2017.

Müller, Jan-Werner. *What is Populism?* Filadélfia: University of Pennsylvania Press, 2016.

Murphy, James Jerome. *La retorica nel Medioevo*. Nápoles: Liguori, 1983.

_________. *La elocuencia en el renacimiento: estudios sobre la teoría y la práctica de la retórica renacentista*. Madri: Visor Libros, 1998.

Najemy, John M. *Storia di Firenze, 1200-1575*. Turim: Giulio Einaudi Editore, 2014.

Narducci, Emanuele. "Eloquenza, retorica, filosofia nel *De oratore*", in *Cicerone, Dell'oratore*. Milão: Rizzoli, 2001.

Natali, Carlo. *La saggezza di Aristolele*. Roma: Bibliopolis, 1989.

Nederman, Cary J. "Nature, Sin and the Origins of Society: The Ciceronian Tradition in Medieval Political Thought", *Journal of the History of Ideas*, jan.-mar. 1988, vol. 49, nº 1, p. 6.

Nicolet, Claude. *Le métier de citoyen dans la Rome républicaine*. Paris: Gallimard, 1976.

_________. "Les classes dirigeantes romaines sous la republique", *Annales*, vol. 32, nº 4, 1977, pp. 726-55.

_________. (org.). *Demokratia et aristokratia*. Paris: Publications de la Sorbonne, 1983.

Nicolet, Claude; Michel, Alain. *Cicéron*. Paris: Éditions du Seuil, 1960.

North, John A. "Democratic Politics in Republican Rome", *Past and Present*, nº 126, 1990, pp. 3-21.

Ostwald, Martin. *From Popular Sovereignty to the Sovereignty of Law: Law, Society and Politics in Fifth-Century Athens*. Berkeley: University of California Press, 1989.

Parsons, Talcott. "Social Strains in America", in Daniel Bell (org.). *The Radical Right*. New Brunswick: Transaction Publishers, 2008, pp. 209-30.

Pedullà, Gabriele. *Machiavelli in Tumult: The Discourses on Livy and the Origins of Political Conflictualism*. Cambridge: Cambridge University Press, 2018.

Pellegrin, Pierre. "La *Politique* d'Aristote: unité et fractures. Éloge de la lecture sommaire", *Revue Philosophique*, nº 177, 1987, pp. 129-59.

_________. "La *Politique* d'Aristote: unité et fractures. Éloge de la lecture sommaire", in Aubenque, Pierre (org.). *Aristote politique: études sur la* Politique *d'Aristote*. Paris: PUF, 1993, pp. 3-34.

_________. "Introduction", in Aristote. *Les Politiques*, tradução e apresentação de Pierre Pellegrin. Paris: Flammarion, 1993, pp. 5-76.

Pernicone, Vincenzo. "*Le dolci rime d'amor ch'i' solia*", in *Enciclopedia Dantesca*; disponível em <https://www.treccani.it/enciclopedia/le-dolci-rime-d-amor-ch-i-solia>.

Pernot, Laurent. *La rhétorique d'éloge dans le monde gréco-romain*, tomos I-II. Paris: Institut d'Études Augustiniennes, 1993.

Perouse, Gabriel A. (org.). *Ordre et désordre dans la civilization de la Renaissance*. Saint Étienne: Université de Saint Étienne, 1996.

Pettit, Philip. "Negative Liberty, Liberal and Republican", *European Journal of Philosophy*, vol. 1, pp. 15-38, 1993.

_________. "Liberalism and Republicanism", *Australian Journal of Legal Philosophy*, vol. 28, nº 2, pp. 162-89, 1993.

_________. *Republicanism: A Theory of Freedom and Government*. Oxford: Oxford University Press, 1997.

_________. "Republican Liberty and its Constitutional Significance", *Australian Journal of Legal Philosophy*, vol. 25, nº 2, pp. 237-56, 2000.

_________. "Democracy, Electoral and Contestatory", *Nomos*, vol. 42, pp. 105-44, 2000.

_________. "Deliberative Democracy and the Case for Depoliticizing Government", *University of New South Wales Law Journal*, vol. 24, pp. 724-36, 2001.

_________. "Deliberative Democracy, the Discursive Dilemma and Republican Theory", in Laslettt, Peter (org.). *Philosophy, Politics and Society*. Cambridge: Cambridge University Press, 2003.

_________. "Depoliticizing Democracy", *Ratio Juris*, vol. 17, nº 1, pp. 52-65, 2004.

_________. "Three Conceptions of Democratic Control", *Constellations*, vol. 15, pp. 46-55, 2008.

_________. "Representation, Indicative and Responsive", *Constellations*, vol. 17, pp. 426-34, 2010.

_________. "Varieties of Public Representation", in Shapiro, Ian (org.). *Political Representation*. Cambridge: Cambridge University Press, 2010.

_________. *On People's Terms: A Republican Theory and Model of Democracy*. Cambridge: Cambridge University Press, 2012.

_________. *Just Freedom*. Nova York: W. W. Norton & Company, 2014.

Philonenko, Alexis. *Lições platônicas*, tradução de Ana Rabaça. Lisboa: Instituto Piaget, 1997.

Platão. *As Leis*, tradução, notas e introdução de Edson Bini. Bauru: Edipro, 1999.

_________. *Diálogos: Protágoras, Górgias, Fedão*, tradução de Carlos Alberto Nunes. Belém: Edufpa, 2002.

_________. *Oeuvres complètes*, tomos VI e VII: *La République*, introdução de A. Diès, estabelecimento de texto e tradução de E. Chambry. Paris: Les Belles Lettres, 2003, 2015.

_________. *Oeuvres complètes*, tomos XI et XII: *Les Lois*, introdução de A. Diès e L. Gernet, estabelecimento de texto e tradução de E. Des Places e A. Diès. Paris: Les Belles Lettres, 2003.

_________. *Diálogos: Fedro, Cartas, O primeiro Alcibíades*, tradução de Carlos Alberto Nunes. Belém: EDUFPA, 2007.

_________. *Oeuvres complètes*, Luc Brisson (org.). Paris: Flammarion, 2008.

Pocock, John. *The Machiavellian Moment: Florentine Political Thought and the Republican Atlantic Tradition*. Princeton: Princeton University Press, 2003.

_________. "Rome: The Republic as Ideal and History", in Najemt, John (org.). *Cambridge Companion to Machiavelli*. Cambridge: Cambridge University Press, 2010, pp. 144-56.

Políbio. *História*, tradução de Mário da Gama Kury. Brasília: Editora UnB, 1985.

_________. *História pragmática*, Livros I-V, tradução, introdução e notas de Breno B. Sebastiani. São Paulo: Perspectiva, 2016.

Ptolomeu de Lucca. *On the Government of Rulers (De regime principum)*, tradução de James M. Blythe. Filadélfia: University of Pennsylvania Press, 1997.

_________. "Determinatio compendiosa de iurisdictione imperii", tradução de Andrea Tabarroni e Paolo Chiesa, in Dante Alighieri, *Monarchia*, edição de Paolo Chiesa e Andrea Tabarroni, colaboração de Diego Ellero. Roma: Salerno Editrice, 2013, vol. 4.

Quintiliano. *Institutio oratoria*, I-III, tradução de H. E. Butler. Cambridge, MA: Harvard University Press, 1920.

Raimondi, Fabio. *L'ordinamento della libertà: Machiavelli et Firenze*. Verona: Ombre Corte, 2013.

Reale, Giovanni. *Introdução a Aristóteles*. Lisboa: Edições 70, 1997.

Revest, Clémence. "Les enjeux de la transmission aux origines de l'humanisme: l'exemple de l'*Éloge de la ville de Florence* de Leonardo Bruni", *Questes*, vol. 11, 2007, pp. 7-16.

Roaflaub, Kurt; Ober, Josiah; Wallace, Robert (orgs.). *Origins of Democracy in Ancient Greece*. Berkeley: University of California Press, 2007.

Rodolico, Niccolò. *Il popolo minuto*. Florença: Olschki, 1968.

Rogue, Christophe. *Compreender Platão*, tradução de Jaime A. Clasen. Petrópolis: Vozes, 2005.

Roman, Sébastien. *Nous, Machiavel et la démocratie*. Paris: CNRS Éditions, 2017.

Ross, David. *Aristote*, tradução de Jean Samuel. Paris: Gordon et Breach, 1971.

Rousseau, Jean-Jacques. *Du contrat social*, introdução, comentários e notas de M. Halbwachs. Paris: Aubier-Montaigne, 1943.

Rubinstein, Nicolai (org.). *Florentine Studies: Politics and Society in Renaissance Florence*. Londres: Faber and Faber, 1968.

_________. "Florentine *libertas*", *Rinascimento*, vol. 2, pp. 3-26, 1986.

_________. "Il Bruni a Firenze: retorica e politica", in Viti, Paolo (org.). *Leonardo Bruni, Cancelliere della Repubblica di Firenze*. Florença: Olschki, 1990, pp. 15-28.

_________. "Marsilius of Padua and Italian Political Thought of his Time", in Rubinstein, Nicolai. *Studies in Italian History in the Middle Ages and the Renaissance*, edição de Giovanni Ciapelli. Roma: Edizione di Storia e Letteratura, 2004.

_________. "Le dottrine politiche nel Rinascimento", in Rubinstein, Nicolai, *Studies in Italian History in the Middle Ages and the Renaissance*, edição de Giovanni Ciapelli. Roma: Edizione di Storia e Letteratura, 2004.

Saffon, Maria Paula; Urbinati, Nadia. "Procedural Democracy, the Bulwark of Equal Liberty", *Political Theory*, vol. 41, nº 3, 2013.

Salisbury, John of. *Policraticus: Of the Frivolities of Courtiers and the Footprints of Philosophers*, edição de tradução de Cary J. Nederman. Cambridge: Cambridge University Press, 2007.

Salústio. *A conjuração de Catilina*, tradução de Adriano Scatolin. São Paulo: Hedra, 2015.

Salutati, Coluccio. "Letter to Peregrino Zambeccari", in Kohl, Benjamin J.; Witt, Ronald G. (orgs.). *The Earthly Republic: Italian Humanists on Government and Society*. Filadélfia: University of Pennsylvania Press, 1978.

Santagata, Marco. *Dante: The Story of his Life*. Cambridge, MA: Harvard University Press, 2016.

Sasso, Genaro. *Niccolò Machiavelli: la storiografia*. Bolonha: Il Mulino, 1993.

Schaerer, René. *La question platonicienne*. Paris: Vrin, 1969.

Schumpeter, Joseph A. *Capitalism, Socialism and Democracy*. Nova York: Harper and Row, 1972.

Seigel, Jerrold E. "'Civic Humanism' or Ciceronian Rhetoric? The Culture of Petrarch and Bruni", *Past & Present*, vol. 34, nº 1, 1966, pp. 3-48.

_________. *Rhetoric and Philosophy in Renaissance Humanism*. Princeton: Princeton University Press, 1968.

Silverstein, T. "On the Genesis of *De Monarchia*, II, v", *Speculum*, vol. 13, nº 3, pp. 326-49, 1938.

Sinclair, Thomas Alan. *Histoire de la pensée politique grecque*. Paris: Payot, 1953.

Skinner, Quentin. *Machiavelli: A Very Short Introduction*. Oxford: Oxford University Press, 1981.

_________. "Les idéaux républicains de liberté et de citoyenneté", *Cahiers de Philosophie Politique e Juridique*, nº 21, 1992.

________. *As fundações do pensamento político moderno*, tradução de Renato Janine Ribeiro e Laura Teixeira Motta. São Paulo: Companhia das Letras, 1996.

________. *Maquiavel*, tradução de Denise Bottmann. Porto Alegre: L&PM, 2010.

Sorell, Tom (org.). *The Cambridge Companion to Hobbes*. Cambridge: Cambridge University Press, 1996.

Spitz, Jean-Fabien. "La philosophie politique républicaine aujourd'hui: un état des lieux", *Politique et Sociétés*, vol. 20, nº 1, 2001.

Starr, Chester G. *O nascimento da democracia ateniense: a assembleia no século V a.C.*, tradução de Roberto Leal Ferreira. São Paulo: Odysseus, 2005.

Stäuble, Antonio. "Due panegirici di città tra Medioevo e Rinascimento", *Bibliothèque d'Humanisme et Renaissance*, nº 38, 1976, pp. 157-64.

Suchowlansky, Mauricio. "Machiavelli's Republicanisms: Society, Discord and Equilibrium in the *Florentine Histories*". Tese de Doutorado, University of Toronto, 2015.

Szlezák, Thomas A. *Ler Platão*, tradução de Milton Camargo Mota. São Paulo: Loyola, 2005.

Thompson, David. "Dante's Virtuous Romans", *Dante Studies, with the Annual Report of the Dante Society*, nº 96, pp. 145-62, 1978.

Tierney, Brian. *Foundations of the Conciliar Theory: The Contribution of the Medieval Canonists from Gratian to the Great Schism*. Washington: Catholic University of America, 1968.

Trexler, Richard. *Public Life in Renaissance Florence*. Nova York: Academic Press, 1980.

Urbinati, Nadia. "Unpolitical Democracy", *Political Theory*, vol. 38, nº 1, pp. 65-92, 2010.

________. "Republicanism: Democratic or Popular?", *The Good Society*, vol. 20, nº 2, 2011.

________. "Competing for Liberty: The Republican Critique of Democracy", *American Political Science Review*, vol. 106, nº 3, pp. 607-21, 2012.

Vasoli, Cezare Erminio. "Considerazioni sulla *Laudatio Urbis Florentinae* di Leonardo Bruni", in *Estrato dall'Annuario 1961-1962 del Liceo Ginnasio Statale F. Petrarca di Arezzo*, vol. 35. Florença: Istituto Nazionale di Studi sul Rinascimento, 1961-1962.

________. "Bruni, Leonardo", in *Dizionario Biografico degli Italiani*, tomo 14. Roma: Istituto dela Enciclopedia Italiana, 1972.

Vergnières, Solange. *Ética e política em Aristóteles: physis, ethos, nomos*. São Paulo: Paulus, 1998.

Vernant, Jean-Pierre. *Les origines de la pensée grecque*. Paris: PUF, 1969.

_________. *Entre mythe et politique*. Paris: Éditions du Seuil, 2000.

Vernant, Jean-Pierre; Vidal-Naquet, Pierre. *Mito e tragédia na Grécia Antiga*, tradução de Anna Lia A. de Almeida Prado, Maria da Conceição M. Cavalcante e Filomena Yoshie Hirata Garcia. São Paulo: Duas Cidades, 1977.

_________. *Travail e esclavage en Grèce Ancienne*. Bruxelas: Éditions Complexe, 1988.

Veyne, Paul. *La société romaine*. Paris: Seuil, 1991.

Virgílio. *Eneida*, tradução de Manuel Odorico Mendes. Campinas: Editora da Unicamp, 2008.

Viroli, Maurizio. *Machiavelli*. Oxford: Oxford University Press, 1998.

_________. "Il repubblicanesimo di Machiavelli", in Braccesi, Simonetta Adorni; Ascheri, Mario (orgs.). *Politica e cultura nelle repubbliche italiane dal Medievo all'Età Moderna*. Roma: Istituto Storico Italiano per l'Età Moderna e Contemporanea, 2001.

_________. "Républicanisme, libéralisme et communitarisme", *Klesis: Revue Philosophique*, vol. 18, 2011.

Visentin, Stefano. "Tenere animato l'universale: visibilità del popolo in Machiavelli", in Caporali, Riccardo; Morfino, Vittorio; Visentin, Stefano (orgs.). *Machiavelli: tempo e conflito*. Milão: Mimesis, 2012.

Viti, Paolo. *Leonardo Bruni, Cancelliere della Repubblica di Firenze*. Florença: Olschki, 1990.

_________. *Leonardo Bruni e Firenze: studi suite lettere pubbliche e private*. Roma: Bulzoni, 1992.

_________. *Opere letterarie e politiche di Leonardo Bruni*. Turim: Unione Tipografico/Editrice Torinese, 1996.

_________. "Leonardo Bruni e la polemiche antiumanistiche", in Leonardi, Claudio (org.). *Gli umanesimi medieval*. Florença: Sismel, 1998, pp. 795-805.

Vivanti, Corrado. *Nicolau Maquiavel: nos tempos da política*, tradução de Sergio Maduro. São Paulo: Martins Fontes, 2016.

Vlastos, Gregory. *Platonic Studies*. Princeton: Princeton University Press, 1981.

Von Fritz, Kurt. *The Theory of Mixed Constitution in Antiquity: A Critical Analysis of Polybius Political Ideas*. Nova York: Columbia University Press, 1958.

Walbank, Frank William. *A Historical Commentary on Polybius*. Oxford: Clarendon Press, 1957.

Wirszubski, Chaim. *Libertas as a Political Idea at Rome During the Republic and the Early Principate*. Cambridge: Cambridge University Press, 1950.

Witt, Ronald G. "Civic Humanism and the Rebirth of the Ciceronian Oration", *Modern Language Quarterly*, nº 51, 1990, pp. 167-84.

_________. *In the Footsteps of the Anciens: The Origins of Humanism from Lovato to Bruni*. Leiden: Brill, 2000.

Wolff, Francis. "Filosofia grega e democracia", *Discurso*, nº 14, 1983, pp. 7-48.

_________. "Justice et pouvoir (Aristote, *Politique* III, 9-13)", *Phronesis*, vol. 33, nº 1, 1988, pp. 273-96.

_________. "Du métier de sophiste à l'homme-mésure", *Manuscrito*, vol. 5, nº 2, 1992.

_________. "L'unité structurelle du Livre III", in Aubenque, Pierre (org.). *Aristote politique: études sur la* Politique *d'Aristote*. Paris: PUF, 1993, pp. 289-314.

_________. *Aristóteles e a política*, tradução de Thereza Christina F. Stummer e Lygia A. Watanabe. São Paulo: Discurso Editorial, 1999.

Wood, Neal. *Cicero's Social and Political Thought*. Berkeley: University of California Press, 1988.

Yates, Frances. *Astraea: The Imperial Theme in the Sixteenth Century*. Londres: Pimlico, 1975.

Zanker, Paul. *The Power of Images in the Age of Augustus*. Ann Arbor: University of Michigan Press, 1988.

Zhao, Xinzhi. "A Ciceronian Defense of Democratic Participation", *Política e Sociedade*, vol. 20, nº 47, 2021, pp. 103-29.

Žižek, Slavoj. "Against the Populist Temptation", *Critical Inquiry*, vol. 32, nº 3, 2006.

BRASILEIRA

Adami, Ana Letícia. *A ética do prazer: o epicurismo renascente de Lorenzo Valla*. Curitiba: Appris, 2022.

Adverse, Helton. "Maquiavel, a República e o desejo de liberdade", *Trans/Form/Ação*, vol. 30, nº 2, 2007.

_________. *Maquiavel: política e retórica*. Belo Horizonte: Editora UFMG, 2009.

_________. "Retórica, educação e política no Renascimento Italiano", *Sapere Aude*, vol. 2, nº 4, 2011, pp. 8-19.

_________. "A matriz italiana", in Bignotto, Newton (org.). *Matrizes do republicanismo*. Belo Horizonte: Editora UFMG, 2013, pp. 51-125.

_________. “Argumentos republicanos em *O Príncipe*: um breve comentário ao capítulo V”, in Adverse, Helton (org.). *Reflexões sobre Maquiavel: 500 anos de O Príncipe*. São Paulo: Loyola, 2015, pp. 171-96.

_________. “Maquiavel, o conflito e o desejo de não ser dominado”, in Benevenuto, Flávia; Magalhães Pinto, Fabrina (orgs.). *Filosofia, política e cosmologia: ensaios sobre o Renascimento*. São Bernardo do Campo: EdUFABC, 2017, pp. 135-59.

_________. “Lefort e Maquiavel: ontologia e história”, *Discurso*, vol. 48, nº 1, 2018, pp. 85-96.

_________. “Maquiavel, Platão e o saber político”, *Figura: Studies on Classical Tradition*, vol. 7, nº 2, 2019, pp. 57-81.

Adverse, Helton (org.). *Filosofia política no Renascimento italiano*. São Paulo/Belo Horizonte: Annablume/Programa de Pós-Graduação em Filosofia da UFMG, 2013.

_________. *Maquiavel e a história de Florença*. Belo Horizonte: Editora PPG-FIL/UFMG, 2025.

Adverse, Helton; Pancera, Carlo Gabriel K. (orgs.). *As faces de Maquiavel: história, república, corrupção*. Belo Horizonte: Editora D’Plácido, 2019.

Ambrósio, Renato. “Leonardo Bruni e a tradução no humanismo italiano”, *Morus: Utopia e Renascimento*, vol. 11, nº 2, 2016, pp. 337-70.

Aranovich, Patrícia Fontoura. *História e política em Maquiavel*. São Paulo: Discurso Editorial, 2007.

Araújo, Cícero. *A forma da república: da constituição mista ao Estado*. São Paulo: Martins Fontes, 2014.

Avritzer, Leonardo *et al.* (orgs.). *Corrupção: ensaios e críticas*. Belo Horizonte: EdUFMG, 2008.

Barros, Alberto Ribeiro de. “Quentin Skinner e a liberdade republicana em Maquiavel”, *Discurso*, vol. 45, nº 2, 2015, pp. 200-4.

_________. “Liberdade e democracia no neorrepublicanismo de Philip Pettit”, *Revista Espaço de Diálogo e Desconexão*, vol. 15, 2023, pp. 38-47.

_________. “O modelo de democracia contestatária de Philip Pettit”, *Cadernos de Ética e Filosofia Política*, vol. 42, 2023, pp. 19-28.

Benevenuto, Flávia. “Políbio, Cícero e a constituição dos romanos”, in Birchal, Telma de Souza; Teobaldo, Maria Cristina (orgs.). *Espaços da liberdade: homenagem a Sérgio Cardoso*. Cuiabá: EdUFMT, 2018.

_________. “Maquiavel, Tito Lívio e a constituição dos romanos”, in Adverse, Helton; Pancera, Carlo Gabriel (orgs.). *As faces de Maquiavel: história, república, corrupção*. Belo Horizonte: D’Plácido, 2019.

Benevenuto, Flávia (org.). *O renascimento da república*. Maceió: EdUFAL, 2015.

_________. *Republicanismo: 30 anos com o* Maquiavel republicano *de Newton Bignotto*. Belo Horizonte: Relicário, 2021.

Bignotto, Newton. *Maquiavel republicano*. São Paulo: Loyola, 1991.

_________. *O tirano e a cidade*. São Paulo: Discurso Editorial, 1998.

_________. *Origens do republicanismo moderno*. Belo Horizonte: Editora UFMG, 2001.

_________. *Maquiavel*. Rio de Janeiro: Zahar, 2003.

_________. *Republicanismo e realismo: um perfil de Francesco Guicciardini*. Belo Horizonte: Editora UFMG, 2006.

_________. *As aventuras da virtude: as ideias republicanas na França do século XVIII*. São Paulo: Companhia das Letras, 2010.

_________. *Matrizes do republicanismo*. Belo Horizonte: Editora UFMG, 2013.

_________. *O jovem Maquiavel: o aprendizado da política*. Rio de Janeiro: Bazar do Tempo, 2024.

Bignotto, Newton (org.). *Pensar a república*. Belo Horizonte: EdUFMG, 2002.

Birchal, Teima de Souza; Teobaldo, Maria Cristina (orgs.). *Espaços da liberdade: homenagem a Sérgio Cardoso*. Cuiabá: EdUFMT, 2018.

Bolzani Filho, Roberto. "Platão trágico e antitrágico", *Letras Clássicas*, vol. 12, nº 12, jun. 2008.

Cardoso, Sérgio. "Sobre a civilização do Renascimento", in Pinto, Fabrina Magalhães; Benevenuto, Flávia (orgs.). *Política, filosofia e cosmologia: ensaios sobre o Renascimento*. Santo André: Editora UFABC, 2017, pp. 24-5.

_________. "Leonardo Bruni et la naissance du républicanisme moderne", *Éthique, Politique, Religions*, vol. 2, nº 21, 2022, pp. 37-54.

_________. *Maquiavelianas: lições de política republicana*. São Paulo: Editora 34, 2022.

_________. "O nascimento do republicanismo moderno na obra de Leonardo Bruni", *Discurso*, vol. 52, nº 2, 2022, pp. 252-68.

Cardoso, Sérgio (org.). *Retorno ao republicanismo*. Belo Horizonte: Editora UFMG, 2004.

Chaui, Marilena. "Raízes teológicas do populismo no Brasil: teocracia dos dominantes, messianismo dos dominados", in Dagnino, Evelina (org.). *Os anos 90: política e sociedade no Brasil*. São Paulo: Brasiliense, 1994.

_________. "Sobre o populismo no Brasil", *Cadernos de Ética e Filosofia Política*, nº 32, 2018, pp. 54-74.

Corassin, Maria Luiza. "A *stásis*: o conflito na República Romana", *Hypnos*, vol. 7, nº 9, 2002, pp. 68-82.

_________. "A idealização do Príncipe na ideologia aristocrática romana", *Boletim do CPA*, vol. II, nº 4, jul.-dez. 1997.

Cornelli, Gabriele; Xavier, Dennys Garcia (orgs.). *A República de Platão*. São Paulo: Loyola, 2011.

Falcão, Luís. *Ensaios republicanos*. Curitiba: Appris, 2021.

_________. *Introdução ao republicanismo*. Niterói: EDUFF, 2025.

Franco Júnior, Hilário. *A Idade Média: nascimento do Ocidente*. São Paulo: Editora Brasiliense, 2001.

Frateschi, Yara. *A física da política: Hobbes contra Aristóteles*. Campinas: Editora da Unicamp, 2008.

Gazolla, Rachel. "Platão e a cidade justa: poetas ilusionistas e potências da alma", *Kriterion*, nº 116, jul.-dez. 2007.

Gonçalves, Eugênio Mattioli. *Prudência política: das origens aos golpes de Estado*. São Carlos: EDUFSCar, 2023.

Ichimaru, Matheus; Cardoso, Sérgio. "Populismo e bolsonarismo: Bolsonaro populista?", *Revista Rosa*, vol. 2, nº 2, 2020.

Leal, Aparecido Gomes. "Um estudo sobre o cidadão e a cidadania na *República* de Platão", *Boletim do CPA*, vol. II, nº 4, jul.-dez. 1997.

Lima, Paulo Butti de. "Arte e conhecimento em Aristóteles", *Letras Clássicas*, vol. 12, nº 12, jun. 2008.

Limongi, Maria Isabel M. Papaterra. *Hobbes*. Rio de Janeiro: Zahar, 2002.

_________. "Ética e política n'*O Príncipe* de Maquiavel", in Figueiredo, Vinicius de (org.). *Seis filósofos na sala de aula*. São Paulo: Berlendis & Vertecchia, 2006, pp. 53-89.

_________. "Maquiavel e Hume sobre a natureza da lei e seus fundamentos sociais", *Kriterion*, nº 140, 2018, pp. 571-89.

Luiz, Vânia Vidal. *Fórum de verdade e ficção: a crônica de Giovanni Villani na Florença medieval*. Dissertação, Mestrado em História, Universidade Federal do Estado do Rio de Janeiro, Rio de Janeiro, 2014.

_________. "Sobre o *regimen politicum* no *De Regimine Principum* de Ptolomeu de Lucca", *Veritas*, vol. 62, nº 3, 2017, pp. 877-903.

Martins, José Antônio (org.). *Republicanismo e democracia*. Maringá: EdUEM, 2010.

Miranda Filho, Mário. "*Politeia* e virtude no republicanismo clássico", *Lua Nova*, nº 38, 1996.

Muñoz, Alberto Alonso. *Liberdade e causalidade: ação, responsabilidade e metafísica em Aristóteles*. São Paulo: Discurso Editorial, 2002.

Novak, Maria da Glória. "Estoicismo e epicurismo em Roma", *Letras Clássicas*, vol. 3, nº 3, 1999, pp. 257-73.

Oliveira, Francisco de. "As formas da constituição em Cícero", *Máthesis*, vol. 13, 2004, pp. 105-23.

Oliveira, Richard R. *Demiurgia política: as relações entre a razão e a cidade nas Leis de Platão*. São Paulo: Loyola, 2011.

Ostrensky, Eunice. *Política, retórica e contingência: estudos em teoria política moderna*. São Paulo: Alameda, 2024.

Pancera, Gabriel. *Maquiavel entre repúblicas*. Belo Horizonte: Editora UFMG, 2010.

Perine, Marcelo. *Quatro lições sobre a* Ética *de Aristóteles*. São Paulo: Loyola: 2006.

Pinto, Fabrina Magalhães. "O elogio da cidade de Florença (*Laudatio Florentinae Urbis*), de Leonardo Bruni", *Morus: Utopia e Renascimento*, vol. 11, nº 2, pp. 244-64, 2016.

__________. "A cidade ideal no Quattrocento: uma análise da *Laudatio Florentinae Urbis*, de Leonardo Bruni", in Pinto, Fabrina Magalhães; Benevenuto, Flávia (orgs.). *Filosofia, política e cosmologia: ensaios sobre o Renascimento*. Santo André: Editora UFABC, 2017, pp. 61-88.

__________. "Retórica e política no Humanismo renascentista: reflexões sobre a *Laudatio Florentinae Urbis*, de Leonardo Bruni", in Ragazzi, Alexandre; Meneses, Patricia; Quiríaco, Tamara (orgs.). *Ensaios interdisciplinares sobre o Renascimento italiano*. São Paulo: Editora Unifesp, 2017, pp. 163-87.

__________. "Política, história e instituições republicanas no primeiro Quattrocento: a Florença de Leonardo Bruni", *Revista Maracanan*, vol. 24, 2020, pp. 593-614.

__________. "Leonardo Bruni e o seu projeto político de tradução", *Territórios e Fronteiras*, vol. 15, nº 2, 2022, pp. 79-95.

Pinto, Fabrina Magalhães; Benevenuto, Flávia (orgs.). *Filosofia, política e cosmologia: ensaios sobre o Renascimento*. Santo André: EdUFABC, 2017.

Pinto, Fabrina Magalhães; Falcão, Luís. "História, república e fundação da cidade de Florença em Coluccio Salutati, Leonardo Bruni e Maquiavel", *História da Historiografia*, vol. 14, nº 35, 2021, pp. 53-82.

Pinto, Fabrina Magalhães; Moretti, Matheus Teixeira. "A historiografia do Humanismo cívico e o pensamento político de Leonardo Bruni", *Revista Cantareira*, nº 34, 2021.

Pogrebinschi, Thamy. *O problema da obediência em Hobbes*. Bauru: EDUSC, 2003.

Ramos, Silvana de Souza. *Ensaios sobre democracia: descrições de um corpo despedaçado*. São Paulo: Politeia, 2025.

Ribeiro, Renato Janine. *A marca do Leviatã*. São Paulo: Ática, 1978.

__________. *Ao leitor sem medo*. Belo Horizonte: Editora da UFMG, 1999.

__________. "Democracia *versus* república: a questão do desejo nas lutas políticas", in Bignotto, Newton (org.). *Pensar a república*. Belo Horizonte: EdUFMG, 2002.

Schwarcz, Lilia Moritz; Starling, Heloisa Murgel (orgs.). *Dicionário da República*. São Paulo: Companhia das Letras, 2019.

Seabra Filho, José R. "Protágoras e a virtude ensinável", *Letras Clássicas*, vol. 2, nº 2, 1998.

Sebastiani, Breno Battistin. *Bélica lição polibiana*. Tese, Doutorado em História, Universidade de São Paulo, São Paulo, 2006.

Silva Filho, Luiz Marcos da. *A definição de* populus *n'*A cidade de Deus *de Agostinho: uma controvérsia com* Da república *de Cícero*, Dissertação, Mestrado em Filosofia, Faculdade de Filosofia, Letras e Ciências Humanas da Universidade de São Paulo, São Paulo, 2008.

Singer, André; Araújo, Cícero; Belinelli, Leonardo. *Estado e democracia: uma introdução ao estudo da política*. Rio de Janeiro: Zahar, 2021.

Souza, José Cavalcante de. "A cidade platônica", *Folhetim*, *Folha de S. Paulo*, 4/3/1988.

Trabattoni, Franco. *Oralidade e escrita em Platão*, tradução de Roberto Bolzani Filho e Fernando E. Puente. São Paulo: Discurso Editorial, 2003.

Valente, Milton. *A ética estoica em Cícero*. Caxias do Sul: EDUCS, 1984.

Veloso, Cláudio William. "A verdadeira cidade de Platão", *Kriterion*, nº 107, jan.-jul. 2003.

Watanabe, Lygia Araújo. *Platão, por mitos e hipóteses: um convite à leitura dos Diálogos*. São Paulo: Moderna, 1995.

Zingano, Marco. "Eudaimonia e Bem Supremo em Aristóteles", *Analytica*, vol. 1, nº 2, 1994.

__________. *Platão e Aristóteles: o fascínio da filosofia*. São Paulo: Odysseus, 2002.

Sobre o autor

Sérgio Cardoso é Professor Sênior de Filosofia Política na Universidade de São Paulo, onde leciona no Departamento de Filosofia da Faculdade de Filosofia, Letras e Ciências Humanas desde 1976. Graduou-se em Filosofia pela Pontifícia Universidade Católica de Campinas e ingressou na Pós-Graduação na Universidade de São Paulo, em 1972, sob a orientação da professora Marilena de Souza Chaui. Realizou, em 1979, seu "doutorado de 3º ciclo", sob a direção do professor Claude Lefort, continuando seus estudos na França até 1982, como bolsista do governo francês. Obteve o título de Doutor pela Universidade de São Paulo em 1991, com tese sobre a Crítica da Antropologia de Pierre Clastres. Especializou-se posteriormente no estudo da filosofia política e ética de autores do Renascimento italiano e francês, como Maquiavel e Montaigne, sobre os quais tem orientado mestrados e doutorados, e participado de vários grupos de trabalho no Brasil e no exterior. Atualmente seus estudos principais estão voltados para a investigação da grande tradição "republicana" da filosofia política, dos Antigos aos Modernos. É autor de *Maquiavelianas: lições de política republicana* (Editora 34, 2022).

Este livro foi composto em Sabon,
pela Franciosi & Malta, com CTP e
impressão da Edições Loyola em pa-
pel Pólen Natural 80 g/m² da Cia.
Suzano de Papel e Celulose para a
Editora 34, em novembro de 2025.